対話型行政法の開拓線

大橋洋一 著

有斐閣

はしがき

　本書は，現代行政法が展開されている最前線に身を置きながら，開かれた法体系を目指して，多様な関係者との対話を通じて論考した成果である。現代社会が提起する新規課題を直視したうえで，行政法学の守備範囲拡大と方法論多様化を図ることが，本書の基本構想である。政策学としての発展を目指す観点から，関連諸科学の知見を取り入れた研究手法のほか，新しい理論や制度の構築に向けて（社会）実験を重視する方法論を提唱している。他方で，法律学としての発展を期して，民法をはじめとする法律諸科目との協働関係の形成にも力点を置いた（以上，Ⅰ）。

　守備範囲拡大に関しては，第1に，進展著しい国際行政法の分野を視野に入れて理論化を図ることの重要性を強調した。第2に，国内にあって分権型法システムを進化させ，市民対話に立脚して地域から課題を掘り起こす視点や対流原則実現に注目した（以上，Ⅱ）。

　行政統制に関しては，他者による統制といった伝統的視点に加えて，行政自体の自治・自律を重視して統制を図る自己制御の仕組みに焦点を当てた。また，行政過程に対する市民参加を重視して，第一線のレベルで多様な利害関係者が集い，協議を行う手続と組織について探究した（以上，Ⅲ）。

　行政手続に関しては，行政手続法の制定以降，公正で透明な手続を尊重する手続思考が年々強まり，手続法違反についての市民や法曹の意識や理解も大きく変わりつつある点を分析した。また，行政手法に関しても，東日本大震災を受けて，避難情報提供や住民避難など事実行為に関する法理を発展させる必要性に言及した（以上，Ⅳ）。

　行政救済に関しては，行政訴訟にはない行政不服審査特有の機能に着目し，その活用を説いた。行政訴訟の分野では，課題として残された都市計画争訟の制度化とともに，効率性原則の視点から活用されている住民訴訟について，未解明で整理が充分でない点の深化に努めた（以上，Ⅴ）。

　本書に収録した論文は学習院大学に移ってから近時10年間に公表したもの

を中心としており，各種審議会・協議会・実務研究会に参加して，行政官や法曹といった実務家や市民と対話した成果からなる。

　新規領域への開拓宣言にとどまる著作ではあるが，研究者の道を示して下さる塩野宏先生に感謝の意を表して謹んで献呈させていただきたい。

　本書公刊にあたり内容や引用文献を最新のものに補い，著作としての一体性確保に配慮したほか，各論文の狙いは各章の「はじめに」において記載した。改正条文のチェックなど細部にわたる点検を進めるうえでは，有斐閣書籍編集部の佐藤文子さんから強力な支援をいただいた。ここに記してお礼申し上げる。

　本書の刊行にあたっては，「平成30年度学習院大学研究成果刊行助成金」による支援を受けることができた。推薦して下さった若松良樹教授（学習院大学法務研究科長）をはじめ，関係各位に御礼申し上げる次第である。

　　　2018年12月

　　　　　　　　　　　　　　　　　　　　　　　　　大　橋　洋　一

目　次

I　制度設計の基礎理論——————————————————1

第1章　現代行政法の対象範囲 ……………………………2
はじめに（2）　**1**　他法分野との協働関係への着目（3）　**2**　行政主体の多様性と行政の守備範囲（8）　**3**　解釈学を超えた行政法学（10）　**4**　行政法諸領域の開拓（13）　おわりに（14）

第2章　制度設計学の構想 …………………………………15
はじめに（15）　**1**　政策学の基本的特色（16）　（中間総括）政策が法律学で重視されなかった理由（20）　**2**　ソフトな規範の活用（21）　**3**　社会実験の重視（24）　**4**　法律・条例の新たな役割（26）　**5**　市民参加の課題（29）　**6**　組織法の潜在能力（30）　**7**　行政計画の統制（31）　**8**　法の執行と実効性確保（32）　おわりに（33）

第3章　社会実験と制度設計 ………………………………34
はじめに（34）　**1**　社会実験の概要（36）　**2**　社会実験の特質（41）　**3**　都市空間制御の法制度（45）　**4**　制度設計への移行問題（47）　おわりに（50）

第4章　「公法と私法」の制度的理解 ……………………52
はじめに（52）　**1**　歴史に根ざした理解からの脱却（53）　**2**　国家賠償請求事件と損失補償請求事件（59）　**3**　法律関係の分断思考からの脱却（62）　**4**　民事法関係に対する公法規定の影響力（66）　**5**　公法と私法の共通性への着目（68）　**6**　主体説に基づく公法理解（71）　おわりに（72）

II　国際化・分権化への対応——————————————73

第5章　グローバル行政法の一般理論 ……………………74
はじめに（74）　**1**　グローバル化の諸相と行政法（74）　**2**　国際行政法に対

する着目（78）　**3**　行政文化・行政スタイルの変革要因としてのグローバル化（85）　**4**　平準化がもたらす負の側面と行政法の課題（92）　**5**　国際的な行政協力（96）

第6章　比較で見る「法の一般原則」……………………………………98

はじめに（98）　**1**　一般原則の概念（99）　**2**　基礎の多様性（106）　**3**　国内法概念と国際法概念（108）　**4**　一般原則と個別分野における原則（112）　**5**　行政システム上の意義（113）　**6**　法典編纂と一般原則（114）　**7**　行政管理基本法と一般原則の法定化（115）　おわりに（120）

第7章　提案募集制度と住民自治……………………………………121

はじめに（121）　**1**　地方分権改革の進展状況（概観）（121）　**2**　提案募集制度の進展（123）　**3**　地方公共団体に求められる姿勢（130）

Ⅲ　自律と参加の法理論─────────────────135

第8章　行政の自己制御と法……………………………………136

はじめに（136）　**1**　行政の自己制御（137）　**2**　リスク管理を通じた自己制御──コンプライアンス実現に向けた自己制御（139）　**3**　組織管理を通じた自己制御（142）　**4**　人事管理としての自己制御（145）　**5**　行政情報制御としての自己制御（148）　**6**　モニタリングを通じた自己制御──政策評価制度（154）　**7**　行政基準を通じた自己制御（158）　おわりに（159）

第9章　協議会方式の発展可能性……………………………………161

はじめに（161）　**1**　紛争をめぐる事実関係（164）　**2**　協議会の仕組み（概論）（167）　**3**　公益の確認（172）　**4**　前提条件の確認（176）　**5**　前提条件の修正・柔軟化（182）　**6**　複数案提示と相互比較（185）　**7**　利益衡量過程（189）　**8**　協議会方式の意義（197）　おわりに（205）

Ⅳ　行政手続と行政手法の進化─────────────209

第10章　行政手続の展開と課題　……………………………………210

はじめに（210） *1* 行政法体系にもたらした功績（210） *2* 手続の相互関係に着目した法理の進展（214） *3* 行政手続の瑕疵と処分の効力をめぐる課題（218） おわりに（224）

第 11 章　行政手続と行政訴訟 ···226

はじめに（226） *1* 行政手続の違反に関する裁判例（227） *2* 処分理由の差替え・追加（248） おわりに（253）

第 12 章　災害避難の法理 ···254

はじめに（254） *1* 災害対策法制における情報提供体系（255） *2* 市町村長による多様な働きかけ（256） おわりに（271）

V　権利救済手段の多様性 ─────────── 273

第 13 章　市民による法利用と審査請求 ······································274

はじめに（274） *1* 法利用の基礎条件（概論）（275） *2* 利用促進の諸方策（277） *3* 節度ある法利用（282） *4* 対話型の法構造（285） *5* 権利救済の実効性（290） おわりに（299）

第 14 章　土地利用規制と権利救済 ···300

はじめに（300） *1* 考察の視点（300） *2* 土地利用規制制度の輪郭（302） *3* 計画に基づく土地利用制限と行政訴訟（307） *4* 土地利用規制の改革に向けた制度設計論（310）

第 15 章　計画争訟制度の構想 ···316

はじめに（316） *1* 取消訴訟による対応──最高裁判決の分析（317） *2* 確認訴訟による対応（319） *3* 立法による対応──行政計画を直接の対象とした新たな司法審査（323） *4* 裁決主義を前提とした取消訴訟（326） *5* 都市計画違法確認訴訟（333） *6* 都市計画争訟をめぐる基本的理論問題（337）

第 16 章　住民訴訟の現代的課題 ··341

はじめに（341） *1* 住民訴訟の主要解釈問題（342） *2* 住民訴訟の事例研

究（355）　*3*　請求権放棄議決をめぐる裁判例と立法論（366）　おわりに（374）

初出一覧（375）
判例索引（376）
事項索引（380）

著者紹介

大 橋 洋 一（おおはし　よういち）

　1959 年　静岡県静岡市生まれ
　1988 年　東京大学大学院法学政治学研究科修了（法学博士）
　現　在　学習院大学法務研究科教授，九州大学名誉教授
　〈主要著書〉
　　『行政規則の法理と実態』（有斐閣，1989 年）
　　『現代行政の行為形式論』（弘文堂，1993 年）
　　『都市計画法の比較研究』（共著，日本評論社，1995 年）
　　『行政法学の構造的変革』（有斐閣，1996 年）
　　『対話型行政法学の創造』（弘文堂，1999 年）
　　『対話で学ぶ行政法』（共編著，有斐閣，2003 年）
　　『都市空間制御の法理論』（有斐閣，2008 年）
　　『政策実施』（編著，ミネルヴァ書房，2010 年）
　　『行政法判例集 I 　総論・組織法』（共編著，有斐閣，2013 年）
　　『行政法 I 　現代行政過程論［第 3 版］』（有斐閣，2016 年）
　　『社会とつながる行政法入門』（有斐閣，2017 年）
　　『行政法 II 　現代行政救済論［第 3 版］』（有斐閣，2018 年）
　　『行政法判例集 II 　救済法［第 2 版］』（共編著，有斐閣，2018 年）

I　制度設計の基礎理論

第1章
現代行政法の対象範囲

はじめに

　行政法がどのような事象や分野を考察対象とするかは、行政法学にとって最も基本的な前提問題である。伝統的には、行政法は「行政に特有な国内公法を対象とする」といった理解から出発して、その対象を論じてきた[1]。こうした定式により、他の科目に対する特殊性が強調されたが、これが今日では様々な限界を生じさせている。守備範囲は普遍的な性格のものではなく、その時代の社会的要請によって変化すべき性格のものである。上記公式のもつ限界を克服するためには、多方面にわたる対話と協働が不可欠である。本章は行政法の対象範囲拡大を説くものであるが、以下で示すような多様な対話の重視は、本書を貫く基本的視点である。
　第1に、他の法律科目との連携・対話が肝要である。ある政策課題を解決する上で、立法者が選択可能な手法の中に行政法が位置することから、行政法、民法、刑法等との協働関係を構築することが重要になってきている。また、経済のグローバル化に伴い、行政課題には国際的性格のものが増加し、条約や国家間の各種取極めの内容が国内行政法に転換されなければならない場面も多く、行政法は国際法との連携を避けて通れない状況にある。
　第2に、行政法はこれまで法律解釈学を中心としてきたが、今後は、法律内

---

1) 田中二郎『新版行政法 上巻〔全訂第2版〕』（弘文堂・1974年）24頁以下。

容の改善を通じて行政活動を豊かなものにすること，法律の内容が適切に適用・執行されることに留意すべきである。換言すれば，立法学や執行学を含む政策学として発展することが要請されている。この意味で，立法学，政治学，行政学，法社会学などとの対話が深められなければならない。

　第3に，公共的任務は，ひとり国や地方公共団体の機関によって行われるわけではなく，市民や私的法人，NPO等の多様な主体によって担われている。したがって，こうした多様な主体に関して法的分析を可能にする組織理論に加えて，かかる主体間における対話を可能にする手法として，協定や協議会が一層の重要性を獲得する。

　第4に，平成の時代を通じて行政通則法が整備された反面で，個別法の不備・不統一は未解決のままである。こうした個別規定の改善に加え，個別法，行政諸領域における総論的規律，行政法総論の間で不断の対話を通じてそれぞれの革新が進められなければならない。

1　他法分野との協働関係への着目

(1)　「行政に特有な国内公法」という公式

　行政法は，「行政に特有な国内公法」を対象とすると理解されてきた。こうした理解が成立した背景には，行政法成立に関わる歴史上の経緯が存在していた点に注目する必要がある。ローマ法の時代から蓄積がなされてきた民法とは異なり，行政法が成立したのは近代国家誕生以降のことであり，その体系化が図られたのは19世紀以降のことである。したがって，行政法は200年程度の歴史を持ち合わせるにすぎない。こうした後発グループとしての境遇もあって，行政法はその地位を確立する上で，自己の存在意義を主張して，先行する民事法や刑事法等に対し独自性を強調せざるをえなかった。こうした歴史的経緯から，他の法律及び法律科目に対して行政法のもつ特殊性がことさら強調されたのである。その一例が，冒頭で挙げた公式である。

　しかし，国家機構における行政部門の比重が高まり，市民生活が行政活動に大きく依存し，行政活動も多様化するようになった今日においては，行政法は，民事法，刑事法と並ぶ法律分野として論じられるまでに成長を遂げた。かつて

のように過度な自己主張を繰り返す必要性はもはや失われている。したがって，ここでいったん立ち止まって，現代という時代が要請している諸課題を前にして，上記公式の妥当性について省察する必要がある。

(2) 民法との協働

「行政に特有な国内公法」という公式における公法の表現は，民法との差別化を意図したものである。たしかに，国家と市民という垂直的関係に関わる行政法と，市民相互の水平的関係に関わる民法を対比した図式はわかりやすいものである。また，両者の峻別は防御権の体系として行政法を捉える上でも，合理性をもつ。しかし，どちらも一定の社会事象に対する規律を目的として国家によって創設された制度であるという点では共通する（要件や手続，執行形態，透明性の要求の度合いなどで差異があるとしても，こうした相違にばかり注目することは適切でない）。それぞれの機能に応じて補完，協力，支援の関係にあるパートナーとして民法と行政法を把握すべきであり，こうした視角の方が問題発見機能に富む。現行法を見た場合にも，行政法の代表的手段である許可制度と典型契約である賃貸借契約を組み合わせた仕組み（公営住宅の入居制度参照）が存在する（2段階型結合）。同様の結合関係は，補助金適正化法に基づく補助金交付の仕組みにも認めることができる。このほか，行政法の許認可が民事紛争の予防的な仕組みとして機能する一方で，実際に紛争が生じた場合の調整ルールとして民法の不法行為法等が用いられるといった組み合わせも広く見られる（予防型行政システム）。さらに，民法の一般的相隣関係の規定を前提に，行政法規が特別ルールを付加するといった組み合わせも存在する（民法234条に対する特則としての建築基準法65条参照）。

　行政法は，多くの場合に多数当事者の法関係を規律することから多極関係を対象とした概観性に優れている。また，行政機構自体が特定の政策目的を前提に形成されたこと（換言すれば，行政自体が人権享有主体の資格を有しないこと）に起因して，行政機関は絶えず自らの行動について説明責務を負うこと，市民との関係で公平性・中立性が要求されること，公費を原資とすることから無駄遣いを戒められる点で効率性の要請を受けるなど，行政法は行政主体にとって本来的に不自由な法体系である[2]。行政機関は常置されているため，恒常的に問

題を発見する体制が存在し，社会問題発生時に階層型組織を通じて対応することが可能であるほか，行政機関の準拠する手続規律が裁判手続よりも簡易であるため，迅速な対応も期待できる[3]。他方，民法は，当事者の自由な行動を出発点とし，個別の合意によって法関係の内容形成を行うなど創造性に富み，とりわけ新しい問題群に対して問題を先行的に認知し，柔軟に対応し，新たな制度化につなげるといった機能を発揮しうる。こうした2つの法的手法を組み合わせる知恵が，現代では求められているのである。

例えば，消費者に不公正な取引を繰り返す事業者が存在する場合に，行政機関が許認可制度や事業監督制度を利用して事業者の規制を行う手法が考えられる。他方で，消費者団体が事業者に対する民事の差止訴訟を提起するなどして，事業者の活動を規制するといった仕組みも存在する（消費者契約法12条。同様の仕組みとして，独占禁止法24条も参照）。これらは，同じ社会問題に対して，行政法と民法がそれぞれ規制手段を提供している一例である[4]。また，当該事業者の行った取引を公序良俗違反で無効であると消費者が主張する場合に，違反した公序の一環として行政法規による規制内容を読み込むことも可能である[5]。他方，消費者による損害賠償請求などを受けて，行政機関が問題を発見して，規制に乗り出す場面も存在する。このように，両者の協力関係に目を向けることが，消費者問題という特定の政策課題に対して有用な解決をもたらしうる。

上記のように考えると，行政法や民法がもつ特性なり機能を詳細に分析した上で，異なった機能を有する2つの法をいかに組み合わせていくかといった視点が重要である[6]。また，両法分野の峻別論のもとで形成されてきた古典的理論（例えば，民事不介入の原則など）は，理論面のみならず，実務の運用体制も

---

2) 詳細は，大橋洋一『行政法Ⅰ 現代行政過程論〔第3版〕』（有斐閣・2016年）7頁以下参照。
3) こうした特色を指摘するものとして，小早川光郎「行政法の存在意義」磯部力ほか編『行政法の新構想Ⅰ』（有斐閣・2011年）14～15頁。
4) 中川丈久「消費者――消費者法は行政法理論の参照領域たりうるか」公法研究75号（2013年）195頁は，デュアル・エンフォースメントと呼ぶ。
5) これは，消費者取引公序と呼ばれる考え方である。大村敦志「取引と公序」同『生活民法研究Ⅰ 契約法から消費者法へ』（東京大学出版会・1999年）163頁以下（初出1993年）。
6) 山本隆司「私法と公法の〈協働〉の様相」法社会学66号（2007年）21頁以下も参照。

視野に入れて再検討すべきであろう[7]。このように，新しい時代にふさわしい，公法・私法論の再構築が求められているのである[8]。

(3) 国際法との協働

「行政に特有な国内公法」における「国内」という表記は，国際法との差別化を意図したものである。もっとも，国際法との接点は一部では従前から意識されていたところである。例えば，条約等が国内行政法の法源となることは古くから承認されていた。しかし，全体として見れば，国際法との連携を視野に入れた研究は著しく遅れていた。研究の遅れを示す一例を挙げれば，後述する大平三原則などは憲法や国際法のテキストで言及されていたにもかかわらず，行政法のテキストでは全く触れられることがなかったのである。この分野では，成田頼明，山本草二両博士の先駆的な取り組みが見られたものの，それに続く動きは鈍く研究は長らく低迷した。むしろ，実務家による論考が，多くの理論問題を発掘していた[9]。しかし，近年，斎藤誠教授による体系的論考が公刊され[10]，若手研究者によって急速に研究が進展しつつある[11]。以下で概観するように，行政法学が取り組むべき問題群は多数存在するのであって，今日では，行政法の対象なり範囲に含めて深化を図るべきである。

古典的問題として，国家間で条約が締結されたり，条約以外の形式で取極めがなされた場合に，国内移行措置のあり方が問われてきた。国際機関が一般に独自の執行組織を持ち合わせず，国際ルールの執行はそれぞれの国家に委ねられることから，どのような形で執行を行うのか，いかにして国内法との整合性を図るのかという問題が存在する[12]。具体的には，既存の国内行政法体系を前

---

7) 大橋洋一「『民事不介入』の観念と行政型 ADR」同『都市空間制御の法理論』（有斐閣・2008年）238頁以下（初出2005年）参照。
8) 大橋・前掲注2) 84頁以下。
9) 大橋洋一「グローバル化と行政法」行政法研究1号（2012年）90頁以下（本書第5章）。
10) 斎藤誠「グローバル化と行政法」磯部ほか編・前掲注3) 339頁以下。
11) 代表例として，藤谷武史「多元的システムにおける行政法学——アメリカ法の観点から」新世代法政策学研究6号（2010年）141頁以下，原田大樹『公共制度設計の基礎理論』（弘文堂・2014年）95頁以下，興津征雄「グローバル行政法とアカウンタビリティ——国家なき行政法ははたして，またいかにして可能か」社会科学研究65巻2号（2014年）57頁以下。

提に，いかにして国際ルールの執行問題に対応するのかという問題である。例えば，執行を行うために新たに法律が必要であるのかといった課題は，法律の留保の問題に関わるものである[13]。従来から，憲法や国際法の領域では，国家間の取極めに関して，①財政的事項を含むもの，②法律事項を含むもの，③政治的に重要なものについては，行政的取極めでは足りず，国会承認（例えば，国会承認条約）を要するという政府見解が存在する（これは「大平三原則」と呼ばれる）。こうした考え方を行政法の世界でどのように理解するのかといった問題が提起されているのである。また，執行をどの行政機関が担当するのか，その実効性はいかにして担保されるのか，執行過程の透明性はどのようにして保障されるのかといった一連の問題は，行政法が対象とすべき問題群に属する。

今日では，これを超えて，国際的な機構や会議等で決められたルールのほか，私的団体が取り極めたにもかかわらず各国で通用しているルールについても，その締結過程で各国の議会なり行政機関がどのような形で関与すべきなのかといった問題も存在する。これらは，現実に発生している問題であり，理論化が遅れている問題領域である。

このほかにも，行政手法なり行政技術の蓄積を持つわが国の公務員が，諸外国でそうした知見を紹介し，国際貢献を果たす例が多く報告されている。環境保護，下水道の普及，交通網整備の整備，橋や道路等の社会基盤整備，災害防止や災害復興の援助等であり，ODAのあり方とも密接に関わる。ここに見られるような国際行政支援，国際行政協力も，重要な行政任務であり，そうした国外とのネットワークのあり方は行政組織論において把握すべき問題であろう。

(4) 刑法との協働

「行政に特有な国内公法」における「行政に特有な」という表現は，刑事司法権の組織及び作用に関わる刑法との差別化を意図したものである。たしかに，主要な法典を持たないと言われてきた行政法と，刑法典を主要な対象とする刑法を比較した場合には，両者の区別は合理性を持つように見える。しかし，第

---

12) 柳井俊二「国際法規の形成過程と国内法」山本草二先生還暦『国際法と国内法——国際公益の展開』（勁草書房・1991年）94頁は，これを制度的保証と呼ぶ。

13) 大橋・前掲注2) 39頁以下。

2次世界大戦後において，わが国の行政法規がその規制違反に対する威嚇力（担保手段）として期待したのが刑事制裁（行政刑法）であるという事情は重要な意義をもつ。無数とも思われる行政法律の最後の章には罰則の章が置かれ，そこには行政規制違反（命令違反や無許可，無届け等）について罰則規定が置かれているのが通例である。このように，最後の砦として刑事罰に期待している行政法にとって，規制の実効性確保といった観点から，刑法との協働は不可欠である。こうした認識は比較的古くから存在したが，なお研究は遅れている。例えば，行政罰と行政刑罰は理論上区別されてきたが，それが相対的であることが指摘されるに至っている[14]。また，1つの行為に対して行政刑罰と他の制裁措置が科される場合に，比例原則の観点から制裁の総量に着目して，その許容性を説いたり，両者の調整を説くといった理論問題についても解明が進められている[15]。ここに示されたように，理論問題として残された課題は多いのである。

2 行政主体の多様性と行政の守備範囲

(1) 行政主体の多様性

「行政に特有な国内公法」における「行政」という表記は，争いがあるが，行政主体を念頭に置いたものである。市民との関係で権利・義務の帰属主体となる行政主体には，国，都道府県，市町村，特別区が含まれる点は，これまでも前提とされてきた。しかし，今日では，行政主体として極めて多様なものが登場してきており，行政法もこうした多様な存在形態を対象としなければならない。例えば，街を作りかえる土地区画整理事業について，その事業を施行することができる主体として，国土交通大臣，都道府県，市町村のほか，個人，土地区画整理組合，独立行政法人都市再生機構，地方住宅供給公社など，多様な主体が法定されている。

---

14) 佐伯仁志「わが国の行政制裁体系」同『制裁論』（有斐閣・2009年）10頁以下（初出1998年）。
15) 山本隆司「行政制裁の基礎的考察」髙橋和之先生古稀『現代立憲主義の諸相（上）』（有斐閣・2013年）253頁以下。

行政主体の例としては，国の行政組織の減量化，企画立案機能と実施機能の分離，行政運営の効率化・透明化を掲げて，独立行政法人が創設された。地方のレベルでも，地方独立行政法人法に基づき地方独立行政法人が創設され，特殊法人として地方公社が活用されている（具体的には，土地開発公社，地方道路公社，地方住宅供給公社）。このほかにも，行政主体性が認められている組織として，公共組合が存在する。具体的には，土地改良区，土地区画整理組合，市街地再開発組合，健康保険組合などである。

　さらに，行政任務の遂行にあたって私的主体を利用する事例も多く存在する。行政主体の周辺にあって，行政任務を果たす組織が多様に存在する点も，わが国の行政の特色である。伝統的には，民法の公益法人を利用して行政活動を代行させ，官民癒着や非効率な財政運営を生み出した。この点の反省から，内閣による公益認定や透明性確保の措置等を講じ，公益的活動を行う公益社団法人や公益財団法人の仕組みが整備されるに至った。このほかにも，民事法上の法人に対して行政庁により指定が行われ，特定業務が委任される指定法人の仕組みが多用されている。これは，特に，資格試験，検査，検定，認証，登録といった分野で，行政事務の代行の機能を果たしている。

　以上述べたように，行政任務を遂行する主体が多様化する中で，主体面に関しても行政法の対象範囲拡大が求められているといえよう。

(2)　行政の守備範囲論

　先進諸国において財政難や民間活力の導入を根拠に民営化が進められてきた。わが国も同様の経験を重ねてきたが，比較法的な特徴として，わが国では民営化によって対象事務が官の手から完全に離れるといった理解が広く存在した。これに対し，民間事業者が担うことにより生じる法的紛争の発生を契機に，現在では，公共の責任を問う見解が提起され研究が進められている。民営化見直しをめぐる議論において，例えばドイツ法では，民営化後であっても公的主体の側に監督責任が残ること，問題発生時に国家は介入する保証人として責任を負うことが認められてきた。とりわけ，民営化に際して，民間主体が的確に事務を遂行できるよう配慮する制度設計責任が立法者に課されるといった理論は，わが国の民営化論を再考する上でも重要な視点である。以上の知見は，すでに

先行業績を通じて紹介されてきた[16]。近年では，(1)民営化に伴う公的責任を導く法理論の具体的内容を分析し，(2)外国における立法実務や行政実務において，公的主体が監督責任を果たす上で採用している具体的手法を解明する研究も現れている[17]。ここで確認すべきことは，一定の公共性のある任務が，時に公的主体によって担われ，またある時は私的主体によって担われることが，歴史上繰り返されてきたという点である。このように，流動的な領域が残されている点に鑑みると，公的主体によって担われているときにだけ行政法の守備範囲にするといった視角では，分析方法として限界が認められる。議論を概観性のよいものにする観点からすれば，いわゆる主体説に立脚して行政法の守備範囲を確定すべきであるが，こうした原則にも例外なり限界がある点は直視すべきである（修正型主体説）。こうした流動的領域に焦点を当てて，公共の守備範囲から民間に移行する場合の条件を議論してきたのが民営化（民間化）や保障行政を念頭に置いた研究である。他方で，私的主体が担う活動の中でその公共性に着目して（行政法に共通する）規制原理の適用を説く見解が制度的契約論であり[18]，両者の相互関係に着目したものが公私協働論であるように思われる。

3 解釈学を超えた行政法学

(1) 立法論に対する問題提起

　行政法学は，一般的な傾向として，法律を所与の存在として捉え，法律を適用する局面に焦点を当ててきた。行政法学の特色として，実定法準拠といった性格を挙げることができる。こうした点からすると，法律内容に対しても目を光らせる必要がある。法律内容が憲法に適合したものであることはもちろんのこと，概観性，平易性，実効性といった観点から注文を付けるべきである。

　例えば，菊田医師事件として有名な事例では撤回権についての明文規定が存在せず，最高裁は許可規定の中に撤回権限の根拠を読み込むという解釈を通じ

---

16) 角松生史「『民間化』の法律学」国家学会雑誌 102 巻 11＝12 号（1989 年）731 頁。
17) 板垣勝彦『保障行政の法理論』（弘文堂・2013 年）参照。
18) 参照，内田貴『制度的契約論』（羽鳥書店・2010 年）。行政法学からの評価として，原田・前掲注 11）130 頁以下。

て問題の解決に当たっている[19]。こうした事例では，法律関係の明確化のために，撤回規定を明文で設けておくことを要請する視点が重要である。また，労災就学援護費支給決定の事例では，曖昧とした法律規定に対して最高裁は処分の仕組みを読み込む解釈論を展開した[20]。ここでも申請－許可の仕組みとして明確な法制度を整備しておくことを要請すべきである。他方，病院開設中止勧告に処分性を肯定した最高裁判決に関しても，申請者に対する中止勧告の不服従と保険医療機関指定拒否との恣意的な連結を図る仕組みである点などから，当該制度自体のもつ不透明性，恣意性について批判的視点をもつことが必要である[21]。いずれの事例においても最高裁の判断は示されたが，法制度が改善されていない問題について直視すべきである。

　こうした立法に対する提言は，個人の権利救済といった観点から行うほかに，行政施策の全貌や重点を明確化するといった観点からもなされるべきである。一例を挙げれば，まちづくりの分野における基本法としての性格を有する基幹的な法律として都市計画法が存在するが，同分野の重点施策がコンパクトシティ構想へと大きく変更されているにもかかわらず，同法の目的規定は変更されていない。他方で，新規重点施策は都市再生特別措置法であるとか，財政上の支援制度や税制上の優遇措置によって推進されており，市民は現在の重点施策を基本法典からは理解することができない状況が存在する。

(2)　政策論としての行政法学

　解釈学として発展してきた行政法学では，法科大学院創設を受け，司法試験の試験科目となったことも影響して，解釈論に対する取り組みは進化するようになった。特に，裁判所を念頭に置いた解釈論に注目が集まる結果となった。他方で，政策学としての行政法は，依然として沈滞した状況にある。解釈論としての行政法と政策論としての行政法は排斥関係にあるものではない。教育課程として見た場合，公共政策大学院における行政法のほか，法学部レベルでも公共セクターへの就職を希望する学生にとって，政策形成との連関に重点を置

---

19)　最判 1988（昭和 63）年 6 月 17 日判時 1289 号 39 頁。
20)　最判 2003（平成 15）年 9 月 4 日判時 1841 号 89 頁。
21)　最判 2005（平成 17）年 7 月 15 日民集 59 巻 6 号 1661 頁。

いた行政法は不可欠である。同時に，自治大学校を始めとして，公務員のリカレント教育を目的とした教育課程においても，実務経験を有した聴講生の期待に応えうる内容の行政法を開発することは急務であろう。

　政策学として捉えた場合であっても，行政法が政策関連諸科目の1つにとどまる点は認識しておく必要がある。政策の立案過程において行政法が存在感をもちすぎることは，健全な現象ではない。しかし，政策選択に関する規範的要請，政策立案手続に対する要請，政策形成に伴う情報管理，政策を制度化する際の立法的提言，政策の執行にかかる示唆など，多面において貢献が期待できる分野は少なくない[22]。それは，政策立案に当たる行政職員にとって有用であるのみならず，政策立案に関与する市民にとっても有力な支援となり得るものである。行政法のもつ政策先導的機能は，潜在能力として眠った状況にあり，政策立案過程に関与した研究者が個人芸として成果を上げたにとどまる。近年では，公務員経験者により，実務に即した行政法なり政策法が語られる機会は増加しており，貴重な提言なり情報発信がなされるようになっている。もっとも，そうした提言等が，職場紹介にとどまっていないか，経験した分野への思い入れが強く，バランスの悪い考察になっていないか，紛争回避の意識が強く働く霞ヶ関法学の影響を受けていないかなど，批判的に検証する必要性は残されている。実務と理論の架橋という意識の下に，政策学としての行政法学を発展させる必要性は高まっているといえよう。

(3) 執行学としての行政法学

　行政上の義務履行確保などに関して執行の欠缺が生じたことを契機に，行政法において，法律が制度通りに執行されない現実が分析されている。これは，行政過程の実態分析により解明されたものである。こうした分析に基づき，行政代執行や行政罰の限界や機能不全も明らかにされている。他方で，許認可権限を前提としてなされる行政指導を通じて紛争を解決している実例のほか，課した義務を免除することを誘因として市民を一定方向に誘導する例，氏名公表

---

[22] 大橋洋一「法政策学について」新世代法政策学研究7号（2010年）1頁以下（本書第2章）。

によって制裁措置を設ける仕組みの実効性などが報告されている[23]。こうした成果を活用することにより，執行の実効性の高い法制度とはどのような条件の下で可能なのか，政策学の一環として行政法から提言することが可能になる[24]。予算も人員も不足している中で，多様な任務をこなす観点からは，こうした提言には社会的な需要が高い。このように，制度設計に当たっても，執行に関する知見を活用することが不可欠となってきており，行政法の貢献できる分野をここに見いだすことが可能である。

4 行政法諸領域の開拓

　統一的な行政法典が存在しないと言われた行政法においても，主に平成の時代を通じて，行政諸領域に等しく適用される行政通則法が整備されてきた。行政機関情報公開法を始めとする行政情報管理法制や行政手続法，さらには行政救済法制の整備・改正である。これらは，行政活動の一般的な所作を規律する行政ガバナンス法を通じた改革と捉えることができる[25]。こうした改革が進む一方で取り残されたのが，行政各部における個々の行政法律を対象とした分析である。その一因は，行政各部法，行政法各論といった分野に対する注目が低下した点にある。もっとも，一部領域では，精力的な取り組みも見られる。独立の分野として確立した租税法，環境法，社会保障法のほかにも，都市法などでは，安本典夫教授，生田長人教授，碓井光明教授による体系的な業績が公刊されている[26]。こうした行政各部法の分析成果を行政作用法総論に還元するなど，両分野が相互に啓発しつつ発展していくべき性格のものである（これを参照領域理論という）[27]。また，教育課程として見た場合にも，行政法総論，行政

23）　誘導に関し，中原茂樹「行政上の誘導」磯部力ほか編『行政法の新構想Ⅱ』（有斐閣・2008年）203頁以下。
24）　こうした研究として，大橋洋一編著『政策実施』（ミネルヴァ書房・2010年）。
25）　中川丈久「行政による新たな法的空間の創出」長谷部恭男ほか編『変容する統治システム　岩波講座憲法(4)』（岩波書店・2007年）196頁以下参照。
26）　安本典夫『都市法概説〔第2版〕』（法律文化社・2013年），生田長人『都市法入門講義』（信山社・2010年），碓井光明『都市行政法精義Ⅰ』（信山社・2013年）。
27）　エバーハルト・シュミット＝アスマン（太田匡彦ほか訳）『行政法理論の基礎と課題』（東京大学出版会・2006年）8頁以下。

救済論の講義を受けた後に，行政法各論に関する講義を通じて行政法の理解を高めるといったカリキュラム編成が望まれよう。各論を通じて，行政法の基礎理論を確認するといった方法は，理論面でも教育面でも必要性が高いと考える[28]。その場合に素材を判例に求める手法も考えられるが[29]，それを超えて，関連政策学や行政実務とつながることが望まれるところである。

おわりに

　行政法の範囲をめぐる議論は，暗黙のうちに，裁判官の視点を前提としていたり，行政官僚の立場に立脚していたように思われる。しかし，行政施策に市民が参画し，その企画段階や実施段階で協働することが期待される時代においては，市民の視点を重視して，市民との対話を通じて要望を制度化し，適切に執行することを保障する行政法が期待されている。そうした視角から見た場合には，従前の行政法の守備範囲は一層の拡張が必要であろう。このように，行政法の対象と範囲をめぐる議論は，「誰のための行政法か」といった視点と切り離すことができないものである。

---

28) かかる問題意識は，原田大樹『例解行政法』（東京大学出版会・2013年）の第2部に見ることができる。
29) その試みとして，亘理格＝北村喜宣編著『重要判例とともに読み解く個別行政法』（有斐閣・2013年）。

第2章
制度設計学の構想

はじめに

　行政法学には，2つの性格が存在する。1つは，実定法解釈学としての性格である[1]。紛争が生じた事例を前提に，実定法規の解釈に焦点を当て，最終的には裁判所においてどのような解決を図るのかを論じるものである。民法等の基本法律科目と同様に，司法試験で論文式試験として問われるのも，こうした解釈能力である。
　2つには，公共政策に関する科目として，政策学としての性格が存在する。これまでも，大学の法学部を中心に，行政法という科目を設けて，公共セクターに将来進む人材の要請が行われてきた。卒業生は公務員として勤務する中で，行政活動の他に，法律案や条例案を作成するといった立法活動への参画が期待されてきた。換言すれば，立法過程に関与してきたのである。もっとも，立法に係る研究はそれに関わる研究者の個性に依拠する部分が多く，必ずしも体系化は図られてこなかった。法政策学の守備範囲は行政法を超えるため，学際的性格を持つ科目として，政治学，行政学のほか，経済学や社会学との対話を深めることが不可欠である。政策学・制度設計学としての行政法学のあり方を主題として，以下では基本的問題を提示することとしたい[2]。

---

1) 大橋洋一『行政法Ⅰ 現代行政過程論〔第3版〕』（有斐閣・2016年）序論。
2) 政策の実施に関しては，大橋洋一編著『政策実施』（ミネルヴァ書房・2010年）参照。

1 政策学の基本的特色

(1) 視点の設定

　政策学を構想する場合に，基本的な視点をどこに設定するのかという問題が重要となる。従来の行政法のように統治する側に視点を設定して，統治のための技術を進化させる政策学を構想することが可能である。しかし，政策学はこれに限られるものではなく，政策担当者と市民の間に法律関係を想定した上で，市民や生活者の視点に立って政策を論ずることも可能である。ここでは，1つの例を挙げることとしたい。道路行政では，どこに道路を設置して，接続道路をどのように設定し，いかなる期間で整備を図るのかといった計画や公物管理のあり方が中心に置かれてきた。しかし，生活者の視点に立った場合には，自転車が安心して走ることのできる空間がないことや，歩行者が安心してフラットに移動できる点への配慮が十分ではなかったことに気づく。換言すれば，従前の道路整備は，政策課題の一部を把握していたに止まる。生活者の視点に立つことで，歩行者空間確保の必要性や道路と生活との関連性の重視など，新たな課題が見えてくる。大学で開講する行政法ゼミナールにおいて，道路行政をテーマとした学生が街路樹について関心を持って調べてみると，狭い空間に同じ種類の樹木が設置されている例が多いことに気付く。このことに疑問を抱き，街路樹を通して生活空間を豊かにできないかを考えたとき，子細に観察すると，道路の清掃，管理などを地元で行っている例が見られる。他方，街路樹に関して法制上の位置付けを見ると，細かな技術基準が定められているにすぎなかった。単価を抑える趣旨であろうか，植える樹木の種類も限定されているため，結果として単価の高い樹木は植えられないこととなる。また，採光の観点を重視して樹木を選定した結果，秋に葉を落とす種類の樹木ばかりが尊重された。こうした観点の下では，地域の特色にあった豊かなまちづくりに街路樹は貢献できないこととなる。こうした状況の中で，歩行者の視点に立って，樹木を町並みに調和させる観点から街路樹を見直すならば，道路行政は全く異なったものとなるのである（最近では，道路行政でもこうした視点は強調されるようになってきており，一層の進展が期待される）。以上，簡単な例からも分かるように，視点

の設定が政策学のあり方を規定する点には注意する必要がある。

(2) 社会認識の目を養う政策学

政策学を構想する場合，その目的設定もまた重要となる。例えば，大学で法政策学といった科目を立ち上げる場合，将来，公務員になる学生のために，いわばパンのための学問として設定することが必要である。他方で，民間企業などに勤務するであろう学生も広く含めて，一市民としての社会認識の目を養うための政策学の設定も不可欠である。従来は，どのような決定を下すかといった決定志向が政策学の中心であった。これに対し現在では，決定を重視した発想から離れ，プロセスを重視すること，特に合意形成を図るための手続や組織，多数当事者間における対話に配慮した政策学が求められている。

(3) 法を使うという視点

行政法が法律解釈学として機能する場合でも，また，政策学として機能する場合でも，法を使うという点では共通することが重要である[3]。法を使うという視点は，近年，法科大学院の設立などもあり，法解釈学に関しては教育科目の見直しや対話型講義，事例研究を活用した教育方法の改善もあり，教育課程として進展を見たところである。これに対し，政策学に関しては，教育内容をはじめとしてイノベーションの機運は弱い。

これまで，法律解釈学と政策学を対比して設計してきたが，両者が決して対立するものではない点に留意する必要がある。実務では，ある政策課題が登場してきた場合の制度設計にあたり，現行法の解釈の範囲内で対応可能なのか，対応は不可能であり新規の立法を必要とするのかといった判断がきわめて重要となる。この場合に，両者の境界にかかる判断は法律解釈の正確な知見を前提とする。この点では，解釈学と政策学は連続的であり，補完的・協力的な関係にある。

---

[3] 「法を使う」という意味については，大橋洋一「行政法教育のあるべき姿」同『都市空間制御の法理論』（有斐閣・2008年）（以下，「空間」と引用）395頁以下（初出2006年）。政策の執行レベルを視野に入れた制度設計学の重要性に関しては，大橋洋一「制度変革期における行政法の理論と体系」同・空間346頁以下参照（初出2003年）。

政策課題に対応すべく制度設計を考える場合には，当然のことながら，課題の特質に着目してその克服に専心すべきである。換言すれば，老人や児童の虐待をいかに防止するか，住環境の整備をいかに図るか，安心して育児ができる環境をどのようにして整えるかといった課題の前では，法律学における専門分野の垣根は無意味である[4]。課題との関係で行政法の手法を中心にする場合であっても，当事者の合意による契約手法を活用することは排除されず，民法をはじめとする諸科目と協力して対応する必要が生じる。例えば，老朽化した公営住宅を現地から切り離して，所在の地方公共団体の構想に適した場所に集約化する施策の場合には，借地借家法の特則としての観点から居住者保護に配慮する一方で，自治体のまちづくりや財産管理の観点からの考慮も取り入れて，新制度を実現する必要がある。ここでは，所管別の発想ではなく，組み合わせによる最適化の実現という視点が重要である。

(4) 執行学の重視

　法政策を語る場合には，法律制度の執行を視野に収めることがきわめて重要である。例えば，執行できたとしても，多大の人員や時間を投入せざるをえないとか，市民との大きな軋轢を生むのであれば，政策としては十分ではない。執行面に対する考慮は，行政法の議論の中では希薄であり，これは日本特有の現象ではなかった。こうした課題を実現するためには，現実の執行状況を正確に描写し，観察する場を確保することが必要である。例えば，行政学の執行分析に係る研究がこうした視点を提供した[5]。したがって，行政の社会学といった視点が政策学の基礎に置かれなければならない[6]。かくして，現場重視の議論，地に足の着いた提案が可能となり，実務家の共感を呼ぶ制度実現が図られるのである。外国の抽象的なモデルの紹介では，実効的な政策は実現できない

---

4) 大村敦志『生活のための制度を創る』（有斐閣・2005 年）が示唆に富む。
5) ドイツでは，1980 年代にレナーテ・マインツといった社会学者による環境法分野での実証研究が契機となり，批判的な視点が提起されたところである。大橋洋一「インフォーマルな法治国」公法研究 57 号（1995 年）201 頁以下，同「行政指導の比較法研究」同『現代行政の行為形式論』（弘文堂・1993 年）103 頁以下所収。
6) 大橋洋一『行政規則の法理と実態』（有斐閣・1989 年）。近時の実態分析として，正木宏長「水道事業の民間化の法律問題――行政契約の現代的展開」立命館法学 317 号（2008 年）1 頁。

のである。

　執行面への配慮の重要性を考えさせる事例として，準都市計画の創設問題を挙げることができる。この計画は，都市計画区域外にある高速道路のインターチェンジ周辺など濫開発が進みそうなところを，市町村が中心となって建築規制や開発規制を行う仕組みとして2000年の都市計画法改正で実現したものである（同法5条の2）。その数年後に担当者に実績を聴くと，全国で準都市計画区域が策定されたのが数例止まりで利用が進まなかったのである（結果的には2006年の法改正で都道府県の権限に変更されたが，指定の例は少ない）。これは，わが国の地方公共団体，特に市町村に開発意欲が強く，町並み整備のための規制に抑制的であったことに起因する。このように，誰が新しい制度を担うのか，その主体の実際の関心や利害関係者の意向を把握していないと，実際には制度は動かないのである。

(5)　実験思考の尊重

　法政策学の重要な要素として，実験思考を挙げることができる[7]。これは，法律学の世界で前提とされることが多かった無謬性や完璧主義から決別するといった意味を持つ。法律学では，論理的できれいな解釈論に高い価値が与えられてきたが，政策学の世界では，美しい論理思考や過度なモデル主義を追い求めるべきではない。複合的で混沌としている現実を対象としてモデルの純粋性を求めると，結果として，前提条件を単純にしたり，モデルを単純にすることが行われやすい。これまでも輸入品の政策モデルが提案されてきたが，実際にわが国で活用できるのか疑問が残るものが少なくない。むしろ，法制度には完成品は存在しないといった前提から出発して，使える技法は何でも試行していく，そうした実験を通じて制度の進化を図るといった認識が重要である。

　もっとも，実験を行う場合には前提条件は重要である。人間社会を対象に実験が行われることから，成果が上がらなかった場合のことを考えておく必要が

---

[7]　大橋洋一「実験法律の法構造」同『対話型行政法学の創造』（弘文堂・1999年）（以下，「対話」と引用）280頁以下（初出1998年）。フランスにおける地方公共団体による実験的立法の可能性について，飯島淳子「地方分権・地方自治の法構造」法学73巻1号（2009年）16頁以下参照。

ある。つまり，後戻りすることができる余地を残した上で，実験は行われるべきである。このように，撤退論を備えた実験思考が政策の法律学には重要である[8]。

(中間総括) 政策が法律学で重視されなかった理由

政策や政策学の視点が法律学で重視されなかった原因としては，以下の7点を挙げることが可能である。

第1は，法律が制定されると，あたかも機械を動かすように，自動的に執行されていくという法律観が強かったことである。

第2は，規範といった場合に，国会の制定する法律ばかりに注目が集められたことである。換言すれば，条例が軽視されてきたということである。それ以上に軽視されたのが，行政機関が個別活動を行うために法令を具体化するべく作成した基準（行政基準）である。具体的には，行政計画，政令，省令，通達，要綱などである。実際には，こうした行政基準に基づいて行政活動は行われ，制度は運用されているにもかかわらず，関心が低かったのである。

第3は，法を利用する主体として，裁判の局面を念頭に置いて，裁判官の視点に立って考察が進められてきたことである。つまり，問題の立て方は合法か違法かといったものであり，原告による訴え提起にくわえ，訴訟要件を充たした場合に初めて議論の俎上に上るといった制約も見られた。

第4に，市民を主体として法政策学を構築するとしても，制度設計には前提知識なり法務能力が要求されることから，一定の情報提供が不可欠である。しかし，実際にはこうした前提は充たされてこなかった。別のいい方をすれば，行政機関と市民との間に情報格差が見られたのである。

第5に，日本の法律学では，行政作用の分野と財政の仕組みが峻別されてしまっていたため，両者を一緒に語る場は不足していた。しかし，実際に政策論を展開する場合には，財政的な枠内で手法選択やその優劣を判断せざるをえな

---

[8]　公営競技を素材に詳細な分析を加えるものとして，碓井光明「地方公共団体の競輪事業撤退をめぐる紛争」明治大学法科大学院論集7号（2010年）507頁以下参照。

いのである。

　第6は，恵まれた財政状況が比較的長く続いた点である。最近は異なっているが，戦後長きにわたり経済が成長し，マンパワーが充分にあり，財政も潤沢な時代が見られた。一般に，財政状況や経済状況が好調なときには，法制度は改革されず，行政改革も低調である。これに対し，財政状況が悪化すると，切り詰める議論を真剣にする中で制度論は洗練される傾向にある。例えば，オーストリアで世界初の行政手続法が制定されたが，これはオーストリア＝ハンガリー二重帝国が終焉を迎えた厳しい時代背景の下に生まれたものであるといわれている。

　最後に，市民の参加を図って政策を議論するといった参加問題が，法律学では長らく課題として軽視されてきた。市民参加を前提に，市民と行政が対話を重ねて，知恵を絞るといったプロセスを重視してこなかったのである。

2　ソフトな規範の活用

(1)　制御という視点

　法政策学を語る上で重要な概念として，制御を挙げることができる[9]。行政法では従前は規制を中心に論じていたのに対し，最近では，一定の行為や不作為に市民等を促す誘導や制御と呼ばれるものが注目されている。

　一例を挙げるならば，都市計画の世界では，都市計画法に基づく許可や規制が重視されてきたが，土地所有権に対する市民の思い入れが強いわが国では，その執行に困難を生じる場面が存在した。これに対し，近年では，都市再生特別措置法に基づいて，一定のエリアに居住を誘導するとか，都市施設の設置を誘導するといった仕組みが整備されている。ここでは，交付金や税金の免除，容積率のボーナス，開発許可手続における手続支援などの事実上の措置が法律に基づき行われている[10]。このように，現行の都市計画制度は，都市計画法に

---

[9]　制御には，行政機関に対するものもあれば，市民に向けられたものもある。大橋洋一「行政の自己制御と法」磯部力ほか編『行政法の新構想Ⅰ』（有斐閣・2011年）167頁以下（本書第8章），同「企業責任と誘導型行政手法に関する一考察」同・対話162頁以下（初出1999年）。

基づく規制の仕組みと都市再生特別措置法に基づく誘導の仕組みによる二元型システムとして形成されている[11]。

（制御・誘導の限界）

制御や誘導は増加の傾向にあるが，他方で，その限界やデメリットに注目する必要がある。誘導の仕組みの下では，経済的なインセンティブやディスインセンティブを与えるなどの手法もあれば，組織や手続を通じて間接的に制御する手法も発展してきている。これらは間接的な形で効果を発揮する性格のものであることから，直截な解決を望む者にとっては，靴の上から足をかくようなもどかしさを感じさせる。つまり，規制手法と比較すると，制御や誘導は効果発揮までタイム・ラグが生じ，規律の正確性などの点で規律能力において劣ることは否定できない。したがって，場面によっては，規制的手法の利用も視野に入れながら，規制と誘導を併用するとか，規制を背景にして誘導を活用するなど，両者の組み合わせに配慮する必要がある。

(2) 行政準則を起点とした交渉と協議

(a) 基準準拠型行政スタイル

現代行政法で発展してきた行政スタイルは，行政準則に則して個別の行政活動を行うといったものである[12]。行政準則には政省令のように市民に法的拘束力をもつもののほか，通達のように市民に対して法的効果をもたないとされた行政活動指針も含まれる。基準準拠型行政スタイルの具体例を挙げれば，行政手続法においては，申請に基づく応答処分を行う場合には審査基準，不利益処分であれば処分基準，複数者に対する行政指導では行政指導指針があらかじめ作成され，市民に公にされていることが一般に要請されているのである（5条1項・3項，12条1項，36条）。このように，行政活動の準則を市民も共有しながら，そうした準則の下に行政活動が展開されることが求められ，行政活動の公

---

10) 従前は事実措置に止まったものを立地適正化計画以下の仕組みとして法定化した点に法的特色を認める見解として，亘理格「立地適正化計画の仕組みと特徴」吉田克己ほか編『都市空間のガバナンスと法』（信山社・2016年）117頁参照。
11) 栗田卓也＝堤洋介「都市の公共性と新たな協定制度」学習院法務研究5号（2012年）10頁は，本文で述べた二元システムを，車の両輪と表現する。
12) 基準準拠型行政スタイルに関しては，大橋・前掲注1) 56頁以下参照。

正性や透明性が担保される仕組みとなっている。

(b) 基準策定の学習効果

課題は，いかなる策定過程を経て行政準則を実り多いものとしていくのか，地方公共団体であれば，国や市民といかに意見交換を図りながら作成していくかというものである。地方公共団体が作成した行政準則の中には，国の法律や通達を引き写して市民に示しているものが多い[13]。こうした運用では，基準の作成や適用を契機とした対話や学習の機会を放棄することとなり，対話型行政を発揮すべきプロセスはすべて失われてしまう。つまり，施策の統合を図る機会も生まれず，市民に対して説明責任を果たすこともできないのである。

(c) 司法過程における基準の役割

最近の判決を見たときに，興味深いのは，通達をはじめとする行政基準を活用した裁判例が目に付くことである。これをどのように評価するかは，重要な理論課題である。以前は，通達などは行政機関が作る内部法だから，策定した当事者の基準を用いて，市民と行政との裁判の場で議論すること自体が不見識だという批判も存在したところである。しかし，行政事件訴訟法が改正されて，訴訟要件が緩和され本案に入る事例が増えてくると，行政裁量の問題に裁判所がいかにして踏み込むかが争点となる。そのときに，行政機関が自ら作成・公表して，その実施を宣言しているルールがあった場合に，裁判所がそれを援用して，その通りに行っていない理由を問いただし，説明を求めていく審査方法は有用性を期待することができる。

換言すれば，従前のような形式論に立脚して現状に対して目をつぶるよりは，行政準則を直視して，現実はこういう実態となっているという認識に立って議論を進める方が審査としては深いものとなるのである。

---

13) 野口貴公美「行政立法――『裁判規範性』に関する一分析」磯部力ほか編『行政法の新構想Ⅱ』（有斐閣・2008 年）25 頁。

3 社会実験の重視

(1) 社会実験と法制度

　法制度を設計するうえで社会実験がもつ意義について，改めて分析することとしたい[14]。従来は，人間社会を対象とする法律学で実験はあってはならず，この点が自然科学と法律学との違いであるとされてきた。しかし，従前の研究手法でも，比較法は他の地域における実験を自国に活用しようとするものであって，広い意味では地球レベルで実験を行っているということができる。自国民に対して実験を抑制しているにすぎない。また，法制史は，現在の日本人に対して実験は行わないが，昔行われた施策を対象として現時点でその成果を参照するものである。

　行政法で説かれる参照領域理論も，実験の要素を含むものである[15]。行政には各種分野が存在し，教育もあれば，社会福祉，都市計画，出入国管理など多岐にわたる。興味深いのは，各領域における法制度は均等に発展しないため，領域相互を比較すると各領域における制度の発展の度合いに相違が存在することに気付く。例えば，都市計画の分野では，計画の作成手続について入念な参加手続が発展している。そうであれば，その計画手法を社会福祉の分野に転用することはありうる。このように領域間で比較参照を行うことは，先行分野において領域限定の実験が行われているとみることができる。以前に，社会実験という用語を使って研究報告をしたときに，内閣法制局の人から批判を受けたことがある。しかし，近年では，社会実験と名の付いた施策は行政実務でも多数行われ，大臣の記者会見でも社会実験を通じた政策実現が語られることも少なくない。例えば，国土交通省では，予算措置を通して社会実験を推進しており，社会実験について蓄積を重ねてきた。もっとも，国土交通省で社会実験について講演を行ったことがあるが，社会実験を進めている官僚たちは，社会実

---

　14) 大橋洋一「社会実験と法制度の設計」法学研究 81 巻 12 号（2008 年）29 頁以下（本書第 3 章）参照。
　15) エバーハルト・シュミット＝アスマン（太田匡彦ほか訳）『行政法理論の基礎と課題』（東京大学出版会・2006 年）。

験の意義を特に認識しているわけではなく，社会実験を法制度として純化していくような機運にはない。この点は，改善が必要である。

　社会実験の具体例として，池袋の駅前でオープンカフェを実施したり，歩行者天国を設けたり，車線の流れを変えて交通量の変化をみるとか，コンパクト・シティー施策の展開に照準をあてた実験を行っている。残念なことに，法律学の方が遅れていて，実務の方が先に行ってしまっているのである。実務の第一線の変化を拾えていないのは，研究者の認識が足りていないことに起因する。

(2)　行政の社会学

　今後は，実施された実験結果を活用していく方法が重要である。実験を行う場合に大事なのは，行政の社会学を構築することである。その際に，この科目を誰が担うかという問題がある。例えば，行政学は官僚制を分析してきたが，実際の行政実務に関しては必ずしも正面から取り組んでいない。もっとも，個別の業績としては行政学，行政法学，法社会学で実証分析の性格を有した研究も登場していることから，そうした知見を動員して政策学の研究手法を考えるべきであろう[16]。

　実証分析を通じて制度論を語るのでなければ，政策学は成立しないことから，政策学の前提となる社会学は不可欠であるということができる。

(3)　フィードバックの視点

　現状から政策を立案し法文へとフィードバックする仕組みを構築することが課題となる。もちろん，重要な公共政策型裁判があれば現実は変わるけれども，それには多額な資金と時間と原告の努力が必要になる。また，うまく裁判に乗る「いいケース」が出てこないと，実際にはなかなか結実しない。これに対して，常に存在し，特定市民にコストをかけることなく改善を進めていくシステ

---

[16]　行政学の分野における森田朗『許認可行政と官僚制』（岩波書店・1988年）が開拓的意義を持つ作品であり，行政法学では北村喜宣『行政法の実効性確保』（有斐閣・2008年），大橋・前掲注6），法社会学では平田彩子『自治体現場の法適用』（東京大学出版会・2017年）など参照。

ムが必要である。

　例えば，不服申立ての過程に置かれた審議会や審査会が諮問に答申するだけでは，上述の期待に応えることはできないのであって，制度改善を積極的に提言することが考えられる。紛争が発生している政策分野は，何らかの社会的病理を抱えていることから，それに対し仕組みを変えるよう建議をする機能が重要性をもつ。他方，政策評価の仕組みを充実させることも課題である。ただし，政策評価については，他方で評価疲れという副作用もあわせて考えないといけない段階に達している。

(4) 事実調査の重要性

　政策を実現する上では，事実を的確に踏まえていること，政策が基礎とする事実関係を把握可能にする仕組みがなければならない。この点からすると，行政活動の前提として調査手続を整備することは今後の重要課題である。

　2004年の行政事件訴訟法改正で，行政処分を争う訴訟類型では，裁判所で一件書類を提出するよう求める仕組みができた（23条の2：釈明処分の特則）。それ以外の行政活動については，そこまでの手続はなお整備されていない。市民から見た場合には，行われる行政活動の種類によって，事実認定の基礎が違うというのも説明のつかない話である。多様な行政活動について調査の段階を整備していくことが，行政裁量の統制を考える上でも有用である。

4　法律・条例の新たな役割

(1) 法律による大綱政策提示

　法律のもつ潜在能力について説明することとしたい。法律は政策法学にとって中心的役割を果たすものであるが，その法律についてスタイルや市民の意識が変わってきたように思われる。1つの変化の兆しとして，基本法とか基本条例が近年増加している[17]。その原因を探ってみると，従来，法律は行政活動の

---

17) 基本法に関しては，小早川光郎「行政政策過程と基本法」成田頼明先生退官『国際化時代の行政と法』（良書普及会・1993年）59頁以下，塩野宏「基本法について」日本学士院紀要63巻1号（2008年）1頁以下参照。

根拠としての必要性の観点から制定された（法律の留保原則）。すなわち，法律には法律事項が不可欠であるという前提が存在した。もっとも，こうした法律の利用法は，法律という道具の使い方としては一面を示すにすぎない。法律には，これとは異なる潜在能力がある点が重要である。つまり，日本の行政機関なり公共セクターが，ある政策課題について，今後の政策展開や重点政策を市民に対して示す道具として，法律が重要な機能をもつことである。

　たしかに，これまでは，政策を表明する審議会と，その政策を実現する規制根拠としての法律という組み合わせで政策は実現されてきた。しかし，これは，ありうる組み合わせの1つでしかない。こういう発想が強いことから，法律の目的規定を柔軟に見直していくという動きは低調なものにとどまった。むしろ，一旦定めた目的が固定化する傾向にある。一例を挙げれば，国土交通省は人口減少社会を見据えて，コンパクト・シティーということを中核に置いて，国土形成を進めている[18]。にもかかわらず，コンパクト・シティー構想は都市計画法の中に文言としては一向に出てこない。目的規定の改正には，利害関係者の反対を恐れてか，着手されないのである。もっとも，こうした構想を都市計画法に掲げることは比較法的に見て例外ではなく，「持続可能」といった表現で政策の転換を示す必要がある。これを通じて，行政運営を一定の方向に調整して進めることが可能となる[19]。他方，戸籍法の改正においても，従来存在しなかった目的規定を置くとともに，紙媒体中心の戸籍行政を電子化し，情報連携を強めていくことを示唆する表現を目的規定に含めることが課題である[20]。

(2)　定期的見直し

　法律に関しても，普遍的な意思を示した完成品としてのイメージについて修正を図ることが必要である。近時の法律は，賞味期間が短い印象を持つ。実験法律などというと批判があるかもしれないが，実験としての性格を持った法律規定が実際には多く存在する。例えば，時間を限定した法律規定として見直し

---

18)　大橋洋一「コンパクトシティーの制度設計」同・空間40頁以下（初出2006年）。
19)　例えば，縮退的都市行政を目的に掲げることにより，都市計画区域外における開発許可（例えば，都市計画法34条11号）の運用を抑制する可能性が開かれる。
20)　参照，大橋洋一「公証行政の基本問題」法曹時報70巻7号（2018年）36頁以下。

規定，時限法，自動失効条項やサンセット条項があり，区域を限定した特例措置として特区を盛り込んだ法律規定が存在する。どれも確定的なものにする意思で法律をつくっておらず，きわめて暫定的な性格が強い。今後は，法律の暫定性を視野に入れた上で，見直しの機会を持つことの重要性に注目していくことが大切である。

行政手続法が行政立法手続の中で，社会経済情勢に適合させる義務を規定しているが（38条2項），これなどは見直しを重視する考え方が明確に示された一例である。また，都市計画法の運用にあたっても，適時適切な都市計画の見直しやマネジメント・サイクルを重視して立地適正化計画をおおむね5年ごとに見直すことが望ましいとされているが，それも思考方法としては同じものである[21]。

(3) 条例の活用

地方公共団体レベルで制定される条例も，実験の要素を含む。つまり，当該地方公共団体を対象とした特例措置の試行ととらえることが可能である。

法律の進化過程としては，ある条例が成功を収めて法律に結実していく進化のプロセスのほか，ある地方公共団体が条例でうまくやったのを見て，他の自治体がそれにならい横に条例制定が広がっていくという，横並びの進化が存在する。先進的条例をつくる地方公共団体では，首長の指導性が強く，首長のリーダーシップと条例は密接に結びついている。したがって，首長の指導的役割やリーダーシップ，それを可能にする手続や組織も，政策学では重視していく事柄であろう。同時に，地方議会の政策能力の向上，それを可能にする議員のあり方や選挙改革などが重要課題となる[22]。

---

21) 国土交通省『第10版 都市計画運用指針』（2018（平成30）年9月）Ⅲ-2の4及び5参照。
22) 地方議会・議員に関する研究会「地方議会・議員に関する研究会 報告書」（2017年7月），斎藤誠「地方自治の法的議論における歴史の位置」公法研究73号（2011年）143頁注12，大石眞「二元代表制下の統治機構をめぐる諸問題」初宿正典先生古稀『比較憲法学の現状と展望』（成文堂・2018年）273頁以下。

5　市民参加の課題

(1)　情報の公開

　市民参加を重視する上では，市民による政策情報の共有が前提であり，この観点からは情報公開が大事な基盤となる。ただし，情報公開が進展してきたといっても，第三セクターの情報公開は十分ではない。多くの市町村では株式会社がその周りにあって，そこで扱っている仕事はほぼすべてが行政からの委託である。市の職員が出向で行っているところもあれば，トップには首長が座っているところ，さらには100％出資の株式会社などがある。こうした株式会社が公共的な事務を行っていることから情報公開の対象としようとしても，「株式会社であって行政ではない」という論理で，情報公開から免れることが可能になっている。

　こういう状況を改善する上では，情報法分野において法人格を否認するための法理を適用する必要がある。以前に改正に関わった福岡市情報公開条例では，株式会社の代表者と福岡市長とで協定を結び，その協定に基づいて当該会社の情報を市に保有させることを可能にした[23]。かくして，株式会社の情報が市職員の保有するところとなれば情報公開条例の対象となることから，それで情報公開を図るという新しい仕組みをつくった。こうした形で，外郭団体を視野に入れないと，行政上の課題も解けないのである。上記は地方公共団体における改革事案であるが，同じ課題は国の場合にも存在するところであって，ここには情報公開協定の発展可能性を認めることができる。

　このほか，情報公開は進んだ一方で，地方公共団体による情報提供は未だ十分ではない。それを痛感させるのが，危険情報を地方公共団体が保有して危険地域などを把握しているにもかかわらず，それがなお十分に市民に周知されてない事例である。そのような情報を公開すると地価が下がるという反対を恐れて出さない例も見られた。こうした問題は，リスク管理に関する首長の判断に委ねられてきたところであるが，生命や身体の安全に関わる情報の提供は義務

---

23)　大橋洋一「自治体外郭団体の情報公開」同・空間164頁以下（初出2002年）。

として進められる必要がある。

(2) 提案制度の拡張

　最近では，参加を超えて，市民が原案をつくって提案をするという制度が発達してきている[24]。これを広く使っていくことが大事である。制度提案に関して従前は，全員同意で進められてきた。これでは，1人の反対者が政策の成否を決することになるが，これは公共政策の進め方としては疑問が残る。そこで，要件を3分の2同意に下げるなど，同意要件をめぐる工夫を進めることが課題となる。

6 組織法の潜在能力

(1) 組織法の意義・機能

　行政組織の編制のもつ意味について考察することとしたい。組織法分野は法律学ではあまり関心を持たれてこなかったが，組織の構成を変えることは，政策課題への対応策としてきわめて重要である。例えば，専門的な部署を創設すれば，実際には執行率に反映してくることが考えられる。つまり，組織形態が市民への行政作用に対して影響を及ぼすのである。加えて，組織のあり方を変えることは，新しい組織分野については，一定の期間にわたって予算や人員を配置して常時事務を行うことを宣言する意味をもつ。したがって，中長期の重点計画をつくることと機能的には同じことが，組織を変えることによって達成可能なのである。このように，計画と組織には機能的に代替性が認められる。こうした点に鑑みると，組織のあり方については政策学としても関心を持っていくことが重要である。

　現在では，財政難で苦しんでいる地方公共団体が多く，行政改革で職員数も相当減らされている。市町村合併で市区町村の数は1,700余りにまで減らされ，肥大化した市と小規模なまま残った町村が存在する。こうした基礎自治体を前提として，執行問題を考えなければならない。さらに，その行政の周りには，

---

24) 計画提案制度に関しては，大橋・前掲注1) 158頁。

数多くの外郭団体が存在し私法上の形式をまとって運営されているが、そうした団体をどうやって統制していくのかという問題がある。加えて、道州制の導入も、今後の大きな検討課題となる[25]。

(2) 協議の場の制度設計

広域的課題の解決に当たり、協議という手法が重要性を獲得する。協議に関する分析が、政策法学を構築する上ではきわめて大切である。しかし、法律では、地域的課題を話し合う協議会については法律規定が増加する一方で、国と都道府県が話し合う協議の場については規定が置かれてない。また都道府県と市町村とか、市町村と隣接市町村との間の協議の場が不足していて、政策調整ができていない。協議をどのように行うのか、そういう協議の場の中に誰が参加すべきか、議決方法について議論すべきである。歩行者空間をつくるということであれば、道路部局のほか警察、さらには地域公共交通の事業者も入ってくるという形で、行政機関に限定しない関係者からなる協議機関をつくる必要がある。このように、組織論の中でも協議会の制度設計は重要性を持つ。

7 行政計画の統制

(1) 行政過程と訴訟の連携

行政計画についても様々な問題が存在する。1つは、計画について裁判で法律との適合性を争うことのできる場をつくる必要がある。都市計画の訴訟制度について検討する研究会に参加する機会を得たが[26]、計画は複合的利害を調整

---

25) 道州制に関しては、大橋洋一「道州制と地方自治」ジュリスト1387号（2009年）106頁以下。批判的な検討として、村上博『広域行政の法理』（成文堂・2009年）。自治体間協議の仕組みに関しては、大橋洋一「対話型国土計画への期待」同・空間12頁以下（初出2006年）参照。碓井光明「法律に基づく『基本方針』——行政計画との関係を中心とする序論的考察」明治大学法科大学院論集5号（2008年）1頁以下も参照。

26) 政策訴訟として計画訴訟のあり方を論じたものとして、都市計画争訟研究会「都市計画争訟研究報告書」新都市60巻9号（2006年）76頁以下、都市計画争訟のあり方検討委員会・ワーキンググループ『人口減少社会に対応した都市計画争訟のあり方に関する調査業務 報告書』（2009年）、大橋洋一「都市計画訴訟の法構造」同・空間57頁以下（初出2006年）、大橋洋一「都市計画争訟制度の発展可能性」新都市63巻8号（2009年）1頁以下。

して，将来像を描くという性格があるため，その司法審査は裁断型の判断になじまない面をもつ[27]。利害調整に適した市民参加型手続を構築した上で，裁判所が計画について欠点を見つけた場合に，違法性を宣言して行政手続に差し戻すという，行政過程と司法過程の間の対話，キャッチボールをスムーズにすることが肝要である。

(2) 総合計画

かつては，計画をつくり，その計画に対して予算が付くという仕組みが見られた。行政の拡大主義の下における計画行政の位置付けはこのようなものであった。これに対し，今後は予算がない中でどの施策をやめてどれを優先するか，政策の序列化という困難な作業をやらざるをえない[28]。こういう整理を進めるために総合計画を策定する先進的な地方公共団体が登場している。そこでは，首長選挙の争点に具体的政策問題が出され，そうした政策を掲げたマニフェストをもって戦い，当選後はマニフェストと連動した総合計画が策定・実施されている。

8 法の執行と実効性確保

(1) 民事裁判の活用

執行をどれだけ柔軟に行っていくか，また，その実効性の確保が法政策学では重要である[29]。日本の行政は権力主体であると言われるが，実際に地方公共団体が真摯に政策課題に取り組み規制権限を行使しようとする場合に，十全な権限を持っていないことが少なくない。多くの場合に，行政指導を基本に運営を行っている状況が見られる。実効性確保の手段として，1つは行政が市民とまったく同じ立場に立って，民事裁判を使う手法がある。公務員も慣れると民事裁判は使い勝手がいいという意見を聞く。実際に利用されているのは，公営

---

27) 大橋洋一「都市計画の法的性格」自治研究86巻8号（2010年）3頁以下（本書第15章）参照。
28) 大橋洋一「自治体総合計画に関する一考察」同・空間136頁以下（初出2008年）。
29) 執行の問題に関し，大橋編著・前掲注2）を参照。

住宅の滞納家賃や給食費の請求，妨害排除請求などである。これらは，金銭債権とか財産権に関するものであって，民事裁判が利用できるものである。他方，最高裁の宝塚判決により，地方公共団体は民事裁判の利用範囲を大きく失ってしまった[30]。この点の改善のほか，罰則や過料，氏名公表の活用，さらには協定の利用などで実効性確保を進める必要がある[31]。また，地方公共団体の執行を法律で支援することも重要な課題である。

(2) 行政的執行制度の立法改革

簡易に使える道具を整備することも考える必要がある。ポイ捨て条例などで活用されているような，過料制度に並ぶ手法を整備すべきである。行政代執行に関しては，近時，空家等対策の推進に関する特別措置法や空き家対策条例の施行に伴い実施数が増加していることから[32]，運用面を中心に経験を共有していくことなどが課題となろう[33]。

おわりに

以上，提案や課題を例示することに終始してしまったが，新たに登場する課題に関心を持って分析を進めることが法政策学には不可欠である。これは1つの科目だけでは達成困難である。多方面の知恵を借りながら学際的な協働の下で政策学の分野が発展することを祈念して，本章を閉じることとする。

---

30) 最判2002（平成14）年7月9日民集56巻6号1134頁。宝塚判決後の制度設計の試みとして，日本都市センター編『行政上の義務履行確保等に関する調査研究報告書』（日本都市センター・2006年）のほか，鈴木庸夫「地方公共団体における義務履行確保に関する法律要綱私案覚書」千葉大学法学論集23巻1号（2008年）9頁参照。
31) 条例で協定を定めた場合に，地方公共団体の締結した協定上の義務履行を求めることは「法律上の争訟」に該当する（最判2009（平成21）年7月10日判時2058号53頁）。宝塚判決の射程の限定に関しては，参照，福岡高判2007（平成19）年3月22日判例地方自治304号35頁。
32) 北村喜宣『自治力の挑戦』（公職研・2018年）52頁以下参照。執行を支える要因として，ガイドラインの存在，都道府県の支援等を挙げる。
33) 曽和俊文「行政の実効性確保の課題」行政法研究20号（2017年）62頁以下参照。

第3章
社会実験と制度設計

はじめに

(1) 制度設計学としての行政法

　行政法学は，法律解釈学に重点を置いてきた[1]。今後は，制度設計学の分野を発展させていくことが，法制度形成に寄与しうる現代行政法学を構築する上で重要な前提事項となる。教育課程との関連で述べれば，法科大学院における行政法教育に加えて公共政策大学院における行政法教育を進化させることが肝要である[2]。

　行政法学と制度設計学との接点は限定的であるように見えるが[3]，実際には両者はきわめて密接したものであり，連続的関係にある。つまり，現行法の解釈で対応できない限界を打ち破ろうとするとき，新法なり法改正が必要となり，ここで前提とされている限界は法解釈を通じて初めて確定できるものである[4]。

---

1) 法学的方法論の変革に関しては，大橋洋一「行政手法から見た現代行政の変容」同『行政法学の構造的変革』（有斐閣・1996年）14頁（初出1993年），同「新世紀の行政法理論」同『都市空間制御の法理論』（有斐閣・2008年）（以下，「空間」と引用）326頁以下（初出2001年）。
2) 法科大学院における法律基本科目に行政法が位置づけられ，司法試験において必須科目と位置づけられた。他方，国家公務員総合職試験の院卒（法務区分以外）では，行政の試験区分で，制度設計を念頭に置いた公共政策という科目が選択問題とされている。また，総合職試験の大卒（教養区分以外）でも，公共政策は，政治・国際，法律，経済の試験区分で共通の選択問題とされている。
3) 立法学や政策学の代表例として，阿部泰隆『政策法学の基本指針』（弘文堂・1996年），中島誠『立法学〔第3版〕』（法律文化社・2014年）。

加えて，新たな立法をする場合には，法文が実務においてどのように解釈・運用されていくのかを想定できなければ，法案の作成は不可能である。このように，立法作業にあっては法解釈の基礎知識・基礎理解を要求されるため，わが国の立法実務においても，法案作成に法学部出身の官僚が当たってきたという経緯がある。行政法学は，解釈学の基礎の上に制度設計論を形成することが大切である[5]。

(2) 実験法学の時代

　制度設計に当たり，伝統的に重視されてきたものは，国内法における先例と，諸外国における先進型法システムの参照である。この点で，歴史研究と比較法研究が制度設計論の中心に位置してきた。しかし，こうした研究は，参照例が国内外に存在する場合に限り有効なものである。換言すれば，新規課題に関し適切な法システムが未だ国内外で開発されていない問題については，有効性を発揮することができない。わが国の法律学が西洋法へのキャッチアップを果たした現段階においては，新しい方法論が問われているといえよう。1つの方向は，新規法制度の自主開発であり，それに向けた国内実験の必要性である。こうした実験法学の必要性は，現代法の1つの特色を示すものである[6]。最近の法制度の動向をみると，実験とは銘打っていなくとも，実験型の制度ないし施策は数多く登場しているように思われる（構造改革特区などは，その代表例であろう）[7]。こうした中で，「社会実験」と銘打った施策が中央省庁において展開されてきていることが，現代行政法学にとっても興味深いところである。しかしながら，こうした社会実験は，これまで法学研究の対象とはされてこなかった[8]。本章は制度設計論の基礎研究として，社会実験を分析することとする。

---

4) 大橋洋一「『政策法学』と行政法学」同『対話型行政法学の創造』（以下，「対話」と引用）（弘文堂・1999 年）303 頁（初出 1996 年）。
5) 1つの例として，大橋洋一「コンパクトシティーの制度設計——政策調整の法律学」同・空間 40 頁以下（初出 2006 年）。
6) 実験法学という構想に関しては，大橋洋一「実験法律の法構造」同・対話 280 頁以下（初出 1998 年）。
7) 恩地紀代子「構造改革特区法の問題点」山村恒年編『新公共管理システムと行政法』（信山社・2004 年）237 頁以下。
8) 本章は，「新たな都市交通施策の方向性と実現方策に関する研究会」で 2008 年 5 月

(3) 交通政策と社会実験

　社会実験は複数の省庁において展開されているが，その中で比較的長期にわたり取り組みを重ね，実施件数の多いものとして，国土交通省における社会実験を挙げることができる。同省では，街路交通調査費による交通社会実験など，多くの実験が積み重ねられてきた。

　もっとも，事実としての実施が先行しており，社会実験の試行について，理論的総括は同省においてもなされていない[9]。しかし，既に相当な時間が経過し実験件数が積み重ねられてきた点に鑑みると，社会実験の共通ルールを考える時期が到来しているように考える。特に必要であることは，社会実験結果の利用方法を考えることであり，これは制度設計論にとって大きな意味をもつ。近年の行政法制度の進化とその特徴は，都市空間制御の法理論・法制度に認められ[10]，こうした法システムにおいて社会実験は中心的な位置を占める。

　上述の問題関心に基づき，新たな制度設計論における社会実験の意義を本章では考察する。

1 社会実験の概要[11]

(1) 費用負担から見た社会実験

　社会実験に関しては，特別な法制度が用意されているわけではなく，予算措置として実施されてきた。予算措置として，2つの仕組みが用意されている。1つは，年度別に「社会実験公募要領」に基づき実施されるものである。交

　　23日に行った講演を基礎としている。貴重な意見を寄せてくださった研究会委員各位にお礼申し上げる。
 9) 数少ない取り組みとして，日本交通政策研究会「交通社会実験シンポジウム『交通政策立案に社会実験は役立つか？』」(2005年)。このほか，2006年1月24日には，国土交通省道路局主催で「社会実験意見交換会」が開催されている。
 10) こうした問題意識から刊行された論文集が，『都市空間制御の法理論』(前掲注1))である。とりわけ，その序章参照。また，行政の自己制御と現代行政法の関連に関しては，本書第8章参照。
 11) 社会実験の実施状況に関して本章の分析は，国土交通省道路局地方道・環境課「社会実験 道路施策の新しい進め方」(2006年3月)，国土交通省道路局 社会実験ホームページ (http://www.mlit.go.jp/road/demopro/) 参照。その後の展開も含めて2018年3月時点の状況については，同ホームページで紹介されている。

付手続としては，公募を前提に有識者等からなる懇談会が候補施策を推薦し，国土交通省が最終的に採択する。この仕組みの下では，費用所要額は国により負担されるため，地方公共団体の負担部分は存在しない。例えば，2006年度社会実験公募要領を見ると，社会実験のテーマとして，①多様な主体との協働による道路空間を有効に使うための実験，②歩行者・自転車を優先するなど道路空間の使い方を変えるための実験，③その他，道路利用者に対するサービス向上に資するものの3つが挙げられている。申請資格を持つ団体としては，①地方公共団体（ここには，一部事務組合，広域連合を含む），②商工会議所や特定非営利活動促進法に基づく団体（ただし，実験に地方公共団体の関与が要請されている），③まちづくり協議会等公的任意団体（ただし，地方公共団体が協議会等の構成員であることが要請されている）が挙げられている。このように実験を行う団体としては，地方公共団体が中心に想定されている点に特徴をもつ。国土交通省の負担額は，おおむね500万円から1500万円程度とされている。

他の1つは街路交通調査費として（国土交通省都市局）都市計画課が交付する補助金に基づくものである。この場合には，地方公共団体の要望を聞いて，同室による交付の手順が踏まれ，補助率は3分の1，残りの3分の2は地方公共団体の負担による。

(2) 施策内容から見た社会実験

1999年度から2005年度まで実施された111地域（124件）をみると，社会実験のテーマとして，以下の内容が選ばれている[12]。具体的な施策を挙げることを通じて，何が実験されてきたのか，社会実験における関心を探ることとしよう。各施策は重複する部分を含むが，代表的なものを分析する。

(a) 歩行者・自転車の優先を目指した施策　　26地域
（施策の趣旨）
これは，歩行者空間を拡大するための実験である。従来のような自動車優先

---

[12] 国土交通省道路局地方道・環境課・前掲注11) 3頁を一部修正して掲載。1999年度から2007年度までには184地域（198件）で実施されており，本章で取り上げた政策以外では，通り名・位置番号方式による道案内システムにかかるものが見られる。

の道路利用から歩行者・自転車優先の道路利用への移行を図るものである。
　（具体策）
・車両速度抑制対策　　これは，交差点部分や歩行者通行部分の道路をカラー舗装したり，生活道路の危険箇所について10センチ程度道路面を高くした部分（ハンプ）を設けるものである。
・トランジットモール　　一般車両の道路利用を制限し，メインストリートを歩行者専用にする一方で，公共交通機関としてのバスや路面電車のみを通行可能とする施策である。
・くらしのみちゾーン　　中心市街地等に指定された社会実験区域に一般車両が流入することを制限するものである。
・歩行者との道路共存化　　2車線を1車線へと車線数を減少し，残りの1車線を歩行者に開放するものである。
・歩道確保　　車道幅の縮小により，歩道を確保する施策である。
　(b)　地域が主体となった道路活用策　　42地域
　（施策の趣旨）
　地域が一体となって，イベント等を開催し，道路を地域活動円滑化のために柔軟に利用する施策である。
　（具体策）
・オープンカフェ等による道路空間の多目的利用　　広い幅員をもった歩道の一部において室外のカフェを設置する。このほか，車両通行制限をして歩行者天国を設置し，音楽イベント，フリーマーケット，農産物を提供するマーケット等を開催したり，そこに室外カフェを設置したりする施策である。
　(c)　公共交通機関の利用促進施策　　12地域
　（施策の趣旨）
　自動車利用から鉄道，バス等の公共交通への転換を促す実験である。
　（具体策）
・パークアンドライド，バス利用の促進　　郊外にあるスーパーマーケットの駐車場等を利用して，自動車からバスへの乗り換えを図り，公共交通手段を用いて中心市街地に入るよう促す施策である。ここで利用される小型循環バスは，駅や公共施設，大型商業施設の間を結ぶなど，利便性を高める工夫が施されている。例えば病院を循環するバスでは，高齢社会の進展に合わせて，病院玄関にまでバスが乗り入れるように配慮している。
・自動車の共同利用　　モニターになった市民・事業所による通勤時の相乗り，

業務における低公害車・電気自動車の共同利用を促す施策である。
・バス専用レーン　　専用レーンを設けて，ニュータウンと中心部を結ぶ急行バスを導入する実験である。
　(d)　観光地の交通円滑化施策　　7 地域
　(施策の趣旨)
　自動車利用による観光地訪問が交通渋滞・路上駐車を生み出すことから，公共交通利用への転換を促進する施策である。
　(具体策)
・パークアンドライド　　観光中心地区への自動車流入を制限し，併せて周辺部において駐車場を整備し，中心地区とつなぐシャトルバスへの乗り換えを可能にする。シャトルバスの利便性を向上させるために，バス専用レーンを設置する。
・レンタサイクルの仕組み確立　　観光の中心地で自由に移動できるように，自転車利用を促進する（回遊促進）。特に，どのサイクルポート（駐輪場）でも自転車の乗り捨てを可能にするなど，レンタサイクルの仕組みを導入する。併せて，徒歩と自転車を中心とした観光地づくりを行うために，交通・観光情報の総合的提供を行う。
　(e)　自転車利用環境の向上施策　　8 地域
　(施策の趣旨)
　環境にやさしく，渋滞緩和に資する自転車の利用促進を図るために，自転車の走行空間を確保するとともに，自転車利用の環境向上を図る。自転車走行空間の確保を通じて，同じ空間に自動車と自転車が交錯したり，自転車と歩行者が混みあうことにより事故等が発生することを回避する。
　(具体策)
・ID カードを利用したレンタサイクルシステムの導入　　例えば，自宅近くの無人レンタルポートに ID カードを持って出かけ，カードでキーボックスから自転車の鍵を受け取って，自転車を借り，勤務地近くのレンタルポートで鍵を返却し，自転車を乗り捨てるといった利用方法を可能にするシステムを構築する。
・自転車走行空間の創出（車道と自転車走行レーンの分離）　　2 車線のうち，歩道側の 1 車線を自転車走行レーンとする施策である。
・自転車走行空間の創出（歩道と自転車走行レーンの分離）　　自転車歩行者道として歩行者と自転車が共用している状況を改め，歩道と自転車走行レーンを

分離し，両道の間には路面の切り下げを行い，空間分離を図るものである。自転車走行レーンを設置するのに必要な幅員は，車線を削減することにより生み出される。

　(f)　物流・駐車対策　　6地域
　（施策の趣旨）
　都市中心部には商業目的で貨物車両が流入してきて，中心部の道路を利用して荷捌きを行うことから，交通渋滞，安全性の低下等が生じている。荷捌きスペースを設置したり，共同配送を進めることを通じて，上記の弊害を解消する。
　（具体策）
・路上・路外での荷捌き空間の創出　　路外に共同荷捌きスペースを設置する一方で，道路上に一部，荷捌きスペースを設置する。
・違法路上駐車の駐車場への誘導　　30分以内の駐車料金を無料にするなどして，パーキングメーターシステムの既設駐車場を荷捌きスペースとして活用する。
　(g)　その他の施策　　10地域
　（具体策）
・道路管理の協働　　夏場に道路沿線にガーデニングを行ったり，積雪地域で冬期に除雪作業を官民協働で行う施策である。

(3)　社会実験の成果
　社会実験では，その結果が評価・公表されることが予定されている。その後，実験された施策が本格実施される場合もあれば，実験継続の場合や見直し・中止に至る場合もある。例えば，自動車進入禁止について，商店街によって意見を異にする場合，あるいは商店街と来訪者との間で意見が異なる場合には，施策は見直しないし中止になる。また，トランジットバスの運行と商店街の売り上げとの関連について業種による違いが存在する場合や，売上向上効果が明確に表れない場合などでも，同様の結果となりうる。
　このように，採択に至るかはともかくとして，政策の採択過程が，外部（市民）にとって透明である点に，社会実験という仕組みの特質が認められる。

2 社会実験の特質

多様な内容を持つ社会実験であるが,その仕組みは行政システムとして,どのような意義・特質を有するものであろうか。以下,その概要を示す。

(1) 社会常識への挑戦

社会実験の1つの意味は,従前から当然と考えていた前提・常識を疑う機会を提供する点にある。例えば,わが国では,歩道を自転車が通行人と一緒に利用している。このことは,市民の感覚としては普通のことであると捉えられており,他方,自転車が車道を走るのは自動車との関係で危険であるという意見も存在する。しかし,比較法的には,自転車を歩行者と分離する仕組みの方が一般的である。つまり,歩道を自転車と通行人が共用することは両者の交錯を生み危険であるほか,自転車と自動車の接触事故をも招きやすいと指摘されている。こうした意味で,社会実験は一般常識を疑ってみる契機となりうる。

(2) リスク回避

社会実験は場所と時間を限定して行われることから,期待していた成果が得られない場合であっても,実験失敗のリスクを地域と時間の面で限定することができる。このように,リスクの分散・回避という点に現代的特質を持つものといえよう。近時,リスク法学が模索されているが,そうした法システムにおいても,社会実験は有用性を発揮しうる手法である[13]。

(3) 政策データの取得

先進的施策や新たな施策を対象として行われる社会実験では,当該政策に関

---

13) 山本隆司「リスク行政の手続法構造」同ほか編『環境と生命』(東京大学出版会・2005年)3頁以下,畠山武道「科学技術の開発とリスクの規制」公法研究53号(1991年)161頁以下,高橋滋「環境リスクへの法的対応」淡路剛久教授=阿部泰隆教授還暦『環境法学の挑戦』(日本評論社・2002年)271頁以下,大橋洋一「リスクをめぐる環境行政の課題と手法」同・空間191頁以下(初出2007年)。

するデータの取得が主目的となる．社会実験においては，交通社会実験に限定した場合であっても，以下で挙げるように，それによって新規に得られるデータの内容は多岐にわたりうる．具体的には，中心部への車両進入制限に伴う商店街の売り上げの推移（商店街ごとの違い，業種別の相違も含む），商品搬入に対する不便の度合い，周辺部分の交通への影響，歩行者空間の拡大に伴う歩行環境整備・街並み美化の程度，歩行者や自転車の安全性向上，実験による交通渋滞の解消度（公共交通機関の定時性確保の度合い，利便性向上の程度），歩行者や自転車の交通量増加の程度，中心部のにぎわいの度合い（住民満足度），ハンプ（通行車両の速度抑制を目的として道路上に設置される構造物）設置による自動車の走行速度の抑制効果とハンプ通行時に車両がもたらす振動・騒音，歩行者天国の実施と来訪者数の関係，来訪者の滞在時間・商店街の売り上げとの関係，歩行者数増大と風紀向上との関係，歩行者天国の実施と歩行者の安全性向上との関連，自転車走行レーンの設置と歩行者・自転車利用者の安全性向上など，新規実験データは多彩であるとともに，そこに見られる関係は複合的である．

　試行段階にある施策の場合には，本格実施に向けて，見直しを見据えたデータ収集も可能となる．既に実施された施策の場合には，それがなお改良の余地があるのか，他の施策との組み合わせでどのように効用が変化するのか，また各地域の特性との関連で当該施策が有効なのかなど，社会実験が専門性，地域性による施策への影響調査という意味を持ちうる．法制化まで視野に入れた場合には，法案をめぐる各種折衝過程において，社会実験の実施が当該政策の理論武装手段・政策資料としての意味を持ちうる．このように，社会実験は立法事実の整備及び提示という意味をも有している．

(4) 行政と市民，市民相互を「つなぐ」

　社会実験は，政策が実施される第一線の行政現場でなされるため，施策の実施にかかわり，関係者がいかに行動すべきか，どのような役割を分担すべきか，という問題を顕在化させる．この点で，様々な行政機関をつなぐ（国，都道府県，市町村），多様な市民をつなぐ（NPOも含む）という点で，合意形成を促進する意義を持ちうる．近年では実施体制として，計画立案者，利用者，住民，公的機関等の関係組織を含めた協議会を組織する方式へと進化している．また，

新制度の導入段階で実験が実施される点で，早期の市民参加としての意味を持つ。参加する市民自身が，実験過程を通じて，新規施策の意味，地域課題の発見を学習できる点で，新しいタイプの市民参加制度ということができる。

(5) 縦割り型施策を「つなぐ」

交通社会実験として実施される場合であっても，実施される地方公共団体においては多様な利害が絡み合っているため，当該施策に関して，他分野の利害・他分野への影響を同時に考えざるをえない状況が認められる。このようにして，交通分野，福祉分野，環境分野，情報分野，警察分野，産業振興分野等を横断して考える契機が生まれるのである。これは，縦割り施策の展開がしばしば弊害を生ずるわが国において，行政システム改革に向けた契機となりうる。

(6) 実現可能性の担保

わが国の法制度には，実際に利用されない仕組みがきわめて多い。それは執行コストに起因する場合もあれば，執行を行う主体に対する洞察を欠いた結果の場合もある[14]。したがって，制度の構築・運用を考えるに当たっては，執行の局面を視野に入れることが肝要である。この点で，政策実施と執行の問題を注視していくことが大切となる[15]。社会実験は，制度設計過程の段階から実施と向き合い，関係者の意見を具体的に聞く機会を含む点で，政策の執行にも配慮したシステムの形成を可能にする。こうしたシステムの活用は，制度立案に当たる官僚が執行情報に疎いという点の克服策ともなろう[16]。

---

14) 制度実施のコストが利用状況を規定する例としては，行政代執行の利用を挙げることができる（参照，大橋洋一「建築規制の実効性確保」同・対話196頁以下（初出1999年））。また，執行者に対する配慮を欠いたため制度利用が低調に至った例としては，準都市計画制度の開始が挙げられる。開発意欲の強い市町村に指定権限を与えたため，準都市計画区域の指定という規制手法は全く利用されることがなかったのである。
15) 政策実施過程における執行問題に関しては，大橋洋一「政策実施総論」同編著『政策実施』（ミネルヴァ書房・2010年）1頁以下参照。
16) 官僚経験者によれば，わが国のエリート官僚は制度の実態・現状把握に弱く，第一線の行政実務に疎いという。佐竹五六『体験的官僚論』（有斐閣・1998年）269頁以下。

(7) 公私協働型の制度形成

　社会実験の過程では，第一線の行政現場に市民が参加することが想定されている。これは制度形成過程における参加であることから，わが国で不足が指摘されてきた「早期の市民参加」を可能とする[17]。加えて，一定時期に任意で市民が参画することから，社会実験は負担感の少ない参加システムとなっており，公私協働の行政スタイルにも寄与しうるものである[18]。新規施策に実際に参加することで，体験型の参加が可能になっている。例えば，歩行者空間を拡大・整備する施策について言えば，具体的なイメージを市民は実際に体験でき，整備に伴う不安を解消する契機となりうる。また，中心部に対する車両流入制限によって売り上げが減少するのではないかと危惧する商店街にとっては，具体的な売り上げの変化を推測する貴重な機会となる。参加による制度形成は，国民のための行政法を実現する上で不可欠な学習機会を提供する[19]。

(8) 多様な実験類型

　同じく社会実験といっても，対象となる施策の段階に応じて様々な類型が存在する。ごく大まかに言えば，次の3段階に区分することができよう。1つは，一般に市民になじみのない施策を宣伝するといった啓蒙期における実験である。2つは，施策の有効性を実験するという初動期における実験である。3つは，実験データも積み重なり，施策の有効性を確認できた後に，制度として導入する前に様々な調整を行うための施行時期，導入時期における実験である。

---

17) 屋井鉄雄「手続き妥当性概念を用いた市民参画型計画プロセスの理論的枠組み」土木学会論集 D62 巻 4 号（2006 年）621 頁以下。
18) 協働に関し，角松生史「『公私協働』の位相と行政法理論への示唆」公法研究 65 号（2003 年）200 頁以下。
19) 「国民のための行政法」という教育理念は，藤原淳一郎教授が行政法学の課題として掲げたものである。参照，藤原淳一郎「転換期の法学教育――体験的行政法教育論」法学研究 79 巻 1 号（2006 年）20 頁。

3 都市空間制御の法制度

(1) 政策の体系と社会実験の体系

　従来から行われてきた社会実験に共通することは，第1に，新しい種類の施策を数多く含むという新規性及び多様性である。もっとも，個々の実験に注目するだけでは，制度設計において実験が持つ意味も個別的な参照価値にとどまるであろう。重要なことは，個々の実験の基底に共通して存在する視点に着目することである。換言すれば，どのような政策体系を目指して，個々の実験が発想され実施されているのかを見極めるということである。このように，政策体系の中に社会実験を位置づけることは，他面において，分野別都市交通政策の体系を見直すことにもつながる。

　前記の実験施策の基礎にあるのは，(a)生活者空間を拡大するための道路空間再編成という視点と，(b)生活者の移動の自由を確保するための，公共交通機関整備という視点の2つであると考える。

　生活者空間の拡大という場合には，安全に都市間・都市内の移動ができ，同時に豊かで文化的な都市環境を享受できることを意味する。ここでいう生活者は，従前の施策で重視されてこなかった歩行者と自転車利用者に着目したものである。具体的には，歩行者のために，歩行者専用道の設置，車両の流入制限，自動車通行規制，物流対策が促進される。また，自転車のために自転車走行レーンの設置などが進められる。

　移動の自由の確保は，都市が郊外部において拡散してしまった現状において，自ら運転できない交通弱者を生じる点への配慮である。こうした視点が，病院へのアクセス確保（病院への循環路線バスの整備），行政機関・公共施設・学校へのアクセス確保という施策につながる。

　このように，政策体系に位置づけて社会実験をみるという発想は，実験自体の有用性や結果の判定等において指針を提示するものであり，また社会実験に対する市民の理解を獲得することにもつながる。

(2) 生活者基点という判断基準設定

先に紹介した実験施策の基底にある政策目的は，キャッチフレーズで言うならば，「歩行者を大切にする」「自転車利用者に関心を払う」「歩行者や自転車利用者の生命・安全・健康を尊重する」「街路・街路樹を重視する」「都市景観に配慮する」というものである。これが社会実験として展開される理由は，1つには，自動車による利用を中心としてきた道路法制に対する問題提起を含むからであろう。道路空間の再構築，都市空間の歩行者への開放という課題の提示である。2つには，従前の法制度が最低基準の達成を目的としたのに対し，高い水準の施策を目指す点に求められよう。3つには，市民層が抱く期待の多様性に着目した点であろう。高齢者，乳幼児，障害者等をも想定して，その移動の自由を保障することに重点を置いているのである。

このように従来の政策目的に対してアンチテーゼの要素を含む点が，社会実験の特質をなすものといえよう。

(3) 現地主義

従前の政策が中央で企画立案されたのに対し，社会実験が目指すものは，地域ニーズを前提とした現場からの施策形成である。ここでは，地域の文化・独自性・特性に対する思いを尊重することに重点がある。社会実験では，その実施主体として市町村が主役として登場する（市町村中心主義）。行政の第一線で問われていることは，生活者の視点から施策の統合を図ることである。わが国の行政に伝統的な縦割り主義を克服するためには，現場に根ざした水平型調整メカニズムが不可欠である。

(4) トップランナーへの期待

社会実験は公募制を前提とする。つまり，政策開発に意欲のある地方公共団体からの申し出に対し，国から資金提供がなされる仕組みである。横並び志向の強いわが国の自治行政においては，興味深い仕組みである。国の行政と地方公共団体の行政を比較した場合に顕著な点は，自治体職員が首長の意向にきわめて敏感なことである。したがって，熱意と新構想を持った首長の存在に着目して，施策形成をゆだねる方法は有効性を持つ。このように，トップランナー

に期待し，先行的成功事例に期待する点が，社会実験システムの特質である。

4 制度設計への移行問題

社会実験を経て施策の有効性が確認できた場合に，それを法的仕組みに高めるための手法・技術論に関して，記すこととしたい。

(1) 重視すべき生活利益明示の法的仕組み

既に述べたように，実験の対象とされる施策は，従来の取組みに対してアンチテーゼとしての性格を持つ。保護法益という点でいえば，従前は保護対象とされてこなかったものが大半を占める。したがって，何の方策も講じなければ，従前保護されてきた諸利益によって新規施策の実施は妨げられてしまう。この点では，新規施策の保護法益を明示し，尊重する工夫を制度設計段階で施すことが不可欠である。

歩行者空間の尊重を唱え歩行者の法的地位を高めるためであれば，それを保護法益とした独立の計画を制度化し他の諸計画との調整を迫るといった方策が考えられる。具体的に述べれば，歩行者空間計画を法定したり，歩行者交通アセスメントを義務づけるといった工夫である[20]。歩行者空間計画の中に，歩道の確保・整備，車両制限を盛り込んだり，自転車走行空間計画を策定する場合に歩行者交通に及ぼす影響についてアセスメントを義務づける方法もありうる。このほか，道路の類型として歩行者空間に配慮した新規の類型を承認するものでもよい（歩行者・自転車配慮型道路類型の創設）。他方，歩行者空間計画の担保措置として，他の諸計画に計画間調整の義務を課したり，配慮義務を明示する方法が考えられる（調整の実効性を高める見地からは，計画相互間で他計画を引用・参照する義務を課す方法もある）。

---

[20] 歩行者交通アセスメントに関し，大橋・前掲注5) 54頁以下。社会資本整備審議会「新しい時代の都市計画はいかにあるべきか（第2次答申）」(2007年7月20日) 第1部第7章2(4)は歩行者空間の確保施策を今後取り組むべき課題として挙げ、「事業の計画・実施の際に，歩行空間，緑，景観等を要素とする快適な歩行環境が，適切なものであるかどうかについて，継続的に確認し，実現していく仕組みを設けるべきである」と指摘する。

つまり，歩行環境としてのスペース，緑，景観，アクセシビリティなどを要素とした「快適な歩行環境」の整備を，市民参加の下にアセスメントする（市町村）部門計画（＝歩行環境計画）を独立の仕組みとして構想することである。そのうえで，市町村等が市街地整備，街路整備，沿道整備，公共交通機関整備といった各事業の計画・実施を行う際には，必ず歩行環境計画の尊重・配慮を義務づけるような仕組み（＝歩行環境計画との対決を余儀なくするような仕組み）が望ましいであろう（横断条項，歩行環境計画配慮の理由提示義務）。

行為形式の工夫のほかにも，歩行者空間確保という新たな価値を法律の目的規定に掲げる方法もあろう。また，諸利害を調整する手法として導入される協議会において，歩行利益の代表者を協議会メンバーとして加入させるよう明示する組織的手法もありうる。

(2) 水平的調整システム

様々な施策間の調整を図るためには，協定の方式が考えられる。例えば，道路管理者と沿道施設所有者間で締結する協定などである。ここでは，公共契約として透明性の確保，地域特性への配慮が要求されよう。同様に重要な調整手法として，協議会方式が存在する。制度化された代表例として，地域公共交通活性化法に基づく協議会がある。都市や地域が目指すべき姿を検討する場として，都道府県，市町村，道路管理者，公安委員会，交通事業者，その他関係者から構成される協議会が設置される（同法6条）。これが，道路や走行空間の整備，駐車場や交差点の整備といったハード面のほか，バス路線再編による利便性確保や徒歩・自転車・自動車・公共交通間の役割分担のマネージメントといったソフト面について，都市・地域交通戦略を策定し推進するものである。

交通社会実験を見て気付くことは，実験施策の内容として，車線数制限，専用道路化，道路幅縮小，路上駐車取り締まり強化など，公安委員会又は警察署長の協力を前提とするものが多く含まれていることである。わが国では，道路の管理に関して，公物管理権の一環として道路管理者と，道路交通法等に基づき道路警察権を持つ公安委員会とが組織上分かれている。したがって，道路管理者が社会実験を実施する場合には，公安委員会との協議が前提となる。しかしながら，社会実験に関する資料を見ても，こうした協議の姿は必ずしも明確

にされておらず，協議過程の透明化が重要な制度的課題であるように考える。社会実験に対して，道交法の見地からどのような意見が出されているのか，その手続，時間，費用負担問題などが重要な関心事となろう。社会実験を地方公共団体（市町村）の判断で行う場合には，首長からの申し出に基づく公安委員会との協議により，その内容が明確にされるなど手続整備が特に重要である。

(3) 政策間競争における政策宣伝

　本章で参照した交通社会実験は，国土交通省の支援によって予算措置として実施されてきたものである。所管部局にとっては当該実施施策はまさに喫緊の政策課題であり，国のレベルでは意見の相違はない。しかし，この施策が実現に移される地方公共団体レベルは総合行政の世界であり，加えて近年では極度の財政難の状況が認められる。したがって，限られた原資の中で，数ある政策課題の中で政策間競争に勝ち抜いて初めて当該施策は実現されるものである。こうしたプロセスの存在を強く意識することが肝要である。したがって，十分な説明責任を果たすことに加えて，地方行政レベルにおける問題関心に即して施策形成を訴えていくことが不可欠となる。近時の地方公共団体においては，環境，福祉，情報，安全といった課題が重要な関心事となりつつある。したがって，都市交通施策も，こうした政策課題の実現にとって大きく寄与する点を説明する必要がある。

　併せて，施策と財政的負担の関係を明示する仕組みも欠かすことはできない。ある施策が実現されることに伴う初期投資と施策を継続していくために必要なコストを市民に提示して，政策の選択を迫るべきであろう。

(4) 専門用語の言い換え

　新しい施策は，様々な専門分野から寄せられる。都市交通であれば，工学の分野から多様なアイディアが提起される。これに起因して，政策過程においては専門用語（それも外国語をカタカナで表記したもの）が山積することとなる。一例を挙げれば，社会実験を扱った市民向けパンフレットには，目につくだけでも，トランジットモール，ボンエルフ，ハンプ，パークアンドライド，オープンカフェ，トランジットマイル，ペデストリアンデッキ，オープンテラス，キ

ッズスペース，TDMフリーチケット，パッケージアプローチ，デマンドバス，パークアンドレールライド，サイクルポート，タウンモビリティ，セミモール，道路のスローム化といった用語が，定義もなされないまま並んでいる。交通施策が高齢者，障害者，学生等に配慮した内容のものであるとすれば，説明方法には一層の配慮と工夫があってしかるべきであろう。新規政策が市民権を獲得するためにも，カタカナ専門用語は極力避けるべきである。

(5) 社会実験のルール

社会実験という仕組み自体について，共通ルールの設定が必要であろう。例えば，実験としての性格からすれば，実験結果によっては，原状復帰が可能であること，撤退の可能性が残されていることが不可欠である[21]。また，社会実験の実験結果は，当該地方公共団体を超えて他者によっても共有されるべきであろう[22]。これは公金が投入されたことから要請することもできるが，より本質的には，新規制度化のために実験を行うことは代表として行う役割も付与されていると考えるべきであろう。これは，制度開発者としての使命である。加えて，実現に至らなかった実験データに関しても，何が実現を思いとどまらせる要因だったのかという点に関する情報提供が望まれる。優秀な科学者ほど豊富な失敗データを蓄えているのと同様に，実現に至らなかった社会実験データの蓄積は制度設計論を高度化する上で貴重な原資である。

このほか，社会実験等に伴い収集された基礎データは市民に積極的に情報提供していく必要があろう。

おわりに

本章で分析を進めてきた社会実験は，社会常識を疑うという視点を基礎に，市民との対話を通じて，具体の施策との関連で新たな制度やそれを支える理論

---

21) 実験により既成事実が生じないことや原状復帰可能性の担保が実験の本質的要素である点に関し，大橋・前掲注 6) 292 頁。
22) 自治体間情報比較に関し，ニセコ町条例参照。大橋洋一「制度変革期における行政法の理論と体系」同・空間 363 頁以下（4(3)(b)））（初出 2003 年）。

を形成する契機となる。こうした新規性の追求は，施策内容のみならず，実現手法・手続に対しても向けられるべきものである。ここには，行政法各論研究の進展という課題が明瞭に提示されている[23]。

---

23) 藤原・前掲注19) 35頁は，的確に，行政（作用）法各論教育の復権を行政法教育の鍵と指摘する。

第4章
「公法と私法」の制度的理解

はじめに

　公法と私法をめぐって議論は繰り返され，現在では（権力過剰な）二元論は批判される一方で[1]，両者の協働の必要性が説かれるに至っている[2]。具体的には，行政法令違反の法律行為の効力論，行政法関係への民法規定の適用など様々な局面で関係の見直しは進められてきており，分析の進展が期待される。他方，財産法以外の親族法・相続法と行政法との関係，民事取引や身分関係の公証行為をめぐる行政法上の取扱いなどが，公法と私法の機能や両者の区別に関わる基本問題として取り残されている[3]。本章では，従前から（必ずしも十分

---

1) 日本国憲法下における，公法と私法論議において，公法原理の特殊性の再吟味，公法・私法の道具概念性に関する具体的な否定ないし減退を指摘する業績として，塩野宏「公法・私法概念の再検討」同『公法と私法』（有斐閣・1989年）122頁以下（初出1983年）。
2) 山本隆司「私法と公法の〈協働〉の様相」法社会学66号（2007年）20頁は的確にも，現代の課題として，公法規定が私人間の法関係についても持つ重要性の解明を指摘する。民事法からの検討として，吉村良一「公法と私法の交錯・協働」同『環境法の現代的課題』（有斐閣・2011年）41頁以下（初出2007年）。このほか，大橋洋一『行政法Ⅰ 現代行政過程論〔第3版〕』（有斐閣・2016年）84頁以下，同『都市空間制御の法理論』（有斐閣・2008年）388頁以下。なお，本章でいう，公法と私法の制度的理解という用語は，次の著作における用語法（制度的区分と理論的区分）を参考にした。宮沢俊義「公法・私法の区別に関する論議について」同『公法の原理』（有斐閣・1967年）5頁（初出1935年）。
3) 塩野宏「行政法における『公と私』」同『行政法概念の諸相』（有斐閣・2011年）100頁（初出2009年）参照。本文で述べた課題に関する論考として，参照，大橋洋一「公

な説明がなされないまま）公法ないし私法と性格づけられてきた事象を中心に，そうした判断の基礎にある視点などを改めて分析し，制度論として公法と私法を議論する際の前提を解明する。これは，民法と行政法との対話を深化させるための基礎研究の一環である。

1 歴史に根ざした理解からの脱却

　公法と私法の区別は，一見したところ，緻密な理論的帰結のような印象を与えるものである。しかし，実際には，歴史的展開に根ざした区分にすぎず，感覚的，直感的なものであることが少なくない[4]。以下では，公法としての特質がどこに求められたのかに着目して考察を進める。検討のための題材として，水道事業にかかる法律関係を取り上げる。

(1) 原則的独占事業形態への着目——美濃部達吉博士の視点

　美濃部達吉博士が1935年に公刊された著作『公法と私法』（日本評論社）によれば，当時は，租税のほか，公共団体の使用料，手数料など，広く府県市町村の金銭債権を対象として，行政上の強制執行を許容する法律規定が存在した[5]。当時の見解では，これらの条文に基づき，行政上の強制執行が可能な府県市町村の金銭債権は，公法上のものに限定されると解釈されていた（つまり，私法上のものは排除されていたのである）。水道事業についていえば，原則として市町村のみが経営できる事業であったことから，水道の利用関係は公共団体に特有なもの，公法的性質を持つものと説明された[6]。かくして，水道料金については上記条文の適用が肯定され，行政上の強制執行が認められたのである。同様の解釈は，市町村立学校の授業料についてもみられたところである。

　　証行政の基本問題」法曹時報70巻7号（2018年）1頁以下。
  4)　こうした事情は日本に限定されたことではなく，公法と私法の区別を基礎に置くドイツ法においても，かかる区別は歴史的なものとして説明されてきた。美濃部達吉『公法と私法』（日本評論社・1935年）19頁。
  5)　美濃部・前掲注4) 58頁。府県制116条，市制131条，町村制111条。美濃部博士及び田中二郎博士の公法私法論を論じた文献として，高橋滋「『実体公法の復権』論によせて」高柳信一先生古稀『行政法学の現状分析』（勁草書房・1991年）55頁以下参照。
  6)　美濃部・前掲注4) 59頁。

興味深い点は，行政上の強制執行が認められるという権力性を根拠に公法上の債権であると帰結されたのではないということである[7]。思考方法は逆であり，公法上の債権に該当するかを先ず解釈して，それを前提に，行政上の強制執行の可否（上記条文の適用）が判断されていたのである。

公法への帰属を判断する基準は，水道，と場，市町村立学校が原則として市町村のみによって経営されていた点に認められる（原則的独占事業形態への着目）。他方，市営であっても，電車事業，電灯電熱，ガス供給，浴場などの事業については，歴史的に私的営業として発達したことから，その利用料は私法上のものと解釈されたのである。このように，上記の諸料金について，公法と私法の区別は，公共団体による事業独占性（なり事業実施の歴史的沿革）に基づいて判断された。なお，当時においても，ある事業の独占的な実施が特定主体に保障され，その際には実施を委ねられた主体について一定の責務が前提とされるなど，独占的形態を理由とする特別な取扱いが肯定されていた。この点は，行政制度の設計にあたり，現在においても有用な視点である。

(2) 強制徴収規定の重視――裁判例に見る水道料金の法的性格論

美濃部博士に代表される上記見解は，戦後の裁判例にも認めることができる。ここでは，福岡地判1955（昭和30）年4月25日行集6巻4号1027頁[8]を一例として取り上げることとしよう。水道法の前身である水道条例（明治23年法律第9号）2条によれば，水道事業が市町村でなければ布設できない独占事業である点，当時の地方自治法225条によれば料金に関する強制徴収権が肯定されていた点に着目して，水道料金を公法上の債権であると解釈した。同条1項は，分担金，使用料，加入金，手数料及び過料その他の普通地方公共団体の収入を定期内に納めない者に対する督促を規定している。督促を受けてもなお滞納者が完納しない場合には，同条4項により国税滞納処分の例による徴収が可能とされていたのである。

---

7) 一般には，法律がある事件について民事訴訟によらずに行政手段による強制執行を可能とする場合には，法律がその事件を公法に属させたものと解釈されている。美濃部・前掲注4) 55頁参照。

8) 評釈として，池田政章・自治研究34巻1号（1958年）153頁。

「水道事業は一定量の水の供給とその料金の支払が相互に対価的な関係に立つ意味においては私法上の双務契約に類し，且つ，その関係が継続的に行われる点において継続的供給契約の性質を具有する。しかしながら，水道事業が従来市町村たる地方公共団体がその公費を以てするものでなければ布設することのできない，いわば独占事業とされて来ていること（水道条例第2条）その料金の支払が，督促ないし命令によつてもなお履行されないとき，国税滞納処分によつて徴収されること（地方自治法第225条）等に徴すると，右の給水債務と料金支払債務とに関する福岡市とその水道使用者との関係は一種の公法関係に立つものと解するのが相当である。」

　同様の判断は，京都地判1957（昭和32）年3月7日行集8巻3号432頁においても認めることができる[9]。本判決では，強制徴収権の規定（地方自治法旧225条）が重視され，加えて，営造物（水道）の使用関係である点に着目して，水道の利用関係が公法関係であると説示されている。本判決では，独占事業として市町村が実施してきた点への言及は見られず，実定法上の特色（強制徴収権の根拠規定）に重点を置いた判示がなされているのである。こうした点は，今日でも有用な視点を示している。

(3)　1963年の地方自治法改正──明文規定による整理

　上記裁判例にも引用されていた（昭和38年6月8日法律第99号による改正前の）地方自治法225条4項は，同条1項の「分担金，使用料，加入金，手数料及び過料その他の普通地方公共団体の収入」について滞納者に対して強制徴収を可能とする規定を置き，当時の政府解釈や美濃部博士に代表される学説は，同条の強制徴収の対象として含まれる金銭債権に関して公法上の収入に限定していた。もっとも，先に述べたように，公法上の収入を判断する基準自体が歴史的産物であり，明確性を欠くものであった。このため，公営住宅の家賃に関して滞納処分の対象となる金銭債権に該当するかをめぐり疑義が生じたのである。その解決策として，地方自治法は1963年に改正され，現行の地方自治法231条の3第3項が制定されたのである[10]。

---

9)　評釈として，鈴木重武・自治研究35巻7号（1959年）152頁。

231条の3第3項によれば，現行の地方自治法附則6条に挙げられた入港料（港湾法），土地改良事業の清算金（土地改良法），下水道料金（下水道法），漁港利用の対価（漁港漁場整備法）のほか，（地方自治法以外の）個別法が定める使用料（例えば，国民健康保険料，道路占用料，河川使用料）などについて，行政上の強制徴収が可能とされている。このように，強制徴収可能な金銭債権の範囲が法律上明確にされることとなったのである。この法定リストの中には，（上）水道料金は入っていない。

このほか，立法の動向の中で重要な事項としては，1957（昭和32）年に，水道条例が廃止されて，新たに水道法が制定されたことである。水道法15条1項は「水道事業者は，事業計画に定める給水区域内の需要者から給水契約の申込みを受けたときは，正当の理由がなければ，これを拒んではならない」と定め，ここには「給水契約」という文言が明記されている。この規定も，以後，公法と私法の区分において重要性を獲得する。

このように，公法私法の判断基準として重要性を有していた強制徴収の対象範囲について立法で明確化がなされたことにより，公法私法の区分論は実定法制に根拠を置くものへと移行したのである。

(4) 1963年以後の裁判例に見る水道料金の法的性格——実定法準拠

上記の法律改正以後，水道料金の法的性格に関しては，従前とは逆に，私法上の債権としての取扱いが確立する。具体例を見ることとしよう。大阪地判1967（昭和42）年11月30日[11]は，水道料金を私法上の債権であると判示するに際して，地方自治法の上記規定のほか，水道法15条1項をも重視している。水道法の当該条文は，水道事業者と水道利用者の対等な立場，水道の利用関係が契約関係であることを示す根拠として注目されたのである。このほか，独立採算制に関する規定（地方公営企業法17条の2第1項〔当時。現在は第2項〕）も参

---

10) 成田頼明ほか編『注釈地方自治法〈全訂〉2』（第一法規・加除式）4404頁, 4406頁注2（山内一夫＝金子宏執筆）。
11) 大阪地判1967（昭和42）年11月30日判時514号70頁。後掲注13）の大阪高判1969（昭和44）年9月29日は本判決の控訴審判決である。本判決の評釈として，甲斐道太郎・都市問題研究20巻8号（1968年）57頁。

照された。これは利潤追求を主目的とした私企業の経済活動と同様の活動が行われていることを示す規定として，重視されたものと推測される。

このように本判決においては，市町村の独占事業であるという歴史的経緯は重視されておらず，実定法が定めた個々の特色（独立採算制，契約関係，強制徴収の利用禁止）に着目して，私法上の債権といった結論が導き出されている[12]。

大阪高判 1969（昭和 44）年 9 月 29 日[13] も，水道料金債権の性質を私法上の債権と解釈し，民法の適用を肯定した。本判決の思考方法は上記大阪地裁判決と同様である。興味深いのは，本判決では強制徴収への言及が見られない点である。むしろ，独立採算制，相互的対価関係に着目して，私法上の双務契約との同質性を強調している。とりわけ，水道事業者と需要者の契約関係に焦点を当てているのである。本判決は強制徴収規定を視野に入れた上での判示であるが，強制執行段階（といういわば非常時）の法的特質から説き起こすのではなく，水道利用関係の特質（民事契約法との同質性）を正面に出して説明したものと推測される。

(5) 下水道の法律関係との対照性

これまで見てきたように，上水道の利用関係の法的性格をめぐって，その判断は時代と共に変化してきた。現時点では，上水道の利用関係は私法関係であ

[12) 岡山地判 1969（昭和 44）年 5 月 29 日行集 20 巻 5＝6 号 704 頁（評釈として，上野国夫・法律のひろば 23 巻 8 号（1970 年）36 頁，久保田勇夫・自治研究 47 巻 7 号（1971 年）182 頁）も，水道事業は，地方公共団体が住民に対し財貨又はサービスを提供するいわゆる給付行政であり，行政主体が優越的な意思の主体として住民に対し公権力を行使することを本質とするものではない点を挙げるほか，対価関係（現行の水道法 14 条 2 項 1 号にいう原価主義の採用），水道事業者と利用者との関係が対等な立場にあることを窺わせる「給水契約」の文言（同法 15 条 1 項）を重視している。興味深いのは，本件水道事業成立当時の地方自治法 225 条 4 項の解釈として，水道料金を私法上の収入であると解釈して，同条の適用を排除した（つまり，旧法下でも強制徴収が認められないと判断した）。結論として，水道事業利用の法律関係は基本的には私法上の当事者関係であると判示した。

13) 大阪高判 1969（昭和 44）年 9 月 29 日判時 599 号 35 頁。評釈として，藤田宙靖・地方自治判例百選〔初版〕（1981 年）154 頁以下。藤田教授は，確実な供給確保を任務とする水道事業にあって，先取特権の適用を肯定できる根拠として，料金不払いに対し給水拒否を規定した水道法 15 条 3 項が重要であるにもかかわらず，本判決はここの検討を欠いている点を批判する。

るとされるのに対し，下水道の利用関係は公法関係と対照的な性格付けがなされている。これは，以下で見るように，下水道にかかる法律制度の特色に着目した結果である。

　上水道の利用関係と下水道の利用関係の両者について詳細に判示している裁判例として，以下では，東京地八王子支決 1975（昭和 50）年 12 月 8 日[14]を検討素材とすることとしよう。公営水道の使用関係の法的性格について私法上の関係であると解している点は，これまで説明してきた通りである。他方，下水道の利用に関しては，以下で示す論拠により，公法上の関係と捉えている。

　本判決が論拠として挙げたのは，①住民に対する事実上の利用強制（排水設備の設置義務。下水道法 10 条 1 項），②地方公共団体による独占事業（同法 2 条 3 号・3 条参照），③公の施設の一般使用関係としての特質などである。このほか，東京地判 1968（昭和 43）年 3 月 28 日は，条例で定められた使用料が支払われない場合に，国税徴収法の例により強制徴収が可能である点も論拠に挙げていた[15]（地方自治法旧 225 条の下でも，現行の地方自治法 231 条の 3 第 3 項の下でも，下水道料金債権は強制徴収の対象となることが肯定されている）。

　以上見てきたように，実定法制度において，①利用関係が契約関係か（ここには，対価の均衡，経済合理性の追求といった利潤追求目的も判断基準に含まれる），利用強制の関係か，②事業が公共団体の独占事業形態か，③料金の滞納に対して強制徴収が許容されているかが，判断基準として確立している。換言すれば，沿革に基づく区分論から実定法準拠の公法私法理解へと移行しているのである。

　14）　東京地八王子支決 1975（昭和 50）年 12 月 8 日判時 803 号 18 頁。評釈として，川崎和夫・環境法研究 9 号（1978 年）148 頁，原田尚彦・判例タイムズ 335 号（1976 年）107 頁以下，山代義雄・別冊判例タイムズ 2 号（1976 年）289 頁以下，間島正秀・地方自治 346 号（1976 年）57 頁，中西又三・判例評論 211 号（判例時報 819 号）（1976 年）14 頁，藤田宙靖・ジュリスト 642 号（1977 年）31 頁。東京地判 1968（昭和 43）年 3 月 28 日行集 19 巻 3 号 529 頁は，このほか，条例で定められた使用料が支払われない場合に，国税徴収法の例により強制徴収することができる点も論拠に挙げていた。

　15）　東京地判 1968（昭和 43）年 3 月 28 日・前掲注 14）。評釈として，小高剛・地方自治判例百選〔初版〕（1981 年）156 頁以下，加藤慶治・法政論集 47 号（1969 年）143 頁，金沢良雄・自治研究 46 巻 2 号（1970 年）169 頁。

2 国家賠償請求事件と損失補償請求事件

　歴史上の沿革を経て，現在では，国家賠償請求事件は民事事件（民事訴訟）と区分される一方，損失補償請求事件は行政事件（公法上の当事者訴訟）として整理されている。公権力の行使により私人の権利が奪われた場合について，同じく損害補塡の趣旨で金銭が支払われる点で両者は類似している。それにもかかわらず，法的には対照的な性格付けが認められているのである。以下では，公権力の行使によって損失が生じた事例を念頭に置いて，国家賠償法 1 条の適用事例と損失補償の適用事例を比較することとしたい。

(1) 美濃部博士による損失補償請求権の理解
　損失補償の請求権が公法に属することは，既に，美濃部博士の著作『公法と私法』においても明言されている[16]。その理由としては，「国家の権力の発動の結果として人民に特別の財産上の犠牲を負はしめた場合に人民の側から国家に対して有する補償請求権も亦権力の発動に基づく損失の補償であることに於いて当然公法に属するものである」と説明されている。
　公権力発動の結果という点が理由であるとすれば，国家賠償法 1 条の適用事例も同様に公法事件になりそうである。もっとも，上記著作が書かれた時代，つまり旧憲法下においては国家無答責が通用しており，公権力の行使に対する国家賠償という観念自体が成立しなかった。このため，同博士の著作には，国家賠償請求事件の法的性格に関する記述は存在しない。

(2) 学説及び裁判例による損失補償請求権の理解
　損失補償請求事件が公法事件であることは，その後の学説や裁判例によっても承認されている。例えば，雄川一郎博士は，損失補償請求事件に関して，「請求権自体が公法上の性質を有し，且つ行政行為自体の内容に関係するから，公法上の当事者訴訟と認めるべきである」と説いており，裁判例においても，

---

[16] 美濃部・前掲注 4) 48 頁，68 頁も参照。

大阪地判 1955（昭和 30）年 4 月 2 日が同様に判示している[17]。

　　「土地収用の法律関係が国家権力の行使による公用徴収の法律関係として，公法上の権利関係であることはいうまでもないところであり，その損失補償の関係も右関係の重要な一部として同様な性質を有することは明かであ」る。

(3)　行政事件としての国家賠償請求事件

　日本国憲法 17 条により国家無答責原則が否定され，公権力に基づく損害賠償請求権が観念されるようになると，当該請求権の法的性格をめぐり論争が交わされることとなる[18]。既に述べたように，美濃部博士が損失補償請求権を公法として位置づけた視点によれば，国家賠償法 1 条に基づく賠償請求権を公法に位置づけることも可能である。したがって，論争が生じるのも自然のことと思われる。例えば，有倉遼吉博士は，「公権力作用は，民法の予定する私経済作用とは性格を異にするから一般法特別法の関係は成立しない」と説明していた[19]。また，国家賠償法が民法不法行為法と別に立法された点が 1 つの根拠となりうる点を示唆する見解も見られた[20]。このほか，国家賠償法が民法不法行為法を拡張した点に着目して，公法に位置づける見解も唱えられていたところである[21]。

(4)　民事事件としての国家賠償請求事件

　他方において，裁判例や多数説は，戦後一貫して，国家賠償請求事件を民事事件と位置づけてきた[22]。その根拠について見ることとしよう。

---

17)　雄川一郎『行政争訟法』（有斐閣・1957 年）113 頁，大阪地判 1955（昭和 30）年 4 月 2 日行集 6 巻 4 号 1048 頁。
18)　阿部泰隆『国家補償法』（有斐閣・1988 年）46 頁以下参照。
19)　有倉遼吉「逐条国家賠償法解説」法律時報 25 巻 9 号（1953 年）24 頁。
20)　加藤一郎編『注釈民法（19）』（有斐閣・1965 年）389 頁（乾昭三執筆）参照。
21)　杉村敏正『全訂行政法講義総論（上巻）』（有斐閣・1969 年）286 頁（「私法法規における場合よりも拡充し，被害者の救済を完全ならしめようとするものであって，私人相互間の利害調整の見地を超える特殊な規律を定める法であることは否定しえないから，実定法的・制度的には，むしろ，公法法規と解しうる」）。
22)　「日本では，今まで損害賠償というのは，純粋の民事事件として考えていた」田中二郎ほか『行政事件訴訟特例法逐条研究』（有斐閣・1957 年）139 頁（田中二郎発言）。また，東京高判 1954（昭和 29）年 3 月 10 日行集 5 巻 3 号 632 頁は，「損害賠償請求の訴

(a) 不法行為事件としての同質性への着目

特徴的な視点は，国家賠償事件が民事の不法行為事件と同じ性質を持つことへの着目である。例えば，最判 1971（昭和 46）年 11 月 30 日は，以下のように判示している[23]。

> 「国または公共団体が国家賠償法に基づき損害賠償責任を負う関係は，実質上，民法上の不法行為により損害を賠償すべき関係と性質を同じくするものであるから，国家賠償法に基づく普通地方公共団体に対する損害賠償請求権は，私法上の金銭債権であつて，公法上の金銭債権ではな」い。

今村成和博士は，国家の責任が危険責任論をもって律せられるべき点，国家が責任主体であることに社会保険的効果を見出しうる点を指摘した上で，国家賠償の特色は一般不法行為理論の発展の中で見出される特殊性であり，公法に特有の責任理論ではないと分析していた[24]。

(b) 処分の効力との関係に着目する見解

雄川一郎博士は，公権力の行使に起因する損害について，国家や公共団体に対する賠償請求訴訟は，民事訴訟の性質を有し，公法上の当事者訴訟ではないと説く[25]。その理由として，損害賠償請求権が行政行為の効果とは直接の関係はなく，私益の保護が問題になるにとどまる点を挙げていた。換言すれば，国家賠償請求訴訟は，加害行為の態様に対する価値評価を対象とするものであり，違法な効果の法律効果を問題にしていない点に着目されていたのである[26]。

こうした観点から，課税処分が無効で不当利得を請求する場合については，

は通常の民事訴訟で，公法上の権利関係に関する訴訟でもないことは明白である」と判示している。

23) 最判 1971（昭和 46）年 11 月 30 日民集 25 巻 8 号 1389 頁。この調査官解説は，「適法な公権力の行使の範囲を逸脱して，違法に私人の権利を侵害した場合には，その損害を賠償すべき関係は，もはや公法関係そのものではない。このような関係は，私人相互間における損害賠償の関係と同様に私法的規律に服させても差し支えない」と説明する。野田宏『最高裁判所判例解説民事篇　昭和 46 年度』（法曹会・1972 年）425 頁。この解説によっても，公権力行使の関係と賠償の関係を切り分ける理屈が必ずしも明確化されていないように解される。
24) 今村成和『国家補償法』（有斐閣・1957 年）89 頁。
25) 雄川・前掲注 17）113 頁。
26) 田中ほか・前掲注 22）141 頁（雄川一郎発言）。同書 141 頁（田中二郎発言）では，損害賠償の要件として違法性の要件を備えているかというだけの問題であり，違法であるから取り消さなければならないものではないという。

処分の効果と結合しているため公法上の事件として位置づけられた。同様に，損失補償の請求は，処分の有効性を前提とすることから公法上の事件と説明されたのである。

(c) 併合提起を許容した法律規定に着目する見解

古崎慶長氏は，国家賠償請求事件が私法事件である根拠として，行政事件訴訟法13条1号（16条ないし19条）を挙げる[27]。この見解は，立法者意思に立脚したものである。取消訴訟という行政訴訟と損害賠償請求という民事訴訟は異なる種類の訴訟手続であり，両者は併合ができないと従来から解されてきた（その理由は，弁論や証拠手続について基本原則を異にすること，それに応じて異種の手続を設けた趣旨に反すること，手続を混乱させることである[28]（民訴136条参照））。これを前提として，上記行訴法の条文が，処分に対する国家賠償請求訴訟を取消訴訟に併合することを許容した点に着目する。上記条文の意義は，国家賠償請求訴訟を民事事件であると立法者が理解していると解釈して初めて，認められるものである。この見解は形式的でわかりやすいものではあるが，立法者が国賠訴訟を民事事件と考えた理論的説明・実質的論拠についてはなお明確ではない。

以上のように見てくると，国家賠償請求が処分等の効力否認の趣旨を含まないという理由は，損失補償請求についてもなお妥当するように思われる。したがって，理論的には，国家賠償請求を公法として説明することも不可能ではない。結局，不法行為事件としての性質に着目して国家賠償を民事事件として扱うことが長らく続き，それを前提に立法者は国家賠償請求を民事事件として整理したものと思われる。

3 法律関係の分断思考からの脱却

公法と私法の二元論においては，公法と性格づけられた法律規定が私人相互

---

27) 古崎慶長『国家賠償法』（有斐閣・1971年）12頁。
28) 新堂幸司『新民事訴訟法〔第5版〕』（弘文堂・2011年）748頁，伊藤眞『民事訴訟法〔第5版〕』（有斐閣・2016年）612頁，中野貞一郎ほか編『新民事訴訟法講義〔第3版〕』（有斐閣・2018年）551頁以下〔栗田隆執筆〕。

の関係（私法関係）に対して及ぼす影響を遮断する考え方が強く見られた。このことは，例えば，行政法令違反の法律行為の効力論として，行政法令違反があっても契約の効力に影響を及ぼさないといった考え方に顕著に現れている。このほか，公法規定違反があっても，私人間の損害賠償請求には影響を及ぼさないといった考え方が認められる。前者については，既に検討する機会を有したところであるので，本章では後者の問題を扱う[29]。具体的な素材としては，医師が病者に対して診察義務（応招義務）を負うかという問題を取り上げる。

(1) 公法規定の代表例としての医師の応招義務

美濃部博士は，その著書『公法と私法』において，公法規定の例として，医師の応招義務に関する法令を挙げていた[30]。当時の医師法施行規則9条2項において，医師は正当な理由なく診療を拒否してはならないと定められていた（同規則には，当該義務違反に対する罰則規定も置かれていた）。同規定により，医師は国家に対して義務を負うとしても，病者は医師に対して診療治療を要求する権利を取得するものではないと美濃部博士は説いていた。ここには，国家と医師との間の公法関係と，医師と病者との間の私法関係が峻別されている。つまり，医師が正当な理由なく診療治療を拒んだ場合，公法関係において国家命令に対する違反として刑罰の適用が認められることはあっても，医師の行為は病者との私法関係で不法行為と評価されるものではない。換言すれば，病者から医師に対して損害賠償を請求することはできないと解釈されたのである。美濃部博士は，法律関係を厳格に分離したうえで，上記規定を公法規定の代表例と位置づけ，その法的特色を説いた。

上記規定は，現行法では医師法19条1項に該当する。同項は，「診療に従事する医師は，診察治療の求があつた場合には，正当な事由がなければ，これを拒んではならない」と定めている。同法は，7条2項において，医師としての品位を損なうような行為があった場合について，戒告，3年以内の医業の停止，免許の取消しを規定しており，上記義務違反が認められた場合には，こうした

---

[29] 山本敬三＝大橋洋一「行政法規違反行為の民事上の効力」宇賀克也ほか編『対話で学ぶ行政法』（有斐閣・2003年）1頁以下。

[30] 美濃部・前掲注4）3頁以下。

行政上の責任が問われることになる。なお，現行法には，上記義務違反に関する罰則規定は置かれていない。

(2) 裁判例に見る伝統的解釈

医師の応招義務の規定は今日まで維持されており，美濃部博士と同様の理解を示す裁判例も長らく見られた。例えば，東京地判 1981（昭和 56）年 10 月 27 日判タ 460 号 142 頁は，以下のように判示している。

> 「原告 X らは，被告 Y が原告 X の入院時及び午前 7 時にブザー呼出しをした際，診療しなかつたのは医師法 19 条 1 項の応招義務違反であると主張するけれども，右義務が如何なる意味で過失における注意義務の内容となるか不明な点はさておくとして，そもそも右義務は本来医師の国に対する義務であつて，右条項によって直接医師が患者に対して右義務を負担するものと解することはでき」ない。

名古屋地判 1983（昭和 58）年 8 月 19 日判時 1104 号 107 頁も同様に，医師法 19 条 1 項が公法上の規定であることを前提に，同規定違反を理由として不法行為責任を問うことに消極的である。これは，救急病院 Y_1 の当直医師 A が心臓病の救急患者 B に対し夜間診療を拒否し，B が死亡した事例である。裁判所は，次のように，A の行為は本件諸事情からやむをえない診療拒否であると判示し，医師法違反を否定した。

> 「医師法 19 条 1 項は『診療に従事する医師は診察治療の求めがあつた場合には，正当な事由がなければこれを拒んではならない』旨規定するが，右規定における医師の義務は公法上の義務と解すべきであり，右義務違反が直ちに民法上の不法行為を構成するものと断ずることには疑問がある。」

(3) 応招義務（医師法 19 条 1 項）に対する違反と不法行為責任

やがて，応招義務違反を不法行為の問題と捉え，医師の過失を判断する裁判例が登場した。もっとも，結果として医師の過失は否定されている[31]。

---

31) 東京高判 1983（昭和 58）年 10 月 27 日判タ 516 号 143 頁の判示を見ることとしよう。医師 Y_1 が妊婦 X の入院後 6 時間も深夜勤務の助産婦らに処置をゆだねて自ら診察せずに放置し，X の常位胎盤早期剥離が進行して重症となり，胎児も死亡寸前の状態とな

他方，応招義務違反を肯定したうえで，医療機関に不法行為責任を初めて認めた判決が，千葉地判1986（昭和61）年7月25日である[32]。この判決によれば，医師法19条1項は損害賠償請求権を排除した規定ではない。同判決は，事案を不法行為の問題として捉えた[33]。事例は，小児科専門医のいる総合病院が小児患者の診療を拒否し，その後，当該患者が気管支肺炎により死亡するに至ったものである。本事例では，以下のように，適切な対応により救命できたとして，医師の過失に基づく病院の責任が肯定された。

「医師法19条1項は，『診療に従事する医師は，診療治療の要求があつた場合には，正当な事由がなければ，これを拒んではならない』と規定する。この医師の応招義務は，直接には公法上の義務であつて，医師が診療を拒否すれば，それがすべて民事上医師の過失になるとは考えられないが，医師法19条1項が患者の保護のために定められた規定であることに鑑み，医師が診療拒否によつて患者に損害を与えた場合には，医師に過失があるとの一応の推定がなされ，診療拒否に正当事由がある等の反証がないかぎり医師の民事責任が認められると解すべきである。」

(4) 応招義務から説明義務を導く解釈

最近では，東京地判2006（平成18）年12月8日判タ1255号276頁のように，応招義務を根拠に医師が病者との関係で説明義務を負うといった解釈を展開する裁判例も登場している。

以上考察したように，私法関係における不法行為の判断に当たり，公法規定の違反や公法上の義務違反を参照して解釈を行うことは妨げられない。こうした公法規定の保護法益に着目して民事法の解釈を支援することは，望ましい協力関係であろう。

って最早手遅れとなったころ初めて診察し，常位胎盤早期剥離に気付いて帝王切開手術をして胎児を娩出したが，時機を逸して胎児の生命を救えなかった事例である。当該医師Y_1の賠償責任が問われたが，判決はY_1の過失を否定している。

32) 千葉地判1986（昭和61）年7月25日判時1220号118頁。この判決の評釈として，田上富信・判例評論343号（判例時報1239号）（1987年）21頁以下，山田卓生「救急病院の診療拒否と不法行為責任」ジュリスト873号（1986年）88頁。
33) 山田・前掲注32) 90頁。

4 民事法関係に対する公法規定の影響力

(1) 囲繞地通行権

以上述べたほかにも，民事法の解釈に際して公法規定の参照可能性が議論されたものが見られる。例えば，民事関係で囲繞地通行権が争われた事例で，あるべき通路の幅員基準として，建築基準法43条1項の接道義務規定や幅員規定を参照できるかという問題が存在する[34]。最高裁は，この問題に関しては消極である[35]。

(2) 建築確認の存在による民事差止訴訟の排除可能性

以下では，施設の操業差止めを求める民事訴訟の審理に当たり，公法上の法令の遵守状況がどのように影響するのかという問題を分析する[36]。

前提として，建築基準法上，適法な建築物であっても，民事の差止請求は認容されうると解されている[37]。なぜならば，例えば，建築確認を受けた建物に対して（民事）差止訴訟を排除するためには，建築確認の段階で近隣住民の利益も含めた法益の慎重な衡量がなされることが不可欠となるが，現行法の定める行政過程はそうした前提を充たしていないからである[38]。

(3) 公法上の規制と民事差止訴訟

施設操業の民事差止訴訟において，公法上の規律が重要性を持つことは認められている。例えば，澤井裕博士は，争われる事例を，①生命・身体・健康等

---

34) 秋山靖浩「相隣関係における調整の論理と都市計画との関係（5・完）」早稲田法学76巻1号（2000年）16頁。
35) 最判1999（平成11）年7月13日判時1687号75頁。
36) 秋山・前掲注34) 31頁。
37) 澤井裕『テキストブック事務管理・不当利得・不法行為〔第3版〕』（有斐閣・2001年）131頁。
38) 例えば，建築確認の対象となる法令（確認対象法令）には，民法の相隣関係規定は含まれていない。この点を重視する見解として，金子正史・自治研究75巻3号（1999年）112頁。最判1980（昭和55）年7月15日集民130号253頁は，民法234条1項を，建築基準法6条1項に基づく確認申請の審査対象に含まれないと判示した。

の被侵害利益から差止判断がなされる場合，②侵害行為の態様の悪質性から差止判断がなされる場合，③被害の程度と侵害行為の態様が総合判断される場合に分けた上で，③に関する判断基準として，被害の程度，地域性，防止措置の難易，公共性と並べて，行政的規制基準を挙げている。ここで挙げられた行政的規制基準は特別な事情のない限り，民事上の違法の推定基準になるという[39]。

　具体例を見ることしよう[40]。第一種低層住居専用地域内で各種設備の整った浴場が建築確認を得た事例で，客の利用する自動車により住環境が著しく害されるとして，被害が受忍限度を超えることを理由に，建築地周辺に居住する住民が建築工事禁止の仮処分を求め，その申立てが認められたものである。裁判所は，建築が公法上の規制に適合しているかは私法上の差止請求における受忍限度の判断にとって，1つの重要な要素となりうることを認めている。本件では，(ア)公衆浴場として建築確認が認められた当該建築物は，家庭に内風呂を有しない近隣住民の衛生を確保するために不可欠な施設として公衆浴場を規定した法律の趣旨に沿う施設とはいえないこと，(イ)エンジン音，ドアの開閉音，客の声など，夜間における大きな騒音被害が生じること，(ウ)第一種低層住居専用地域に属していることなどから，受忍限度を超える被害の存在を認定した。ここに見られる(ア)や(ウ)の判断基準は，公法を参照した解釈方法ということができる。

　このほか，建築基準法における日影規制（56条の2）は，北側隣人の日照を保護する趣旨の行政規制であり，当該規制の違反については民事法上の違法の推定が働くとされている[41]。

(4) 建築基準法違反と不法行為責任

　建築基準法の定める容積率に対する違反や無届建築は，それ自体では民事法

---

39) 澤井・前掲注37) 124～125頁。
40) 名古屋地決1997（平成9）年2月21日判時1632号72頁。
41) 澤井・前掲注37) 160頁。ただし，違法性は，被害の実情，被害地の広狭，利用関係の影響を受ける（行政規制に適合する場合であっても，民事法上は違法になりうる。日影規制がかかっていない，高層化が進んでいない地域での日照被害の事例で，一定の高さ以上の建築を禁止する差止訴訟が認容された例として，徳島地決1986（昭和61）年3月18日判時1200号137頁。

上の違法を導くものではない。しかし，最高裁は，こうした法令違反が権利濫用を判断する際の基準となりうること，居宅の日照・通風も法律上保護される利益であることを認め，不法行為の成立を認めた[42]。事案は，住居地域で北側家屋の日照，通風を大幅に奪う2階増築工事が無届で行われ，知事の発した工事施工停止命令や違反建築物除却命令を無視して工事が実施されたものである。

以上見たように，今日では，私法規定の解釈をする上で，公法規定の内容や公法上の義務違反の存在が重要な考慮要素となりうるのである。

5 公法と私法の共通性への着目

(1) 相違に対する問題関心の集中

公法と私法の二元論について批判が提起されてきたのは，伝統的学説が公法の特殊性を過剰に強調した部分である。具体的には，公法上の権利の融通性制限，国家行為の公定力，広範な強制執行の肯定，権利救済の不備などである[43]。こうした批判を受けて，上記の特殊性（過剰な権力性）に対しては是正が図られてきた。

美濃部博士は，公法規定と私法規定の相違として[44]，個人相互間の権利義務を対象に法律的秩序の上に適当か否かを問題にするのが私法，国家と国民との関係における生活行動を対象に，国民が個人相互間で生活行動を事実としてなすこともしくはなさないことを命ずるのが公法であると説明した[45]。具体的には，法令の規定違反に刑罰や過料といった罰則を定めている場合が公法規定の例である（国家に対する義務違反であるからこそ，国家が制裁として処罰する理由があるという）。他方，法令の規定に従い契約を無効とする場合や規定違反の特約を無効とする場合には，私人間の法律行為の効力を定めることになるから私法規定とされた。

---

42) 最判1972（昭和47）年6月27日民集26巻5号1067頁。
43) 美濃部・前掲注4) 109頁以下。
44) 美濃部・前掲注4) 140頁以下。
45) 美濃部・前掲注4) 144〜145頁。田中二郎博士は，公法と私法の共通性と連関を強調した点に，美濃部博士の見解の特色を指摘する。田中二郎「公法と私法」同『公法と私法』（有斐閣・1955年）8頁（初出1942年）。

このように，行為規範として市民の行為を罰則の威嚇によって間接的に規制するモデルと，行為の法的効力を否定することを通じて規制を行うモデルの存在がここには認められる。これらは法律上の制度設計に当たり選択肢となるモデルを提示するものである。

(2) 共通性への着目
(a) 権利義務関係

伝統的学説が公法と私法の共通性について論じていた部分は，差異への注目とは対照的に注目を集めてこなかった。例えば，美濃部博士はたしかに公法と私法の区分を主張したが，2つの法律関係を全く異なる性格のものであるとは捉えていなかったのである。公法を権力関係の法，私法を対等関係の法と対比することについても，同博士は慎重であった。むしろ，公法と私法の共通性に関して，詳細な記述を行っている点が注目に値する。この部分は，公法と私法の協働が課題となる現代において参照価値を持つ。

両者の共通性として，美濃部博士は，大要，3つのグループを挙げている[46]。このうち，両者が共に権利義務の関係であることを指摘した部分に注目したい。美濃部博士の見解においては，公法は権力関係，事実関係，服従関係を扱うものではない。むしろ，公法関係と私法関係は共に権利義務の関係である点で共通するのである[47]。換言すれば，行政の持つ権利義務が中心的な論点とされた。国家が刑罰といった制裁や行政上の強制執行手段をもって臨むことはあっても，これは決して公法全てに通ずる特色ではない[48]。他面で，国家が義務を負担する場合も存在する[49]。公法上の命令であっても，ある人に対する一定の行為又

---

[46] 美濃部・前掲注4) 74頁以下。1つは，権利義務の関係であることの共通性であり，これに関しては本文で詳述する。2つは，法律原因による共通性である。ある状態なり事故（年齢，出生・死亡，住所，期間等）によって一定の法律効果が生じる場合と，特別の意思行為（例えば，単独行為や契約）によって法律効果が生じる場合が存在する点については，公法と私法は共通するといった内容である（92頁以下）。この部分は今日でも承認されていることから，本章の考察からは除外する。3つは，法主体，法客体，事業に関する共通性である（103頁以下）。公法人と私法人，公物と私物，公企業と私企業に見られる共通性を指摘するものである。

[47] 美濃部・前掲注4) 74頁以下。
[48] 美濃部・前掲注4) 77頁。
[49] 美濃部・前掲注4) 75頁。

は給付を求めることに他ならず，この点では私法上の債権と異なるところはないとされた[50]。

(b) 宝塚最高裁判決の特異性

美濃部理論に見られたように，行政法関係は，市民の権利や義務，行政主体の権利や義務が存在する法関係であり，市民の権利義務と行政の権利義務は相互に関連し合う表裏一体のものであって，片面的に分解できる性格のものではない。つまり，公法と私法は法関係としての共通性を持つことが承認されている。このように見てくると，最判 2002（平成 14）年 7 月 9 日（宝塚判決）のように，行政の法益を権限として捉え，私法上の権利と差別化する思想は，当時においてすら見られないものである。同判決は，理論的にも学説史上も特異なものである[51]。

(3) 民法の相隣関係規定と都市計画

公法と私法の共通性を問う視点を推し進めるならば，例えば，都市計画に関する理解も変わりうる。既存の住宅地域で私人相互が建築において相互の利益を顧慮し合うことによって自己の住環境や土地利用の満足度を高めるといった視点と，新規の開発地で土地所有者間の相互配慮を求める都市計画の策定とは共通する[52]。相互配慮という特色に着目すると，都市計画は決して市民にとって外在的な制約・規制ではない[53]。また，土地利用が従前の土地利用を前提にその継続性の下に構想されるとすれば[54]，損失補償にいう状況拘束の法理も決

---

50) 公法上の債権とも称すべきものである。美濃部・前掲注 4) 91 頁。
51) 最判 2002（平成 14）年 7 月 9 日民集 56 巻 6 号 1134 頁に関する批判論は，ここでは繰り返さない。参照，斎藤誠「自治体の法政策における実効性確保」地方自治 660 号（2002 年）2 頁以下。その後，公害防止協定に基づく自治体の出訴を最高裁も許容しており，宝塚最判の射程距離は最高裁自身によって狭められている（最判 2009（平成 21）年 7 月 10 日判時 2058 号 53 頁）。
52) 秋山靖浩「相隣関係における調整の論理と都市計画との関係(1)」早稲田法学 74 巻 4 号（1999 年）271 頁。
53) 吉田克己「土地基本法体制論――土地をめぐる企業・市民・国家」法の科学 19 号（1991 年）59 頁は，私権制約的機能を持つ計画について，「その目的は市民の良好な生活環境・都市環境の維持・形成であり，また，手続的にも，そこには上から押し付ける権威的性格は存在しない」とする。
54) 秋山・前掲注 52) 273 頁も，相隣法は場所的慣行上の土地利用を保護することにより，地域の分離を促すなど，私的自治による都市計画の機能を果たすという。澤井裕

して公法固有のものではないことが判明する。

6 主体説に基づく公法理解

(1) 行政法における主体説の定着

　公法と私法を区別する基準として，美濃部博士は，主体説を支持していた[55]。これによれば，私法とは，法律関係に登場する法主体がともに私人又は私の団体である。他方，公法とは，法主体の一方又は双方が国家又は国家の下にある公の団体である。こうした区別を前提として，国家が私人と等しく私法の規律に服す場合があることを認めている。つまり，国家は統治団体である場合のほか，経済団体としての性格を有し，経済活動を行うこともある。後者の場合には，必ずしも国家に特有な優越的意思の力をもって臨む必要がなく，私人が経済的活動において用いるのと同一の法的手段をもってすれば目的を達成することができるという[56]。

　こうした主体説は，今日においても多くの支持を得ているものと思われる。その功績は，法律関係を区分する上で，形式的であり，わかりやすい点に最大の効用が認められよう。

(2) 制度的契約論による問題提起

　主体説に従い理論構築を進めてきた行政法学に対して，近時，有用な問題提起をなしているのが，内田貴教授の提唱する制度的契約論である[57]。これは，従前解かれてきた契約のように個別当事者の交渉にゆだねられる契約類型の他に，当事者の力関係や交渉によって内容形成をすることが適さない契約類型が存在することを指摘するものである。具体的には，近時進展した民営化によっ

　　「紛争の衡平な解決のための小論——相隣法的観点からの考察」私法 23 号（1961 年）75 頁も参照。
55)　美濃部・前掲注 4) 24 頁。
56)　美濃部・前掲注 4) 43 頁。
57)　内田貴『制度的契約論』（羽鳥書店・2010 年）。行政法学からの詳細な検討として，原田大樹「行政法学から見た制度的契約論」北大法学論集 59 巻 1 号（2008 年）408 頁以下。

て，行政がもはや給付主体，サービス提供主体ではなくなった状況下において，契約内容に対して規範的要求を行うものである。

ここでの関心事は，民営化以前に行政が課されていた規範的要請を，民営化後にサービス提供主体に対して及ぼすための方策である。こうした事例で公法規範の拡張を図るためには，行政法の立場からは，行政が主体でなくなった以上，法律の根拠を別途要請することにならざるをえない（民営化に伴う立法者責任（制度設計責任）の強調といった手法である）。これに対し，制度的契約論によれば，そこで提供されるサービスの性格から説き起こして，契約であっても制度的契約である以上，遵守すべき内容が存在すると主張することを可能にする。

行政法学から見た，制度的契約論の功績は，少なくとも次の2点に認められる。1つには主体説に固執してきた行政法理論の問題性を指摘し，再考の契機を与えた点である。2つには，行政法学においても活用が期待される契約について，交渉に根ざした（従前型の）契約類型と，交渉になじまない一定内容の要請を伴う制度的契約類型が存在することを示唆することにより，契約の利用可能性・発展可能性を提示した点である。これにより，行政法領域における契約の理解についても，一層広い視野を持つことが期待できる公共性担保手法として，契約の活用範囲拡大が期待されるが，これは今後さらに深めるべき課題である。

おわりに

公法と私法に関して今日では自明のものとして論じられるものについて，その根拠などを中心に分析を行った。今後は，公法と私法という制度のもつ特色を明らかにしたうえで，その組み合わせや利用条件を構想することは，制度設計学としての行政法にとって一層の重要性を持つものである。こうした作業の延長線上に，新たな公法私法関係の構築が期待される。

II　国際化・分権化への対応

第5章
グローバル行政法の一般理論

はじめに

　行政法は,「行政に特有な国内公法を対象とする」といった理解に支えられてきた。そのため,国際法との関係は軽視され,国際的取極めを国内行政法でどのように扱うかといった問題などが充分に取り上げられることはなかった。しかし,グローバル化の潮流の中で行政活動をめぐって国境を越えた新規課題が増大し,それに対応可能な行政法理論や体系が求められている状況にある。本章は,グローバル化の概念を始めとする諸問題や国際法と行政法との対話に焦点をあてることとしたい。国際行政法,グローバル行政法を論じる場合の総論とはいかなる内容であるべきかを念頭に置いて分析を進める。

1　グローバル化の諸相と行政法

(1)　グローバル化概念の類型論

　国家を中核的な単位として,それを基礎に発展を遂げてきた行政法学にとって,国家の境界を越えた地球規模の変動を意味するグローバル化の趨勢は,大きな変革要因となっている[1]。その影響は,行政法学においては,基本原則,

---

1)　本章は,2012年6月9日に東アジア行政法学会（韓国（ソウル）開催。以下「学会」という）で行った報告原稿を基礎に,学会で受けた多数の質問に対する回答を加えたものである。この場を借りて,参加された学会員の方々に御礼申し上げる。本章の取り上

行政の行為形式のほか，各種行政手法，手続過程，行政上の強制執行手続，行政組織編制など広範囲に及ぶ。この問題を解明する上で，作業を難しいものとしている一因として，グローバル化の概念それ自体が，極めて多義的な内容を有する点を挙げることができよう。グローバル化という用語が，法律学における基本概念として成立しうる内容を持ちうるのかといった点に関して，既に，疑義を示す見解が少なからず提起されている[2]。本章では，近時見られる諸現象を総括する用語として，グローバル化の語を受け止めることとしたい。その上で，生起している諸問題を素材として，行政法ないし行政法学自体のあり方を考える。これが本章の基本的立脚点である。

　本章では，グローバル化の下に語られる諸問題にいかなる性質のものが含まれているのか，類型化を試みることから考察を開始することとしたい。こうした類型論は，厳密な意味における分類学ではないが，問題状況の把握には一定の効用を有するものと考えている。まず，経済取引，市場が地球規模にまで拡大したことに伴い発生する問題群として整理することが可能なグローバル化問題（ないしグローバル化現象）が存在する（これを，以下では「市場のグローバル化問題」と呼ぶ）。このほか，地球規模で人や物，資本ないしサービスが自由に行き来する状態を指して，グローバル化の語が用いられる場合がある。こうした移動なり移転に伴う諸課題もまた，グローバル化問題として論じられてきた（これを，以下では「移動・移転に伴うグローバル化問題」と呼ぶ）。さらには，国家の枠組みを超えて，地球規模での対応を必要とする新規政策課題が提示されており，これらを対象にグローバル化の問題が語られてきた（これを，以下では「地球規模の政策課題としてのグローバル化問題」と呼ぶ）。こうした3つの大きな問題群は，いずれも行政法なり行政法学に対して新たな課題を提示するものであり，その変革を迫る要因となっている。

　　　げる課題を扱った本格的研究として，参照，斎藤誠「グローバル化と行政法」磯部力ほか編『行政法の新構想Ⅰ』（有斐閣・2011年）339頁以下。後掲の注5）の論文も併せて参照されたい。
　2）　こうした疑義は，東京で開催された東アジア行政法学会において斎藤誠教授が既に指摘されていたところである。参照，斎藤誠「グローバル化と地方自治」自治研究87巻12号（2011年）19頁以下。

(2) グローバル化の背景

本章では，まず，上記のような様々なグローバル化問題をもたらす具体的な社会・経済上の背景・要因に目を向けることとしたい。その理由は多岐にわたるが，次の4つに注目する。第1に，環境問題が地球レベルで語られるようになったという理由である。地球の総人口が増大し，それによってもたらされる生産・流通活動が利用可能な地球資源を上回る規模にまで達した結果として，地球温暖化，異常気象，気候変動に伴う災害を各地において招いている。ここから提起される問題は，先に述べた類型でいえば，地球規模の政策課題としてのグローバル化問題に属す。第2の理由は，従来，社会主義を標榜した多くの国家や地域における体制変革を通じて，そうした諸国が新たに資本市場に参入してきたことに伴い，地球規模に至る市場拡大が生じ，国際レベルにおける経済競争の激化がもたらされたことである。これが要因となって，とりわけ産業規制のあり方について，繰り返し問題が提起されてきた。豊富な資源と安価な労働力，新たな経済市場を求めて，資本や企業が国境を越えて展開する状況が恒常化したのである。ここから，冒頭で述べた市場のグローバル化問題が生じている。第3の理由として，航空機，大型船舶，高速鉄道など，大量かつ高速の輸送を可能にする交通手段の発展により，人の往来が地球レベルにまで拡大し，物流が国境を越えて展開するに至った点を挙げることができよう。これに加えて，インターネットの普及に代表されるように，情報通信技術の高度化・高速化に支えられて，大量の情報が瞬時に，しかも低価格で全世界に流通するに至った。これは，移動・移転に伴うグローバル化問題の背景ともなっている。

これまで掲げた変動の諸要因は，様々な分野や異なった局面において，国内において権威を誇ってきた国家構造を根底から揺さぶることに結びついている。これは過去10年以上にわたり，公法学においても研究対象とされてきた現象・テーマである[3]。行政法の世界では，こうした問題が様々な参照領域にお

---

3) 大橋洋一「多国間ルールの形成と国内行政法の変容」同『行政法学の構造的変革』（以下，「変革」と引用）（有斐閣・1996年）314頁以下（初出1993年），北村喜宣「『グローバル・スタンダード』と国内法の形成・実施」公法研究64号（2002年）96頁以下のほか，2012年10月8日，9日開催の日本公法学会の第一部テーマ（市場のグローバル化と国家）などは，今回の東アジア行政法学会の問題関心と重なる部分が大きい。原田大樹「政策実現過程のグローバル化と公法理論」新世代法政策学研究18号（2012

いて，技術的な形で具体的問題として顕在化する点に特色がある。

　グローバル化はこれまで述べたように多様な内容を包含するが，その基本にある共通点として，地球規模における運動ないし移動を中核にもつ動態的概念であるという特色を挙げることができる[4]。したがって，国境という境界線を設定し，領域を限定した上で，その内部における統治，支配，管理，規制といった要素に起源をもつ伝統的国家像に対しては，修正を迫る傾向を固有の性質としてもつ。換言すれば，グローバル化の諸現象は，その基本的性質において，中央集権型国家権力にとって，対抗関係にあるといえる。また，グローバル化は動態的過程であることを本質とすることから，安定的秩序形成を基本的任務としてきた法律制度及び法律学に対しても，緊張関係に立ちうる性質を持つ。こうしたグローバル化の根底にある対抗的傾向に起因して，様々な個別事象において，従前の法制度なり法思想との対立，衝突，対話が重ねられてきたのである。

　グローバル化の進展によって，国内公法として発展してきた各国行政法は共通化・画一化の嵐に飲み込まれ，中長期の時間の経過の中で，その固有の社会的ないし文化的特質を失う傾向にあることは否定できない。こうした変容は，東アジアのみならず，既に過去20年余にわたる，とりわけヨーロッパにおける共同体法と各国行政法の関係を見れば明らかであろう[5]。

　なお，学会においては，行政制度がグローバル化の進展により平準化するという点について，韓国の研究者から，現在においてもヨーロッパ連合やアメリカなど，ブロックを単位とした対立が見られ，必ずしも平準化に向かわないのではないかといった指摘を受けた。この問題は，論者がどの程度の時間的枠組

年) 241 頁以下も併せて参照。
[4] 「動いている状態」への着目を説く文献として，オリヴィエ・ジュアンジャン（岡田信弘訳）「公法とグローバリゼーション」新世代法政策学研究12号（2011年）1頁以下参照。
[5] 本文の記述は，2010年9月27日に来日されたハンス・クリスティアン・レール教授（コンスタンツ大学）が学習院大学で開催された講演会における報告及び議論から，多くを学んでいる。講演会の内容は，同（大橋洋一訳）「多層型システムにおける行政法学」新世代法政策学研究6号（2010年）87頁以下に公表されているほか，原田大樹「多元的システムにおける行政法学」同115頁以下も当日の報告を内容とする。伊藤洋一「ヨーロッパ法における多元的法秩序間の調整問題について」新世代法政策学研究4号（2009年）93頁以下も参照。

みの中で議論しているのかという視点（時間軸）に関係するように考える。筆者は中長期的には平準化の方向に向かうと指摘しているのに対し、上記の韓国の研究者は「すぐには」平準化という帰結に至らないのではないかといった見解を提示されているのであり、必ずしも見解の対立があるとは考えていない。

　こうした平準化という傾向をも含めて、以下では、日本法を素材に、グローバル化が行政法及び行政法学に対してもたらす変革の諸要因を分析し、解くべき課題を提示することとしたい。本章で行われる分析やその基底にある問題意識は、日本法に関する分析を基礎とするが、東アジアにおける友好国においても類似の問題なり現象が理論的及び実務的課題として登場しているところである。

2　国際行政法に対する着目

(1)　国際行政法としてのグローバル化問題

　現在提起されている課題は、国家の上位に超国家機関を設立して、そこに各国の行政権がこれまで有していた一定の権限を委譲することではない。つまり、超国家機関の下に各国の国家行政を従属させるといった意味での国際化が課題なのではない[6]。少なくとも、今日においては、そうした権限委譲モデルが原則形態として想定されているわけでも、要請されているわけでもない。そうではなく、各国が議会を有し、行政機関を配置して、国内行政事務に加え国際行政事項の執行をも担わせるという基本形態を維持した上で、国際機関なり国家相互の取り極めをいかにして国内において円滑に実現していくのかといった問題、つまり、国家相互間の制度調整問題が中心的検討事項とされている[7]。し

---

[6]　国際行政法の概念構成に関する議論は、田中二郎「国際行政法」末弘嚴太郎＝田中耕太郎編『法律学辞典第2巻』（岩波書店・1935年）787頁以下に始まり、そこでは国際団体の地盤の上に立つ国際行政法にとりわけ注目がなされている（789頁）。杉村章三郎「国際行政法」田中二郎ほか編『行政法講座第1巻』（有斐閣・1956年）319頁以下も参照。

[7]　わが国において、国際行政を論ずる上で、その理論基盤と具体的素材を提示して、問題領域の重要性を開拓した主要業績としては、成田頼明「国際化と行政法の課題」雄川一郎先生献呈『行政法の諸問題下』（有斐閣・1990年）77頁以下、山本草二「国際行政法の存立基盤」国際法外交雑誌67巻5号（1969年）1頁以下、同「国際行政法」雄川

たがって，ここでは，条約の国内における執行といった伝統的議論の延長線上に，新規の問題が提起されているとみることができる。もっとも，こうした国際行政法への着目は従来，日本の行政法学においては極めて弱いものであった。したがって，この点において，行政法学自体の変革が要請されていることには注意する必要がある。換言すれば，行政法学においても，国際行政法の視点を尊重することが求められている。具体的には，国際法の存在を一層強く意識した行政法体系の構築，国際規範と国内行政法令との相互作用の解明が今後一層問われることとなろう[8]。

(2) 憲法論を超えた行政法理論の意義について
(a) 制度設計論の役割

行政法のグローバル化への対応を行政法総論の理論的枠組みにおいて捉えていこうという筆者の見解に対して韓国の研究者から多くの質問を受けた。例えば，この問題は憲法のレベルで多くの議論ができる性格のものではないかという見解である。これは，条約が国内で効力を持つために法律を別途必要とするのか，批准で足りるのか，条約の尊重義務をどの程度まで国内行政機関が負うのか，外国人の法的地位を国内法においてどのように把握するのかといった一連の問題を念頭に置いての問題提起である。ここに挙げられた問題について，憲法上の規律に関しては，日韓の間で差異はさほど大きくはない（換言すれば，各国の憲法事情であるといって済ますことはできないものである）。こうした類似性を前提において述べるならば，グローバル化の下で論ずべき問題は，上記の憲法問題の先に位置するものであり，新たな立法措置やそれに伴う制度設計，執行措置に多くの課題を抱えるものと考える。

一郎ほか編『現代行政法大系第 1 巻』（有斐閣・1983 年）329 頁以下を挙げることができる。

[8] 斎藤・前掲注 1) が問題点の所在を的確に指摘したものであり，現時点における行政法理論の到達点を示す。行政法学にとっても示唆に富む論考として，柳井俊二「条約締結の実際的要請と民主的統制」国際法外交雑誌 78 巻 4 号（1979 年）47 頁以下，同「国際法規の形成過程と国内法」山本草二先生還暦『国際法と国内法——国際公益の展開』（勁草書房・1991 年）101 頁以下を挙げることができる。

(b) 大平三原則と本質性理論

　行政法総論について具体的にどのような変革を考えているのかという点につき，多数の質問を学会で受けた。この背景には，現在の韓国において（日本法でいう）行政法各論の研究が盛んである一方で，行政法総論の一般的理論枠組みについて必ずしも関心が高くないという事情が存在するようである。行政法総論の分野では，法律の留保学説において議会留保事項の拡充を図ると共に，条約の批准基準と同学説との関連に関して考察を深める必要がある。従来，その締結に国会の承認を必要とする国際的約束（国会承認条約）と必要としない国際的約束（行政取極）とを区分する基準として，実務上1つの原則が確立してきた。具体的には，(1)財政事項を含むもの，(2)法律事項を含むもの，(3)政治的に重要なものに国会承認を要求する政府見解である。これは，1974年2月20日の衆議院外務委員会において大平正芳外務大臣の答弁で示されたものであり，「大平三原則」と呼ばれる慣行である[9]。この問題は，憲法73条3号で国会承認を必要とされる国際約束の範囲にかかわる議論である[10]。この原則で財政事項を含むとは，既存の予算や法律で定められている以上の財政支出義務をわが国に負わせる国際約束という意味である。例えば，投資協定にかかる条約で国の協定違反について私人の提訴を仲裁裁判所に対して認める場合，国に損害賠償が認められれば国が支払義務を負うこととなるため，それに備えて国会の承認が必要とされる[11]。また，法律事項を含んでいるとは，条約の締結により新規の法律制定，法律の一部修正等の立法措置を要する国際約束を指す。さらに，政治的に重要であるとは，国家間の基本的関係を法的に規律するものである。例えば，日中平和友好条約などが政治的に重要な国際的約束にあた

---

9) 柳井・前掲注8) 山本先生還暦104頁。山本良「条約法」小寺彰ほか編『講義国際法〔第2版〕』（有斐閣・2010年）77頁以下も参照。

10) 参照，佐藤幸治『日本国憲法論』（成文堂・2011年）455頁以下，渋谷秀樹『憲法〔第3版〕』（有斐閣・2017年）565頁以下。具体的な数字で見るならば，柳井俊二「日本外交における国際法」国際法学会編『日本と国際法の100年第1巻——国際社会の法と政治』（三省堂・2001年）174頁によると，2000年には国会承認条約が約10件であったのに対し，行政取極は670件に上り，行政取極のほとんどが二国間のものであったという。

11) 鶴岡公二「外務省と国際法——国際法と国内法」ジュリスト1387号（2009年）45頁，小寺彰ほか「〈座談会〉法的観点からみたTPP」ジュリスト1443号（2012年）28頁（斎藤誠発言）。

る[12]。

　ここで，国際的な約束の実現に法律を要することの意味を，法律制定手続の持つ機能に即して理解することが極めて重要である。法律制定手続は，その機能的特色として，(a)与党や野党の間で利害対立を統制するという機能に加えて，(b)実現に向けた行政機関等の権限や組織を指定するといった執行面に向けた調整プロセスを包含するほか，(c)実施に向けて紛争が生じた場合の評価規範としての意味を持つ（司法的執行保障）。さらに，(d)国民に対して新規政策の宣伝機能を有するほか，(e)既存法律体系との調整をも制度上必然的に要請する[13]。

(c)　制度的保証

　条約等が締結される場合には，立法者の配慮義務として，条約等が国内法効力を持つことにより予想される市民の権利侵害の危険性を予め除去することが必要とされる（こうした監視機能は，内閣法制局による法令審査に期待する部分が大きい）。換言すれば，条約が関係する国内法と整合するか，国内法の制定や改廃がどの程度必要であるのかを政府部内で立法政策の観点も含めて総合的に検討する専門部局が整備されていることが，行政システムとしては重要になる。わが国では，外務省の国際法局がこうした任務に当たってきた[14]。このほか，国会の承認提出の閣議決定に先立ち，内閣法制局が綿密に審査を行っている。柳井俊二氏はこれを「制度的保証」の用語で説明し，比較法的に見てもわが国の制度は最も徹底したものと評価している[15]。

　グローバル化にかかわる問題は，興味深い個別事象として経済案件として登場することが多い。そうした事例として単発的に対応するのではなく，諸事例

---

[12]　柳井・前掲注8）国際法外交雑誌65～66頁。
[13]　米国憲法や日本国憲法のように批准された条約の国内法的効力を認めている法体系（一般的編入方式）に関し，国内立法の意義を考察した研究においても，本文で述べたような立法手続の諸機能に注目がなされている。参照，小森光夫「条約の国内的効力と国内立法」山本草二先生古稀『国家管轄権――国際法と国内法』（勁草書房・1998年）555頁以下。本文で挙げた立法手続に対する着目，立法手続の諸機能から法律制定事項を考察するという視角は，本質性理論の基礎に認められるものである。参照，大橋洋一「法律の留保学説の現代的課題」同『現代行政の行為形式論』（以下，「形式」と引用）（弘文堂・1993年）40頁以下（初出1985年）参照。
[14]　谷内正太郎「国際法規の国内的実施」山本先生還暦・前掲注8）123頁は，条約局について指摘する。同局は2004年の外務省機構改革により，国際法局となる。
[15]　柳井・前掲注8）山本先生還暦94頁。

の相互関連に配慮しつつ，その底流に位置する理論的傾向を考察する枠組み作り（一般理論の形成）が求められているのである。これが，目下のグローバル論議の核心である。

(3) 行政法総論への具体的影響
(a) 法の一般原則論に対する影響

国際的な約束を国内法が実現する上で重要な点は，国外の観察者から見て概観性の高い透明な仕組みが構築されていること，公正な手続にそって国際的な約束が実施されること，過程ごとに分節的に説明が尽くされていることなど，総体として国内行政法システムにおいて合理的統治がなされていることを制度的に表明することであるように思われる[16]。例えば，行政手続法が制定され，申請処理にかかる行政手続が整備されていること，行政指導に対する手続的規制が存在すること，意見公募手続が法定されていることなどは，こうした要請に応えるものである。TPP 交渉などでは，特に，基準策定手続の透明性などが要求され，手続の透明性，開放性，公正性，慎重性が基準の基礎となるといった関係が認められる[17]。行政法関係における法の一般原則として，現代行政法では，説明責任原則，透明性原則が重要性を増しつつあることが，これまでも指摘されてきた[18]。こうした国内行政法における一般原則の展開は，国際行政法を視野に入れた場合に一層顕著に認められるものである。

こうした観点からは，未だに存在する通達行政の改善，政策提言型審議会における委員の人選，パブリックコメントで出された意見に対する行政対応の充実などに関して課題が存在する[19]。

(b) 行政基準論に対する影響

法治主義論，法源論との関連では，行政活動の準則となる基準策定に対する

---

16) 外国人・外国企業を包含した合理的統治に関して，小寺ほか・前掲注 11) 25 頁（小寺彰発言）。同座談会における議論から本文の記述は多くを学んでいる。
17) 原田大樹「TPP 時代の行政法学」ジュリスト 1443 号（2012 年）58 頁，斎藤・前掲注 1) 367 頁。
18) 大橋洋一『行政法Ⅰ 現代行政過程論〔第 3 版〕』（有斐閣・2016 年）54 頁以下。
19) 通達行政に関し，小寺ほか・前掲注 11) 26 頁（佐久間総一郎発言），審議会における第三者性の確保に関して，同 23 頁（斎藤誠発言）。

民主的正統性の確保,参加機会の拡大,透明性の保障が中心的な議題になる。換言すれば,国家機関が自己決定したことに縛られるという伝統的原則を貫徹するという課題である。具体的な応用分野としては,条約に基づく第二次法を国際機関が制定する場合,私的基準なり公私協働型基準が国際レベルで制定される場合,並びに,政府間でインフォーマルに政策調整がなされ,指針が定められる場合などについてである[20]。国際レベルにおいては,情報,組織,手続を通じた制御が各国機関の側から実施可能とする必要がある。つまり,国際的基準策定に対して国内行政機関が関与する手続の設定[21],参加の前提となる情報の共有・情報の提供を確保することである。こうした課題は,法源論において取り扱うことも可能である。

他方,国内においては,法律制定に際し,立法技術を進化させることが課題となる。具体的に述べれば,戦略的立法裁量の承認,権限委譲の明確化などである。基本的視点は,国会承認事項の射程範囲を現代的諸課題に対しても明確化し,尊重することである。先に大平三原則に関連して述べたように,権利義務にかかわる法律事項のほか,財政的事項,重要な政治問題といった本質的事項に対する国会承認を制度的に保障していくことである。この点では,本質性理論の再評価は,グローバル化の時代において重要課題である。

(c) 行政行為論への影響

行政行為論においては,外国において発令された行政行為の国内承認をめぐる諸課題(トランスナショナル行政行為の問題)が重要課題となる。外国で発令された行政行為を日本国内で行政行為と位置づける方策としては,日本法がそうした承認を与える方法の他,外国でなされた適合性評価を日本の登録機関の評価と見なす相互承認の制度がある[22]。このほか,規制目的を重視した柔軟な規

---

20) 参照,原田・前掲注5) 134 頁。斎藤誠教授も,多国間条約やインフォーマル官庁ネットワークによる構造形成への対応,行政立法への条約の授権,行政取極,非拘束的国際基準など,行政法総論における行政基準の分野における諸課題を指摘する。斎藤・前掲注1) 373 頁。
21) 同旨,原田・前掲注5) 138 頁。
22) 斎藤・前掲注1) 351 頁は,国内法における承認の例として,外国発給の運転免許証で国内の運転を認める仕組み(道路交通法 107 条の 2)を挙げる。相互承認制度に関しては,内記香子『WTO 法と国内規制措置』(日本評論社・2008 年)181 頁以下が詳しい。

制手法の承認,目的規制といった手法の開拓及び分析が重要性を獲得する。行政規制に関しては,国内行政機関が規制を行うことについての説明責任が一層,問われることとなろう。換言すれば,属地主義を超えた,効果主義の観点からする規制根拠の説明要請である。これは,法律制定時に加え,執行の局面でも必要とされるものである。

(d) 行政契約論への影響

行政契約の分野では,WTO に関連した政府調達に関する行政契約を素材にして,国際的視点が契約の適法性要件となる点を中心に理論構築に努めるべきであろう[23]。

(e) 執行過程への影響

国際行政で注目すべき点は,国内における執行措置にかかる一連の問題である。国際行政の比重がしばしばプログラムの作成にあり,その執行は各国の国家機関に依存するという基本構造を前提とすると,調和的執行の確保が国際行政(グローバル化時代の行政)の生命線となる。ここでは,伝統的な行政官庁法理論に見られるような階層型組織原理と並ぶ,もう1つの組織原理への注目が重要性をもつように考える。これは,相互配慮原則の尊重といった視点である[24]。同原則から,国内行政機関は,国際的な取り極めを無にするような振る舞いをすべきではないといった相互配慮を要請されることとなる。各国行政機関は,当該取極めの執行確保(とくに強制措置や罰則による担保)に注意を払う必要があろう。

他方で,国際立法政策として,条約の締結にあたり各国の国内手続に従い承認されることを必要とする発効条項を設けるとか,条約の具体化にあたり対象選択や国内における実施方法を各国の国内法に委ねるといった方式を通じて,各国の国内法制が相違する点に配慮することが重要である[25]。例えば,国際的

---

23) WTO に関しては,参照,小寺彰『WTO 体制の法構造』(東京大学出版会・2000年),須網隆夫「WTO と地方自治体」ジュリスト 1254 号(2003 年)72〜79 頁,内記・前掲注 22)。行政契約論における位置付けに関しては,大橋・前掲注 18)247 頁以下。

24) ルドルフ・スメントに起源をもつ権限上の配慮原則の成立過程に関しては,大橋洋一「計画間調整の法理」同・形式 280 頁以下(初出 1992〜1993 年)参照。

25) 参照,柳井・前掲注 8)山本先生還暦 99 頁,103 頁。

約束を実現する上で行政調査が必要となる場合に,直接強制調査によるのか間接強制調査によるのかといった制度設計にかかる選択問題が存在する。化学兵器の開発,生産,貯蔵及び使用の禁止並びにその廃棄に関する条約を実現するにあたり,「化学兵器の禁止及び特定物質の規制等に関する法律」は30条で国際機関の指定する者の査察を定めた。ここでは,30万円以下の罰金（45条5号・6号）により間接的に査察への服従を強制する手法が採用された。こうした国内法的措置について,条約当事国としての義務を果たしたことになるのか,令状を伴う直接強制の手法まで必要なのかといった問題が議論されている。これなどは,国内法制措置を通じた執行問題の所在を明らかにした一例である[26]。

このほか,国際化を口実とした過剰規制が各国において行われないように,市民の視点からの監視が不可欠である。とりわけ,国際協調を理由に,一元的・中央集権的な執行が推し進められることがないように,執行面においても地方自治,地方分権型執行構造に対する配慮が求められる。このような観点からは,執行の局面でも,各国の行政スタイルに対する理解と配慮が根底に置かれるべきであろう。

3 行政文化・行政スタイルの変革要因としてのグローバル化

これまで述べてきたように,国際行政のレベルにおける問題の比重が従前よりも大きくなる一方で,これに加えて,グローバル化問題はより基層において行政法及び行政法学の構造変革を迫るものである。具体的には,人々の行政に対する意識,行政規制に関する受け止め方,行政スタイル,行政と市民の関係性などに関して,大きな変化が進展しており,これらが,固有の特色を築いてきた各国行政法の平準化（共通化・画一化）を推進しているという事実が認められる。ここで興味深いことは,中核となる権力主体が存在しないにもかかわらず,行政法の平準化が進みつつあるという事実である。国際政府なり東アジア中央政府といった超国家機構が存在しないにもかかわらず,各国で平準化が急

---

26) 小和田恒「国際機構の規範定立行為と国内法制——統治権能の国際的配分に関する一試論」山本先生古稀・前掲注13) 696頁以下。直接強制調査や間接強制調査については,大橋・前掲注18) 370頁以下参照。

速に進められてきたメカニズムに焦点を当てることを通じて、そこに提起されている諸課題を探ることとしよう。

(1) 市場からの要請

　自由で公平な競争といった、市場の持つ基本的性質から、市場参加者ないし（当該参加者が帰属する）国に対して、様々な要望が寄せられる。金融市場であれ商品取引市場であれ、国際的な市場においては、市場参加者及びその帰属する国家は、市場からの多様な要請に曝されている。市場からの要請には、大きく分けて、2つの種類のものが存在する。1つは、経済取引が円滑かつ迅速に行われることを目指した圧力である（以下では「円滑化圧力」と呼ぶ）。単純化していえば、国内規制の緩和を指向する動きである。他の1つは、市場の取引を公正かつ透明にするよう求める圧力であり、これは、場合によっては新たな規制の創設にもつながるものである（以下「公正化圧力」と呼ぶ）。

　円滑化圧力の代表例は、関税の撤廃や、各種輸入規制の廃止を求めるものである。第1の注意点は、円滑化という場合、規制制度の存否を直接の内容とする圧力もあれば、規制の態様・あり方について再考を求めるものも含まれるという点である。例えば、規制の分野では、各国の歴史や文化・伝統に基づき、規制の様式が異なっている場合が少なくない。市場が国内で完結している限りで、こうした独自の規制手法は有用性を有していたが、市場が国境を越える規模にまで達すると、独自の規制は、場合によっては、他国政府ないし他国の事業者にとって参入障壁と捉えられかねない。そこで、例えば、防火用建築資材に関しては、火災に対して一定時間の耐久性を発揮できることが肝心である点に着目して、製法、材料、製作者の資格等にわたり事細かく規制することについては柔軟性が求められる[27]。これは、性能基準に基づく規制改革の例である。このように、ある国が規制によって目指した政策目的については他国が了承しつつも、その目的に至る道筋が複数ありうることを相互に認めた上で、市場参

---

27) ディレクティブ型基準、性能基準に関しては、大橋・前掲注18) 142頁以下。耐火性能規定に関しては、建設省住宅局建築指導課・市街地建築課監修『改正建築基準法』（新日本法規・1998年) 9頁以下。食品衛生の分野では、総合衛生管理製造過程（ハサップ）を挙げることができる。

加者に規制目的の達成のみを要求するという仕組みである。これは，多国間関係における比例原則の応用形態であると説明することもできよう。こうした規制改革は，現在の日本法においては，建築分野のほか，食品衛生の分野など，その例を数多く確認することができる。

　第2の注意点は，円滑化の観点から，規制基準を共通化する方向での調整が図られることである。一例を挙げると，国境を越えた物流が盛んになると，国内から他国に物を運ぶコンテナが数多く用いられるようになるが，日本のコンテナは近隣諸国に比べて伝統的に規格が小さいものである[28]。この日本型コンテナを隣の韓国に運ぶ場合には，大きなコンテナを想定した韓国の物流ルートには乗らず，積み替えというデメリットが生じる。こうした問題は日韓に限定されたものではなく，例えば，ASEANの域内で各国の経済発展に伴い域内物流量が著しく増大すれば，各国の規制や手続が経済活動の支障にならないことが重要な政策課題になる。各国の大臣会合を通じて基準の標準化を図ることが現代的課題とされているのである。同様の動きとして，日中韓物流大臣会合においてシームレス物流システムの確立に向けた取組方針が合意されているところである（2010年5月）。ここからは，日本国内で国際規格への統一を図るという課題も発生することとなる。こうした基準の統一は，ある特定国の基準に準拠する場合もあれば，国際会合における標準の設定，民間事業者等の取り決めによる場合もある。

　第3に，円滑化の圧力は規制基準のみならず，規制手続のあり方にも影響を及ぼすという点が重要である。例えば，ある国への輸入承認手続に時間を要することは，しばしば他国からの批判を招く。そこで，従来は複数の窓口に提出を要した複数の申請書類を1つの窓口への提出で足りるものへと改正が進められる。これは，いわゆるワンストップサービスである。加えて，ある申請案件を処理した後に別の案件処理に移るといった申請処理手続を直列につなぐ伝統的申請処理方式を改め，複数の申請案件を同時並行で進める手続へと改正が進められている[29]。日本の税関でも，こうした改正を通じて，過去10年間で，

28）　本章における物流の現状に関する記述は，交通基本法案の作成過程における審議会（2010年11月から12月：国土交通省社会資本整備審議会都市計画・歴史的風土分科会交通基本法案検討小委員会）に参加した際に得た知見を基礎としている。

輸入承認審査に要する時間は大幅に短縮化されているのである。併せて，専門的手続を迅速にこなすことのできる専門職員の養成と専門部署の設置も同時に進められてきた。このように見ると，規制改革は，実体基準の改革に加え，行政手続，行政組織の変革をも迫るものであることが判明する。

第4に，円滑化圧力は，経済規制の分野に限定されない点に注意が必要である。とりわけ，環境規制が間接的に経済規制のあり方に対しても影響力を及ぼす点が重要である。例えば，ある国が環境規制に無頓着で自国の企業に環境に配慮しない生産活動を許容するならば，当該企業は安価に（つまり環境保護に必要なコストを払うことなく）生産活動を行い，輸出を行うことが可能となる。こうした状況は，国際競争において他国の事業者に不利な生産・販売活動を強いる結果となるため，国際的なレベルでは批判が提起される。その結果，皆で同じ環境基準を遵守すべきであるといった要請が生じることとなる。ここでは，環境保護が大切だから規制をすべしという観点よりはむしろ，同じ競争条件を整備する観点から，一定レベルの環境基準遵守が条件とされるという関係が存在する。国際的経済団体が，しばしば環境問題に関心を示す理由の一端はこの点に認められる。

以上述べた動向に加えて，公正化の圧力は，規制行政に関してだけではなく，助成の分野にも見られる。例えば，ある国家が，自国の企業に多大な補助金を交付することがあれば，それは他国の参加者に対する競争阻害要因となり，批判の対象となりかねない。したがって，国内でどのような事業に対して補助金を出すのか，補助制度の形成に当たり，他国の視線を意識するように義務づけられる。同様に，公共事業などについて，日本国内で入札を行う場合にも，他国の事業者を排除することがないよう，今日では要請されているのである。

(2) 政策課題の共通性と情報の流通

行政法の平準化をもたらす大きな要因として，これまで述べてきたように，国際規模にまで拡大した市場の存在を挙げることが可能である。しかし，平準

---

29) マルチン・ブリンガー（大橋洋一訳）「ドイツ行政手続法の現代的課題」自治研究68巻9号（1992年）3頁以下。調整型並列手続，放射線状参加に関しては，大橋洋一「行政学と行政法学の融合試論」同・変革298頁以下（初出1994年）参照。

化をもたらすのは，市場に関連した分野に限定されるものではない。ある国家や地域が産業面で一定の成長を達成し，ある水準にまで至ると，そこには未解明の新しい共通課題が存在することに気づく。こうした国際状況の下で，ある国が国内で試行錯誤を経て成功した新規行政施策は，市場を介在した強制の要素を経ずとも，瞬く間に，他国や他の地域において普及するといった水平的平準化プロセスが存在するのである。例えば，環境アセスメントといった手続が1つの典型例である。アメリカ生まれのこの仕組みは，環境に対する意識や環境の持つ法益としての価値が高まると，ヨーロッパ連合においても導入され，現在では，東アジアの国々においても波及している。この背景として，各国が共通の政策課題を抱えていることに加えて，行政制度も含めた行政技術の普及が情報流通の高度化に支えられ加速しているという事情を挙げることができよう。

　同様の問題として，高度に発展した産業国家においては，規制による手法に代えて，当事者の交渉やインフォーマルな活動によって目的の達成を図る傾向が認められる[30]。わが国で行政指導として親しまれてきた行政手法なり行政スタイルは，一面では不透明で官民の距離を喪失させる危険性を伴うものの，他方で交渉手法としての先進性をも併せ持つ。こうした合意形成型手法を前提にした法形成，ソフトローと呼ばれる規範の解明が今後の課題であり，行政手続法における法文化は新しい課題への対応策を示唆する一例である[31]。

　このように見てくると，行政法の体系に関しても，異なった視点なり見通しを獲得することが可能であると考える。例えば，国内行政法について，ある一定の時点で，各法分野を通覧した場合，発展している領域とそうでない領域の存在（発展格差）に気づく。こうした諸領域を単に行政各部ごとの各論として独立の考察対象とするだけでは，領域の特性に応じた考察の専門性は高められるかもしれないが，他方で，領域間における比較，相互交流のもたらすダイナミズムを見失うこととなる。つまり，行政制度や理論の高度化を総体として図ることはできないのである。そこで，行政法総論をいわばそうした先進技術の

---

30) インフォーマルな行政活動に関し，大橋洋一「行政指導の比較法研究」同・形式103頁以下（初出1990年）参照。
31) 参照，中山信弘編集代表／中里実編『政府規制とソフトロー』（有斐閣・2008年）。

展示場と位置づけて，先進分野の知見・成功例を他の領域に移転させる媒介項と捉える見方，そのようにして，総体として行政システムの品質向上を図るという方法論が要請されることとなる。これは，いわゆる参照領域論といった考え方である[32]。この理論は，従来は，国内行政法の理論として，わが国においても論じられてきた。しかし，グローバル化の問題を念頭に置くと，この理論は，国家相互間においても妥当性を持つように思われる。ひと言で表現するとすれば，「参照領域・政策実験場としての国内行政法」である[33]。つまり，各国行政法の営為は地球規模で見た場合，それぞれが壮大な実験であり，そこで成功を収めた高品質の行政技術は，瞬時において他国で採用されるといった関連にある。他面において，各国で政策を担う公務員の立場から見た場合には，自らの行う施策なり制度形成が，従前以上に国家間の比較の下に置かれることを意味する。行政情報についてアクセスを許容された自国民から，「他国のような施策はとれないのか」といった意見・要望が寄せられることとなるのである。

　他方，グローバル化に際して他国に生じた紛争事例が参照価値を有する場合が認められる。行政法のグローバル化がもたらす深刻な問題については，近年の韓国における経験が示唆に富む。FTA 交渉において国内裁判所ではなく仲裁裁判所の管轄とされたことから，国民の権利保護を最終的には国内機関が行えなくなったことが議論の中心である[34]。紛争が国内裁判所ではなく仲裁裁判所の管轄とされると，このことによって，国内で整備された行政訴訟の仕組みに対するバイパスが設けられてしまうのである[35]。同様の問題は，今後，日本

---

32) 参照領域論については，エバーハルト・シュミット＝アスマン（太田匡彦ほか訳）『行政法理論の基礎と課題』（東京大学出版会・2006 年）8 頁以下，大橋・前掲注18）17 頁以下，同「政策実施総論」同編著『政策実施』（ミネルヴァ書房・2010 年）20 頁参照。

33) 実験法学に関しては，大橋洋一「実験法律の法構造」同『対話型行政法学の創造』（弘文堂・1999 年）280 頁以下（初出 1998 年），社会実験に関しては，同「社会実験と法制度の設計」法学研究（慶應義塾大学）81 巻 12 号（2008 年）29 頁以下参照（本書第 3 章）。

34) 東アジア行政法学会報告である趙弘植（ソウル法科大学教授）「グローバル化と行政法の対応」『第 10 回東アジア行政法学会国際学術大会』（学会配布資料）232 頁及び同頁注19）は，韓米 FTA により，最終的な紛争解決権が韓国の司法府から世界銀行下の仲裁機構に引き渡されたことを批判する。

法においても生じうる。

　こうした問題を解く上では，国際的合意を受け入れる際に，それを受け入れた場合における国内法下で生ずる問題，とりわけ，国民の権利保護に欠けることがないかという問題について，事前審査の仕組みを整備することが重要性を獲得する。こうした任務を事務の国際的展開を所管する官庁にゆだねた場合には，施策の推進と抑制といった二律背反の任務を負うこととなることから，別個の組織が担当すべきである。事前審査を担当する組織としては，例えば，内閣法制局などの一層の活躍が期待される。

　以上述べたことに加えて，行政の平準化をもたらす要因として，人の存在を挙げることができる。情報を根付かせ，新しい考え方をもたらすのは，人間を通じてである。現在では，国家間の人的交流は盛んであり，行政の分野に限っても，留学を通じて他国の仕組みに触発された学生のほか，学界を通じて意見交流を図った研究者や実務家，さらには，現地視察等の行政視察を通じて，行政情報の流入が図られることもある。また，国際行政協力の一環として，職員派遣を通じた行政技術の移転の例も見られるところである。このように，技術移転のルートは複層化しつつある。

　東アジア4カ国の報告を聞いて興味深かったことは，ドイツ法の影響がグローバル化問題に関して大きいという点である[36]。1つには，伝統的にドイツ法の影響の強い国々であり，また，同国への留学経験者が少なくないという事情を挙げることができる。しかし，原因はそれだけではなく，EU統合を経験したドイツ公法学が一般理論の形成に関し多くの知見をもつ点を挙げることができる。このようにドイツ法のプレゼンスが高まっている中で，東アジア行政法学の課題は，自国に生起する問題を視野に入れて一般理論化に挑戦し，ドイツ法を超えていくことであろう。

---

35)　小寺ほか・前掲注11) 18頁以下（斎藤誠発言）。
36)　例えば，今回の学会においても，台湾の報告者である黄錦堂はドイツ・チュービンゲン大学の法学博士であり，同報告「グローバル化の課題と台湾行政法の対応」学会配布資料（前掲注34)) 131頁以下にも多くのドイツ法文献が引用されている。

(3) 情報公開時代の行政システム

　情報公開の仕組みが整備され，当該国家の国民であるかを問うことなく公文書の開示請求が可能な時代に至ると，行政運営の基礎にある基本思想として，行政活動の状況及びその根拠を国民に恒常的に曝すということが要請されるようになる。このようにして，行政活動は自国民に対して透明なものとされ，国民による行政監視の下に置かれるのである[37]。同時に，こうした仕組みは自国民という範囲を超えて，他国政府，他国民に対しても，その国の行政のあり方を曝すといった副次的効果を持つこととなる。その結果として，監視者としての他国政府及び他国民が，かつてないほど容易に登場する状況が現代では生じているのである。

4 平準化がもたらす負の側面と行政法の課題

(1) 規制緩和及び民営化の影響

　市場からの圧力を受け，過去20年以上にわたり経済規制が廃止ないし軽減される傾向が日本においても認められる。この結果，たしかに，低価格な商品やサービスを享受できるという恩恵が市民に与えられた。しかし，他方で，激化した競争が一因となり，とりわけ低価格競争の行きすぎた進展，企業収益の低下，それに伴う賃金カット，人員整理，派遣社員等の非正規雇用の増加，工場等の海外移転が進むこととなった。こうした歪みを最も端的に物語るのが，2011年度には敗戦直後を除いて初めて生活保護受給者がわが国で200万人を超えたという事実である。

　他方で，民営化といった変革に対して，行政訴訟が提起される事例も見られ，行政訴訟法理論の深化が図られると共に，行政の守備範囲に関する議論も進むこととなった[38]。こうした問題群の一角に，行政法と民法の差異に関する基礎

---

　37) 自己制御に関し，大橋洋一「行政の自己制御と法」磯部ほか編・前掲注1) 167頁以下（本書第8章）。

　38) 例えば，市立保育園の民営化に際して市の条例を対象とした取消訴訟の許容性は最判2009（平成21）年11月26日民集63巻9号2124頁によって肯定され，また，指定確認検査機関が行った建築確認に対して提起された取消訴訟を，行政事件訴訟法21条に基づき市を被告とする国家賠償に変更可能であることを説示した最決2005（平成17)

理論をめぐる議論が見られる[39]。規制緩和がなされる場合，それによって行政の関与はなくなり，自由な取引活動にゆだねられるという考え方が見られる。しかし，規制緩和の結果，弊害が生じることから，そうした弊害に対する対応策が議論の対象とされた。1つの考え方は，規制緩和を実施して行政の関与を排除する場合には，立法に当たる議会に，規制緩和の負の影響に対する事前配慮を尽くすよう求めるものである。例えば，制度上，予防措置を盛り込むとか，例外的に行政関与の可能性を残すといった方策などが考えられる。この他にも，規制緩和により行政介入が期待できないことを前提に，規制緩和された対象について，私人相互の自由な交渉・取引によって内容形成できないものが存在するのではないかといった議論が，民法の分野において提起されている。いわゆる制度的契約論といった考え方である[40]。これによれば，契約という手法には，当事者の自由な交渉により内容を取り極めできる契約類型と，当事者の内容形成にゆだねることのできない契約類型の2つが存在することとなる。こうした議論は，民営化現象に対する対応策といった局面を超えて，契約という手法のもつ発展可能性を行政法学において再考させる契機となりうる。つまり，行政法の分野でも，今後，契約手法の活用は極めて重要な課題である。その際に，行政法が念頭に置くことができる契約類型は，従来型の交渉型契約に限定されず，制度的契約の類型も存在するとすれば，契約手法の範囲はそれだけ拡大することが期待できるのである。

(2) 組織編制に対する影響

わが国では，2001年に国の中央官庁の組織編制が大きく変化した。これにより，例えば，大蔵省など官僚機構の中枢を担ってきた伝統的組織は財務省などへと変更された。続いて，市町村のレベルでも大幅な合併が推進され，2004年4月には3100存在した市町村はわずか8年で1719にまで激減した（2012年

年6月24日判時1904号69頁など，枚挙にいとまがない。大橋洋一『行政法Ⅱ 現代行政救済論〔第3版〕』（有斐閣・2018年）68頁以下，152頁以下も参照。

39) 大橋洋一「制度的理解としての『公法と私法』」阿部泰隆先生古稀『行政法学の未来に向けて』（有斐閣・2012年）1頁以下（本書第4章）。

40) 内田貴『制度的契約論——民営化と契約』（羽鳥書店・2010年）。

1月)。その背景として,1つには,財政支出の削減という行政改革目的を挙げることができる。他の理由として,新しい行政環境・行政課題に対する組織の対応能力を高めるという目的も存在した。このように,組織面で見た場合,統治機構のあり方は大きく変化することとなった。こうした組織変革の背後で絶えず意識されてきた政策意図は,グローバル化する諸課題に国が専心して取り組む体制を築くこと,そのためには中央政府の業務を軽減し,国際的案件に集中できるようにするという狙いである。他方で,様々な国内規制権限等を円滑に担うことができる,広域主体の創設に向けた議論が登場してきている。これがいわゆる道州制の議論である[41]。わが国の都道府県は,中央省庁が改編され,市町村が大幅に合併される中で,明治期以来100年余にわたり,まったく変更がなされていない希有な制度である。これについて,明治政府の傑作といった評価も一部では聞かれるほどである[42]。しかし,今日では都道府県は経済圏域としては狭いという批判が存在し,より広域の行政主体に変更する課題が登場してきたのである。ここにも,グローバル化の影響を見て取ることができる。

(3) 組織構成原理に対する影響

(a) 配慮原則

従来の公法学では,行政主体間の調整原理として,官僚組織を念頭に置いた,垂直関係における階層型の調整が重視されてきた。これは指揮監督権に基づく調整ルールであり,行政官庁法理論として長らく尊重されてきたものに相当する。これに対し,地方分権が進み,市民に近い行政過程が重視されるようになると,対等主体間の協議のルールや基礎自治体と広域行政主体との間で妥当する対流原則,補完性の原則などが重要性を獲得するようになる。ここでは,従前のように,広域の主体が優位性を誇るといった調整原理ではなく,それぞれの主体が自己の利害や構想を主張する一方で,相手方の利害や立場に対しても敬意を払う相互配慮が調整原理として注目されることとなる[43]。こうした配慮

---

41) 道州制に関し,大橋洋一「地方分権と道州制」同『都市空間制御の法理論』(有斐閣・2008年)26頁以下(初出2005年)。
42) 大橋洋一「道州制と地方自治」ジュリスト1387号(2009年)106頁以下参照。
43) ヴィンフリート・ブローム=大橋洋一『都市計画法の比較研究』(日本評論社・1995

原則は，伝統的な行政法学においても組織原理として存在したものであるが，長らく注目を集めてこなかった。こうした水平型調整は，人権享有主体である市民相互間の利害調整に相似している。

ここで興味深いことは，本章の冒頭で述べたように，各国が国際的行政ルールの策定や調整において利害を戦わせ，その調整過程において相互配慮の思想が有用性を果たす一方で，こうした配慮原則が，国内における，広域行政主体と狭域行政主体間の利害調整原理と構造的特質を共通にするという事実である。さらに，こうした調整原理は私人相互の調整原理とも共通する。このように，公法学が対象とする3つの局面において，尊重すべき法原則の相似性が認められるのである。相互配慮は主体間の対話を前提とするものであり，ここから帰結されることは，現代行政の基本的原則として対話型行政ルールに焦点を当てた理論構築が問われているということである。

(b) 共生の作法と配慮原則

EU裁判所，ヨーロッパ人権裁判所，各国の憲法裁判所の間における調整問題として，相互の自律性を尊重して裁判権の行使を自制する判例が共生の作法として形成されつつあると説かれている[44]。これは，配慮原則を多元的な司法制度間で適用するものである。このほかにも，調整の手法として，相互の自律性を尊重した上で，担当者間の情報交換を重ねるといった対話の継続が挙げられている[45]。

(4) グローバル化対応策としての参照領域への着目

グローバル化の問題は，既に20年以上も前から関心を抱かれていたにもかかわらず，今日に至るまで，その対応が放置されてきたのかといった質問が学会において提起された。これは，現実に生起している実務的諸問題をいかにして迅速かつ正確に把握できるのかという問題発見能力に関連するものである。こうした感受性を行政法学がもちあわせていなかった点について，その原因の

　　年）119頁以下，292頁以下。Winfried Brohm, Landeshoheit und Bundesverwaltung, 1968.
44)　伊藤・前掲注5) 100頁，116頁参照。
45)　伊藤・前掲注5) 116頁。

一端として，租税法，金融法，経済法，環境法，知的財産法といった諸領域の独立化により考察対象を縮小したことを挙げることが考えられる[46]。したがって，問題発見の場を広く設定することが急務である。

5　国際的な行政協力

(1)　自国における成果の伝達

　グローバル化の諸課題の中には，各国で共通な行政施策に関わるものが存在する。それは，産業構造の類似性に還元されるものもあれば，地球温暖化に端を発する異常気象に起因するもの，さらには医療の高度化や公衆衛生の向上によりもたらされる高齢化の現象などが認められる。わが国においては，例えば，鉄道に関する法整備や，この分野における人材育成を通じて，経験と蓄積を重ねてきた。その成果は，ベトナムのハノイやホーチミンにおける都市鉄道の安全で効率的な運行維持など，国際行政技術協力という形で外部効果を発揮しつつある。このほか，海運や造船の分野では，二酸化炭素排出抑制を始めとして，省エネ技術力についてわが国では蓄積があり，こうした知見が国際的なレベルで条約の枠組み作りに貢献することが期待されている。この他にも，国民の高い関心に後押しされて，災害対策や高齢化対策が急速に国内で進められてきた。わが国が地震多発地帯に位置することや長い海岸線を有していること，国土の勾配が急であることなどから，大規模災害が歴史的に数多く発生してきたため，こうした分野における避難・復旧にかかる行政運営の蓄積もあり，災害の規模に比べて死傷者数が抑制される行政施策が進められてきた。現在では，避難に関する行政運営の向上や垂直避難の法制化などが実現している[47]。また，極めて急速に進む高齢化により，わが国には，高齢者対応の行政施策の実験場ともいうべき状況が認められる。今後，他の国々でも生じるであろう諸課題について，わが国が新規制度やその運用で築いてきた経験は，二国間協力を中心に，

---

　　46)　国際取引を素材に，国内法や租税条約の関係等を丁寧に分析した増井良啓＝宮崎裕子『国際租税法〔第 2 版〕』（東京大学出版会・2011 年）は示唆に富む。
　　47)　大橋洋一「避難の法律学」自治研究 88 巻 8 号（2012 年）26 頁以下参照（本書第 12 章）。

行政協力といった形で他国に対して還元可能なものと考えている。

(2) 反省点の活用

成功事例を他国に伝えていくことと並んで重要な任務は，わが国における失敗の経験も伝えて同じ誤りや被害を生じさせないよう協力することである。例えば，日本企業が国内で規制が厳しくなったアスベストの生産を（その危険性を認識しながら）規制の緩やかなインドやインドネシアで継続するなど，公害輸出の事例に関してはグローバル化時代の行政法の課題が認められる[48]。ここには，国家間の行政協力の必要性が示されている。対応策としては，国内法で求められる規制水準を日本企業の対外的活動に対しても及ぼすことが重要である。このような仕組みは，当該企業に他国の利益を侵害する反社会的活動を禁止する性質のものであり，営業の自由を侵害するものではない。日本としては，アスベスト被害に関する経験や知見をもとに，行政協力の一環として，行政技術支援に努める予防推進措置が望まれる。このように，国内行政法の充実を水平型行政協力に連結していく方策もまた，グローバル化時代の新たな課題となろう。

対話を基礎とした水平型の協力が，行政実務のみならず，学術研究の分野でも一層開花することを期待して，本章を閉じることとしたい。

---

[48] この設問は，学会で野呂充教授が提起されたものである。このほか，被災地におけるアスベスト処理も，各国に対し示唆に富む重要政策であろう。

第 6 章
比較で見る「法の一般原則」

はじめに

　国際行政法やヨーロッパ行政法の強い影響を受けて，ドイツの行政法理論は大きな変容を余儀なくされている。こうした変容過程を分析することは，グローバル行政法と国内行政法の対話を考察する上で，わが国において参照する価値は高いものといえよう[1]。とりわけ，ヨーロッパ法で語られる一般原則が，日本でいう「新しい一般原則」と多くの部分で重なる点は興味深い研究対象である[2]。一般原則全般を対象とした比較法研究が皆無に等しいことから，本章

---

1) グローバル化に関して，斎藤誠「グローバル化と行政法」磯部力ほか編『行政法の新構想Ⅰ』（2011 年・有斐閣）339 頁以下，藤谷武史「多元的システムにおける行政法学――アメリカ法の観点から」新世代法政策学研究 6 号（2010 年）141 頁以下，原田大樹『公共制度設計の基礎理論』（弘文堂・2014 年）95 頁以下，興津征雄「グローバル行政法とアカウンタビリティ――国家なき行政法ははたして，またいかにして可能か」社会科学研究 65 巻 2 号（2014 年）57 頁以下，大橋洋一「グローバル化と行政法」行政法研究 1 号（2012 年）90 頁以下（本書第 5 章）。
2) 代表的なテキストにおける一般原則の記述として，塩野宏『行政法Ⅰ〔第 6 版〕』（有斐閣・2015 年）91 頁以下，芝池義一『行政法総論講義〔第 4 版補訂版〕』（有斐閣・2006 年）59 頁以下，小早川光郎『行政法上』（弘文堂・1999 年）142 頁以下，宇賀克也『行政法概説Ⅰ〔第 6 版〕』（有斐閣・2017 年）44 頁以下，髙木光『行政法』（有斐閣・2015 年）65 頁以下，曽和俊文『行政法総論を学ぶ』（有斐閣・2014 年）29 頁以下，高橋滋『行政法』（弘文堂・2016 年）10 頁以下，原田大樹『例解行政法』（東京大学出版会・2013 年）17 頁以下，櫻井敬子＝橋本博之『行政法〔第 5 版〕』（弘文堂・2016 年）21 頁以下，阿部泰隆『行政法解釈学Ⅰ』（有斐閣・2008 年）195 頁以下，遠藤博也『実定行政法』（有斐閣・1989 年）61 頁以下などを参照。

では，ヨーロッパ法で論じられている一般原則の比較分析に重点を置くこととしたい[3]。

1 一般原則の概念

(1) 概念の不明確性

一般原則を扱う場合に，先ず問題関心となるのが用語法に見られる混乱である[4]。ドイツにおいても，一般原則は行政法テキストで必ず扱われるにもかかわらず，論者によって用語法は様々である。この点に関してオッセンビュール教授は，その不統一ないし混乱を指摘している[5]。こうした混乱は，以下で詳説するように一般原則が多層的・多面的な局面で論じられていることに起因する。したがって，こうした不統一が生じる原因を多角的に分析することとしたい。

(2) 一般原則は不文の原則か

行政法上の一般原則に関しては，しばしば不文の原則であると説かれてきた。たしかに多くの一般原則は法文として明文化されていないことから，こうした説明は間違いではない。しかし，正確に述べるならば，全ての一般原則が不文であるわけではない。このような差異が，一般原則に関して複雑性をもたらす理由のひとつである。オッセンビュール教授は，この点に関し次のように述べている[6]。

---

3) 一般原則を対象とした研究論文として，木村琢麿「行政の効率性について——実定法分析を中心とした覚書き」千葉大学法学論集21巻4号（2007年）155頁以下，高木光「比例原則の実定化」芦部信喜先生古稀『現代立憲主義の展開（下）』（有斐閣・1993年）228頁以下，鈴木庸夫「アカウンタビリティと行政法理論」園部逸夫先生古稀『憲法裁判と行政訴訟』（有斐閣・1999年）621頁以下，乙部哲郎『行政法と信義則』（信山社・2000年），須藤陽子『比例原則の現代的意義と機能』（法律文化社・2010年）などを参照。
4) F. Ossenbühl, in: H.-U. Erichsen/D. Ehlers, Allgemeines Verwaltungsrecht, 12 Aufl., 2002, S. 178.
5) F. Ossenbühl, Allgemeine Rechts- und Verwaltungsgrundsätze - eine verschüttete Rechtsfigur ? in: Festgabe 50 Jahre Bundesverwaltungsgericht, 2003, S. 289.
6) Ossenbühl (Anm. 5), S. 291.

「一般的法原則は，必ずしも不文の原則ではない。実定法の衣を着て登場することもあれば，憲法に示されていることもある。その基本は不文の法という点にあるわけではないのである。」

　ドイツでは，ボン基本法が制定される以前から一般原則が論じられてきた。そのため，当初は憲法上の位置づけを明確にせずに一般原則が語られた時代が存在したのである。この時代には，一般原則は明文の根拠を欠くように見えたのである。また，一般原則は裁判例の積み重ねの中で確立し，そうした判例法が実定法化された例も少なくない。このように，不文の法原則が実定法へと至る進化の過程が見られるわけであり，進化後の状況まで視野に入れるならば，一般原則は明文化しているということができる。さらに，比例原則について見られたように，連邦法や州法の個別法分野（警察法）で確立し[7]，実定法化された後に，個別領域限定型の原則から全領域横断型の原則へと発展した例も存在する。ここでは，個別法領域では明文の根拠が存在するが，拡張された法分野では明文の根拠は見られず，不文の原則と呼ばれる余地が存在したのである。このように，発展状況は時代や領域によって区々であることから，一般原則は不文の原則であることが妥当する場面が存在するとしても，必ず不文であるわけではない。比例原則，権限濫用の禁止原則，信頼保護原則，結果除去義務は，今日では憲法に定められた基本権や法治国家原理に位置づけられた原則であると説明されている[8]。

(3)　一般原則は静態的法源か

　ドイツ及び日本の行政法テキストにおいて，一般原則を法源論において扱う例は決して少なくない。一般原則が法律や条例，府省令といった成文法と並べて紹介される場合には，確固たる内容を有したもの，確立されたものといった印象を与えがちである。換言すれば，静態的原則としてのイメージを強く有し

---

　7)　V. Götz, Allgemeines Polizei- und Ordnungsrecht, 12. Aufl., 1995, Kap. 12.
　8)　E. Schmidt-Aßmann, Verwaltungsrechtliche Dogmatik, 2013, S. 48. 比例原則は，今日では，憲法上の地位を持つ原則と語られている。Vgl. K. Stern, Zur Entstehung und Ableitung des Übermaßverbots, in: P. Badura (Hrsg.), Festschrift für P. Lerche zum 65. Geburtstag, 1993, S. 165 ff.

ている。しかし、ドイツで今日、一般原則として認められているものは、時間をかけて議論された末、学説や裁判例によって形成されてきたものを多く含む。そうした発展の成果として、例えば、1977年の行政手続法制定につながったのである。

同法では、行政手続の法原則（聴聞、自己の事柄に関する決定の禁止、利益相反及び予断の排除）、行政行為の無効・取消し・撤回に関する原則、信頼保護原則、結果除去請求権などが規律されるに至った[9]。こうした発展は、基本法19条4項に定められた権利救済に基づくものであり、それを行政手続法が確認したのである。

上述のように確立した法原則と呼ぶべき一連の原則が存在する一方で、形成途上の一般原則が存在する。このことは、ドイツ法では当然の前提として承認されている。この点を指して、「発生段階にある慣習法（Gewohnheitsrecht in statu nascendi）」といった表現が見られるところである[10]。これは、市民の法的確信が成立するに至っているが、繰り返された慣用性に欠ける点で、慣習法ではないと位置づけられた原則である。このように、一般原則をめぐる議論は動態的性格の原則をも対象としている。わが国では、確立した原則のみが一般原則であって、形成途上のものは原則ではないとする捉え方が見られる。しかし、そうした視点では一般原則論を受け止めることはできない。このことが比較法研究が示す重要な帰結である。

一般原則の持つ動態性は、法秩序の各層間における発展として確認することができる。つまり、ドイツ法における比例原則に見られたように、国内実定法における明文規定から出発して広範な領域にわたり定着し、憲法原則として最も重要な法的基準としての機能を果たすに至り、さらにはヨーロッパ法上の原則にまで発展しているのである[11]。

(4) 一般原則は国内法上の概念か

行政法は国内公法であることを長らく前提としており、その影響は一般原則

---

9) Ossenbühl（Anm. 5), S. 302.
10) Ossenbühl（Anm. 4), S. 182.
11) Ossenbühl（Anm. 5), S. 294.

論においても認めることができる。わが国の一般原則をめぐる議論も，多くの場合，最高裁判決を引証しながら，国内で適用可能な原則を紹介するに止まる。これに対して，比較法研究を進めた場合に顕著となることは，ドイツにおける議論が国内法に止まらない多層型法秩序を視野に入れていることである。ヴォルフ＝バッホフ＝シュトーバー＝クルートの行政法テキストは，一般原則について以下のように指摘する[12]。

　「（ドイツ法，ヨーロッパ法，国際（行政）法といった）各法源レベルを貫徹した重要性を持つ」

　現在では，欧州裁判所が形成した判例法理の中で，一般原則と呼ばれるものが確立しつつあり，その内容がドイツ国内法における行政上の一般原則と相似することが指摘されている。したがって，国際行政法のレベル，ヨーロッパ法のレベル，国内行政法のレベルといった異なった層において，一般原則が承認されているという興味深い展開が見られる[13]。こうした各層レベルにおける類似性から，一般原則の持つ紛争解決規範としての重要性が論じられるほか，各層を縦断する（共通）行政スタイルの重要性が認識されるに至っている点が重要であろう。

(5)　歴史と法的基盤に基づく相違

　行政法上の一般原則は，100年を超える歴史を持つものもあれば，数十年の蓄積を持つにすぎないものなど，その歴史的背景は様々である。このほか，そうした原則を導出した法的基礎が多様であることから，その多様性に注目することが肝要である[14]。つまり，憲法上の基礎を持つ一般原則もあれば，慣習法として論じられるもの，判例法として積み重ねられてきたもの，実体法の体系的解釈を通じて類推適用の形で発展したものなど，一般原則を支える法的基礎

---

　12)　H. J. Wolff/O. Bachof/R. Stober/W. Kluth, Verwaltungsrecht Bd. 1, 12. Aufl., 2007, §25 Rn. 2; M. Ruffert, Rechtsquellen und Rechtsschichten des Verwaltungsrechts, in: Hoffmann-Riem, Schmidt-Aßmann, Voßkuhle, Grundlagen des Verwaltungsrechts, Bd. 1, 2006, §17 Rn. 96.
　13)　D. Ehlers, in: H. -U. Erichsen/D. Ehlers, Allgemeines Verwaltungsrecht, 15 Aufl., 2015, Rn. 9.
　14)　Ossenbühl (Anm. 4), S. 180.

は様々である。興味深いことは，歴史や法的基盤にかかわらず，裁判所が一般原則として適用すれば，原則としての歩みが始まる点である。

(6) 法規との相違

ここでいう法規とは，典型的には要件や効果の規律が具体的に定められた法令など，具体的事例において適用することが容易な法規範を指す。それに対して，一般原則と呼ばれるものには，抽象的な内容であり，そのままでは具体の場面で直接には適用できないものが見られる。つまり，法令の解釈において指針としての役割を果たすに止まるもの，解釈指針・解釈原則としての性格を持つものが見られる。ヴォルフ゠バッホフ゠シュトーバー゠クルートの教科書は，この点に関し，次のように指摘している[15]。

「法原則は法源であり，実定法を認識する基礎ではあるが，それ自身は法規ではない。原則として，法規に必要な決定性と意味の確定性が法原則には欠けている。当該原則は指針ではあるが，具体の事実に直接適用可能な個別的規範性を有していない。信義則や平等則だけに依拠したのでは，裁判官は包摂を通じて具体事例を決定することができないのである。」

もっとも，上記批判にいう法規範性は程度問題であるようにも思われる。シュミット゠アスマン教授は，上記のような形で一般化して議論することは適切性を欠くと批判している。その上で，同教授は，一般原則は二面性を有しており，比例原則や濫用禁止原則のように条文の形で把握できなくとも実務にあって極めて詳細な基準を提供しうるものが存在する一方で，その射程や内容が相変わらず不確定である法原則も見られると指摘する[16]。このように，原則の中には具体化され適用に適したものも存在するのである。

ヴォルフ゠バッホフ゠シュトーバー゠クルートの教科書によれば，法原則から法規性が導出可能な例として，請求権の失効原則，（信義則から導かれる）自己案件処理の禁止，（予断禁止原則から導かれる）行政措置への自己関与禁止，自己契約（自己取引）の禁止などが挙げられている[17]。もっとも，一般的な傾向

---

15) Wolff/Bachof/Stober/Kluth（Anm. 12），§ 25 Rn. 6.
16) Schmidt-Aßmann（Anm. 8），S. 48.
17) Wolff/Bachof/Stober/Kluth（Anm. 12），§ 25 Rn. 8.

として述べるならば，法規範性の存否に着目して，法規と一般原則の差異を指摘することは可能であろう。

一般原則は，規律対象となる生活関係や事実状況に応じて具体化を要するものを含み，そうした具体化は，裁判官によっても，立法者によっても行われる[18]。裁判官が具体化を行う場面を例にとると，法的基準が不足している事例であっても，法秩序の完結性を補う視点の下で法秩序の調和と統一を尊重しながら，自ら合理的で説得力あると思われる基準を探し，形成することが可能である[19]。連邦憲法裁判所は，裁判官の任務と一般原則の関係につき，以下のように判示している[20]。

>「一般的法原則の発展は，法の発見に属するものである。特に，最上級審の決定において，法の一般原則は，法の統一と法的安定性に貢献する。伝統的な法律解釈や裁判官による法形成の限界を尊重した上で，裁判所は一般原則により正統化された裁判官の任務を果たすことができる。」

上記の法形成活動は，法の欠缺を補充するといった枠を超える場合もあり，従前の原則を改革し新しい視点を広めるなど，法秩序に対する変革機能をも有している。その代表例が，1950年代に見られた信頼保護原則の確立過程であったといわれている[21]。

(7) 一般原則の具体例

それでは，行政法の一般原則として，現代のドイツの論者が念頭に置いている原則は，いかなるものであろうか。論者の間で共通部分が見られる一方で，相違も見受けられるところである。ここでは，代表的な文献やテキストを参照して，具体例を概観することとしよう。

以下で挙げられているものはあくまでも例示であり，これ以外のものが存在する点には留意する必要がある。また，ある原則を他の原則が具体化するなど，原則間に階層関係，包含関係が認められる点も注意しなければならない。例え

---

18) Ossenbühl (Anm. 5), S. 291.
19) Ossenbühl (Anm. 5), S. 294.
20) BVerfGE 95, 48 (62).
21) Ossenbühl (Anm. 5), S. 295.

ば，法治国家の要請が法的安定性，さらには市民の信頼保護といった形で具体化の過程を経て，利益的内容を持つ違法な行政行為の取消しに関する基準が発展したのである[22]。

① オッセンビュール教授による例示[23]

行政行為の存続，撤回，取消しに関する原則，公法における失権に関する原則，行政の自己拘束に関する原則，比例原則，行政手続にかかる原則（例えば，聴聞，自己の事案に関する決定の禁止，利益相反や利害関係者の関与に関する原則（現在は行政手続法で規律）），公法上の損失補償にかかる原則，公法上の償還請求権及び結果除去請求権にかかる原則，信頼保護原則。

以上のほかにも，同教授は，連邦憲法裁判所の判例を通じて，法律の遡及効に関して洗練された憲法上の要請が（法治国家原則を具体化した）信頼保護原則から発展した例を挙げる[24]。

② マウラー教授による例示[25]

利益的な内容の行政行為の取消し，裁量権行使，主観的公権の要件，行政活動の比例性，結果除去請求権，信義則，権限濫用禁止など。

③ エーラース教授による例示[26]

最も重要な一般的法原則は，基本法28条1項1文の法治国家原則や基本権から導出される。特にこのことが妥当するのは，法律の優位や法律の留保，明確性の原則，比例原則，法的安定性，信頼保護，遡及適用の禁止，結果除去請求権ないし補償類似の収用等に対する賠償責任などである。

④ ヴォルフ＝バッホフ＝シュトーバー＝クルートの教科書による例示[27]

人間の尊厳の尊重，法治国家性，公正で適正な手続，後まで影響を及ぼす開発における環境保護，法的平等の確保，行政の自己拘束，信頼保護，個別事例における法的安定性と公正性，権利濫用禁止としての形式濫用禁止や嫌がらせの禁止，公序良俗違反行為の禁止，過剰規制禁止，特別法は一般法に優先するという規準，公法上の払戻請求権など。

---

22) Ossenbühl（Anm. 4），S. 181;（Anm. 5）S. 290. これは，行政手続法48条に規定されるに至った。
23) Ossenbühl（Anm. 4），S. 179.
24) Ossenbühl（Anm. 5），S. 296; C. Degenhart, Staatsrecht 1, 14. Aufl., 1998, Rn. 311 ff.
25) H. Maurer, Allgemeines Verwaltungsrecht, 18. Aufl., 2011, S. 81.
26) Ehlers（Anm. 13），§2 Rn. 11.
27) Wolff/Bachof/Stober/Kluth（Anm. 12），§25 Rn. 4.

2 基礎の多様性

　一般原則は，特定の法源に基礎を置いて説明することができないほどの広がりを持つ。例えば，その効力を論じる場合には，以下で述べるようなものが根拠として挙げられる[28]。もっとも，以下で，(1)から(3)に挙げたものは相互に排他的なものではなく，重複する場合もあれば，1つの原則が他の原則へと発展することもある点に注意が必要である[29]。

(1) 慣習法

　一般原則は，慣習法として基礎づけることができる。これは，繰り返して利用されることで，市民の間に法的確信が形成される場合に論じることができる。一連の一般原則は慣習法として成立し，例えば，利益的な内容を持つ違法な行政行為の取消しに関する原則（現在は行政手続法48条1項1文に規定されている），公共に対する犠牲についての公法上の損失補償などが例として挙げられる[30]。

　もっとも，上記の定義からすれば，市民の法的確信が確認できる場合であっても適用例が少ないなど，歴史が浅い場合には慣習法としては性格づけることができない[31]。

(2) 憲法の具体化

　ドイツにおいては，1950年代には，憲法に規定された基本決定（例えば，法治国家原則，民主主義原則，ないしは社会国家原則）の中に，行政法一般原則の源を求めることが通例とされた。連邦憲法裁判所などにより，数多くの一般原則

---

28) Maurer（Anm. 25), S. 82.
29) Maurer（Anm. 25), S. 83. 同教授は，比例原則が，長らく承認されて慣習法として確立するに至ったが，基本法（個別の基本権，19条2項及び法治国家原則）からも導くことができるほか，警察法など個別法領域においては実定法として定められ，他の法領域で一般化され一般原則と位置づけられている例を挙げる。Wolff/Bachof/Stober/Kluth（Anm. 12), §25 Rn. 5 は，法の一般原則は，一部，慣習法ないし判例法から構成される点を指摘する。
30) Ossenbühl（Anm. 4), S. 180.
31) Maurer（Anm. 25), S. 82.

が導かれ，派生した原則自体も憲法上の地位を有する例が見られた（例えば，比例原則，信頼保護原則がその例であり，憲法原則と位置づけられた）。憲法原則の具体化として一般原則を導き出すという方法論は，一面において，従前の議論との決別を前提としていた点が重要である[32]。

オッセンビュール教授は，ボン基本法制定後は，憲法秩序が大きく変わり，こうした状況下で同法以前の法状態との継続性に着目して慣習法を語ることが憚られた事情について指摘しており，興味深い[33]。

(3) 類推適用及び問題発見

以上のほかにも，法規範を一般化して，当初予定していなかった他領域へと類推適用することが，判例を通じて一般原則の適用という形で行われてきた。マウラー教授は，この点に関し，「既存の規範の体系的・帰納的・類型的観察方法により，一般原則は獲得されてきた。そこにおける方法論上の手段は，類推及び推論である」と説明している[34]。

一般原則は，たんに法律規定の欠缺部分について補充の意味で類推適用を促しただけではない。現行法の規定が解釈によって不都合な事象をもたらす場合に，判例法のレベルでそれを回避するために，一般原則が確立される例が見られた。具体例として，ドイツの建設法における計画維持原則が存在する。複雑な形式規定や手続規定が法令に数多く法定されたために，約9割の地区詳細計画が違法性を有し，取消しの対象となり，こうした実務上耐えられない帰結を避けるために，計画維持原則が判例上発展したのである[35]。同原則により，単なる形式や手続の瑕疵を理由として当該計画の違法をもたらさないことが承認された。裁判例として形成された計画維持原則は立法者により，明文規定として位置づけられている[36]。

---

32) Ossenbühl (Anm. 5), S. 293.
33) Ossenbühl (Anm. 4), S. 180. 具体化の必要性に関し，Vgl. R. Wahl, Der Grundsatz der Verhältnismäßigkeit: Ausgangslage und Gegenwartsproblematik, in: D. Heckmann/R. P. Schenke/G. Sydow, Verfassungsstaatlichkeit im Wandel, Festschrift für T. Würtenberger, 2013, S. 823 ff.
34) Maurer (Anm. 25), S. 82.
35) Ossenbühl (Anm. 5), S. 296.
36) H. Sendler, Plan- und Normerhaltung vor Gericht, in: W. Erbguth (Hrsg.), Fest-

一般原則は，他の法分野に対する開放性を表現したものでもある。これが端的に表明されたのが，行政法関係における民法規定の類推適用問題であった。ドイツ法では，かかる類推適用を認めるにあたり，2つの類似した説明方法が用いられている[37]。1つは，民法規定の基礎にある考え方が公法でも妥当し，解決に用いることができると説明する見解である。2つは，民法規定は一般的法思考を表現したものであるから，公法でも直接的に効力を持つと説くものである。

3 国内法概念と国際法概念

(1) 多層関係における相似性

国内法で形成されてきた，行政法上の一般原則は，近年ではヨーロッパ法や国際法において顕著な形で発展を続けている。オッパーマン教授によれば，一般的法原則は，ヨーロッパ法にとって「並外れて重要な機能（eine ungemein wichtige Funktion）」を果たしている[38]。

ヴォルフ＝バッホフ＝シュトーバー＝クルートの教科書は，比例原則，聴聞原則，第三者性確保（中立）原則をその例として挙げる[39]。エーラース教授は，欧州裁判所が打ち立てた法治国家原則として，法律による行政の原理，法的安定性と信頼保護，聴聞を受ける権利，文書閲覧請求権などを挙げ，その一部はドイツ法のそれを上回っていると指摘する[40]。国内法においては，既に見たように，法秩序が不完全な場合にその補充を図り発展させる基礎として，一般原則は役割を果たしてきた。その背景として，ヨーロッパ法で言えば，ヨーロッ

---

schrift für W. Hoppe zum 70. Geburtstag, 2000, S. 1011; BauGB §214 ff. 計画維持原則は実定法で行政手続の瑕疵論を修正する内容を持つほか，訴訟法で無効判決を回避する補完手続の法定化をもたらした。参照，大橋洋一「都市計画訴訟の法構造」同『都市空間制御の法理論』（有斐閣・2008年）68頁以下（初出2006年）及び本書第15章。

[37] Ossenbühl (Anm. 4), S. 181.
[38] T. Oppermann/C. D. Classen/M. Nettesheim, Europarecht, 6. Aufl., 2014, §10 Rn. 31.
[39] Wolff/Bachof/Stober/Kluth (Anm. 12), §25 Rn. 7.
[40] Ehlers (Anm. 13), §2 Rn. 31. 一例として，ドイツ行政法では行政手続法28条により聴聞が保障されるのに対し，ヨーロッパ法はそれを超えた攻撃防御を認めるという。

パ法の機関が加盟諸国の法制度を観察して,そこから示唆を得て制度形成を図ってきた事情を挙げることができる。ヴォルフ=バッホフ=シュトーバー=クルートの教科書によれば,一般原則は,「特に欧州裁判所により,個別加盟国の間で価値評価を伴う比較を通じて,発展し,人権や法治国家の基本要素を尊重するまでに及んでいる」という[41]。ヨーロッパ共同体法の一般原則は,欧州連合条約の6条1項及び3項に法源として規定されている。このほか,賠償責任に関しては,加盟各国の仕組みに見られる一般原則が参照されている。つまり,ヨーロッパ共同体の条約外の責任に関して,ヨーロッパ共同体は加盟国の法秩序に共通の「一般的原則に則して」賠償を行うのである[42]。

また,ヨーロッパ法や国際法レベルでは,法形成が網羅的になされていないことから,一般原則が不完全な制度の補充機能を果たしてきた。シュミット=アスマン教授は,行政法システムを構築する上で必要となる開放性及び柔軟性を,法の一般原則の持つ不確定性がもたらしたと指摘していた[43]。

上記の発展の結果,国際法,ヨーロッパ法,国内法といった各層の法秩序において,法原則が相似した形で機能する状況が生まれている。こうした状況を超えて,ルッフェルト教授は「今日では一般的法原則は層を超えて重要性をもつ」という[44]。また,こうした多層関係を含む紛争事例において,多層的行政抵触法といったものの存在を指摘する見解も現れている[45]。

上記のように国内法,ヨーロッパ法,国際法の各層で共通して一般原則が存在する。このことを前提とした上でシュミット=アスマン教授は,行政法において一般原則は以下の3つをつなぐ橋渡しの機能を果たすと分析している[46]。つまり,①社会の基礎となる公正観念（基本法,欧州連合条約,国際人権規約など

---

41) Wolff/Bachof/Stober/Kluth（Anm. 12），§25 Rn. 7.
42) Art. 340 Satz 2 AEUV.
43) Schmidt-Aßmann（Anm. 8），S. 47. 例えば,ヨーロッパ裁判所の判決では,行政法の一般原則が特別な地位を占めているといわれている。Vgl. J. Schwarze, Europäisches Verwaltungsrecht, Bd. 1, 1988, S. 62, 63.
44) Ruffert（Anm. 12），§17 Rn. 96.
45) K. -H. Ladeur, Die Bedeutung eines Allgemeinen Verwaltungsrechts für ein Europäisches Verwaltungsrecht, in: H. -H. Trute/T. Gross/H. C. Röhl, C. Möllers, Allgemeines Verwaltungsrecht, 2008, S. 795, 810 ff.
46) Schmidt-Aßmann（Anm. 8），S. 53.

の条文で規定されたもの），②個別実定法（行政法各論領域の諸法律，欧州連合条約の第二次法，国際組織の規律であり，これらは基礎から価値判定されたうえで，類推解釈を通じて一般的法原則形成のために利用されうる），③行政実務や行政文化（慣れ親しんだ規律及び「良き行政（eine gute Verwaltung）」への現実的期待）の3つを架橋する機能である。

(2) 良き行政を求める権利（Das Recht auf eine gute Verwaltung）

欧州裁判所は，数多くの一般的手続原則を発展させてきた。その一部は，欧州連合基本権憲章41条に以下のように規定されている[47]。ここには，ヨーロッパ法レベルで確立してきた一般原則を確認することができる。

> 41条：良き行政を求める権利
> 第1項　自己の案件に関して，連合の機関，組織ないし他の部署により，第三者性を確保した上で，公正に，かつ，適切な期間内に，処理されることにつき，全ての者は権利を有する。
> 第2項　前項の権利は，特に，以下のものを含む。
> a）　不利益な個別措置がなされる前に全ての者が聴聞を受ける権利を有すること
> b）　職業及び事業の秘密並びにプライバシーにかかる適正な権利を保護した上で，自己に関わる文書に全ての者がアクセスすることができる権利を有すること
> c）　決定に理由を付記しなければならない点につき，行政が義務を負うこと
> 第3項　連合は，その機関ないし職員がその職務を行うにあたり引き起こした損害につき，加盟諸国の法秩序に共通の一般原則に従い，賠償しなければならず，全ての者はかかる賠償請求権を有する。
> 第4項　全ての者は，連合の機関に対して，条約所定言語の1つを用いて不服を申し立てることができ，（不服が申し立てられた場合には）当該言語でそれに対する応答を受けるものとする。

上記の「良き行政を求める権利」を一見したところでは，わが国の行政手続

---

47) Wolff/Bachof/Stober/Kluth（Anm. 12），§ 25 Rn. 7; F. Kopp/U. Ramsauer, Verwaltungsverfahrensgesetz, 16. Aufl., Einführung II. 2015, Rn. 48 ff.

法で既に法定化された内容がヨーロッパ行政法のレベルで法定化されたといった印象を受ける。例えば，41条2項の内容は，聴聞権，文書閲覧権，理由提示といった内容を持つものであり，わが国でも相当する仕組みが行政行為に関して認められる。しかし，子細に見ると，以下の3点で日本法との差異を見いだすことができる。1つは，ヨーロッパ法では，41条の対象行為は行為形式とは無関係である。換言すれば，良き行政を求める権利は行政行為に限定されず，行政契約や行政指導などの事実行為を含む全ての行政活動にまで及ぶ[48]。したがって，わが国の行政手続法が上記権利について処分限定型思考であることを超えている。このように，ヨーロッパ法においては，行政活動であることから認められる権利，行政活動に伴う基本的作法について規定されているのである。換言すれば，一般原則に近い内容を持つ。2つは，上記の文書閲覧権は，行政手続における個人の権利主張手段として認められているのではなく，一般原則である透明性原則の具体化として理解されている点である[49]。3つは，ヨーロッパ法で理由提示が求められる「決定」が包括的に捉えられている点である[50]。つまり，行政行為のような個別活動に限定されず，広く行政活動に理由を求める点で説明責任原則に近い規範内容を持つ。

(3) 有効性の原則

国際法やヨーロッパ法まで射程に入れて一般原則を見た場合には，法の実効性に関して伝統的なドイツ行政法に刺激がもたらされている状況を指摘することができる[51]。中でも，ヨーロッパ共同体法で最も大きな影響力を持つ法原則として，有効性原則（effet utile）がしばしば示唆される[52]。これは，国際法上の概念であり，条約の目的を最善かつ最も簡易に達成できるように規範を解釈・適用すべしとする原則である。国際法に起源を持つ有効性原則でもって，欧州裁判所は，ヨーロッパ法において独自の解釈基準を発展させるために方法

---

48) Kopp/Ramsauer（Anm. 47），Einführung II. 2015, Rn. 46.
49) Kopp/Ramsauer（Anm. 47），Einführung II. 2015, Rn. 51.
50) Kopp/Ramsauer（Anm. 47），Einführung II. 2015, Rn. 52.
51) E. Schmidt-Aßmann, Das Allgemeine Verwaltungsrecht als Ordnungsidee, 2. Aufl., 2004, 2. Kap. Tz. 20 ff.
52) Ruffert（Anm. 12），§ 17 Rn. 105.

論的に支持しうる立脚点を早期に選択したのである[53]。ヨーロッパ法などでは，固有の執行機関を持たない（国内）法秩序での執行確保が問題となるため，こうした執行問題への関心が高まる関係にある。このことが，ドイツ行政法の広範な領域において，執行問題，実効性確保問題に対する関心を高めている。

4 一般原則と個別分野における原則

(1) 概　　念

一般原則という表現は，個別分野における原則に対置した用語法である。つまり，一般原則は，国内行政法を例に説明するならば，個別の行政領域を超えて様々な行政領域において効力を持つこと，すなわち，領域横断的性格を持つ点に特色が認められる。これに対し，特定の行政領域，個別の行政分野で発展を遂げている原則が存在する。よく挙げられる例が，環境法分野における予防原則及び原因者負担原則である[54]。

ヴォルフ＝バッホフ＝シュトーバー＝クルートの教科書は，2つの原則の関係について次のように説明する[55]。

> 「特別な法原則は基礎的な規範であり，空間ないし時間の点で区分された特別な社会的生活関係内部において利益状況に即して公正性原則を適用する際に明らかとなる。これは，法観念から導かれるものではなく，特別な生活関係や現行法秩序全体を前提とする。一般的法原則とは異なり，不変の内容というわけではなく，基礎となる利益状況及び秩序によって変化しうるものである。」

上記テキストで例示されている個別分野における原則は，行政機関による公益の尊重要請，危険回避に対する行政機関の義務及び権限，自己の事項に対する決定の禁止，（少なくとも事後的に）聴聞を実施する原則，環境行政法における予防，原因者責任，協働原則などである。

---

53) Schmidt-Aßmann（Anm. 8), S. 54.
54) Ossenbühl（Anm. 5), S. 291.
55) Wolff/Bachof/Stober/Kluth（Anm. 12), §25 Rn. 6.

(2) 動態的発展

　一般原則は，今日では憲法の具体化として定着しているほか，なかには実定法化されたもの，判例法として確立したものもある。そのため，一般原則自体の重要性なり意義は，従前よりも低減したという指摘が見られる。他方で，領域を限定してみた場合には，当該領域において新たな原則が生成し，活性化している状況を指摘することができる。行政法の参照領域として注目されている諸領域，例えば，環境法，情報法，社会法などの領域は新たな原則の発展領域に相当する。これらの領域で一般原則が重要な役割を果たしている理由として，2つのものが考えられる。1つは，新たに生起する法律問題には未解明のものが多く，法的意義も明らかでない場合が多い。こうした不明確性を理由として，一般原則の持つ柔軟な対応能力，法の欠缺を補充する機能に期待が寄せられているのである。2つには，既に確立して長い歴史を持つ法分野であればあるほど，先例や確立した概念との関連で拘束が多く，行政機関による対応が鈍くなる一方で，新規領域では発想豊かに問題を直視して迅速に対応することが可能であるという事情が存在する。換言すれば，問題発見能力が，こうした分野では期待できるといった事情である。各論領域における原則は，やがては領域横断的に一般原則へと包括的原則として発展する例も見られる[56]。

　また，各論領域で生成した原則が一般原則の確立へと至る動態的発展過程は国際法のレベルでも確認することができる。例えば，ドイツ法においては，各論領域の原則であった環境法上の予防原則や原因者負担原則は，欧州連合条約に表現されるまでに至ったのである[57]。

5　行政システム上の意義

　一般原則が現行法にとって重要な補充的機能を果たすことは，今日では広く承認されている。連邦行政裁判所は，この点に関して次のように判示している[58]。

---

[56]　Ruffert（Anm. 12），§ 17 Rn. 98.
[57]　Art. 191 Abs. 2 Satz 2 AEUV.
[58]　BVerwGE 2, 22（23）.

「一致していることは，行政法上の一般原則は，明文の法源が沈黙している場合ないしは補充を要する場合に効力を持つことである。」

こうした補充的機能に対して，当初は，補充が必要な場面に限定して一般原則が現れ，穴埋めを行うといった見方が存在した。しかし，一般原則が発展するにつれて，一般原則についての理解も変化してきたように思われる。つまり，法律が詳細に規律しており欠缺が存在しない場合であっても，一般原則は活躍する場面がないことから顕在化していないだけであり，潜在的には存在するといった理解である。換言すれば，一般原則は，いつの時も，法秩序にとって目に見えない基礎として存在し，埋もれているわけではなく常に存在すると把握する見方である[59]。このように，法システムの基礎に一般原則が存在するといった見解が定着すると，興味深いことに，その次の発想として一般原則は行政法システムにとって礎石としての機能を果たしているといった認識がドイツ法で登場してきた。ここまで来ると，個別の解釈論における補充的機能に重点を置いた一般原則論から，システム形成といった制度設計に関わる基盤的機能へと関心が移行する。シュミット＝アスマン教授は，一般原則の意義について，行政法の理論形成やシステム形成のための認識源として捉える見解を公表している。同教授は，次のように指摘する[60]。

「一般原則は，その概念の下において観察方法，認識方法，発展方法の多様性を表現するものであって，行政法ドグマティークの刷新能力を示すものであるように思われる。」

6　法典編纂と一般原則

以下では，行政法の法典編纂と一般理論との関係について言及することとしたい。一般原則が発展したことは，ドイツ行政法において長らく行政法の法典編纂が行われてこなかったという歴史的経緯と密接な関連を持つといわれている。オッセンビュール教授は，こうした関連について次のように指摘する[61]。

---

59)　Ossenbühl（Anm. 5），S. 301.
60)　Schmidt-Aßmann（Anm. 8），S. 47.
61)　Ossenbühl（Anm. 5），S. 301.

「1945年以降のドイツ行政法は，ワイマール時代の伝統の上に築かれた。行政法の一般法典は編纂されることもなく，こうした編纂問題が第43回ドイツ法曹大会で議論されたにもかかわらず編纂はなされず，1977年に行政手続法によって初めて行政法総論の一部が法典化された。これは新たな立法作業というわけではなく，行政法理論と判例による発展が築いてきた内容を表したものである。こうした発展において，行政法の一般原則に依拠することが確固たる基礎だったわけである。一般的行政法の編纂作業を欠いていた一方で，必然的に，それに代わって（行政法システムの本質的な礎石である）行政法上の一般原則を考え直すことが行われなければならなかったのである。」

7 行政管理基本法と一般原則の法定化

それでは，法典編纂と一般原則との関係について，日本法においてはどのように考えるべきであろうか。筆者は，行政管理基本法について執筆する機会があり，その際に，行政管理基本法の制定は公共部門に期待される役割なりあるべき公務員像を明示する作業と重なる部分が大きいことを指摘した[62]。併せて，同法の内容として現代的な一般原則を法定することを提案した。一般原則の問題は国内行政法の範囲を超える広がりを持つものであり，ヨーロッパ大陸においてヨーロッパ行政法が形成され，そこで説かれる一般原則の内容は上記諸原則と重なる部分が多いことについて言及した。以下では，行政管理基本法と一般原則との関係を中心に，若干の補足を行うこととしたい。

(1) 行政管理の基本法

わが国の行政法の歴史において，行政運営にかかる一般法を制定しようとする動きが古くから見られた。例えば1953年には，行政運営法案が公法学会と行政学会の合同で議論されている[63]。しかし，こうした法律に対して，当時は学説による批判も強かった。その理由の1つとして，同法の内容とされている

---

62) 大橋洋一「行政管理基本法」季刊行政管理研究149号（2015年）1頁以下。
63) 公法研究11号（1954年）119頁以下参照。

事項の多くが行政の内部事項にかかわり，法律の規律になじまないといった批判が見られた。しかし，行政の内部的統制として語られてきた分野は，現在では，行政の自己制御であるとか行政ガバナンス法として，行政活動のアカウンタビリティを求める法分野として重要視されるように変化している[64]。換言すれば，行政内部事項として捉える認識は既に変容しているのである。

　行政管理基本法を想定する場合に，1つの考え方として，ドイツの行政手続法のように，これまで確立された法原則，例えば，職権取消制限の法理，撤回制限の法理などを法定化することが考えられる。しかし，そうした事項は具体の場面に限定され，現代の行政過程で要請されているものとは言いがたい。むしろ，より一般的な射程を持つ原則として，近年制定・改正された法律に共通する新しい規範的要素を抽出して，一般化して掲げるといった方法が考えられる。例えば，以下のような内容の一般原則を法定することである。こうした原則論の提示が比較法的な視点からどのような意味を持つのかについて，以下では検討する。

(2) 現代型一般原則法定化の意義[65]

(a) 説明責任原則

　行政の分野を超えて，政治や社会の分野でも広く人々の口に上るようになった用語として説明責任が存在する[66]。当初は，行政機関情報公開法（行政機関の保有する情報の公開に関する法律・1999年）1条の目的規定に置かれた概念であり，知る権利に対して劣後するといった批判を浴びた時期も存在した。しかし，知る権利か説明責任かといった用語の選択によって，開示の具体的範囲が左右されることはない。むしろ，情報法の分野を超えて，行政活動に対する基礎的視点を提示した点で，説明責任の法定は日本の行政過程にとって幸運だったように考えられる。その理由は，市民の活動と比べた場合に，行政活動について

　64）　大橋洋一「行政の自己制御と法」磯部ほか編・前掲注1）167頁以下参照（本書第8章）。
　65）　現代型一般原則に関しては，大橋洋一『行政法Ⅰ　現代行政過程論〔第3版〕』（有斐閣・2016年）53頁以下参照。
　66）　鈴木・前掲注3）参照。

認められる最も大きな規範的特色として，説明責任の存在が明確化されたからである。この要請は，行政行為などの特定の行為形式に限定されず，事実行為であろうと，財務会計行為であろうと，行政活動であれば広く説明を尽くす義務が行政機関には課されていることを示す。これは，現代で最も重要な行為規範であるといえよう。これを基本法で正面から規律することの意義は大きい。なぜならば，市民の委託を受けて行われる行政活動である以上，市民に対して説明責任を尽くすことは行政システムにとって本質的構成要素だからである。

(b) 節約性の原則（効率性の原則）

行政活動の原資が税金で成り立っている以上，その資金管理や使途に関して，行政機関は責任を負っている。自己の自由に処分できる資金ではない以上，納税者が無駄遣いを望まないことを前提に，行政機関は施策の展開を考えるべきである。こうした要請は，財政法の分野では既にいくつかの規定において明示されている（財政法9条2項，地方自治法2条14項，地方財政法4条1項）[67]。現代において考えるべき点は，個別の行政活動を執行する局面で，行政機関と市民の双方がその資金源と使途に思いをめぐらせることである。執行問題と財政負担問題を切り分けるといった従前の法律学の基本的発想から離れて，財政規律を絶えず意識した行政運営を図るためにも，行政運営の基本指針として節約性の原則を掲げることの意味は大きいものといえよう。

(c) 基準準拠原則

法律と個別行政活動で構成される単純な2層型の仕組みは，複雑化した現代型行政過程では標準ではない。むしろ各法分野では，行政基準や行政計画といった準則型の行為形式が多用されている。行政基準に関していえば，処分基準，審査基準，行政指導指針の策定及び公表が求められ，こうした基準が司法審査で活用されているのも近年の顕著な特色である。一方で，行政計画に準拠して個別執行活動が行われるという段階型執行構造が一般的である。これは，恣意的な執行を防ぐ目的のほかに，計画策定レベルで利害調整が行われることを要求する点で重要性を持つ。1つには，計画段階で施策の優先順位が整理されることであり，2つには，複数計画相互の間で利害調整が図られることである。

---

67) 木村・前掲注3）参照。

計画策定過程が透明化され，段階ごとに説明されることで，行政過程の合理性は飛躍的に向上するところである。しかし，計画に関する規範的要請は，分野によって不均一であるほか，計画は策定されると固定化して陳腐化することから，更新や時間管理といった視点が不可欠である。したがって，行政基準や行政計画に基づく行政の原則を一般ルールとして定めておくことの必要性は高いものといえよう。

(d) 透明性原則

一部の行政担当者により，秘密裏に重要事項の決定が行われてはならないという考え方，新規施策の基礎となるデータなり立法事実を明らかにして新規施策に関する評価を後世に委ねるといった施策運営方針を示すものが，透明性原則である。行政活動の実態を正確に外部者に示すという透明性原則は，真実の情報が明かされるべきであるという真実性の原則を前提とする。透明性の概念は，行政手続法（1条1項）で初めて実定法化されたものである。現代では，市民の開示請求に応じた公文書開示以外にも，政府が政策情報などを外部に向けて提供する例が増大している。こうした情報化・電子化の動きを全体として捉えると共に，提供される行政情報の質について注文を付けていくことが要請されよう。最も危惧されるのは，些末な情報が大量に提供され，加えて，特別措置法のような暫定的法律ばかりが頻繁に制定・改廃され，結果として，市民が施策の全体像なり全貌を把握することが難しくなるといった現象である。こうした状況に鑑みると，重要事項明示の役割が法律に期待されていることを，改めて確認することが必要であろう。近時では，誘導と称して，法律事項ではないと考えられた補助金や減免措置を重視し，目立たない形で政策形成を図る手法が急増している。これは，施策展開を行う担当公務員には便宜な手法かもしれないが，施策に対する市民の理解，支援を得るといった点では問題点を残すものである。

(e) 相互配慮原則

これは，市民と行政機関との関係でも，行政機関相互の関係でも妥当する原則であり，当事者双方が交渉し対話する際の基本ルールとなる。対流原則と表現されるものも，同様の内容である。広域的な主体ないしはより大きな権限を有した主体が一方的にその利害を押しつける上意下達システムの時代を第1期

とすると，狭域主体なり権限の弱い者がその利害を主張し，広域主体の政策形成・運用に参加する時期を第2期と呼ぶことができる。今後目指すべき第3期は，広域主体と狭域主体が相互の利害に配慮しながら対話を通じて調整点を見いだす相互配慮の時代である。例えば，国は地方公共団体の意向を尊重しながら自己の施策推進を図り，地方公共団体は国全体における自己の位置づけなり役割を認識した上で自己の施策展開を図るといった協議型行政スタイルの重視である。

(f) 公私協働原則

市民参加[68]と並んで近年頻繁に見受けられるのが，公私協働の概念である[69]。公共の世界だけでは資金もマンパワーも，またノウハウも不足している現代においては，民の知恵を活用して，民間の活力を動員して行政施策を展開しなければならない。市民提案を受け止める協議会手法が近年飛躍的に増大している状況も，こうした環境変化を背景とする。大切な点は，民の側も公的補助に依存するといった従属的思考を脱し，持続可能な施策展開を図ることである。自律の精神と「身の丈主義」が協働の前提となる。

(g) 補完性原則（行政関与の正当化要請原則）

民間に可能な業務を行政が希少なマンパワーを用いて，公費で実施する必要性は低い。これは，行政改革の際に絶えず主張される考え方である。現在でも，不必要な外郭団体や，その過剰な業務が目立つ。そこで，業務見直し・組織見直しの基本原則として補完性原則が有用性を発揮する。

(h) 新規開拓主義（実験主義）

新規課題について解決策が不明の時代にあって，イノベーションや試行を重視する考え方が重要となる。実験主義は，第一線における試行なり実験を積極的に推進して，新規施策を開拓するといった姿勢を重視する原則である。

---

[68] 角松生史「決定・参加・協働──市民／住民参加の位置づけをめぐって」新世代法政策学研究4号（2009年）1頁以下。

[69] 山本隆司「日本における公私協働の動向と課題」新世代法政策学研究2号（2009年）277頁以下。

おわりに

　一般原則を，判例法理を通じて規範性が確立したもの，憲法の具体化として位置づけられるものに限定する立場から見た場合には，以上の原則論は違和感を抱く内容かもしれない。しかし，本章で見てきたように，行政法の一般原則に関しては，試行を経て確立したものが存在し，比較法的には規範的要素，補充的機能を超えて展開してきているのである。一般原則は，国内行政も含めた行政法各層で展開し，同内容の規範的要請が「良き行政を求める権利」としてヨーロッパ法で確立するに至っている。行政文化や基本的行政スタイルを体現するなど橋渡し機能を発揮することが一般原則に期待され，現行行政法規で発展している内容を一般化し展開する機能を持つことが認められる。こうした特質に着目すると，行政法上の一般原則は開かれた原則として構想することが可能である。

第7章
提案募集制度と住民自治

はじめに

　わが国における地方分権は，第1次分権改革，第2次分権改革を通じて精力的に進められてきたが，その成果が市民には実感しにくいという問題を残していた。そうした中で，近時，提案募集制度が実績を積み重ねてきた。これは現行法に起因する支障事例を素材として地方公共団体が改善提案を行い，それを国に対して受け入れるよう働きかける仕組みである。これを活用する上では，市民による問題発見を契機として地方公共団体が市民との対話を深め，国と粘り強く交渉を繰り返すことが不可欠である。このように，提案募集の仕組みは，市民－地方公共団体－国といった多層的な関係を通じた対話を基礎とする。本章では，こうした多様なコミュニケーションプロセスに着目して提案募集制度を分析することとしたい。

1 地方分権改革の進展状況（概観）

(1) これまでの成果

　概括的に整理するならば，これまでの分権改革は，地方公共団体を国の束縛から解き放ち，自ら施策を展開するための自由空間を作ることに重点を置いてきた。換言すれば，憲法でいう地方自治保障のうち団体自治を確立するための条件整備に力点があった（次頁図1参照）。加えて，分権改革の原動力は国に設

置された委員会にあり，第1次分権改革では地方分権推進委員会，第2次分権改革では地方分権改革推進委員会の勧告を中心として改革は実施された[1]。この点も特色として指摘することができよう。以下では，従前の地方分権改革がもつ具体的特色として(a)から(d)の4点を挙げることとしたい。

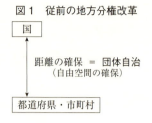

図1　従前の地方分権改革

(a)　国からの関与を削減する改革

かつて見られた機関委任事務は，地方公共団体の長を国の下級機関と位置づけ，結果として地方公共団体全体を国の機構へと取り込むものである。ここでは国と地方は一体化しており，両者の間に距離などは存在しなかった。改革を通じて，こうした従属型の仕組みが廃止された。

(b)　国と地方の関係を対等にする改革

行政機関が市民の自由や財産を規制する場合に事前に議会同意を要するのと同様の発想で，国が地方公共団体に対して行う関与やその類型についても法律の根拠を置くことが求められた（地方自治法245条・245条の2）[2]。これも，地方公共団体を国と対等な主体と位置づけるための改革である。

(c)　国との係争を可能にする改革

地方公共団体が国から違法な関与を受けた場合に救済制度がなければ，地方自治が制度的に保障されたことにはならない。そこで，国の関与をめぐる都道府県との紛争などに関して国地方係争処理委員会が創設された（地方自治法250条の7）。また，都道府県と市町村の紛争についても，自治紛争処理委員制度の整備が行われた（地方自治法251条の2以下）[3]。新制度の下では，当該委員会の

---

1) 第1次分権改革は1995年制定の地方分権推進法により実施され，第2次分権改革は2006年制定の地方分権改革推進法に基づき行われた。第1次分権改革について，機関委任事務制度の全面廃止をはじめとして，関与の縮小廃止路線に重点があったことを指摘するものとして，西尾勝「地方分権を目指す二つの路線」総務省『地方自治法施行70周年記念 自治論文集』(2018年) 1頁以下参照。
2) 新しい事務区分論と関与のルールをはじめとする改革内容に関しては，大橋洋一「自治事務・法定受託事務」同『都市空間制御の法理論』(有斐閣・2008年) 307頁以下(初出2002年)，同『行政法Ⅰ 現代行政過程論〔第3版〕』(有斐閣・2016年) 443頁以下。
3) 自治紛争処理委員の経験を踏まえて，制度の運用と改善点等を指摘するものとして，宇賀克也「自治紛争処理委員について」ジュリスト1412号 (2010年) 70頁以下参照。

勧告や当該委員の措置に不服であれば，地方公共団体は高等裁判所に提訴することが可能とされたのである（地方自治法251条の5・251条の6）[4]。

(d) 国からの義務付けを緩和する改革

以上述べた第1次分権改革の成果は，国の法律を中核として構想された仕組みである。したがって，法律自体が自治体を強度に拘束するような内容であれば，結局，この仕組みは機能しないこととなる。そこで，国の立法による義務付けを廃止・制限するための改革が，第2次分権改革として地道に進められてきたのである[5]。

(2) 課　題

これまで紹介したように，過去20年余に行われた改革は，明治期から続く伝統的行政システムを変革するうえで重要な条件整備であった。これを高く評価したうえで，現時点における課題を提示するとすれば，市民に分権改革の成果が見えにくいということに集約される。地方分権改革が組織構成原理の見直しに止まる限りで，こうした限界は否定できないところである。とりわけ，地方自治の憲法保障のもう1つの核である住民自治の進展を図ることが課題として残された。

2　提案募集制度の進展

(1) 制度の概要

2014（平成26）年度から開始されている新たな分権改革の手法として，提案募集制度が存在する。以下では，この仕組みの意義や内容，機能について分析することとしたい。

---

[4] 当初は，関与を受けた地方公共団体側からの出訴に限定されていたが，2012年の地方自治法改正により，国等の側からも不作為の違法確認訴訟の提起が可能とされた。改正の経緯に関しては，久元喜造「地方自治法における違法確認訴訟制度の創設について(1)(2)完」自治研究88巻11号3頁以下，12号3頁以下（2012年）。

[5] 第2次分権改革における義務付けの見直しに関しては，斎藤誠「第二次地方分権改革の位置付けと課題――義務付けの見直しを中心に」同『現代地方自治の法的基層』（有斐閣・2012年）309頁以下（初出2008年），同「義務付け・枠付け見直しの展望と課題」同351頁以下（初出2010年）が詳細である。

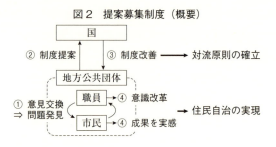

図2　提案募集制度（概要）

　この制度で提案対象とされるものは，地方公共団体のレベルで日々の運営の中で支障と感じられる事務・事業，その仕組みに関してである。提案の主体は多岐にわたり，都道府県，市区町村のほか，一部事務組合や広域連合，さらには地方6団体など広範囲に及ぶ。具体例を挙げれば，ある市がイベントを開催していたところ，上空を無人航空機（ドローン）が飛行していて，集まった市民やイベント開催場所である文化財等に傷害や毀損が及ばないか不安が生じる。ところが，主催者である市にはドローンが誰のどういった機材で，何を目的として飛行しているのか何ら情報がなかった。この場合に，地方公共団体がドローン規制を行おうとする際には，（許可制を定める）航空法との抵触が存在しないかなど不安も残る状況にあった。そこで，ドローンに関する情報を国から発信すること，自治体の自主条例に基づく規制が法に抵触しない旨を国に明確化することを求める提案が6月上旬くらいまでに寄せられることとなる。こうした提案は内閣府が中心となり，国の関係各省（本件では国土交通省）と折衝が行われる。こうした中で，影響の大きな案件や調整が困難な案件については，重点事項として，提案募集検討専門部会で調査・審議の運びとなる。専門部会では行政法，行政学を専攻する研究者が構成員となり，2度にわたり関係各省幹部に対してヒアリングを実施する。第1次ヒアリングは8月上旬に行われ，その成果を踏まえて関係各省には改善に向けた要請（再検討の視点の提示）がなされる。これを受けた国の第1次回答を基に，第2次ヒアリングが10月中旬に実施される。各提案について20分程度のヒアリングが集中的に繰り返されることとなる。こうした折衝を経て実現した提案は，12月中旬から下旬に閣議決定がなされ，一括法案という形で通常国会に提出され，法律改正がなされるのである。

この仕組みの基本的特徴として，3点を挙げることができる。第1の特色として，提案の高い実現率である。2017（平成29）年度では，207件のうち186件，実現率は89.9％に上る。その原因としては，具体の支障事案を基に議論がなされること，折衝にあたる内閣府の精力的な取り組み，提案を受ける関係省庁の真摯な取り組み，透明な交渉過程の存在，交渉の困難な事例について最終的には政務折衝が用意されていること，専門性をもつ専門部会委員による切り込みなど，多様な理由を挙げることが可能である[6]。

第2の特色として，実現スタイルの柔軟性を挙げることができる。実現の態様として，全国一律に法律や政省令を改正するという方法もあれば，例えば中核市への権限移譲について中核市相互で意見がまとまらない場合などにおいて，意欲のある中核市についてのみ実現を図る「手挙げ方式」と呼ばれる手法も確立している。

第3に，提案募集の交渉・実現過程が公開されるなど，プロセスの透明性が確保されている点を挙げることができる[7]。提案の内容や調整の結果は内閣府ホームページで公表されるほか，解決事例はデータベース化され，提案団体以外の地方公共団体に対しても参照に付される（提案募集方式データベース）。

(2) 提案の具体例

ここでは，提案募集の対象となり，実現に至った具体例をいくつか挙げることとしよう[8]。提案でしばしば取り上げられてきたのが，都市公園である。都

---

[6] 伊藤正次「提案募集型地方分権改革の構造と課題」総務省・前掲注1) 426頁以下は，次年度に向けて内閣が決定された提案の実現に責任を持つとされている点を指摘する。具体的には，閣議決定に基づき内閣に設置された地方分権改革推進本部は，平成26年4月30日に「地方分権改革に関する提案募集の実施方針」を決定している。そこでは，「提案に関する対応方針について，年末までに，有識者会議の調査審議を経て，地方分権改革推進本部決定及び閣議決定を行う。また，法律改正により措置すべき事項については，所要の法律案を国会に提出する」と明言されているのである。

[7] 伊藤・前掲注6) 425頁も，提案募集で見られた膝詰め交渉はかつての地方分権推進委員会によるグループヒアリングと類似する一方で，提案募集制度では公開で行われている点に特色が認められると指摘する。

[8] 提案の具体的な実現例や実現過程に関しては，担当の参事官が執筆した以下の論文が詳細である。加瀬徳幸「平成29年の提案の特徴及び審議経過」地方財務765号（2018年）18頁以下，齋藤秀生「平成29年の地方からの提案等に関する対応方針の概要及び主な個別事例」同26頁以下，林弘郷「平成29年の対応方針――教育，介護等」同40

市の主要部分で様々な市民の需要に都市公園が応えていることの反映である。都市公園に関しては，従前のように単に空地を確保するといった役割から，様々な施設用地としての期待が高まってきた。その結果，各種施設が占める割合が高まり，5割は空地を残さなければならないといった法令の規定が自治体にとって障害となった。空地5割という原則は，国にとっては都市公園の基本哲学であり簡単に折り合いがつかないことから，提案募集検討専門部会の扱う重点事項となった。交渉の結果，5割を厳格な基準としてではなく，柔軟に対応することが確認された。

　このほか，公営住宅に関わる提案も数多く見られる。例えば，老朽化した公営住宅を複数抱える地方公共団体では，離れた施設を統合して施設の更新と現代化を図りたいと考えるところが少なくない。そうした場合に，公営住宅法は建て替えに関して「現地建て替え」を基本としていたため，同じ敷地か，敷地が一部は必ず重なる隣接地に建て替えが可能となるにすぎなかった。そのため，居住者が少なくなって空き室が大半を占めることになっても，自治体はじっと待って，最後の1人が退去となって初めて建て替えを行うといった非効率な管理運営を続けてきた。この点では，居住者保護，とくに慣れ親しんだ居住空間から強制的に移すことへの配慮が強すぎたように思われる。もっとも，従前の運用は，都市空間を集約していくコンパクト・シティー構想にも反するものである。この件については，提案募集制度のヒアリングでも解決がつかず，別途，内閣府と国土交通省が共同で，憲法，民法，行政法の研究者が集まる研究会を組織して報告書をまとめ，非現地建て替えに道筋を開くことができた[9]。つまり，建替計画を通じて居住環境の同一性を担保するといった一定条件の下で，現地にこだわらずに建て替えを可能にする道が開かれたのである。

　こうしたまちづくりに関わる案件の他にも，近年では子供・子育てに関わる案件がきわめて多く寄せられている。福祉の領域は，各種行政分野の中でも，

　　　頁以下，竹中一人「平成29年の対応方針──無料低額宿泊事業」同51頁以下．
　9) 「『現地建替要件の緩和』に関する勉強会」（2015年10月～16年4月）の成果として，公営住宅法2条15号の公営住宅建替事業に関する用語の定義に近接地での集約建替が可能である旨を追加するとともに，建替計画において，移転先が入居者の生活環境に著しい影響を及ぼさないことに考慮を払わなければならないこと（同法37条4項）とする2017年改正が行われた．

とりわけ基準行政，資格行政の縛りが強く，また拘束も細部にまで及ぶ点に特色がある。国としては，全国同一の基準で強力に政策水準の底上げを図り，高い水準の福祉行政を実現しようと制度設計を行っているのであろう。問題は，それを担えるだけの人員が現場では必ずしも足りていないことや，地方公共団体の置かれた状況が様々であって画一基準では対応困難なことにある。例えば，保育園の園庭面積の基準は，「子供は自由に走り回って初めて元気に育つ」といった基本哲学の下に設定されてきた。この命題自体は，一般には正しい内容である。しかし，例えば東京23区のように地価がきわめて高いエリアにあっては，この基準の充足が困難であり，新規施設整備の足かせになっている。関係者に実情を聞くと，この基準のせいで新規整備が進まず，また整備がなされたとしても，保育園は工場跡地であったり高速道路の高架下など，決して子供が元気に育つとは思われない環境へと追いやられ，親が仕事を続ける上で不利な場所での設置となってしまっていた。また，保育士の人員配置も厳格に決められているほか，保育に従事する者の資格についても，各種資格や資格取得のための受講科目・受講時間が詳細かつ過大に設定されてきた。これが実現すればすばらしいけれども，そうした人員や環境は存在せず，結果として，サービスから締め出される待機児童を大量に生じさせることとなった。したがって，個々の自治体では，柔軟な対応を通じて全体としての最適化を図ることが課題とされた。そこで専門部会では，猶予期間を認めてもらうとか，一定の条件の下で例外を認めてもらうとか，人員等のカウント方法を緩やかにしてもらうなど，多様な提案を積み重ねて改善を模索してきた。

　このほか，近年では，マイナンバーに係る提案も多く見られるところである。マイナンバーの連携先を広げれば，それだけ，市役所の窓口に来る市民に求められる添付書類の範囲が減ることとなる。具体的には，法律の別表に新しい連携事務を加える必要があり，そのための交渉を重ねてきた。同時に，地方公共団体が従来要求してきた添付書類の中に必要性の乏しいものも散見されたことから，そうした書類のスリム化も要請してきた。また，行政事務における電子処理の推進は，対象者の範囲が広ければ採算性に富む反面，対象者が少ない場合にはコストがかかるといった問題を抱える。例えば，難病や少数の障害者について，こうした情報連携の対象から外す事例が見られた。一般市民は添付書

類を揃える労から解放される一方で，少数の障害者がそうした恩恵から除外されるのは，正義の観念に反するところである。したがって，新制度から外れる市民については，その分だけ手数をかけて，サポートする対策を別途とるよう要請を行ってきた。

　最後に，地域の公共交通についても，このところ提案が急増している。わが国では，地方部を中心にバス路線等の撤退が相次ぎ，買い物難民などが発生し，大きな社会問題となっている。こうした公共交通問題の解決のために，地方では地域公共交通会議を組織し，行政機関のほか交通事業者も参加して協議に基づき地域交通の確保を図る施策が展開されてきた。しかし，地方運輸局等が慎重を期す趣旨か，地方公共団体に当該会議の議に付すことをことごとく要請し，他方で，協議会では全会一致をもって決するといった運用が広まることとなった。この結果として，柔軟性と迅速性に支障が生じた。例えば，会議構成員であるバス事業者が自己の既存路線の保全を主張すると，地方公共団体が補完の意味でコミュニティバスを導入しようとしても，合理的な計画からはほど遠い計画になってしまうことがある。そこで，本来必要となる協議事項の範囲を明確化するとともに，協議会における議決も2分の1をもって決しているところがあることを示して，全員一致の制約から離れるよう要請した。また，コミュニティバスの停留所の設置をバス事業者の停留所と近接することを可能にしたり，地方公共団体が社会実験を行いやすくするように許可期間を長くとることを可能にしたり，公共交通について社会実験を柔軟に行うことを可能にする運用について，道路運送法の4条や21条に関して具体的に国土交通省と詰めることも行ってきた。

(3) どこが新しいのか

　提案募集の例は枚挙にいとまがないが，簡単に挙げたものを見るだけでも，内容が多岐にわたること，それぞれに細かな調整を要すること，他面で，市民生活に直結したものが多いことを理解いただけたと思う。こうした提案募集という手法が従前の分権改革と比較して，「どこが新しいのか」という点に注目することとしたい。

　提案募集制度は，第一線の現場（そこで働く担当職員）を主役と捉え，現場や

地域の特性や要請に対応できる法制度とは何か，そのあり方を問う点に特性を持つ。換言すれば，当該制度は近接性の原則や現場主義を尊重する仕組みである。地方からの改革の機運を明示するものであり，現場に近い位置から実態・時流に即した制度改革提案を可能にする。ここには，その時々の重点課題が明確に示されている。

　次に，改革の対象に関しては，従前の分権改革が法令改正に焦点を当てていたことと比較すると，法令の改革に止まらない点に特色を持つように考える[10]。これは，提案募集制度の本質からすれば当然でもあり，出発点が市民や市町村が抱える行政運営への支障事例の解決であり，そのための手段は何かを問うものであるから，その答えが法令改正に限定される必然性はそもそも存在しないのである。法律や政省令の改正のほか，通達の改正，新規通達の発出，通達の書きぶりの修正，周知徹底のための説明会開催など，解決策は多岐にわたる。同時に，合法性を超えた要請に応える可能性を持つ。具体的には，経費がかかる，人手がかかる，わかりにくい，不親切，不便といった市民からの要請に対して対応することが可能なのである。

　第3に，提案募集を進めること自体が，地方公共団体の学びの場でもあるという点が重要である。提案を発掘し，提案にまでまとめ上げること自体，高い政策立案能力を要することである。したがって，提案の発出に従事する過程自身が学習の場となる[11]。内閣府で提案募集を担う職員の働き方を見ると，献身的に打ち込んでいる姿に接する。当初は，全てが国の職員かと思っていたところ，地方から出向の比較的若手職員が多いことに気付いた。国を相手に制度改善に挑戦し，眼前で制度が改革されていく現場に接した職員は，貴重な経験を積んでいるように思われる。また，一般の出向とは異なり，内閣府の参事官などの指示を具体的に受けて働くといった機会も多く，能力開発の場として大きな意味を持つ。こうした若手は地元に戻って，将来，分権改革の中心的担い手

---

[10]　具体的には，平成29年度の対応が確定した117件の内，法律改正を伴うもの24件（約20％），政省令改正を伴うもの8件（約7％），告示・通知・事務連絡によるもの62件（約53％）である。参照，大村慎一「提案募集方式の成果と今後の課題」地方財務765号（2018年）9頁。

[11]　職員養成としての機能に関しては，大村・前掲注10）14頁も参照。

となっていくことが期待される。

　第4に提案募集制度自体が一種の社会実験としての特色を持つ点に着目すべきであろう[12]。社会実験などと言うと，不穏な試みと思うかもしれない。たしかに，社会科学は自然科学とは違って人間社会を対象とすることから実験などは慎むべきであるという考え方は，長らく支配的であった。しかし，社会が成熟し，未解決の問題が山積する時代にあっては，積極的に施策を展開して，その成果をフィードバックし，制度を修正・発展させていくことが不可欠である。事実，現在のわが国においても，特区の制度が活用されたり，時間を限定した時限立法や特別措置法も広く見られるところである。また，自治体が制定する自主条例も多種多様である。これらは，見方を変えれば実験の一種である。実験主義に見られる動態的で問題発見に重点を置いた視点が，提案募集制度の基礎に存在する点は重要である。現在では，変えることのもたらすリスクよりも，現存する支障を放置するリスクの方が大きいように思われる。

　以上のように見てくると，新たな分権改革は，住民自治の仕組みとしての発展可能性を秘めたものであり，地域からの発意を基礎とした改革である。国の硬直的な基準行政に対して，柔軟な取り組みを求める挑戦であるということができよう[13]。

3　地方公共団体に求められる姿勢

　以下では，提案募集に代表される今日の自治改革において，地方公共団体に求められることは何かを考えることとしよう。具体的には，自治体の姿勢の改革，職員の専門性向上，そのための戦略的政策法務の必要性，地方公共団体が責任を負う覚悟の4点にわたって課題を提示する。

　第1は，分権改革が強調される時代にあっても，国の指示や基準に従っていた方が楽であるといった意識や風潮は，なお強いように感じている。提案募集

---

12) 社会実験の意義や機能に関しては，大橋洋一「社会実験と法制度の設計」法学研究81巻12号（2008年）29頁以下（本書第3章）。
13) 住民参画の機会を提供する手法としての期待に関し，高橋滋「地方分権改革の引続きの推進に向けて」総務省・前掲注1）154頁。

図3 提案市町村の地域的偏在

<提案募集の実績>
○ 平成29年に提案を行った市町村
● 上記のうち、平成29年に初めて提案を行った市町村
● 平成26年～28年に提案を行った市町村

にせよ自主条例の制定にせよ，自ら改革を進めるうえでは，自分の頭で考えることが基本である。白地から制度設計できるわけではなく，現行法制を出発点にして改革を進めるのであるから，自治は勝ち取るものといった意識が不可欠である。図3に記したように提案募集に取り組む自治体の数がなお限定的であることや，提案団体に地域的偏在が見られること[14]，さらには，問題がないか提案募集検討専門部会から国に伺いを立ててほしいといった提案が少なくないことなども改善点であろう。地方公共団体で自治の機運を高める場合に，地方公共団体には2つの顔が存在するのではないかという点が気になる。例えば，自治体の総意として提案が出てきて，省庁に改革を迫ると，省庁の側では決まって自治体アンケートを実施する。そうしたアンケート結果が，提案とは反対であることが生ずるのである。原因は複数あるが，1つには，知事部局や市長部局の政策企画や総務セクションが自治を志向する一方で，事業を実施する所

---

14) 提案の偏在に関しては，大村・前掲注10) 14頁以下。北海道や東北地区からの提案が少ない原因としては，当該地域の住民の気質や，社会基盤整備がなお遅れ国への期待が大きい分だけ提案に慎重になることなどが推測される。

管課（原課）は国の指示に従順に行動する点に認められる。したがって，総務部門から内閣に自治拡大の提案が上がってきても，国の省庁が原課レベルでアンケートを実施すると，現状を好むといった回答が出てくるのである。今後は，自治体の側でも，様々な実施部局を広く巻き込んで，全体で自治改革の機運を高めることが課題である。

　第2に，自治を豊かにするうえでは，市民と接点となる職員がイノベーションの気風に富むこと，とりわけ，市民生活に対する繊細な視点，観察力，感受性，当事者意識，サービス精神を持つことが不可欠となる。国と比較して，地方公共団体が優れており，分権改革として地方の自治にゆだねることが要請される最大の理由は，市民に近く，行政現場に近接しているという自治体の位置の特性にある。そうした特性を活用して，制度改善やフィードバックを迅速に実施することが期待されている点を，改めて認識すべきであろう。市民の提言に耳を傾けるための工夫は，行政相談の重視，市民意見の募集と丁寧な対応，説明会や意見交換会，ワークショップの重視，協議会の活用，窓口対応の強化，行政手続の充実など，様々なレベルで開拓が可能である。

　第3に，こうした問題発見を制度や運用の改善につなげ，市民の利便性を確保するためには，それを可能にする技術的能力，自治体職員の専門性確保，政策法務への関心強化が不可欠である。この点で気がかりなのが，近時，自治大学校などの研修で，「行政法規に明るくない職員が増加しているのではないか」，「かりに，行政法規についての理解が不足しているのであれば，そもそも法改正を求めようという考えに至らないのではないか」，「制度の運用や構築にあたり行政手続（デュープロセス）の考え方が根付いていないのではないか」という感想を持つことが少なくないことである。かりにこうした感想があたっているとすれば，戦略的法務を内容に含む研修制度の充実は急務であろう。

　第4に，制度設計にあたっては，自治体側で責任を負う覚悟が必要である。先にも述べたように，白地から新規設計を任されるという場面は少なく，国が制度設計を行っているところに，自治体側から制度の書き直しを迫る場面が多くなる。その際に，国が担うのか，自治体が移譲を受けて自由に担うのかといった，単純な二者択一は既に限界に達している。一例を挙げると，小規模な家庭的保育事業においては食事の提供に関して自園調理が原則とされているため，

自治体の行政現場では，給食の外部搬入を認めてもらえれば，もっと大規模に施策展開が可能であるといった声が聞かれる。そこで，上記の原則を従うべき基準から参酌基準に変更してほしいという提案を自治体側から行う場合に，問題となるのは，児童の安全性確保問題である[15]。食中毒はもちろんのこと，様々なアレルギーへの対応，その日の児童の体調への配慮がなければ，安心・安全といった要請に応えることはできない。したがって，自治体側でこの事業を自ら引き取って施設の量的拡大を図りたいのであれば，的確な外部搬入業者の条件を具体的に提示して，それを事前に契約や覚え書き等で手続を踏んで確認し，実施にあたっても，その遵守に目を光らせる責任を打ち出さなければ，権限や事務の移譲にはつながらない。このように，自ら具体的条件を提示し，その充足を行う覚悟，自ら責任を負う姿勢を示すことができるのかが，技術問題以上に分権改革進展の核心になっている。

これまでも述べたところから明らかなように，提案募集制度と自主条例の立案では，必要とされる「自治の基盤」には共通性が多い。これらを実現するためには，市民を巻き込んだ制度設計の経験に関して蓄積を図ることが必要である。それを通じて得た成果は，市民に見える形で示していくことがきわめて重要である。市民を味方につけ，立法実務の知見を高めることによって初めて，住民自治が実り豊かとなるものと考える。

[15) 提案募集制度に参画して実感するのは，従うべき基準の持つ弊害である。具体的には，国が条例委任する場合の基準として，必要以上に充分な合理的精査なく，従うべき基準が暗黙裏に増殖している事例，従うべき基準と参酌基準が同一文書で複雑に混在していて両者の仕分けが自治体関係者に極めて不明確である事例，従うべき基準を定める形式に限定がなく告示や要綱等で自由に定められている例など，改善の必要性が多様な局面で認められる。大村・前掲注10）11頁以下，高橋・前掲注13）153頁も参照。

Ⅲ　自律と参加の法理論

第8章
行政の自己制御と法

はじめに

　行政法学においては，行政を客体と捉えた上で，外部から（立法者や裁判所が）その統制に努めるという視点が長らく重視されていた。このように「他者による制御」が注目される一方で，行政自体による行政活動の統制は，指揮監督権や行政不服審査など限定的に扱われた。こうした行政上の監督も，マンパワーなどの不足や，不服申立提起にかかる要件充足の必要性から制御手段として恒常性に欠けていた。これに対し，近年では，官民を問わずコンプライアンス重視の傾向が認められ，とりわけ自己の組織内部に制御のためのメカニズムを持つことが求められている。「行政の自己制御」は近時用いられ始めた概念であるが，その内容には不明確な部分が多く解明が待たれる。

　本章では，行政機関が主体となって，行政運営の適切性，合法性，実効性，経済性等を目指す管理措置（ここには，組織上の措置のほか手続に関するものも含む）を行政の自己制御と呼び，その特徴及び発展可能性を分析する。とりわけ，行政内部に多様な制御の契機を含むよう立法上の措置を講ずることを通じて，行政組織内で恒常的にコントロールが実施されるプロセスに着目することとしたい。

1 行政の自己制御

(1) 構想としての新規性

　防御権の体系として出発した行政法学にとって,「他者による行政の統制」は中心的な問題意識である。こうした視角は,今日においても重要性を失うことはない。代表例が,裁判所による行政活動の審査であり,国会による行政の統制である。行政法の教科書や論文の背景には,こうした伝統的構想の影響を指摘することができよう。「他者による行政の統制」という図式が,行政法の構想において中核を占めており,行政法学は裁判官ないしは立法者の視点に立って行政を捉えてきたのである。

　このような思考形式に対して問わねばならないことは,「行政活動が多様化し,現代行政が置かれた社会的環境が複雑化し,市民の価値観が多元化する中にあって行政法学が行政外部からの統制観でとどまってよいのか」,「伝統的な前提を堅持した結果,問題発見の機会を失っていることはないのか」という点である。より具体的に述べるならば,行政の視点に立って提言を試みる行政法学もこれからは必要ではないか,公務員の立場に立ってよりよい行政活動を構想する場も必要なのではないか,ということである。このことは,行政法学に新しい風を吹き込むといった観点から,立ち位置を変えてみることによって新たに構想することの提案である。「行政の自己制御」といった視角は,そうした試みの代表的なものである。

(2) 自己制御の特色

　他者による統治,とりわけ裁判所によるコントロールといった構想と比較した場合,行政の自己制御には,次の4点において興味深い特色を見出すことができる。

　第1に,行政活動を行う行政機関を対象にして,日々統制がなされるという意味での制御の日常性,「行政実務付随性」である[1]。制御を行う組織なり,

---

　1) 町田祥弘『内部統制の知識』(日本経済新聞出版社・2007年) 87〜88頁は,会社によ

手続が既に存在する場合には，ここでいう恒常的監視は制度的に担保されたものとなっている。原告の存在と訴訟提起を前提とする点（偶然性）に裁判所によるコントロールの特色が認められることとの対比でいえば，行政による自己制御は対照的性格を有しているといえよう。

第2に，恒常的監視過程の中で発見された問題点が行政運営の改善に反映されるというフィードバック機能をもつ点で，自己制御は動態的な過程である。制御の基準も，法令に加えて，会計上の基準，行政基準など多様であり，改善策も多種類に及ぶ。

第3に，行政自身が問題解決，問題予防を行う制御能力をもつことは，「他者による制御」の前提整備としての意味を持つ。例えば，司法審査で手続に関する瑕疵を指摘された場合に，それを受けて行政機関が手続の再実施を行うことができる体制があって初めて瑕疵の是正が可能となる。このように行政の自己制御が前提となって，司法と行政の連携した対話型司法を実現することができる。

第4に，行政の自己制御は，行政内部的統制といった名称を与えられてきたものに一部対応する[2]。しかし，行政の自己制御の活動は，究極的には市民に対して，行政活動の有効性，適切性，合法性，公正性，経済効率性などを説明するための仕組みである。換言すれば，自己制御の体制を構築していること自体が説明責任を履行するための一態様であり[3]，行政の自己制御は行政内部に閉じた統制手段ではないのである。

(3) 考察方法

本章の主題は学問的蓄積が乏しいものであることに鑑みて，考察の方法とし

る内部統制について，日常業務に組み込まれている点や動態的プロセスである点に，その特色を見出している。

[2] この分野の古典的作品として，市原昌三郎「行政の内部的統制」岩波講座『現代法4 現代の行政』（岩波書店・1966年）221頁以下は，表題の下，具体的項目として，上級庁の監督権のほか，行政手続，行政争訟，苦情処理，人権擁護委員を論じている。

[3] 統治機構内部の内的規律維持の領域を行政ガバナンスと呼び，この空間の法制度下の傾向を指摘し，ガバナンスとアカウンタビリティの関係を的確に分析するものとして，中川丈久「行政による新たな法的空間の創出」長谷部恭男ほか編『変容する統治システム』（岩波書店・2007年）196頁以下，225頁注1参照。

ては考察対象を広く捉えることに努めたい。換言すれば、様々な参照領域から考察対象となりうる諸制度・諸現象を集めたうえで、共通した特色を模索することとしたい。自己制御という視点なり視角を導入することで、現代行政のいかなる部分が照射されることになるのか、この概念の問題発見機能を問うことに主眼を置く。あわせて、行政の自己制御に対して、法がどのような影響を与え貢献をなしうるのかを考える。本章のタイトルを、「行政の自己制御と法」と題した所以である。

行政による自己制御は単一的な性格のものではなく、多様な媒介機能、手段を内包した複合性を特色とする。本章では、①リスク管理、②組織管理、③人事管理、④情報管理、⑤モニタリング、⑥行政基準に分けて、以下、自己制御問題を考察する。

2　リスク管理を通じた自己制御
――コンプライアンス実現に向けた自己制御

(1)　コンプライアンスの重要性

従来、行政法は公益の実現を目標に、法律による行政の原理を遵守すべきものとして発展してきた。したがって、行政の分野では、法令順守の要請は上記原理に含まれてきた。行政機関なり公務員の立場に立って行政、行政法を見た場合においても、自己の行う行政活動について法令違反が発生することを回避し、予防することが関心事となる。こうしたコンプライアンスの要請は、公私の区別を問わず組織が存続していく上で組織管理論上の重要性を持ち、行政組織に属する公務員にも等しく妥当する[4]。このような問題関心から出発することによって新たに見えてくることは、民事法の世界における会社法ないしは金融商品取引法の展開過程と行政の自己制御を支える基本認識との相似性である。つまり、内部統制、コンプライアンス（法令順守）の重要性が説かれる会社法と類似した要請が、行政法の世界にも存在することが確認できる。

---

4)　この点を説くものとして、國廣正「公務員倫理とコンプライアンス」人事院月報691号（2007年）11頁。

こうした視点は，現代の大規模組織に等しく課された課題を考える端緒となり，民事法との比較検討課題がここに認められる[5]。行政組織において繰り返されてきた法令違反行為について原因を探り克服法を考えるうえで，会社法分野と比較参照することは，有益な知見をもたらし創造力を刺激することとなろう。もっとも，会社の場合には最終的には倒産といった帰結が抑止力になるなど，マーケットメカニズムが機能しうる。このように，マーケットというリスク管理を促す要因が存在する点で，行政の世界とは異なるという評価があるかもしれない。しかし，行政の世界でも，近時は，地方公共団体の財政破綻，その法的処理が現実の議題になってきており，また，住民訴訟や地方公共団体を被告にした国家賠償請求事件では莫大な損害賠償が請求される事例が少なくない。これらの例に示されているように，行政組織の分野にあってもリスク管理に行政自身が関心を抱く環境は存在しており，コンプライアンス重視の要請は強まっているのである。

(2) 法運用の改善

リスク管理の視点から行政の自己制御を考える場合には，制御を担う組織をどのように構築するのかといった制度論に加えて，具体的な運用や組織構成員の法意識に焦点を当てることが議論を深めることに通じる。

ここでは，コンプライアンス遵守に向けた具体的な運用改善の一例として，会社法を例に行政の自己制御を考えることとしたい。大杉謙一教授は会社法を素材に，倫理の問題で済ませることなくコンプライアンスを実現するための工夫として次の3点を指摘する[6]。具体的には，①職員への処分の徹底，②組織としての法を知る努力，③閉ざされた会社における常識と社会常識との乖離への着目の3点である。これを行政法の世界に投影してみた場合，共通した問題

---

5) 近時の文献として，山本隆司「私法と公法の〈協働〉の様相」法社会学66号 (2007年) 16頁，内田貴「民営化 (privatization) と契約(1)～(6)完——制度的契約論の検討」ジュリスト1305号118頁，1306号70頁以下，1307号132頁以下，1308号90頁以下，1309号46頁以下，1311号142頁以下 (2006年)，大橋洋一「民法と他領域(2)行政法」内田貴＝大村敦志編『民法の争点』(ジュリスト増刊・2007年) 10頁以下 (同『都市空間制御の法理論』(有斐閣・2008年) に所収)。
6) 大杉謙一「内部統制・コンプライアンス——監査制度の将来」神田秀樹編『コーポレート・ガバナンスにおける商法の役割』(中央経済社・2005年) 156～159頁。

の所在と上記解決策の汎用性が明確となる。例えば，行政法の分野では，公務員の懲戒処分が極めて抑制され，こうした運用は地方公共団体レベルにおける人事委員会の会議などで議題に上げられてきた。国のレベルでも，法令違反行為を不問に付した結果として，組織体のコンプライアンス体制が破滅している例は旧社会保険庁の例などに見られる。このように，公務員法上の処分権限の発動がコンプライアンス実現と密接な連関を持つ点が示唆されよう。第2に，法令に違背しようという明確な意図もなく，法令知識等が欠如した状況で直感的に（慣行的に）職員が対応して組織の危機を招く例は，地方公共団体レベルでもまれではない。この点では，組織防衛としての法務教育といった視点が重要性をもつこととなる。第3に，閉ざされた役所の内部における常識と社会常識が大きく変容している状況を，行政も直視すべきであろう。この点に関する認識の遅れはリスク要因ともなりうる。社会常識が急速に変容し行政統制に影響を与えた例としては，公務員氏名の開示をめぐる情報公開訴訟や談合をめぐる司法判断などを挙げることができよう。

(3) ガバナンス担当組織の制度比較論

会社法との比較といった観点からは，例えば，監査役設置会社における監査役などを行政分野の監査機構と比較することも，今後の重要な課題となろう。この点は後述する。

(4) 情報流通の促進

不祥事の防止を目的に内部通報制度が実現しており，これは民間企業のみならず行政機関にも適用がある。この仕組みが，自己制御の重要な道具となりうる点は行政の世界でも同様である。

(5) 行政運営の透明性と情報開示

会社の場合には，従来から監視役を務めてきたメインバンク，労働組合，監督官庁が，それぞれ株式持合いの解消，労働組合組織率の低下，規制緩和の推進といった要因により，近時，監視機能を弱める傾向にある。他方で，情報開示を通じて機関投資家や個人株主等による監視に期待するなど，監視システム

の構造変化が生じている[7]。行政法の世界でも，比較法に見られた「公衆による監視」といった視点に示されるように，情報を共有した市民による行政監視に重点が移行している。このように，行政における自己制御という場合，行政内部に監視機構を構築するという方策に加えて，行政自らが情報開示，情報提供を通じて自らを監視される地位に置くことも含まれる。

3 組織管理を通じた自己制御

行政がどこまで自由に組織を編制でき，組織編制を通じて行政活動の改善を図ることができるのかという組織管理問題も，行政による自己制御を語る場合に重要となる。

(1) 枠組み法としての行政組織法
(a) 行政の組織編制権の範囲

現行法においては，内閣の組織（憲法66条1項，内閣法），府・省・委員会・庁の設置，所掌事務は法律事項とされ，官房，局，部の設置，所掌事務は政令事項とされている。こうした現行法の規定が憲法上の要請を受けたものなのか，立法政策の所産であるのかについては，周知のように議論がある[8]。加えて，理論問題として，行政組織の法定化に関する要請を法律の留保の問題として捉えるのか，それとは区別して論じるのかという点に関しても，意見の相違が見られる[9]。

---

[7] 荻野博司「商法改正とコーポレート・ガバナンスの10年」神田秀樹編『コーポレート・ガバナンスにおける商法の役割』（中央経済社・2005年）64頁以下。

[8] 例えば，塩野宏『行政法III〔第4版〕』（有斐閣・2012年）15頁は，「行政組織の基本的構造（府，省，庁，委員会の設置および事務分掌の定め），内部部局の基本的構成単位（官房，局，部，課，室）については，法律により，定められるべきものと思われる。したがって，現行法制が限度であると解される」とする。この問題について，詳細は，宇賀克也『行政法概説III〔第4版〕』（有斐閣・2015年）15頁以下参照。

[9] 法律の留保の問題に関し，もっぱら行政作用法上のものとして捉える見解として，藤田宙靖『行政組織法』（有斐閣・2005年）58頁以下がある。同様の見地から，本質性理論を批判する論文として，松戸浩「行政組織編成と立法・行政間の権限分配の原理(3)」愛知大学法学部法経論集157号（2001年）41頁以下がある。同論文50頁は「シュミット＝アスマンの見解は，……本質性の内容の多様性を無視した単純化がなされている」

こうした法律上規定された枠組みの中で，行政機関が組織をどのように編制していくのかという余地が存在し，これが組織を通じて自己制御を行う場合の前提となる。しかし，詳細に見れば，組織に関して法律上設定された枠組みは上記のものに限定されない。以下，その概略を記すこととしよう。

(b) 「スクラップ・アンド・ビルド原則」による機構管理

国家行政組織法23条によれば，同法や内閣府設置法に基づき置かれる官房および局の数は97以内と規定されている。これは，簡素で効率的な体制を堅持しつつ，社会経済状況への対応を図る趣旨である。具体的には，需要の減った部門の廃止・縮小によって，新しい需要に対応した組織を設ける旨の原則が確立している[10]。こうした組織管理は，総務省行政管理局により担われている。この管理は，各府省の組織要求を，毎年度の予算編成過程において審査する形で行われている。1999年末に127存在した官房および局は，上記の内容の国家行政組織法改正を通じて減少が図られた。

(c) 総定員法による定員管理

「行政機関の職員の定員に関する法律」(いわゆる総定員法)によれば，1条1項で「内閣の機関……，内閣府及び各省の所掌事務を遂行するために恒常的に置く必要がある職に充てるべき常勤の職員の定員の総数」について，33万1984人が最高限度と規定されている。こうした定員管理も，総務省行政管理局によって担われている(もっとも，ここで言う定員管理は全国家公務員を対象とするわけではなく，総定員法は1条2項で例外を定めている。例えば，同項3号に定める自衛官に関しては，防衛省設置法6条で定員が24万7746人と規定されている)。同局は，各府省の定員要求に対し厳格に審査するとともに，定員合理化計画に従って減員を進めてきたのである。こうした制限をベースに，例えば，「簡素で効率的な政府を実現するための行政改革の推進に関する法律」43条では，2006年から5年間で国家公務員定数の5パーセント以上の純減を法定しているので

と分析するが，シュミット＝アスマン教授は例えば制度的留保について間接制御という用語を使うなど，差異を認識した上で慎重に議論を展開している。参照，エバーハルト・シュミット＝アスマン(太田匡彦ほか訳)『行政法理論の基礎と課題』(東京大学出版会・2006年)257頁。

10) 同原則に関しては，今村都南雄「行政組織制度」西尾勝＝村松岐夫編『講座行政学第2巻』(有斐閣・1994年)63頁以下。

ある。

　実質的な意味の行政組織法が機構管理と定員管理の2つから成ることからすれば[11]，基準法としての組織法律の役割は，上述のように国家行政組織法と総定員法によって担われている。それを前提に，現行法においては内部部局の設置，所掌事務の範囲，定員を政令事項とすることによって，弾力化の要請にこたえているのである（国家行政組織法7条4項，総定員法2条）。

(2)　政策の総合調整と組織編制

　わが国では，国務大臣が行政各部を指揮監督することが憲法上要請されており，各府省による分担が前提とされている。問題点として，各府省間の縦割り行政，実際には各局単位の縦割り行政が堅固に形成されてきた。このような中にあって，従来は省庁間の水平的調整が主要な対処策とされ，内閣が主導する垂直的調整は弱いものにとどまった[12]。中央省庁再編の議論における1つの中心的課題は，従来の縦割り体制に対して内閣の主導性を確立することであり，内閣や内閣官房の機能強化，内閣府の設置等が実現した。こうした改革の成果を象徴するものが，経済財政諮問会議等の設立であり，同会議は従来型行政システムの改革を強烈に推し進めた[13]。後述する内閣人事局による幹部人事の一元管理も，内閣主導の仕組みである。

　行政が自己制御の一環として政策の総合調整を図る局面では，組織による手法もあれば，手続による手法も考えられる。組織を用いる手法としては，ある事項を複数の大臣の共管事項とするとか，総合調整機関の設置，上級機関の指揮権強化など方法は多彩でありうる。こうした選択肢の組み合わせもまた自己制御論の主要課題を形成する。

---

　11)　参照，佐藤功『行政組織法〔新版〕』（有斐閣・1979年）122頁。
　12)　参照，森田朗『現代の行政〔改訂版〕』（放送大学教育振興会・2000年）113頁以下。
　13)　飯尾潤「経済財政諮問会議による内閣制の変容」公共政策研究6号（2006年）32頁以下は，強いリーダーシップを持った首相の下で，同会議が有効な道具として政策の総合性を図っていった点を叙述する。

4 人事管理としての自己制御

　行政による自己制御という形で行政の視点に立つことにより，そこで勤務する個々の公務員が射程に入ってくる。公務員法もまた行政法学において考察が後れてきた。取り上げられる場合であっても，公務員の権利保障が中心に論じられることが強く，行政活動や市民との関係で公務員法を分析するという視点は欠落している。こうした状況に対して，公務員に関する法的規律が権利保障問題を超えていかなる意義をもつのかを問う可能性が，自己制御論から導かれる。わが国の公務員制度がどのような公務員像を前提としているのかといった分析から始まり，そうした公務員の採用・育成といった観点から，採用試験制度，公務員制度の意義を問うことの試みである。さらに，公務員がどういった自己認識をもって公務にあたるのかも，重要性を獲得しよう。この点は，公務員倫理の法的規律を考える契機ともなりうる。

(1) 公務員の倫理観

　公務員が職務を行う場合に保持すべき倫理の問題は広範な内容を持つものであることから，それだけに法的規律は困難である。現行法では，国家公務員倫理法，同法に基づく国家公務員倫理規程（政令である）が重要な役割を果たしている。しかし，その射程範囲は狭い。

　国家公務員倫理法は公務員による不祥事の発生とそれに対する社会的批判を背景に議員立法として1999年8月9日に成立したものであり，倫理問題といっても特定部分に注目するにとどまる。つまり，職員が許認可の相手方や補助金申請者といった利害関係者との間で不審を抱かれるような接触をすることを規制するものであり，職務担当者と利害関係者との距離保障に重点を置いた仕組みとなっている。特に，利害関係者から贈与，接待を受けることを規制し，違反行為に対しては懲戒処分等をもって対処している。その調査や懲戒の手続を任命権者が開始した場合には国家公務員倫理審査会（以下，「審査会」という）に対して報告がなされ，同法を理由とした懲戒を行う場合には審査会の承認が必要とされる。このほか，審査会自身が，独自に調査，懲戒を行うことも可能

である。このように，上記の仕組みにおいては，審査会が中心的な役割を担うことが期待されている。2000年度から2017年度の18年間を対象に，その運用実績を見ると，国家公務員法に基づく懲戒処分としては，免職（66件〔83人〕），停職（39件〔50人〕），減給（59件〔120人〕），戒告（97件〔256人〕）であり，さらに各府省の内規による訓告，厳重注意といった矯正措置は191件（723人）にのぼる[14]。

国家公務員倫理法の成果を尊重するとしても，そこで問われている問題は，懲戒処分等と絡む違法性の高い行為群が中心である。これ以外に，公務員の日常行動を規定する公務員倫理の問題は存在する。以下，詳説しよう。

(2) 公務員制度と公務員の役割

公務員を志望する学生が公務員の魅力として感じているのは，社会的貢献度，安定性，仕事のスケールの大きさといったものである[15]。また，公務員を経験し民間企業に就職した者（つまり，官と民の2つの世界を知る者）からも，公務員の魅力として，マクロな視点，長期的視点に立ち社会的影響度の大きな仕事をダイナミックに進めることができる点，仕事が創造的でローテーションにより様々な経験を積むことができる点について高い評価が与えられている。ここには，公務員といった職種に対する認識が明確に示されている。他方，公務員を採用する人事担当者が採用にあたり重視している事項を見ることによって，担当者が公務員に重要な資質をどのように捉えているかを検証することができる。重視されている資質・能力として多かったものを挙げると，コミュニケーション力，協調性，責任感，リーダーシップ，主体性の順となっている。

ここには，法律の改正など社会的に影響の大きな仕事にかかわり，同時に，多数の利害関係者の間を調整するといった伝統的な官僚像に適合的な資質が示されている。従来の公務員法やその運用が，こうした公務員像や公務員の自己認識に合致していた限りで，公務員法は「行政による自己制御」の仕組みを支えていたといえる。

---

14) 本文のデータは，人事院の2017年度年次報告書による。
15) 以下の記述は，人事院の2006年度年次報告書の記載に準拠している。

しかし，現在では，この分野における変化は随所に現れている。公務員の専門性が低下しているとか，従前ほどの情報が行政の下に集まってこなくなったといった指摘がその例である。また，公務員を目指す学生も時流の変化に敏感であって，規制緩和が進行し，行政と政治の関係が変化しつつある中で，公務員の役割の変化を強く意識するに至っている。これらの点からすると，公務員像の変化といった問題を見据えないで制度設計するならば，公務員制度改革に十分な進展を期待できないことにもなろう。また，そうした制度設計は，本章のテーマである自己制御を阻害する要因にもなりかねない。官僚としての経験をもつ中島誠氏は，公務員像として，スペシャリストとして企画・立案に優れた官僚のタイプと，ジェネラリストとして利害関係者を捌けるだけの肝の据わった利害関係調整型の官僚の2つを区別し，どちらを目指すかによって公務員制度のあり方が決まってくると指摘する[16]。本来政治家が行うべき後者の利害関係の調整を従来は官僚が主として担い，この点に批判が生じたのである。こうした状況下で，企画主導型の公務員を標榜する意見も存在する。そのような立場からは，諸外国と比較した場合に，わが国の官僚の専門性，情報収集力に疑問が提示され，これが政策大学院の設立や国家公務員試験改革へと連なっている。

公務員像の問題は，公務員法だけの規律事項ではなく，採用試験とも密接な関連性を有する。つまり，どのような人材を求めているのかというアドミッションポリシーが，公務員像を端的に示すことになる。2006年度から見直しがなされた国家公務員採用試験では，公共政策という科目が新設されている[17]。これは，公務員が日々担うであろう政策立案を想定した科目設定であり，一定の政策課題に対して専門能力を活用し，制約条件を見据えて妥当な施策の提言につなげる能力を重視する[18]。

---

[16] 中島誠『立法学〔第3版〕』（法律文化社・2014年）148頁以下。こうした2つのタイプについて方針決定がなお明確にされておらず，霞ヶ関で働く公務員も，中島氏の用語を借りれば「アイデンティティー・クライシス」にある。

[17] 人事院のホームページから引用。

[18] 公共政策の科目新設を提言したのは，人事院「Ⅰ種採用試験に関する研究会報告書」（2004（平成16）年12月）10頁である。

(3) 公務員制度における人事慣行

　公務員制度の運用をめぐっては，特色ある慣行が数多く見られた。例えば，公務員のキャリアシステムの下で同期入省者がほぼ同時期に昇進する慣行，早期勧奨退職が確立し，大臣官房をあげて退職者の就職先斡旋が計画的になされたのである[19]。いわゆる天下り・渡りの問題である。これが，官民癒着といった副作用を生み，官製談合の原因になっている点がしばしば批判の対象とされた[20]。こうした人事慣行は，公務員の意識，行動パターンにも強く影響を及ぼしてきたものと思われる。したがって，キャリア・ノンキャリアを区別する採用制度，再就職への対応，人事管理について，法システムや運用・慣行を変更することは，行政活動にも大きな影響を及ぼす。2007年6月30日に成立した国家公務員法の改正では，再就職規制や再就職管理を一元的に担う官民人材交流センターを内閣府に設置することなどが規定されるに至った[21]。

　また，2008年6月に制定された国家公務員制度改革基本法では，各府省の事務次官，局長，部長といった幹部職員の任用について，内閣官房長官が適格性を審査し，候補者名簿を作成することとされた（5条2項参照）。併せて，幹部人事を一元的に管理する内閣人事局が内閣官房に置かれ（11条，5条4項参照），内閣が官僚に対して強い影響力を行使する状況が生まれた。

　このように見ると，人事管理をめぐる運用・慣行は行政の自己制御の代表例として位置づけることができる。逆に言えば，自己制御論を構築することにより，人事運用を吟味する場が獲得されることになる。

5　行政情報制御としての自己制御

　行政における情報管理プロセスとして，行政による情報収集，行政内部における情報加工，さらには行政による情報発信という一連の過程が存在する。対

---

19)　参照，稲継裕昭『日本の官僚人事システム』（東洋経済新報社・1996年），大橋洋一「天下りと行政法学」法学教室211号（1998年）32頁以下。
20)　具体的なデータを見ても，天下り先には国からの交付金，補助金，及び随意契約締結件数が多いこと，天下り組織では天下りの役員の全役員に占める割合が極端に多いこと等が現れている。参照，週刊ダイヤモンド2007年6月23日号。
21)　荒井達夫「国家公務員法改正の論点」立法と調査272号（2007年）37頁以下。

市民との関係において，情報法は情報公開をはじめとして近時多くの蓄積をもつ。他面で，行政に対する情報の出入りをどのように構築するかといった全体的考察の必要性が問われている[22]。行政への情報の出入りを中心として，行政自らが情報の制御にあたる場合に生ずる諸課題が，ここには存在する。情報との関連で行政の自己制御を論じるという視点は，情報公開制度なり情報提供制度，市民参加を含めた行政手続制度を見直す契機ともなろう。とりわけ，内部通報制度や意見公募手続をこうした文脈に位置づけ，その法的性質を再検討することも重要な課題である。

(1) 情報入手に関する制御問題

(a) 意見公募手続

（情報収集・情報提供手法としての行政手続）

行政手続は市民と行政との対話プロセスを規律するものであり，行政機関は市民に対して情報提供を図ると共に，市民から情報を収集する。例えば，申請や届出の手続を通して，市民から詳細な情報が行政に寄せられている。行政手続法に定められた意見公募手続もまた，情報収集に大きな比重を置くものである。他方で当該手続においては，命令等の案が関連資料とともに事前提示されることを通じて，重要な情報提供機能を果たす（行政手続法 39 条 1 項）。提示された意見の内容，それをどのように判断・考慮したのかという理由を含む結果の公示（同法 43 条）もまた，命令等作成プロセスにかかる説明責任を履行するものである。

意見公募手続の対象となる「命令等」は審査基準，処分基準，行政指導指針を含むことから，当該手続の射程範囲は広くまで及び，流通する情報量も大規模なものとなる（実際に法律案についても意見公募手続が利用されていることを考えると，本文で述べた傾向は一層顕著なものとなる）。

（情報入手手法としての制度的工夫）

意見公募手続について，情報を入手するための制度的工夫として，第 1 に，

---

22) 宇賀克也教授は，行政情報資源管理サイクルといった体系化を提起している。宇賀克也『行政法概説Ⅰ〔第 6 版〕』（有斐閣・2017 年）143 頁。

提出資格のある者を限定していない点，情報収集源の広範化を図っている点を挙げることができる（行政手続法39条1項）。したがって，日本国民のほか，外国人や法人も意見を提出することができる。第2に，意見提出について「公示の日から起算して30日以上でなければならない」と十分な時間を設定するように義務づけている点を挙げることができる（同法39条3項）。第3に，意見提出者の時間的コスト等を軽減する目的も含めて，ITの利用が随所で前提とされている。具体的には，公示方法などに工夫が認められる。第4に，提出した意見が真摯に検討されることを制度上明確化して，提出者へのインセンティブを高める工夫も窺われる。具体的には，提出意見・情報に対する行政の考慮義務を法定する手法が用いられている（同法42条）。第5に，意見提出を促すという観点から，原案の成熟度が重視されている。法律は，公示する案について，具体性，明確性，題名，根拠となる法令の条項の明示を要求しているのである（同法39条2項）。

(基準準拠型行政スタイルの基礎としての意見公募手続)

行政手続法における基本的な考え方として，「準則に基づく行政活動」という視点を挙げることができる[23]。不利益処分における処分基準（行政手続法12条），申請処理処分における審査基準（同法5条），行政指導手続における行政指導指針（同法36条）といった仕組みの中に，上記の考え方が明確に示されている。基準準拠型システムの核になる各種基準の作成過程において，情報収集や提供源拡大が意見公募手続を通じて確保されているのである。

(b) 情報収集システムとしての内部通報制度

(機能と法的性格)

公益通報制度は，公益通報をした者を解雇等から守りながら，通報を契機に事業者の法令順守を確保するための法システムである[24]。その一部には，処分権限，勧告権限をもつ行政機関に対してなされる通報も含まれている（公益通

---

[23] こうした傾向は，近時では，本文で述べたところを超えて，行政契約の分野でも公共サービス改革法などで具体化しつつある。この点に関し，大橋洋一『行政法Ⅰ 現代行政過程論〔第3版〕』（有斐閣・2017年）249頁。

[24] 公益通報者保護法1条。法制度の基本的性格を理解するうえでは，内閣府国民生活局企画課編『詳説 公益通報者保護法』（ぎょうせい・2006年）が有用である。

報者保護法2条1項)。したがって，行政職員が行政内部で起こっている法令違反について行政機関に通報する場合もあれば，行政の外部者が行政内部の法令違反行為を通報する場合も存在する。通報の対象法令とされているものは，例示ではあるが表(次頁)にも掲げたように行政法令に該当するものを含む。また，通報対象となる法令違反行為は，対象法律に規定する犯罪行為に加えて，犯罪行為に関連する行為も挙げられている点が重要である。JAS法(日本農林規格等に関する法律)を例にとれば，同法では基準違反行為に対して指示が出され，当該指示に違反する行為には命令が予定されており，命令違反行為には罰則が用意されている。このように，基準，指示，命令，罰則と複数の活動が連なる行政過程において，基準違反行為，指示違反行為，命令違反行為もまた通報対象である[25]。換言すれば，公益通報の仕組みは，基準，指示，命令といった多様な行為形式について，それが法令に合致しているかをチェックするシステムとして機能しうる。

かくして，行政機関自身が監督体制を強化することによって発見されるであろう法令違反行為が，通報といった形で行政機関の把握するところとなる。通報は，行政による情報収集，調査といった作用を代替する機能をもつ。財政危機の時代にあって行政機構の拡大や職員の定員増加を望めない状況下においては，行政機関にとって公益通報制度は利用価値の高い仕組みである。また，市民間のコミュニティー等が衰退し，社会の自律的是正機能が低下している現状では，行政が調査機構を増強しても機能的な限界が認められることから，それを補う仕組みとして通報制度に期待が寄せられることとなる。

(流入情報の品質確保)

行政機関に対して通報がなされるならば，それは法令上定められた行政権限行使の端緒となる。この場合に，権限が適切に行使されるためには，通報情報の品質を確保する制度的保障措置が不可欠となろう。法令上に見られる配慮としては，第1に，公益通報の定義として，「不正の目的でなく」なされることが規定されている(公益通報者保護法2条1項)。第2に，「信ずるに足りる相当の理由」が通報対象事実について要求されている(同法3条2号)。ここでは，

---

25) 内閣府国民生活局企画課編・前掲注24) 7頁。

152　第8章　行政の自己制御と法

　　　　　　　表　公益通報者保護法の代表的対象法令
個人の生命・身体の保護に関する法令
　　食品衛生法，医薬品医療機器法，道路運送車両法，家畜伝染病予防法，原子炉等規制法
消費者の利益擁護に関する法令
　　JAS法，電気事業法
環境の保全に関する法令
　　大気汚染防止法，廃棄物処理法，水質汚濁防止法，土壌汚染対策法
公正な競争の確保に関する法令
　　独占禁止法，景品表示法
その他
　　個人情報保護法
　　　　　　　（出典）内閣府国民生活局企画課編『詳説　公益通報者保護法』（ぎょう
　　　　　　　せい・2006年）63頁の表を一部省略して掲載した。

相当の理由として相当な資料や根拠が要請されているのである[26]。第3に，通報にあたって他者の正当な利益の尊重を規定している点も，保障措置の一例として挙げることができよう（同法8条）。

　なお，内部通報者の個人情報が漏洩することは内部通報者を守る趣旨に反するため，個人情報保護に関し万全を期すことは当然の前提である。

（制御の確実性）

　核心となるのは，通報を受けた場合に実際に違反是正に向けて作動することの確保措置である。通報を受けた行政機関に対して，必要な措置をとるよう義務づけているのは，こうした趣旨に基づく（同法10条）。

(2)　**情報管理に関する制御問題**

　文書管理の重要性が高まってきたことは，文書管理を規律する法形式の変化に明確に現れている。伝統的に各府省の長が文書管理規程で定めていたものが，行政機関情報公開法制定後は政令事項に格上げされ，さらに2009年には「公文書等の管理に関する法律」の制定に至った。同法では，文書の作成（4条），行政文書の整理（5条），保存（6条），行政文書ファイル管理簿の作成・公表（7条），行政文書ファイル等の国立公文書館等への移管または廃棄（8条），行政文書管理状況の内閣総理大臣への報告（9条），行政文書管理規則の作成・公

　26）　内閣府国民生活局企画課編・前掲注24）79頁。

表など（10条）が，詳細に規律されている[27]。この法律の基礎にある考え方は，行政活動を直接又は間接に制御する重要な指針となりうるものである。具体的に述べるならば，行政は公文書を通じて現在ないし将来の国民に対し説明する責務を負い，こうした重要な役割を果たす公文書は国民共通の知的資源であるという理念（1条参照）である。このように公文書管理の基礎が整備されつつあることは，行政の自己制御にとっても看過できない意義をもつ。

　さらに，管理される文書の品質，とりわけ正確性の維持については，個人情報保護法（個人情報の保護に関する法律）が開示請求権（28条），訂正請求権（29条），利用停止請求権（30条）を定めることによって制度的に対応しているところである。公立病院の個人データが外部に流出したり，警察情報がファイル交換ソフトの利用等で流出する事件を契機として，情報技術利用に伴う問題，とくに機密性維持が組織のリスク管理問題として認識されるに至っている。

(3)　情報提供に関する制御問題

　行政情報のアウトプットに関する管理問題は，これまでも第三者提供問題，目的外利用の制限問題として論じられてきたところである。開示請求をめぐる議論の中で認識されてきたことは，積極的な情報提供の重要性である。2004年11月12日の各府省情報化総括責任者連絡会議決定により，行政機関に蓄積された行政情報を電子的手段で積極的に提供することが要請されている。各府省のホームページ上に共通のカテゴリーを設けて提供すべき情報のリストには，①行政組織，制度等に関する基礎的な情報（所管法人に関する情報を含む），②行政活動の現状等に関する情報（パブリック・コメントを含む），③予算及び決算に関する情報，④評価等に関する情報，⑤各区分に共通する情報（大臣等記者会見，報道発表資料，情報公開）が挙げられている。このうち，①③④は行政による自己制御の主要領域に相当する。このように，積極的な情報提供を背景として行政の自己制御の環境整備が急速に進展している。

---

27)　宇賀克也『逐条解説　公文書等の管理に関する法律』（第一法規・2009年）参照。

6 モニタリングを通じた自己制御
　　——政策評価制度

(1) **自己制御における政策評価の意義**

　わが国では，公共工事や公共施設整備に重点を置いた政策展開が見られた。これに対する反省から，北海道の「時のアセスメント」，三重県の「事務事業評価システム」が推進され，国のレベルでも中央省庁再編の流れの中で政策評価が要請された（中央省庁等改革基本法29条）。こうした流れを受けて，2001年6月には政策評価の基本的事項を定めた「行政機関が行う政策の評価に関する法律」が成立するに至ったのである。地方公共団体のレベルにおいても，政策評価，事務事業評価といった仕組みが整備されたほか，総合計画改革の一環として政策評価の仕組みが発展している。

　政策評価に関しては，様々な性格付けが可能である。例えば，その沿革から分析して，行財政改革の手段として位置づけることができる。ここでは，コスト削減，事務効率化，民間の経営手法導入といった特色が明確に現れている。他方で，三重県の取り組みに見られたように，生活者の視点を強調することによって，行政が市民と対話するための手段として政策評価を位置づけることも可能である。ここでは，市民の満足度，信頼獲得，説明責任，親切な対応などが強調される。このほかにも，政策の展開を実験プロセスと捉える視点からは，政策の評価は実験結果の検証を通じて新旧政策間で行われる選択を意味する[28]。政策の全面的置き換えになるのか，漸次的組み換えかは別にして，ここには現代行政法に特徴的な「実験法学」としての特徴を読み取ることも可能であろう[29]。

　こうした性格付けに加えて，「行政の自己制御」といった観点からは，従来

---

　　28) 参照，田辺国昭「政策評価」森田朗編『行政学の基礎』（岩波書店・1998年）289頁以下。

　　29) 実験法学といった視点に関しては，大橋洋一「実験法律の法構造」同『対話型行政法学の創造』（弘文堂・1999年）280頁以下（初出1998年），同「法政策学について」新世代法政策学研究7号（2010年）1頁以下（本書第2章），同編著『政策実施』（ミネルヴァ書房・2010年）第1章参照。

十分には発展してこなかったモニタリングの仕組みとして政策評価を捉えることが可能となる。政策の循環サイクルが考察の中心となることから，政策内容としては方針のほか具体化の措置も含めることが不可欠である。

(2) モニタリングとしての政策評価

政策評価の仕組みは「政府の有するその諸活動について国民に説明する責務が全うされるようにすることを目的とする」ものであって，行政の内部に閉ざされた仕組みではない（政策評価法1条）。対象機関は内閣府，各省といった行政機関ではあるが，行政の外部にある市民に対して説明責任を果たす点で，情報公開法と同様の機能を持つ。行政機関は適時に政策効果を把握し，必要性，効率性，有効性等の観点から評価するとともに，当該政策に反映する義務を負う（同法3条）。行政機関による自己評価を基本とする趣旨としては，次の2点を挙げることができる。1つには，政策に通暁した者が評価に当たることがリソースの有効活用であるという意味を持つことである。2つには，評価の結果が次の政策形成に反映されていくという循環からすれば，政策を実施する主体が評価を行うことが合理性を持つ[30]。

ここに見られるように，①行政機関自らが行う評価であり，②評価の基準が適法性審査を超えた合目的性にまで及び，③その実施が定期的に行われ，④評価結果に関する反映義務が明記されるといった特色を持つ。ここには，伝統的な仕組みである行政訴訟，不服申立て，苦情処理とは異なった性格が明らかにされている。行政評価は行政監察と類似性を持つものであるが，①評価の実施レベルが広範に及ぶこと，②個別措置のレベルを超えて行政の企画・立案，方針・方策といった準則段階まで視野に収めていること，さらには，③仕組みが法律で明確に規律されている点などに，政策評価の特質・独自性を見出すことができる。評価の結果は，評価過程で利用した資料等と共に評価書にまとめられ，公表が義務づけられている（同法10条）。

マネジメント・サイクルが強調されている点が，評価の仕組みの中核部分を形成する。具体的には，先に述べたように，評価結果を政策に反映させる行政

---

[30] 村松岐夫『行政学教科書〔第2版〕』（有斐閣・2001年）252頁。

の義務を明記したこと（同法3条），「予算の作成……に当たりその適切な活用を図るように努めなければならない」とされていることである（同4条）。各府省が行う「政策評価」と評価の専担組織である総務省が行う「政策の評価」という2種類の評価について，内閣は，その実施状況と政策への反映状況を記載した報告書を作成し，国会に毎年1回報告するなど公表が義務づけられている（同法19条）。このような規定を置くことによって，マネジメント・サイクルの可視化が図られているのである。

(3) 政策評価制度の課題
(a) 予算との連携問題

　行政機関は評価結果を予算編成で活用する努力義務を負う（政策評価法4条）。しかし，行政作用法等で前提とされている政策単位と予算の費目が一致していないため，政策評価書と予算書を比較した検証作業が困難であることが指摘されてきた[31]。検証の困難は，上記2書類の比較可能性の欠如のほか，評価部局が予算部局と分離しているといった組織法上の問題にも起因する。こうした分析を前提に，地方公共団体の中には，政策評価制度と予算制度を含めて総合計画の改革を行ったところが存在する。改革の重点は，複数年次の事業計画において総合計画と財政計画の融合を図った点にある[32]。

　他方，予算と評価が連結することの弊害について，アメリカのPPBS導入失敗の教訓に配慮を払う必要がある。つまり，評価形式の未成熟が原因で予算編成で評価結果を利用できない可能性と，予算編成と結びつくことによって政策評価自体が歪められる危険性の2つである[33]。

(b) 評価手続と市民参加問題

　政策評価は，各府省が自らの政策について効果を把握・分析し，その見直

---

[31]　石橋順三「政策評価制度——制度運用の課題と展望」立法と調査269号（2007年）35頁以下。

[32]　大橋・前掲注23）389頁，大橋洋一「自治体総合計画に関する一考察」藤田宙靖博士退職『行政法の思考様式』（青林書院・2008年）561頁以下（同・前掲注5）『都市空間制御の法理論』第7章に所収）。

[33]　こうした2点に着目して，予算と評価の結びつきを緩めるといった視点の重要性をも示唆するものとして，田辺国昭「政策評価の仕組み」ジュリスト1161号（1999年）152頁。

し・改善につなげるものである。政策評価に関する基本方針，中期的基本計画，各年実施計画が策定されるほか，評価結果をまとめた評価書が公表される。こうした各府省における政策評価が客観的にかつ厳格に実施されることを担保するほか，各府省を横断する政策について総合的かつ統一的に評価する目的で，評価専担組織として総務省が政策評価を行い，その結果を公表する仕組みが採用されている。総務省の行う政策評価に関する重要事項は，外部有識者からなる政策評価審議会によって調査審議される[34]。評価項目の中には，実施が義務づけられているものが存在する。例えば，規制に関しては，国民生活への費用負担から規制のもたらす便益と費用を比較することが強く求められ，新設や改廃の際には事前評価及び事後評価が義務づけられている[35]。

第三者による監視で重要であるのは，1997年の国会法改正により，参議院に行政監視委員会が（国会41条3項15号），衆議院に決算行政監視委員会が（同41条2項15号）設置されたことである。このように，国会による監視を念頭に置いた場合には，政策評価実施が国会による監視の前提となるという関連を指摘することができる[36]。

既に述べたように，現行の評価制度は説明責任に基礎を置き，この仕組みの持つ情報提供機能，市民への政策伝達機能は，行政手続や情報公開といった仕組みへと連なる。他方で，行政手続や情報公開が市民の請求権を中核に制度設計されていることと比べると，評価の仕組みは市民アクセスとの連結を欠いた形で制度設計がなされている[37]。政策評価の仕組みの中で市民のアクセスをどこまで許容していくかは，今後の重要課題である。

---

34) 政策評価審議会には，政策評価制度部会が設けられているほか，目標管理型評価，規制評価，公共事業評価についてワーキンググループが設置されている（http://www.soumu.go.jp/main_sosiki/hyouka/hyokashingikai_n/iinmeibo.html）。

35) このほか，租税特別措置等についても，租税の軽減が公正に行われ，国民の納得を得られることが重要であることから，政策評価が義務づけられている。参照，総務省行政評価局「政策評価Q&A」（2017年10月）27頁，29頁。

36) 村上武則「行政の監視と評価」公法研究62号（2000年）106頁以下。村松岐夫教授は，政策評価が国会の負担軽減機能を持つ点を指摘する。村松・前掲注30) 255頁。

37) 木佐茂男「政策評価の意義と課題」芝池義一ほか編『行政法の争点〔第3版〕』（ジュリスト増刊・2004年）145頁。

(4) 自己制御としての性格を強めた不服申立て

　行政上の不服申立ては，行政による是正を狙った伝統的仕組みである。これは不服申立人の存在を前提とする。行政不服審査法は，2014年の改正で不服申立てを審査請求に一元化することとされた[38]。審査請求が原則として行政組織内で自己完結することとなれば，行政活動をした機関における自己制御としての性格を明確化させたこととなる。さらに，組織内で系統を異にする審理員により対審的構造を保障している点などは，組織法により自己制御の条件整備を図るものと位置づけることができよう[39]。

7　行政基準を通じた自己制御

　行政機関は行政基準を制定し，当該基準に基づいて個別の行政活動を実施する。これにより，行政活動の一貫性，統一性を図ってきたのである。伝統的には，法令の授権に基づき行政機関のみならず市民や裁判所も拘束する政令・省令と，行政機関をもっぱら拘束する通達などが区分されてきた。しかし，行政手続法の制定もあり，従来通達などで規律されていたものが，処分基準，審査基準の形で規律されることとなり，第3の類型が発展することとなった。これらは，公表が要請される点，制定手続について意見公募手続が予定されるなど，法令に基づく政令や省令に近似した特性を持つ。他方で，市民が基準に従った行政活動を要請することができ，また，裁判所が審査に当たり行政実務の原則形態を知るうえで活用できる点で，法令に基づく政令や省令に準じた裁判規範性を獲得する場合も承認されるに至っている[40]。行政手続法の制定を契機に，審査基準，処分基準，行政指導指針に従った個別行政活動が要請されると共に，行政機関が自己の活動を事前に制定した行政基準により方向づけるシステムは一層の完成度を高めることとなった。

---

38)　改正により，従前の異議申立て，審査請求という区分が審査請求に一元化された。
39)　審理員による審理手続と行政不服審査会による審査手続から，不服審査の手続が構成されることとされた。
40)　大橋洋一「行政手続と行政訴訟」法曹時報63巻9号（2011年）1頁以下（本書第11章）。

おわりに

　行政の自己制御は，行政の視点に立って行政活動の制御を論ずる場を提供するものである。これは，行政を客体視して統制を考える従前の構想とは異なった特性をもつ。行政による自己制御は，視点を変えることにより，市民に開かれた豊かで柔軟な行政システムを構築することを可能にするものである。本章で論じてきたことの総括として，以下では得られた知見を整理し，結びに代えたい。

(1)　内部統制といった位置付けの見直し
　従来のように行政の内部統制といった把握では，考察対象の設定が不十分であるうえ，行政法学にとっての有用性も少ない。内部・外部をめぐる境界は流動的であり，それは最終的には変化する市民意識に依存する。そのため，自己制御の態様及び性格もそうした環境の変化に対応した立法者の制度設計に依拠している。行政の自己制御は，透明性の概念と結びついており，市民に開かれた性質を持つものである。行政の自己制御は市民に対して説明責任を履行する過程として位置づけられる。

(2)　自己制御の問題発見機能
　行政の自己制御を語ることによって，第1に，組織体としての危機管理，リスク管理といった視点がもたらされる。これは，コンプライアンスの要請とつながる。第2に，自己制御の下で語られる素材は，①組織管理，②人事（公務員）管理，③情報管理，④予算管理にかかわるものであり，行政領域横断的性格をもつ。これらは，行政学でマトリックス組織として論じられたもの，財務，人事，文書等の総括管理機能を果たす「官房3課」として語られたライン系統組織（官房系統組織）に相当する[41]。第3に，自己制御の視点は政策サイクル，情報管理サイクルといった循環過程に深くかかわることから，自己制御論は動

---

41)　西尾勝『行政学〔新版〕』（有斐閣・2001年）117頁。

態的視点を基点に展開される必要がある。

(3) 自己制御と法の関係

　行政の自己制御は，法から隔絶された行政の留保領域を示すものではない。むしろ，立法者による的確な制度設計を前提として初めて機能する仕組みである。この点では，自己制御は「強制された自己制御」としての性格を備えるとともに，法律は枠組み法としての性格を有する。自己制御で論じられる法律は行政作用法に限定されない。自己制御論においては，要件・効果を詳細に法定することを通じた実体法型統制思考を基礎とする必要はない。むしろ，従来重視されてこなかった組織法，公務員法，予算法・財政法，情報管理法，行政手続法を通じた制御が有用性を発揮するところであり，それぞれの制御手法の機能条件が考察対象となる。

　行政の自己制御で用いられる基準は合法性の基準に限定されず，当・不当の問題をも含む。換言すれば，その時々の市民意識が制御の基準であり，こうした構造に鑑みると，自己制御の仕組みに対して市民のアクセスを積極的に認めていく視点が自己制御論にとって重要な検討課題となる。

第9章

協議会方式の発展可能性

はじめに

　対話を重視した合意形成型手法として，行政協定のほか，利害関係者が集い議論を行う協議会が注目を集めている。このうち行政契約・行政協定に関しては，これまでも一定の研究が見られた[1]。対照的に，協議会を対象とする法学研究は緒についた段階にある。先駆的研究としては，まちづくりの分野で自律型ルールの策定主体として注目するもの[2]，まちづくり計画を提案するまちづくり協議会に焦点を当てるもの[3]，地域コミュニティー連携の担い手として論

---

1) まちづくりにおける協定手法の先駆的研究として，参照，河中自治振興財団『地域整備における契約的手法に関する研究』（河中自治振興財団・1990年），建築協定の運用を踏まえた分析として，大橋洋一「建築協定の課題と制度設計」同『都市空間制御の法理論』（有斐閣・2008年）117頁以下（初出2001年），栗田卓也＝堤洋介「都市の公共性と新たな協定制度」学習院法務研究5号（2012年）1頁以下，都市再生特別措置法2018年改正により創設された立地誘導促進施設協定及び都市施設等整備協定に関しては，大橋洋一＝鈴木毅「『都市のスポンジ化』対策と新たな協定制度」学習院法務研究13号（2019年）刊行予定。
2) 佐藤岩夫「都市計画と住民参加」原田純孝編『日本の都市法Ⅱ』（東京大学出版会・2001年）410頁は，1981年の「神戸市地区計画及びまちづくり協定等に関する条例」などでは，地区住民がまちづくり協議会を組織し，市と当該協議会がまちづくり協定を締結し，市が施策展開に当たり協議会の提案に配慮するなど自治ルール形成の動きが展開した点を指摘する。
3) 地方公共団体が認定したまちづくり協議会がまちづくり計画を提案する例やその作成に関わる事例のほか，地方公共団体との間で協定を締結する仕組みなどが条例で定着しつつある点を精緻に分析したものとして，碓井光明『都市行政法精義Ⅱ』（信山社・2014年）440頁以下が貴重な業績である。また，まちづくり計画と協議の連携に関して

ずるもの，紛争調整手法として着目するものなどが見られた[4]。他方，協議会を規定する法律は顕著に増加傾向にあり，2000年以降に制定された法律だけをとっても，82の法律で規定が置かれている[5]。もっとも，協議会に関しては，

は，大橋洋一「街づくりにおける法定計画と協定・協議」同・前掲注1) 112頁以下（初出2004年）。協議型まちづくりに関し，参照，大方潤一郎「日本の協議型まちづくりの系譜」小林重敬編『協議型まちづくり——公共・民間企業・市民のパートナーシップ＆ネゴシエーション』（学芸出版社・1994年）268頁以下。

4) 大田直史「まちづくりと住民参加」芝池義一ほか編著『まちづくり・環境行政の法的課題』（日本評論社・2007年）154頁以下は，福岡県行政手続条例10条が申請に対する処分について協議会による協議を設けた点に着目し，申請者と（申請者以外の）利害関係者との討議，利害調整の運営を期待した仕組みと分析する。同条例に関し，角松生史「手続過程の公開と参加」磯部力ほか編『行政法の新構想Ⅱ』（有斐閣・2008年）289頁以下，楢原真二「福岡県宗像市の市民政策提案手続」都市問題98巻3号（2007年）93頁以下も参照。また，必ずしも法的拘束力を志向するものではないが生活に根ざした風景等を実現するために組織された地域まちづくり協議会の実態を京都市の実例に即して分析するものとして，高村学人「地域を生み出すルール」岩波講座『現代法の動態5』（岩波書店・2015年）156頁以下も参照。社会福祉の分野からは，太田匡彦「社会福祉法における社会福祉協議会」橋本宏子ほか編著『社会福祉協議会の実態と展望』（日本評論社・2015年）139頁以下が本格的研究業績として，今後の研究のあり方に示唆を与える。包括的な理論研究として，碓井光明「行政法における協議手続」明治大学法科大学院論集10号（2012年）159頁以下，洞澤秀雄「協議会に関する法的考察——公私協働，行政計画の視点から(1)(2)完」南山法学41巻2号1頁以下，41巻3＝4号125頁以下（2018年）参照。

5) 2000年以降制定された法律で協議会を定めるものには，次の法律が存在する。新しい順に，2018年：特定複合観光施設区域整備法，気候変動適応法，所有者不明土地の利用の円滑化等に関する特別措置法，2016年：義務教育の段階における普通教育に相当する教育の機会の確保等に関する法律，外国人の技能実習の適正な実施及び技能実習生の保護に関する法律，2015年：琵琶湖の保全及び再生に関する法律，女性の職業生活における活躍の推進に関する法律，2014年：空家等対策の推進に関する特別措置法，内水面漁業の振興に関する法律，過労死等防止対策推進法，アレルギー疾患対策基本法，地域自然資産区域における自然環境の保全及び持続可能な利用の推進に関する法律，難病の患者に対する医療等に関する法律，2013年：産業競争力強化法，首都直下地震対策特別措置法，農林漁業の健全な発展と調和のとれた再生可能エネルギー電気の発電の促進に関する法律，いじめ防止対策推進法，民間の能力を活用した国管理空港等の運営等に関する法律，障害を理由とする差別の解消の推進に関する法律，大規模災害からの復興に関する法律，行政手続における特定の個人を識別するための番号の利用等に関する法律，2012年：都市の低炭素化の促進に関する法律，大都市地域における特別区の設置に関する法律，子ども・子育て支援法，消費者教育の推進に関する法律，福島復興再生特別措置法，2011年：津波防災地域づくりに関する法律，東日本大震災復興特別区域法，平成23年3月11日に発生した東北地方太平洋沖地震に伴う原子力発電所の事故により放出された放射性物質による環境の汚染への対処に関する特別措置法，東日本大震災における原子力発電所の事故による災害に対処するための避難住民に係る事務処理の特例及び住所移転者に係る措置に関する法律，総合特別区域法，関西国際空港及び

はじめに 163

その組織構成や予定された調整機能に着目して規範的評価を行うことが可能であるとしても，実際に行われる協議内容や協議会の運営を外から分析することには限界を伴うところである。道路建設と史跡保護が対立した事例で，筆者は協議会メンバーとして参画する機会に恵まれたことから，本章では体験に基づく協議会分析といった観点から，協議会の組織構成ルール，運用方法，利害調整機能などについて多面的に考察する[6]。

　大阪国際空港の一体的かつ効率的な設置及び管理に関する法律，2010年：地域における多様な主体の連携による生物の多様性の保全のための活動の促進等に関する法律，2009年：肝炎対策基本法，美しく豊かな自然を保護するための海岸における良好な景観及び環境並びに海洋環境の保全に係る海岸漂着物等の処理等の推進に関する法律，子ども・若者育成支援推進法，特定地域及び準特定地域における一般乗用旅客自動車運送事業の適正化及び活性化に関する特別措置法，消費者安全法，2008年：地域における歴史的風致の維持及び向上に関する法律，観光圏の整備による観光旅客の来訪及び滞在の促進に関する法律，2007年：鳥獣による農林水産業等に係る被害の防止のための特別措置に関する法律，住宅確保要配慮者に対する賃貸住宅の供給の促進に関する法律，エコツーリズム推進法，地方公共団体の財政の健全化に関する法律，地域公共交通の活性化及び再生に関する法律，広域的地域活性化のための基盤整備に関する法律，平成18年度の水田農業構造改革交付金等についての所得税及び法人税の臨時特例に関する法律，日本国憲法の改正手続に関する法律，地域経済牽引事業の促進による地域の成長発展の基盤強化に関する法律，2006年：がん対策基本法，高齢者，障害者等の移動等の円滑化の促進に関する法律，住生活基本法，平成17年度の水田農業構造改革交付金等についての所得税及び法人税の臨時特例に関する法律，2005年：障害者の日常生活及び社会生活を総合的に支援するための法律，地域における多様な需要に応じた公的賃貸住宅等の整備等に関する特別措置法，独立行政法人地域医療機能推進機構法，都市鉄道等利便増進法，地域再生法，平成16年度の水田農業構造改革交付金等についての所得税及び法人税の臨時特例に関する法律，2004年：発達障害者支援法，武力攻撃事態等における国民の保護のための措置に関する法律，景観法，環境情報の提供の促進等による特定事業者等の環境に配慮した事業活動の促進に関する法律，総合法律支援法，市町村の合併の特例に関する法律，日本海溝・千島海溝周辺海溝型地震に係る地震防災対策の推進に関する特別措置法，2003年：環境教育等による環境保全の取組の促進に関する法律，次世代育成支援対策推進法，国立大学法人法，特定都市河川浸水被害対策法，2002年：構造改革特別区域法，独立行政法人水資源機構法，独立行政法人高齢・障害・求職者雇用支援機構法，自然再生推進法，有明海及び八代海等を再生するための特別措置に関する法律，南海トラフ地震に係る地震防災対策の推進に関する特別措置法，マンションの建替え等の円滑化に関する法律，都市再生特別措置法，2001年：ポリ塩化ビフェニル廃棄物の適正な処理の推進に関する特別措置法，高齢者の居住の安定確保に関する法律，2000年：大深度地下の公共的使用に関する特別措置法，ストーカー行為等の規制等に関する法律．

6) 本章は，「高尾山古墳保存と都市計画道路（沼津南一色線）整備の両立に関する協議会」に参加した経験やそこで得られた知見を基としている。協議会の委員及びオブザーバー各位，栗原裕康元沼津市長を始めとする沼津市職員の方々には，この場を借りてお

164　第9章　協議会方式の発展可能性

1　紛争をめぐる事実関係[7]

　本章で考察対象とする紛争が生じたのは，静岡県沼津市東熊堂（ひがしくまんどう）から同市松沢町に至る延長656メートル（幅員25メートル・4車線）の道路部分である（沼津南一色線（みなみいっしき））。当該事業は都市計画道路の整備を目的として，街路事業（「本件事業」という）として実施されたものである。将来交通量は1日あたり2万7100台と見積もられ，事業費は75.6億円，事業期間は，1996（平成8）年度から2021（平成33）年度と定められた。2005年度から，市は取得した道路用地に関して埋蔵文化財の試掘調査を実施した。その調査の過程で，土器や青銅器などが多数出土し，古墳時代初期の重要古墳の存在が明らかになったのである。
　高尾山古墳（たかおさんこふん）と呼ばれる当該古墳は，東海道新幹線の高架下を通り，国道1号線の江原交差点につながる区間（約300メートル）のほぼ中間点に位置する（図1参照）。2007年度には，前方後方墳であることが判明した。方形と円形をつなぎ合わせた形で全国に存在するのが前方後円墳であるのに対し，前方後方墳は，方形と方形をつなぎ合わせた形のものである（図2参照）。これは，愛知県よりも東に全国で500くらいが存

図1　現地の状況

　　礼申し上げる。本章で示された見解や評価はいずれも研究者として個人の立場から行うものであり，協議会議長としての立場とも関係行政機関等の見解とも関係がない点をお断りさせていただきたい。
　7）　事実関係は，沼津市からの説明に基づく。第1回協議会資料2も参照。なお，本章で用いる各種図表で特に引用が示されていないものは，協議会において市事務局から提出されたものを一部修正・簡略化して掲載したものである。個別の資料は，後掲注17）の沼津市ホームページのサイトを参照いただきたい。

在するにすぎず，古墳の中でも比較的早い時期に見られるものであるといわれる。

本件事業は，2009年9月には用地取得率は99％に達するまで進んでいた。しかし，市は2010年度からの着手を予定していた工事を延期し，歴史的価値の調査や保存方法について検討を開始した。市は5年の追加調査を経て，2014年8

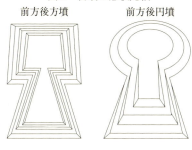

図2　古墳の形状比較
前方後方墳　　前方後円墳

月27日に調査結果として，古墳は（卑弥呼の活躍していた）西暦230年頃に造られたものであることを公表した[8]。構築の時期に関しては，卑弥呼の古墳といわれる箸墓古墳（奈良県桜井市）とほぼ同時の西暦259年頃と考える説と，それよりも古く西暦230年頃に構築されたと捉える説が対立していた。今回の調査により，墳丘の完成が西暦230年頃，埋葬実施が西暦250年頃とされたのである。本調査を受けて，古墳保存と道路整備の両立について市は，以下の方針案を採用した。

① 道路は歩道計画を一部変更した上で，4車線で整備する。
② 詳細な発掘調査の後に，古墳の大部分は取り壊し，古墳の3分の1程度のレプリカを沿道に新設する公園に設け，出土品はデジタル技術を駆使して市明治史料館に展示する。

2014年11月に，上記方針案は市交通基盤部により県知事へと報告され，同年12月には市と市教育委員会が内部決定を行った。県教育委員会と市教育委員会は上記方針を文化庁にも説明し，その了解を得たのである。2015年5月に市は市議会の常任委員会に上記方針に基づき，工事着手に向けて発掘調査を再開する旨，説明した。

上記方針に対しては，同年5月22日に日本考古学協会から会長声明が栗原裕康沼津市長（当時）に宛てて提出された。その内容は，古墳の保存を求めるものであった[9]。同協会がこうした声明を出すのは史上3例目ということであ

---

8) 「高尾山古墳の追加試掘調査の結果」（2014年8月27日）沼津市定例記者会見資料3参照。
9) 一般社団法人日本考古学協会会長・高倉洋彰「静岡県沼津市高尾山古墳の保存を求め

り，具体的に述べるならば高松塚，鞆の浦に続くものである。声明の内容は，大要，以下の通りである。

　①　本古墳は，全長 62.2 メートルと，この時期の古墳としては日本列島屈指の規模を持つこと，他の地域に見られる初期古墳の多くが丘陵上に築かれたものであるのに対し，高尾山古墳は平地に構築されたものであり，丘陵の盛土がよく保存されていること，埋葬された朱塗りの木棺から豊富な副葬品が出土したこと，墳丘や周溝から北陸や近江系の土器が出土し他地域との交流が確認できることなどから，本古墳は畿内の最初期古墳と肩を並べる駿河の最有力首長の古墳と考えられる。

　②　高尾山古墳は駿河地域だけではなく，日本列島における初期国家形成過程の古墳文化形成を解明する上で，重要性を持つものである。

　③　沼津市，静岡県だけでなく，日本国民共有の文化遺産として，将来にわたり適切に保存，活用されるべきものである。

　その後，同年 6 月 10 日には，静岡文化芸術大学文化政策学部教授（当時）の磯田道史氏が工事に反対する趣旨の新聞記事を公表している[10]。この記事は，高尾山古墳が「卑弥呼と戦っていた狗奴国の男王・卑弥弓呼の古墳の可能性も否定できない」と指摘している。さらに，6 月 21 日には，静岡県考古学会も同古墳の保存を求める声明を出すに至った[11]。声明の趣旨は，築造年代が邪馬台国の時代とされる 3 世紀前半に遡るなど，日本列島でも最古の大型古墳であること，東日本においては，国指定史跡とされた弘法山古墳（長野県松本市）と双璧をなす最重要古墳であることを理由に，適切な保存と活用を要望するものである。

　他方，現地においては，通過交通の流入による渋滞の解消や交通事故の回避をするために，道路の早期建設を望む地元自治会長等の意見が出されていた。

　上記のように，古墳の適切な保存・活用を要請する意見と道路建設を望む意見が対立する中で，同年 6 月 30 日に市議会では，墳丘の取壊費用を含む発掘調査費を盛り込んだ補正予算が可決された[12]。しかし同日，沼津市長は古墳の

　　　る会長声明」（2015 年 5 月 22 日）。
　10)　磯田道史「初期古墳壊すのか」読売新聞 2015 年 6 月 10 日朝刊。
　11)　静岡県考古学会「沼津市高尾山古墳の保存を求める声明」（2015 年 6 月 21 日）。

価値の大きさを踏まえ，予算の執行を留保したうえで，道路整備と古墳保存の両立に向けた公開の協議会を設置する見解を示し，当該協議会で方針を決めたい旨を発表した。

2　協議会の仕組み（概論）

(1) 意　義

　ここでは，設置が新たに決定された協議会に焦点を当てて，その意義について概略的に説明することとしよう（詳細な分析は後に *8* で改めて行う）。従前，都市計画事業がいったん決定され開始した場合には，事情の変更等があっても止まらないことが一般的であった。事業の継続が軋轢を生み，長期にわたる裁判闘争に至った例も少なくないところである。こうした点に着目した場合，協議会設置の第1の意義は，立ち止まって考えるゆとりを与える点，変更の必要性を考える機会を設ける点に認められる。換言すれば，行政手続，とりわけ大規模事業にかかる行政手続に期待される重要な機能の1つは，いったん事業をストップして，時間の経過の中で関係者に対して冷静に再考する機会をもたらす点にあるといえよう。例えば，行政手続が関係者に一定の手順を要求することを積極的に捉え，社会や政治に対して考慮と決定の余地をもたらす点に着目する見解は，ドイツにおいても提起されていたところである[13]。ここに見られるように，行政手続は良い意味で「考慮の時間を設定する機能」を有する。

　第2の意義は，協議会における議論を通じて，利害調整が適切かつ合理的に行われることである。こうした目的で，多元的な利害を喚起し，広範な要素を考慮し調整する点に協議会設置の狙いがある。こうした機能を最大限に発揮するためには，協議会の人的構成に関して入念な制度設計が図られることが不可欠であるといえよう（この点は，以下(2)で述べる）。

---

12)　静岡新聞2015（平成27）年6月3日朝刊。
13)　ボン大学のシュリンク教授（Prof. Dr. B. Schlink）は，1989年の国法学者大会で，手続のこうした機能を神学上の概念に倣って，die katechontische Funktion と称していた点に関して，大橋洋一「行政学と行政法学の融合試論」同『行政法学の構造的変革』（有斐閣・1996年）296頁（初出1994年）参照。

表 1　協議会の委員構成

（委員）
学習院大学 法科大学院 法務研究科長 大橋 洋一
埼玉大学 大学院 理工学研究科 教授 久保田 尚
株式会社 文化財保存計画協会 代表取締役 矢野 和之
（日本イコモス国内委員会事務局長）
京都大学 客員教授・静岡県副知事 難波 喬司
静岡県 教育委員会 教育次長 杉山 行由
（アドバイザー）
国土交通省 都市局 街路交通施設課長 神田 昌幸
文化庁 文化財部 記念物課 主任文化財調査官 禰宜田 佳男

注）肩書はいずれも当時のもの。

　第3の意義は，複雑で理解が難しい政策問題について，外部の知見（専門性）を導入した上で，対立点（対立利益）を市民に対して明確化する点に認められよう。換言すれば，政策形成過程の透明化を図り，施策情報に関する市民の理解を深化させるなど，市民に向けた説明責任を果たす道具として有用性をもつ。

(2)　組織構成

　協議会に多元性を確保するという趣旨から見た場合，組織構成の方法が具体的な論点となる。例えば，協議会をもっぱら地元の人間で構成するのか，他地域からも人選するのかという点が重要となる[14]。また，協議会を研究者と実務家の混合部隊とするのか，構成員の専門分野をいかに選択するのか，保護されるべき諸利益との距離をどのように確保するのか，協議された事項が協議会後に着実に執行されるように実効性確保をいかに図るのか（換言すれば，行政機関との調整を協議会段階でどこまで実現するのか）などが考慮事項となろう。

　本件の協議会を例にとるならば，その構成は，表1に示したとおりである（5名の委員に2名のオブザーバーが加わり，議論を尽くした）。本件における協議会について，筆者自身がその構成員であったことから客観的記述を行う立場には

---

14)　委員の選出母体の偏りに関して，従前から存在した批判について，笠京子「省庁の外郭団体・業界団体・諮問機関」西尾勝＝村松岐夫編『講座行政学4巻』（有斐閣・1995年）105頁参照。

ない。しかし，あえて上記の視点から委員構成のあり方を見た場合，以下の程度のコメントであれば許されるように考える。

　まず，地元で激しい利害対立が見られた経緯からすれば，少し距離を置くためにも外部者を選任して，その議論に耳を傾けてみるといった選択肢はありうるところであろう。

　第2に，従前の方法では対立が収まらず，解決策が見つからない政策課題であることに配慮すれば，こうした問題に詳しい研究者，専門家，実務家を招聘して，その知見を求めることには合理性が認められる。

　第3に，関連する専門分野に則した委員構成に配慮がなされていることが指摘できよう。例えば，道路建設や都市計画の専門家ばかりで委員が任命されるならば，事業の進行に議論は傾斜して古墳保護の利益が軽視されるリスクを生む。反対に，日本史研究者や文化財の専門家のみで構成する場合には，古墳保護の利益を代弁することはできても，道路建設にかかる公益が配慮される機会を失うこととなりかねない。加えて，土地収用など財産権を制約する手法が用いられる可能性があることや，都市計画事業という法定事業として推進されている点からすれば，法制度や権利保障に詳しい法律家の存在も不可欠であろう。したがって，上記の諸利益を語りうる人選がなされている点で，道路整備と古墳保護の双方に配慮した委員選定が行われたように考える。

　第4に，本件道路整備事業の認可権者は静岡県知事であり，道路整備の補助金は国（国土交通省）から支給されることが予定されている。さらに今後，本件古墳について文化財保護法に基づき史跡指定を受けるとすれば，文部科学省の文化審議会による審議を経なければならない（意見具申は，地元の教育委員会が担当する）。また，交通事故対策のために交通規制策（例えば，交差点の設置や信号の配置）を講じるのであれば，静岡県公安委員会の所管事項となる（道路交通法4条1項）。したがって，道路建設や史跡保護の領域を所管する国や県の関係者が協議会における議論の段階から参画することは，協議会後の事業執行過程の円滑化を図るといった観点からも重要性を持つところである。今回の協議会は，こうした諸点に対しても配慮が図られた一例である。

(3) 協議会にかかる組織上の位置付け

本件協議会は，法律又は沼津市の条例・規則に基づき設置されたものではなく，市長が事業の方向性を再考するための前提として設置したものである[15]。こうした経緯から判断するならば，本件協議会は市長の諮問機関といった位置付けをもつものであろう。設置を定めた文書に記載されているように，その目的は，「本協議会は，高尾山古墳の保存と都市計画道路沼津南一色線の整備の両立を図るため，実現可能性のある選択肢を検討し，市が事業方針を決定するために必要な条件整理等を客観的に行うことを目的に設置するものである」という点にある。したがって，法律学の観点から分析するならば，協議会の答申なり意見が提示されたからといって，それが市長を法的に拘束するものではない。もっとも，上記の設置手続に従い，公開された過程の中で，専門的で合理性を持った議論が展開され一定の方向性等が出された場合には，協議会答申の持つ事実上の重要性は決して低いものではない[16]。換言すれば，協議会の結論とは異なった施策を市長が展開しようとする場合には，その理由を市民に対して説明する責務を負うこととなろう。

協議会の答申なり意見が法的拘束力までは持たないが，事実上の重要性を獲得するといった法的仕組みに対しては，中途半端な制度であるといった批判が考えられるところである。しかし，他方で，こうした事実上の拘束性を伴う仕組みが，市長と協議会の適切な機能分担を可能にする点に注意する必要がある。つまり，（厳密な意味での）執行上の法的責任を負わないことで，協議会は専門的視点から自由に議論する可能性を享受するのである。

(4) 協議会の公開

本件協議会が，実際には，どのような形で開催されたのかという点に関し，

---

15) 設置根拠として，具体的には，「高尾山古墳保存と都市計画道路（沼津南一色線）整備の両立に関する協議会について」という文書が作成・公表されている。附属機関設置条例主義の問題は，8(7)で後述する。

16) こうした関係は，情報公開・個人情報保護審査会や行政不服審査会と行政庁（諮問庁）との関係にも見ることができる。宇賀克也『新・情報公開法の逐条解説〔第8版〕』（有斐閣・2018年）200頁（国の情報公開の分野では，2001年度から2012年度までの答申6337件のうち，諮問庁が一部答申に従わなかった例は14件にとどまるという），同『行政不服審査法の逐条解説〔第2版〕』（有斐閣・2017年）308頁参照。

詳説することとしよう。今回の協議会は，JR沼津駅に近い総合コンベンション施設の大きな会議室で開催された。すなわち，一般市民の傍聴に開かれた形で開催されたのである。具体的には，100名ほど入る会議室に，マスコミ用に24席，一般市民用に48席が用意され，この他に，協議会委員や沼津市職員，委員随行者のために約30席が準備されていた。また，会議室に入りきらない傍聴希望市民のために別室が設けられた。別室にはモニターが設置され，協議会の開催状況は画面を通じて市民に傍聴可能とされていたのである。以上の結果，市民約70名やマスコミ関係者が注視する環境の中で，5名の委員と2名のオブザーバーが議論を行うという会議スタイルが採用された。近時では，審議会等において市民の傍聴を認める動きが加速しているが，それとの対比でいっても，今回の協議会にかかる透明化措置は格段と徹底したものであった。傍聴者の動向が委員に直接，瞬時に伝わる環境の中で，専門的で子細にわたる事項を限定された時間の中で議論することは，協議会構成員にとって相当なプレッシャーであったことも事実である。私自身に関して言えば，サントリーホールで演奏するオーケストラ団員の気持ちが少しは理解できた瞬間でもあった。

　協議会後には，沼津市のホームページに配布資料と議事録はすべて公開されるため，会議の公開と会議録の公開が実現されていた[17]。配布資料は，相当に詳細で大部なものであり，協議会委員と傍聴市民との間で情報格差はほぼ存在しない状態であった。協議会終了後には，市長や議長に対してテレビや新聞の囲み取材が行われたため，同日ないし翌日には各種メディアによって会議の内容は地元を中心に伝達されることとなった。このほか，傍聴者が自己のホームページやツイッターで傍聴内容を情報発信することもあり，協議をめぐる情報は瞬時に市民の共有するところとなった。こうした情報の急速な拡散は，情報化社会における行政活動のあり方を認識させる一場面でもある。

---

17) https://www.city.numazu.shizuoka.jp/shisei/takaosan/index.htm に，「高尾山古墳保存と道路整備について」と題するサイトで，協議会の開催状況と資料が掲載されている（2018年10月2日閲覧）。

3 公益の確認

　協議会が期待された役割を果たそうとする場合，対立が予想される利害ないしは既に対立している利害を直視して，それぞれの重要性なり公益性，緊急性を確認することが議論の出発点となる。今回の協議会においても，本件事業において守られるべき公益について確認することから議論が開始された。

(1) 道路建設の公益性

　第1に，道路の公益性を考える上で，本件で建設が予定されている道路が当該地域の交通ネットワークにおいて果たすべき機能に着目する必要がある。広域交通ネットワークの整備といった観点から見た場合，本件道路は，国道246号線（これは東京と沼津を結ぶものである）と国道1号線（これは東京と大阪を結ぶ）を結合するといった機能を持つ。併せて，本件道路は，地域においては東名高速道路の沼津インターチェンジや新東名高速道路の長泉沼津インターチェンジと沼津市中心市街地とを結びつける機能を有する。第2に，本件道路が，地域の市民の安全確保について持つ意義を考えなければならない。国道1号線などが渋滞している状況を受けて，本件道路の建設予定地付近には抜け道として車両が大量に流入するため，地域住民の日常生活に支障をもたらし，周辺道路では年間40件余りの人身事故が発生している。また，本件道路周辺には小学校や中学校が多数立地しているために，朝夕の通学時間帯などでは，通学路に流入した通過交通により，児童や生徒の安全が脅かされる事態が生じていたのである。

　以上述べたところを整理すると，本件道路は，都市間交通を担うと共に，渋滞の解消を図り通学路の安全を確保するものであり，こうした点において道路建設に公益性を認めることができる。

(2) 古墳保護の公益性

　保護の対象とされている高尾山古墳の価値についても考察する必要がある。既に述べたように，高尾山古墳は，弥生時代から古墳時代への移行を示す古墳

である[18]。西日本で卑弥呼の墓と推測されている箸墓古墳の築造（西暦250年頃）よりも20年ほど前の西暦230年頃に造られたものであることから，東日本において弥生時代から古墳時代への移行を示す古墳として歴史的意義を有する。古墳時代の比較的古い時期に造られた前方後方墳であることに加えて，この古墳は，東日本最古級であり，初期古墳としては最大級（全長約62.2メートル）の規模を有する特質をもつ。例えば，東日本で全長60メートルを超す同時期の古墳としては，他には弘法山古墳があるにすぎない。高尾山古墳は，その西側部分が過去に削土されたものの，全体で古墳残存率は73パーセントを維持している。高尾山古墳からは，埋葬施設としての木棺のほか，副葬品として（中国鏡である）青銅鏡や勾玉，鉄製武具である鉄槍，槍ガンナ，鉄鏃，さらに地元の土器に加え北陸系，近江系，東海西部系の土器が出土しており，当時の交流の状況も示すものである。上記の特質からすると，現地保存された場合には史跡としての指定を受けることが期待できる文化財であるといえる。かかる指定は，沼津市にとって文化的シンボルであるほか，観光客を誘致する原動力としての活用も期待される。

　以上述べたところを整理すると，本件古墳は，年代，形状，規模，埋葬品といった諸点において文化的価値の高いものであることに加え，学術上も，また地域の観光資源としても高い公益性を認めることができる。他の地方公共団体においては，古墳の文化的価値を重視して道路の路線変更等を行った例が存在する[19]。自治体政策として，たんに現地保存を行うに止まらず，文化的価値に加え観光資源としての重要性にも鑑みて，本来の古墳の形状を観察できる配慮（ビューポイントの設定）がなされた例も存在するのである[20]。

---

18)　文化調査の結果に関しては，沼津市の資料による。
19)　参考となる事例として，平城宮跡（奈良県奈良市）の歴史的価値を重視して古墳を避けて計画変更した奈良バイパスの例のほか，柳之御所（やなぎのごしょ）遺跡（岩手県平泉町）で奥州藤原氏の政庁・平泉館（ひらいずみのたち）の跡と推察される遺跡を避けた計画変更の例，茶すり山古墳（兵庫県朝来市）で古墳枢要部を回避するために道路計画を変更した例，岩手県平泉町倉町遺跡で宝蔵跡を保存活用するために毛越寺線の路線計画を変更した例などが，今回の協議会において国土交通省や沼津市から紹介された。
20)　岐阜県大垣市の昼飯大塚（ひるいおおつか）古墳では，2カ所においてビューポイントを確保するよう配慮がなされている。

(3) 史跡指定

高尾山古墳の現地保存を図る場合には，文化財保護法に基づく史跡指定を受けることが関係者の前提とされている。まず，この指定の仕組みに関して，概観することとしよう。

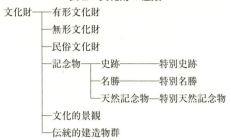

表2　文化財の種類

現行法の基本的なスタンスは，重要な遺跡は指定制度により後世に残し，それ以外の遺跡は事前に発掘調査をして遺跡そのものに代わる記録を残すというもの（記録保存）である[21]。沼津市では，当初は現状保存は行わず記録保存の方法が選択されていたが，この点を今回の協議会で見直したのである。文化財保護法の体系では，文化財は2条1項で定義され，表2に示すように古墳は記念物の一種として位置づけられる。古墳の指定は，文部科学大臣によって行われるが，史跡の中でも保護を優先すべきものは特別史跡に指定される（当該指定行為は行政行為に該当し，行政訴訟では処分性が肯定されている）[22]。

指定がなされると，1つには，以下で述べるような規制がかかる。すなわち，古墳の現状変更が原則として禁止され，現状保存または保存に影響を及ぼす行為について文化庁長官の許可が必要とされる[23]。この点に着目して，史跡指定は公用制限の一種であると説明されてきた[24]。また，管理・復旧に関して文化庁長官は命令，勧告等を行うことができるほか，所有者等の変更，滅失・毀損等に関しては文化庁長官への届出が必要とされる[25]。他方で，指定がなされる

---

21) 椎名慎太郎『遺跡保存を考える』（岩波書店・1994年）176頁参照。
22) 文化財保護法109条1項と2項。解除は同法112条1項。なお，緊急の場合に関する都道府県教育委員会による仮指定の制度がある（同法110条1項）。指定解除の処分性は，最判1989（平成元）年6月20日判時1334号201頁（伊場遺跡訴訟）でも前提とされていたところである。参照，岩渕正紀・ジュリスト951号（1990年）96頁，阿部泰隆・判例評論381（判例時報1358）号（1990年）172頁以下，木藤伸一朗・民商法雑誌101巻6号（1990年）115頁以下など。
23) 文化財保護法125条1項。不許可補償に関しては125条5項。
24) 椎名慎太郎＝稗貫俊文『文化・学術法』（ぎょうせい・1986年）69頁。
25) 管理命令及び勧告に関し，文化財保護法121条1項，復旧勧告に関して同法122条2項。所有者の変更・滅失等の届出に関しては，同法120条・32条・33条参照。

と，助成措置が用意されることとなる。例えば，指定に伴い国庫補助がなされる[26]。沼津市にとっては，古墳を継続的に維持していく上では，指定がもたらす規制効果も補助措置も不可欠なものである。

　道路建設にかかる行政過程と史跡保護にかかる行政過程を比較した場合に，前者は事業実施に向けて関係者のエネルギーが一直線に放出される動的な行政過程であるのに対し，後者は関係者からの発意を受けた待ちの行政過程であり静的なイメージをもつ。史跡の指定手続における土地所有者の同意について規律した法律規定は存在しないことから，法律上は土地所有者の同意がなくとも史跡の指定を行うことは可能である。もっとも，通常は，所有者の同意取得を前提とした上で，文化財所在地の教育委員会が中心となって（法定されていない）申請を文化庁に行うようである[27]。具体的には，市町村から所有者の同意書等と共に，指定のための各種資料を送付するようであり，この手続は文化財保護法189条に基づく意見具申である「指定に関する意見具申」と行政実務上は位置づけられている[28]。その上で，史跡や特別史跡の指定については，文化審議会への諮問が文部科学大臣には義務づけられている[29]。文化財保護委員会告示で定められた指定基準によれば，史跡は「我が国の歴史の正しい理解のために欠くことができず，かつ，その遺跡の規模，遺構，出土遺物等において，学術上価値あるもの」，特別史跡は「史跡のうち学術上の価値が特に高く，わが国文化の象徴たるもの」とされている[30]。

---

26)　文化財保護法は，管理に必要な措置に関する国庫補助を121条2項・36条2項，復旧に必要な措置に関する国庫補助を122条3項・37条3項で規定する。このほか，買い取り等に関する経費の国庫補助の仕組みも存在する。参照，文化財保護法129条1項。
27)　国宝や重要文化財・史跡も，その指定のための手続は基本的に同様である。椎名＝稗貫・前掲注24) 71頁，131頁参照。文化庁『文化財保護法50年史』（ぎょうせい・2001年）236～237頁によれば，指定手続においては，財産権の尊重の観点や指定後の保護を円滑に進めるため，所有者等に協力を要請し，同意を得ることとしている。
28)　和田勝彦『遺跡保護の制度と行政』（同成社・2015年）241頁参照。
29)　文化財保護法153条1項7号。
30)　「特別史跡名勝天然記念物及び史跡名勝天然記念物指定基準」（昭和26年5月10日文化財保護委員会告示第2号）。文化財保護法研究会編著『最新改正 文化財保護法』（ぎょうせい・2006年）29頁も参照。

(4) 複数の公益の調整

以上述べたように，道路建設のもたらす公益と史跡保護により確保される公益は，共に重要性を有するものであることが確認された。したがって，一方のみを尊重して他方を放逐することは許されない性格のものである。沼津市の関係者もこの点は認識していたところである。問題は，複数の公益の両立を具体的に可能とする政策なり手法，制度について，協議会設置に至るまで見いだすことができなかったことである。そこで，協議会においては，古墳の墳丘掘削を内容とする現行案が，どのようにして決定されたのか，その内容の合理性について分析することが第1の課題とされた。

4 前提条件の確認

一般に，政策案は行政庁により白地から自由に構想され，展開されるわけではなく，既に形成された所与の条件に規定されざるをえない。また，いったん暗礁に乗り上げた政策案の場合には，同じ対立を生じないためにも，また，新たな解決策を模索する上でも，現行案の基礎について検証することが不可欠である。換言すれば，従前の検討で前提とされた所与の条件について見直すところから議論を開始することが肝要である。

(1) 行政機関の従前の取り組みと前提条件

本件において，現行案の基礎は，必ずしも明示的に市民に開示されていなかったように思われる。したがって，こうした基礎から透明化して検証する作業は，対立関係にある市民にとって，行政機関に対する信頼を確立する意味でも重要なプロセスであるといえる。現行案は，墳丘を切り崩してその上に道路を建設するというものであり，どのような理由からそうした案が選択されたのかが検証作業の大前提となる。

第1に，本件事例における地理的制約要素として，検討を要する区間（約300メートルほど）が北端部分では東海道新幹線と交差して特定の高架下を必ず通過しなければならないことが挙げられる。加えて，南端部分では国道1号線の特定の交差点と合流する必要性がある。このように，短い区間の両端が固定

されるという条件の中で，中間点に位置する古墳を回避しなければならないという課題が存在するのである。この点に，技術的困難が認められたということができる。

表3 従前の設計条件

種級区分	第4種第1級
設計速度	時速60km
車線数	4車線
幅員	25m
最小半径	標準値150m（特例値120m）
縦断勾配	標準値5%（特例値7%）

第2に，高尾山古墳が沼津市の中心市街地に位置し，予定された道路の交通量が多い点は重要な制約要素である。従来，道路の路線変更により古墳等を回避した事例は，その多くが郊外部，つまり人口が少ないエリアに位置し交通量も限定されたものであり，本件事案とは対照的であった。本件事案は，中心市街地に存在するという地理的条件から，一方では立ち退き要請を必然的に惹起し，他方で，道路の構造も大量の交通処理を可能にする必要から簡易な構造では足りないこととなる。

現行案で前提とされた設計条件は，表3に挙げたものである。道路の構造に関する基準は道路法30条1項及び2項に規定されており，具体的基準は政令に委任されている。この政令が道路構造令である。したがって，本件においても，道路は道路構造令に適合する形で設計されなければならない。

若干の説明をすると，第1に，道路の種別が決定される必要がある。本件道路は都市部に位置するものであって，高速自動車道や自動車専用道ではないため第4種に区分される（道路構造令3条1項）。

第2に，整備が予定される道路の級別は，当該道路を1日に通行することが予定される計画交通量に即して決められる。第4種では1万台を超える場合には基準により第1級に区分されることから，2万台超が通行する本件道路は第1級と分類された（同3条2項4号）。

第3に，道路が第4種第1級に区分された場合には，1日の設計基準交通量に応じて車線数が決定される。具体的には，第4種第1級で設計基準交通量が1万2000台を超える場合には4車線と定められている（同5条3項）。

第4に，道路の幅員も道路の種級区分に応じて規定されており，第4種1級（4車線）では，車線の幅員（3.25×4＝13m）（同5条4項），中央帯（1.5m以上）（同6条4項・5項），路肩（0.5×2＝1m）（同8条2項・4項），自転車歩行者道（3×2＝6m）（同10条の2第2項），植樹帯（1.5×2＝3m）（同11条の4第1項・第2

項）を合算して，幅員25メートルという数字が導かれた。

　第5に，設計速度は道路の交通量と密接に関係することから，第4種第1級の道路では，時速60キロメートルが標準とされた（同13条1項）。

　第6に，自動車が道路の曲線部を安定して走行することができる最小半径（曲線半径）は設計時速に応じて規定されており，時速60キロメートルでは150メートルが基準値とされる（同15条1項）。

　第7に，自動車が安全かつ円滑に登坂することが可能となる縦断勾配が，設計速度に応じて定められており，第4種の普通道では時速60キロメートルの規定値は5パーセントである（同20条）。

　本件検討区間において，道路が同一平面において古墳を回避する案としては，①古墳の西側で道路が回避する案，②古墳の東側で道路が回避する案が考えられる。加えて，立体的に古墳回避を図る案としては，③地下にトンネルを構築して回避する案，④古墳上空に橋を架ける形で回避する案が考えられる。問題は，これらの案が，道路構造令で規定された上記設計条件を満たすことができるかという点にあった。従前の検討過程について，以下では紹介することしよう。

　① 古墳西側回避案　この案（図3参照）では，設計条件のうち，とりわけ道路の最小半径を定めた基準が支障となった。つまり，古墳を回避するために当該半径基準を遵守して道路線のカーブを描いた場合，検討箇所においては，新幹線高架下を通行することと国道1号線の交差点に合流することを同時に満たすことができなくなるのである。具体的に説明すると，仮に北側の新幹線高架下を通過することを前提に，そこを起点に最小半径基準を守って古墳を回避する道路を計画すると，大きく円を描く結果，南側で交差点に合流することができなくなってしまう。他方，南側の交差点に合流する点を重視して，交差点を起

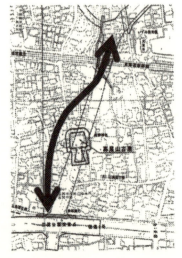

図3

点に道路線を描くと，今度は北側で新幹線高架下を通過できなくなってしまう。このように，半径基準のために，小回りに古墳を回避することができず，新幹線高架下を通過したうえで国道の交差点に合流するという本件道路の置かれた地理的条件に対応することができないのである。

かりに，新幹線高架下を通過することと国道の交差点に合流することを満たすように，検討部分の両端を固定して道路線を描くならば，当該道路は古墳の墳丘部と重なり，当該部分を大きく侵食することとならざるをえない。結果として，古墳の51パーセント程度しか残せない上，迂回に伴い新たに必要となる用地取得の範囲は広くにまで及んでしまう。つまり，行政コストが一層高くなるにもかかわらず，古墳保護を果たせない結果となる。

② 古墳東側回避案　古墳の東側に道路を建設し，古墳回避を図る東側回避案（図4参照）では，建設条件のうち，特に幅員25メートルという基準が支障をもたらすこととなる。この幅員規模を遵守しつつ古墳東側で道路が古墳回避を行う場合には，東側に存在する2つの神社の社殿も含めて移転問題が発生する。2つの神社のうち，北に位置する高尾山穂見神社は，高尾山古墳の後方部分に位置していたものを今回の都市計画事業で移転して現在地に新設したという経緯がある。同様に，南に位置する熊野神社は，高尾山古墳の前方部分に位置

図4

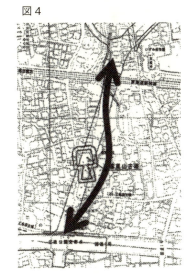

していたものを同様に現在地に移転したという経緯がある。したがって，東側回避案は，既に一度移転させた2つの神社に対して，社殿も含めて再度の大規模移転を強いることとなる。加えて，古墳と密接な関係を有していた2つの神社を（古墳から離れた）遠隔地に移転させることになれば，神社としての運営にも大きな支障を及ぼすことになりかねない。このように，回避案の実現に要する用地取得の点で，合意を取り付けることが難しく実現不可能と判断されたのである。

③ 地下トンネル案　以上のほか，地下にトンネルを設置して古墳を回避する地下トンネル案（図5参照）も検討された。この案では，上記の建築条件のうち，縦断勾配がとりわけ支障とされた。つまり，300メートル足らずの検討区間において道路を計画する場合，当該道路は，北端で新幹線高架下を通過した後，古墳を破壊しないように古墳の地下に潜り，続いて南端では国道の交差点に合流するよう地上に出てくる必要がある。結果として勾配の傾斜が急なトンネルとならざるをえないのである。市の試算では12パーセントの縦断勾配が

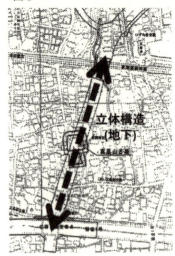

図5

必要であり，この数値は法令で認められた特例値7パーセントを大幅に超過してしまう。このように，勾配という道路構造に関して地下トンネル案は実現不可能とされた。

　仮に，道路構造令を遵守して勾配を緩やかにした場合には，浅いトンネルとなることから，トンネル上部により古墳が侵食されざるをえず，ごく一部しか古墳保護が図れないこととなる。加えて，道路がトンネルとして地下に潜る箇所では，道路が地上を通過した場合には沿道にあったはずの家屋はトンネル化により接道義務を満たすための道路を失うことになる。したがって，これら家屋のための側道を新設しなければならず，この関連で用地の追加買収が新たに必要になるのである。このように，地下トンネル案では，行政コストが多額にかかるにもかかわらず，古墳保護を図れない帰結となる。

④ 架橋により古墳回避を図る案　古墳の上部に橋を架けて古墳を回避する案（次頁図6参照）も検討されたが，この案では，とりわけ縦断勾配という条件が支障とされた。つまり，高尾山古墳の特徴は墳丘が後方部で5メートルと高い点に認められる。したがって，こうした高い墳丘の上部を乗り越える形で橋を構想する場合には，これまで述べてきたように，当該橋は北端は新幹線高架下を通り，南端は国道の交差点に合流する必要があるため，両端を固定さ

れる結果として急勾配のものとならざるをえない。市の試算では北側で勾配9.8パーセント，南側で15.0パーセントであり，いずれも特例値7パーセントを大きく上回ってしまう。かくして，勾配といった道路構造の点で，架橋案は実現不可能とされたのである。

図6

仮に，道路構造令を遵守して勾配を緩やかにした場合には，低い橋となることから，橋が墳丘部を含む古墳を大きく侵食せざるをえず，古墳を残すことができなくなる。加えて，道路が橋として地上に上がった箇所では，道路が地上にあれば沿道にあったはずの家屋は接道義務を満たすための道路を失うことになることから，そのための側道を新設しなければならないこととなる。これにより，用地追加買収が新たに必要になる。このように，架橋案は行政コストがかかる一方で，古墳を残すことができないという帰結となる。

(2) 現行案の背景・基礎に関する説明責任

以上簡単に紹介した通り，①から④の回避案はいずれも古墳を回避できないことから，市は，古墳の埋蔵文化財調査を尽くした上で，古墳の墳丘部等を削り，古墳の上を道路が通過する現行案を整備方針と決定したのである。上記の検討は，いずれも一定の合理性を有し，採用できない点について説得力をもつ内容である。しかし，沼津市では，こうした詳細にわたる現行整備方針の基礎について，市民に対して充分に情報提供がなされてこなかった。そうした状況の下で，古墳を掘削して道路が通過するという現行案の結論が提示されたことから，市民の反発を招いた側面があるように思われる。したがって，今回協議会を発足して，その初期の段階で，現行案の基礎となる政策的考慮（＝代替案検討のプロセス）が詳細に明かされたことは，行政機関に対する市民の信頼を獲得する上で重要な手続であり，また，行政機関が市民対話を進める上で大前

表4　前提条件の柔軟化案

	現行案		変更案
①設計速度	時速60km	→	時速60, 50 又は40km
②車線数	4車線	→	4車線又は2車線
③断面構成	歩車道が一連の単断面	→	複断面も含めて検討
④古墳との離隔	周溝から5m	→	古墳の価値を毀損しない範囲

提となるものであるといえよう。

　かくして，行き詰まった原因が明らかとされることにより，次の段階として，これ以外に技術的に代替案が存在しないのか，改めて知恵を絞る段階へと移行することが可能とされた。

5　前提条件の修正・柔軟化

(1)　設計条件の見直し

　本件において，従前の道路計画では4つの設計条件が前提とされてきた点が重要である。具体的には，①時速60キロメートルという設計速度，②4車線という車線数，③歩道と車道を同一平面で道路整備するという断面設計（これを「単断面」という），④古墳の周溝から道路を5メートル離すという離隔の4点である。これらをすべて遵守しようとする限りで，既に見たように，道路と古墳の両立を図ることができなかったのである。そこで，協議会における再検討においては，見方を変えて，既存の条件を見直して柔軟に考えることが重視された。つまり，柔軟化を通じて両立を図る可能性が生じないかという視点が中心に置かれた。協議会では，表4に示したように，①設計速度を時速50キロメートルないし40キロメートルに落とせないか，②車線数を2車線とできないか，③車道と歩道を別々の平面とする断面構成（これを「複断面」という）は可能か，④古墳の周溝から5メートルという離隔を短くすることはできないかを検討した。以下，検討過程を具体的に見ることとしよう。

(2)　設計速度の見直し（条件変更①）

　設計速度を落とすという変更を実施する場合，この変更が道路の形態（線

表5 設計速度と最小半径ないし縦断勾配の関係

	現行案		変更案
①設計速度	60km/h	50km/h	40km/h
②最小半径	標準値 150m	標準値 100m	標準値 60m
	特例値 120m	特例値 80m	特例値 50m
③縦断勾配	標準値 5%	標準値 6%	標準値 7%
	特例値 7%	特例値 8%	特例値 9%

形）に対して変化なり影響をもたらす点に注意する必要がある。つまり、自動車の速度が遅くなることにより、当該自動車が回転するのに必要な最小半径は小さなものとすることができる。同様に、速度の低下により、道路勾配に関しても一層急なものも許容する余地が生まれるのである。こうした関係は、表5で確認されたい。制限速度の低減は、最小半径、縦断勾配という道路の外形に結びつく。低減により路線の小回りな設計が可能となることによって、本件の限定された地理環境の中であっても、本件道路が古墳を回避することができる余地は拡大するのである。設計速度は道路構造令で規定されており、そこでは特別な事情によりやむをえない場合には、緩和した速度の設定も許容されている。

(3) 車線数の見直し（条件変更②）

従前から4車線を前提に、幅員25メートルの道路を想定して計画されてきた。この点に関し、例えば2車線の道路とすることができれば、幅員も小さなものとなる。これにより、道路に必要なスペースが縮減されることから、古墳の回避、古墳との共存が容易になる。もっとも、注意を要する点は、道路の車線数は当該道路を通過することが予想される交通量（計画交通量）を基準に導かれるということである。道路構造令では、本件道路のような第4種第1級に位置づけられる道路の場合、1日あたりの計画交通量1万2000台が閾値（基準）となり、これを上回る場合には4車線が原則として要求される。したがって、本件道路の計画交通量が1日あたり1万2000台を超えるかという点の（再）調査（需要予測）が、車線数の変更を行うに際して大前提となる。

なお、かりに2車線に変更する場合には、次の2点が考慮されなければなら

ない。第1は、協議会でも道路の専門家の委員から指摘されたように、4車線から2車線に変更する場合には、当該道路により処理可能な交通量は単純に半分になるわけではなく、実際には4分の1近くまで減少するということである。第2に、本件の区間で処理可能な交通量の減

図7　断面構成のイメージ

少を前提とする場合には、その減少分は当該区域を含む広域において、道路による交通処理量を確保できるよう補う必要が生じるのである。つまり、2車線への変更案は、広域交通ネットワークの見直し問題と密接に結びつく。

(4)　断面構成の見直し（条件変更③）

　従来、上り2車線と下り2車線の車道4車線に加えて、上りと下りの歩道もすべて同じ平面に位置する前提で、幅員25メートルが想定されてきた。これを前提とすると、25メートル幅の大規模な道路を動かして、古墳回避を図らざるをえない。これに対して、例えば上り線と下り線を別々に計画することが可能であれば、上り2車線はこちら、下り2車線はあちらといった具合に、半分の幅員規模の道路を動かして配置することによって柔軟に回避を図る可能性が生じる。これは、「上下線分離により複断面化を図る」という道路設計手法である（図7Ⓐ参照）。このほかにも、車道と歩道を分けて整備することにより、古墳回避を容易にするという方策も考えられる。これは、「歩車道分離により複断面化を図る」道路設計手法である（図7Ⓑ参照）。歩車道分離の手法は、道路のみをトンネル化する一方で車道を地上に残す案や、歩道を古墳空間の中に

一体化して整備する案など，他の選択肢が存在する。

(5) 古墳からの離隔距離の見直し（条件変更④）

　これまで，古墳と道路の間に一定距離を設定することにより，古墳の保護を図るという考え方を前提としてきた。具体的には，古墳周溝から5メートル外のエリアまでを保護地域として，これが道路空間と重ならない道路設計を行ってきたのである。その趣旨は，周溝の外の部分に重要な遺構等があるかもしれないことから，その保護を図るというものである。しかし，そうした遺構の不存在が確認できるのであれば，離隔距離5メートルは不要であり，上記の保護地域を小さく設定することができる。換言すれば，道路を古墳の一層近くにまで計画することが可能となり，共存の可能性が高まるのである。

　高尾山古墳では，調査の結果，南側に遺構が1本あることが確認されたに止まることから，（道路が計画されている）古墳の東側ないし西側には遺構が存在せず，その限りで離隔距離を確保せずに道路線を描く可能性が残された。

6　複数案提示と相互比較

(1) 複数案提示方式

　上述のように前提条件を柔軟に見直すことにより，従前よりも多くの代替案を構想することが可能となった。古墳を回避することが可能な道路設計案として，協議会では9案が提示された。こうした代替案について，各案の持つ優位性や問題点などに関して，公開の場で議論が交わされることとなった。従前の行政実務ではしばしば，1つの計画案だけが提示されて市民による検討が促された。しかし，そうした方法では一般市民は提示された案の性格や問題点を充分に把握することができない。これに対して，複数案が提示される場合には，相互比較を通じて，市民は各案のもつ特徴，デメリットなど，その個性を一層具体的に把握することが可能となる。これは複数案提示という方式の持つ優位性である。以下では9案について具体的に見ていくこととする。

186　第9章　協議会方式の発展可能性

(2)　代替案の概要

(a)　4車線案

　9つの案は，車線の視点から見た場合には，4車線を一体として整備するグループと上下線をそれぞれ2車線ずつに分けて整備するグループの2つに分けることができる。4車線一体の幅員を維持したまま，古墳の回避を図ろうとしたのが，整備案AからCの3案である。以下，詳説する。

（整備案A）

　整備案Aは古墳西側にS字のカーブを描きながら車両を通行させ，古墳の回避を図ろうとするものである（図8参照）。この案では，交差点の設置は予定されていない。S字のカーブを走行しながら回避することから，減速が必要となり，設計速度は時速50キロメートルに落とすことが求められる。また，車両の通行に支障が出ないようにゆったりとS字を描くことから，道路実現のためには建物補償や用地補償が多く必要となる。特に建物補償が10件と9案の中で最も多くならざるをえない。なお，この案では，道路が古墳空間を通過する事態は生じない。

（整備案B）

図8　西側S字4車線案

図9　西側T字4車線案

　整備案Bは，A案と同様に古墳西側を4車線で古墳を回避するものである（図9参照）。A案がゆったりとカーブを描く結果，補償件数が多くなった点に配慮して，この案は補償件数（とりわけ建物補償の件数）を抑えることに主眼を置く。つまり，B案は古墳のなるべく近くを通過することができるよう，T字で古墳回避を図る案である。T字とした箇所には安全面での配慮が必要とな

ることから，交差点の設置が予定されている。この案でも，A案同様，古墳空間の保護を図ることが可能である。

(整備案C)

これは，古墳地下にトンネルを建設して，4車線を通す案である（図10参照）。古墳の下を通過することから，建物移転に要する補償を抑えることが可能となる。もっとも，トンネル区間では比較的短い区間を通行車両がアップダウンしなければならないことから，設計速度は時速50キロメートルに制限せざるをえない。また，4車線にわたるトンネルの設置は多額の費用を要するものであり，整備費用は53億円となっている。

(b) 2車線ずつの車線分離案

9つの案のうち，上り2車線，下り2車線という車線分離により回避を図ろうとしたのが，整備案DからIに見られる6案である。

(整備案D)

これは，古墳の東西に2車線ずつ道路整備を行うものである（図11参照）。4車線案と比べて古墳の一層近くを車両が通行することができることから，必要となる建物補償件数は抑えることが可能である。もっとも，上り線でS字の形状でゆったりと回避を図る点では，後述（整備案F・G）のT字による2車線回避案に比べると建物補償の件数は多くなる。また，下り線で古墳東側に2車線が古墳の上を通ることから，古墳や史跡空間の保護という観点からは問題の残る案である。S字カーブを描くために，時速50キ

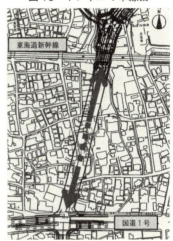

図10　トンネル4車線案

図11　西側S字2車線
　　　＋東側2車線案

ロメートルへの減速が上下線において必要となる。

　（整備案E）

　古墳の西側でS字カーブを描いて古墳回避する点は，整備案Dと同様である（図12参照）。D案が古墳東側において古墳空間に支障を及ぼす点に着目して，古墳や史跡空間を保護すべく，下り2車線をトンネルとした点がE案の特色である。これは，古墳保護を図ることができる反面，トンネル工事に19億円もの費用を要する案となっている。

　（整備案F）

　D案やE案が上り線に関して，ゆったりとS字カーブを描き建物補償件数が多くなった点に配慮して，T字で古墳のより近い位置を走行することによって古墳回避を図る案である（図13参照）。T字とすることで，建物補償を抑制することが可能となる。なお，T字とした箇所では安全面への配慮が不可欠となり，交差点設置が必要である。古墳東側では2車線の道路が古墳の上を通ることから，古墳や史跡空間の保護という観点からは問題の残る案である。

　（整備案G）

　古墳西側で上り線をT字型で設計する点は，F案と同様の狙いを持つ（図14参照）。他方，F案が古墳東側で古墳の上を車両通行する点を修正して，G案は下り2車線についてトンネル設置による整備を予定する。この案では，トンネルを設置する工事に19億円の費用が

図12　西側S字2車線
　　　＋東側トンネル2車線案

図13　西側T字2車線
　　　＋東側2車線案

必要となる。

(整備案H)

　この案は，上り2車線をトンネルで設計することにより，F案やG案のT字方式よりもさらに建物補償件数の減少を狙った案である（図15参照）（結果として，上下線を合わせて建物補償は古墳東側の神社のみとなり，用地補償も1件のみに止まる）。他方，下り2車線は古墳東側に配置されている。H案は，上り線のトンネル工事に費用を必要とするほか，東側2車線が古墳の上を通ることから古墳や史跡空間の保護という観点からも問題を残すものである。

(整備案I)

　H案が下り線で古墳や古墳空間に支障を及ぼした点の改善を意図して，この案では，上り2車線，下り2車線のそれぞれでトンネル設置による整備を予定する（次頁図16参照）。これによると，建物補償は0件に抑えられ，用地補償も3件にとどまる。他方，上下の各線における（計4車線の）トンネル工事により，整備費用は56億円を要することとなる。

図14　西側T字2車線
　　　＋東側トンネル2車線案

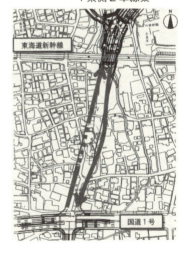

図15　西側トンネル2車線
　　　＋東側2車線案

7　利益衡量過程

(1)　多様な考慮要素

　9案を比較考慮する場合には，評価の視点が多岐にわたる点に注意が必要である。概略的に述べるならば，以下のような評価の視点が存在する。具体的には，(a)交通工学上の要請，(b)史跡保護の観点からの要請，(c)財政の観点からの

要請，(d)財産権保障の観点からの要請などであり，こうした複数の視点の下で複合的に評価が行われなければならない。

(a) 道路機能の発揮

渋滞等を引き起こさずに，車両の移動を円滑に果たすという機能が要請される。また，道路を通行する車両や歩道を通行する市民にとって，安全が確保されるという視点をも含む。例えば，交差点を設置することにより通行車両を止めて減速させるなどの安全措置を検討することなどがここに含まれる。

図16　西側トンネル2車線
　　　＋東側トンネル2車線案

(b) 史跡空間の維持

古墳の文化的価値が守られ，古墳が史跡指定を受けるめどが立つことや，道路整備後，将来にわたり市の観光資源として古墳の活用を図ることが期待できるといった観点である。掘削から古墳を保護することに加え，歩行者が古墳を眺望することができるビューポイントを確保することもここには含まれる。

(c) 事業費の適正性確保

財政面では，市の事業予算（規模）との比較で，道路整備や古墳保護に予定されている費用が当該市にとって負担可能な金額であるのかといった観点からの検討が不可欠である。

(d) 補償件数の抑制

財産権保護の見地からは，古墳回避のための措置に伴い新たに必要となる建物の移転や用地取得によって，自己の財産権に影響を受ける市民の数を抑制するといった視点である。特に，今回の事例では既に都市計画道路事業が相当程度進み，家屋等の移転を要請して移転を受け入れた市民に対する再度の移転要請が含まれることから，こうした視点は特に重要性を有する。

(2) 過剰な負担を要する案の除外

既に述べたように，本件では従前の前提条件を緩和して9つにわたる代替案

を用意した。しかし，有意な選択を可能にし，詳細な議論を行う観点からも，第一段階の絞り込みを行う必要がある。換言すれば，比較的合意がとりやすい案については初期の段階で除外することが，他の案に関する検討への集中を可能にする。こうした観点から，協議会では，以下の議論を経て，3案を検討から外すこととした。

　まず，予算面からの議論は，比較的わかりやすいものであろう。考慮要素として，第1に，沼津市の予算規模として道路整備にいかほどの予算を従来から組んできたのかという観点である。第2に，本件事業の進捗状況の中で，どれほどの予算が既に組まれてきたのかという視点である。第1点に関しては，沼津市の街路事業予算は例年8億円程度である（この半分が国からの補助金，半分が市負担である）。したがって，例年，市は4億円の支出規模で財政負担を行ってきた。第2の点は，今回の道路事業は60億円規模の事業であり，ほぼ完成に至った段階で，古墳保護に絡んで新規の支出が要請されているといった状況にある。こうした財政規模にかかる議論を前提とした場合，とりわけ，多額の費用を要するトンネル案が財政面で持続可能な負担に収まるのかという問題がある。例えば，上下線4車線すべてをトンネルとして工事するC案やI案は，それぞれ53億円，56億円の支出を要求する点で，負担が重すぎるという評価が可能であろう。こうした考慮から両案は除外された。

　次に，市民の所有する家屋等の移転を新たにどの程度まで要請することができるのかといった観点から見た場合，とりわけ建物の移転件数が関心事となる。多くの案では必要となる移転が0件から多くても5件であるのに対し，A案は10件の建物移転を余儀なくするものである。とりわけ，その10件の中には既に移転を要請した市民に対する再移転が5件も含まれている。これは，市民に対する負担の観点からも，また市の執行上の観点（合意取得の容易性といった観点）からも，実現可能性に疑問が残る案である。こうした考慮からA案は除外されたのである。

(3) 6案に関する比較検討

　協議会では，市民の見守る中で，既に述べた4つの観点（道路機能の発揮，史跡空間維持，事業費の適正性確保，補償件数の抑制）から，各案の持つメリットな

いしデメリットに関し詳細な分析が加えられた。それを要約したものが，表6に示した「協議会の総括」である。

(a) 交通機能の観点からの評価

残された6案はいずれも4車線を確保している点で，見込まれる交通量に対して充分な処理能力をもたらすことが可能である。問題となりうるのは，第1

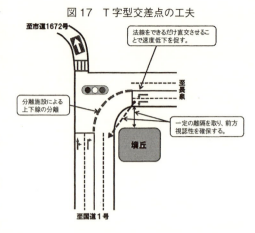

図17 T字型交差点の工夫

に，T字の交差点を設定する案に関して，その安全性に関する評価であろう。補償件数を抑えるべく，T字の形状の道路で古墳回避を図ることから，T字交差点の設置可能性，その安全性に関して検証が必要とされるのである。例えば，交差点で車両を止めることにより，その前後で渋滞が生じないかという点に関しては，様々な観点からの検証や安全措置が不可欠である。具体的には，T字交差点部分で流入規制を行い自動車の流れをスムーズにするとか，T字交差点部分で上下線の間に緩衝帯を設けるとか，T字交差点を含む広域なエリアで信号制御を図り自動車の円滑な移動を可能にして，渋滞を回避するなどの技術措置である（図17参照）。なお，交差点を設置し信号を設ける点に関しては，権限は県の公安委員会にあるため，市が単独では決定できず公安委員会との協議が必要となる[31]。第2に，トンネルを設置する案では，トンネルの前後で急な上りや下りとなることから車両の安全について検討が必要となる。第3に，古墳の東側を下り線が地上を通過する案では，北から南にかけて下り勾配となることから，スピードが出すぎた状況で国道1号線に合流するという危

---

31) 道路交通法4条1項では，信号設置などの交通規制は都道府県公安委員会の権限とされている。同委員会以外の者による設置は同法76条1項で禁止され，違反行為者は同法118条1項6号により6月以下の懲役又は10万円以下の罰金に処されることとされている。信号機に関しては，同法2条1項14号で定義がなされ，道路の歩行者や通行車両は信号機の表示する信号に従う義務を負う。参照，道路交通法研究会編『最新注解道路交通法〔全訂版〕』（立花書房・2010年）。

表6 協議会の総括

事務局が提示した9つの整備案のうち，実現可能性（事業費，補償件数）について課題が大きい3案を除く6案を選択肢とし，下表のとおり評価をとりまとめた。さらに3名の学識経験者委員（大橋委員，久保田委員，矢野委員）から，整備案Bについて優先的に検証・調整を進めることを推奨する意見が付された。

整備案	整備案概要図	交通機能	史跡空間	実現可能性	
				事業費	補償件数
整備案B 西側T字4車線		・朝夕ピーク時等において，交差点に起因する渋滞等が生じる可能性がある。 ・道路が屈曲することに起因する衝突事故が発生する可能性がある。 ⇒渋滞対策，事故防止に関する詳細な検証が必要。 ・安全性等に配慮した適切な交差点設計が不可欠。 ※信号の設置等については，公安委員会との協議が必要。	・古墳の本質的価値が保全され，神社境内と古墳を一体的に回遊することが可能である。 ・古墳北側の駐車場候補地から平面的に古墳へのアクセスが可能である。	・<u>約5億円</u> （最小）	・建物補償 3件 （うち再補償1件） ・用地買収 <u>1,400m² 11件</u> （うち再取得 1,200m² 9件）
整備案G 西側T字2車線 ＋ 東側トンネル2車線		（上り車線） ・朝夕ピーク時等において，交差点に起因する渋滞等が生じる可能性がある。 ⇒渋滞対策に関する詳細な検証が必要。 ※信号の設置等については，公安委員会との協議が必要。 （下り車線） ・トンネル前後で急な上り下りがあることで衝突事故等の懸念がある。	・トンネルの出入口で史跡回遊エリアやアクセスが一部制限されるが，古墳の本質的価値の保全，歩行者の回遊性及び古墳へのアクセスについて整備案Bに準じる評価ができる。	・約35億円	・建物補償 2件 （<u>うち再補償0件</u>） ・用地買収 800m² 11件 （うち再取得 700m² 9件）
整備案E 西側S字2車線 ＋ 東側トンネル2車線		（下り車線） ・トンネル前後で急な上り下りがあることで衝突事故等の懸念がある。		・約37億円	・建物補償 5件 （うち再補償2件） ・用地買収 1,800m² 14件 （うち再取得 1,500m² 11件）
整備案D 西側S字2車線 ＋ 東側2車線		（下り車線） ・国道1号に向かって急な下り勾配となり，安全性に懸念がある。 ⇒速度抑制措置の検討が必要。	・景観を阻害することにより，史跡の本質的価値が伝わりにくい。 ・史跡指定を進める上で課題が多い。	・<u>約8億円</u>	・建物補償 5件 （うち再補償2件） ＋神社倉庫 ・用地買収 2,100m² 15件 （うち再取得 1,800m² 12件）
整備案F 西側T字2車線 ＋ 東側2車線		（上り車線） ・朝夕ピーク時等において，交差点に起因する渋滞等が生じる可能性がある。 ⇒渋滞対策に関する詳細な検証が必要。 ※信号の設置等については，公安委員会との協議が必要。 （下り車線） ・国道1号に向かって急な下り勾配となり，安全性に懸念がある。 ⇒速度抑制措置の検討が必要。	・道路整備後に，沼津市のシンボルとして高尾山古墳を利活用する上で制約が生じる。 ・古墳に隣接した歩道がないため，史跡を楽しむ雰囲気になりにくい。	・<u>約5億円</u> （最小）	・建物補償 2件 （<u>うち再補償0件</u>） ＋神社倉庫 ・用地買収 1,200m² 12件 （うち再取得 1,100m² 10件）
整備案H 西側トンネル2車線 ＋ 東側2車線		（下り車線） ・国道1号に向かって急な下り勾配となり，安全性に懸念がある。 ⇒速度抑制措置の検討が必要。	・駐車場候補地からのアクセスには横断歩道橋を通る必要がある。 ※古墳の物理的保護方法についてさらに検討が必要。	・約26億円	・建物補償 0件 （<u>うち再補償0件</u>） ＋神社倉庫 ・用地買収 <u>500m² 1件</u> （うち再取得 500m² 1件）

＊───（下線）：相対的に優れる。　　：相対的に劣る（交通機能については，課題となる事項）。

険をもたらさないか検討を要する。

(b) 史跡空間維持の観点からの評価

史跡空間維持という観点からは，古墳の東側に道路を通す案について詳細な検証が必要となる。つまり，古墳の東側に道路を設置しないB案，G案，E案と，設置を行うD案，F案，H案を対比して，後者のもつ問題点について検討することが肝要である。

古墳の東側で道路が通過しない案では（図18参照），（古墳と密接な関係にあった）神社と古墳とを古墳東側で一体のものとして整備する可能性が残される。また，東側に広いオープンスペースが確保されることから，例えば歩道と古墳を一体的に整備し，市民が史跡

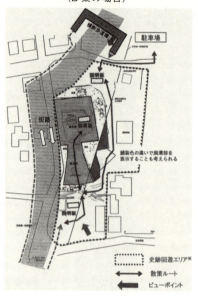

図18　ビューポイントの確保
　　　（B案の場合）

を回遊して楽しむスペースの提供も可能となる。とりわけ，古墳東側から古墳の特徴である高い丘陵部分を全体として眺望することができる点は，市のシンボルとして観光資源としての活用を考えた場合に，ビューポイントの設定を可能にするものである。さらに，外部者のアクセスといった観点からは，古墳の北側に駐車場を設けることにより，観光客等はそこから平面で古墳空間にアクセスすることが可能となる。

他方，古墳の東側を道路が通過する案では，西側を通る上り車線と東側を通る下り車線に古墳（特に丘陵部分）が挟まれてしまう形状となる。2つの車道に古墳が挟まれることから，歩道を通じて平面で古墳にアクセスして古墳周辺を一体として回遊する可能性が排除される。この案では古墳の北側等に横断歩道を設置してアクセスを図らざるをえず，平面で古墳にアクセスすることがかなわないのである。また，東側では古墳の上を道路が乗り上げていく形になるため，工事に伴い古墳を掘削することにはならないのか（掘削により史跡指定に影響が出ないか），道路下に保存されることとなる古墳を充分な強度を持って保護

ができるのかという検討が不可欠となる。さらに，東側から古墳を眺めるビューポイントを設定することができず，丘陵部分が2つの道路に挟まれて，古墳があたかも中央分離帯の一種であるかのような外観になることを危惧する意見も提起されていた。これは，市のシンボルとして古墳が有する観光資源としての魅力を低下させることとなる。近年では，史跡等を持つ地方公共団体は，史跡を周囲の環境と一体化して景観に配慮して整備し，観光資源としての活用を図る傾向にある。こうした都市間競争において，この案では不利な結果となりかねないのである。

(c) 事業費の観点からの評価

事業費の観点からは，5億円に抑えることのできるB案，F案は，いずれも市の予算規模との関係で実現可能性が高く，相対的に優れているといえよう。8億円を要するD案が，これに準ずる。他方，トンネル工事が含まれる案は，経費が高いものとならざるをえない。上りにトンネルを設置するH案では26億円，下りにトンネルを設置するG案，E案では35億円，37億円と高額の工事が伴わざるをえない。H，G，E案を採用する場合には，財政部局との折衝，検討が不可欠となる。

(d) 補償件数の観点からの評価

6案のうち，建物補償が5件ほど必要となるE案，D案は，市民に対する負担という点で相対的に劣るように考えられる。他方，建物補償に関し，特に再移転（再補償）を含まないG案，F案，H案は相対的に優れているということができる。もっとも，補償件数の多いA案を排除した後に残った6案は，建物補償に関しては，全体として件数が抑えられているものである。なお，補償交渉は市民を相手方とすることから，この点で合意取得という折衝や協議が不可欠となる。

(4) 提案の方法

上記のような検討が具体的に進むことにより，会議を傍聴していた市民（ないしはホームページでの公表資料やマスコミ報道を通じて検討過程に接した市民）は，個々の政策案のメリット，デメリットを具体的に理解することが可能となる。このことによって，道路建設をめぐる議論が深化する一方で，事業に対する市

民の合意も形成しやすくなることが期待される。その上で，協議会として，最終的にどのようなとりまとめを行うかという点が問題となりうる。市長からの諮問を受けて，協議会の設置に関して作成された文書「高尾山古墳保存と都市計画道路（沼津南一色線）整備の両立に関する協議会について」では，その趣旨について，以下のように記されている。

「1　趣旨

　本協議会は，高尾山古墳の保存と都市計画道路沼津南一色線の整備の両立を図るため，実現可能性のある選択肢を検討し，市が事業方針を決定するために必要な条件整理等を客観的に行うことを目的に設置するものである。」

　上記の趣旨においては，客観的な条件整理が課題として挙げられており，その具体的な内容までは記されていない。例えば，特定案に限定して，協議会案という形で答申を行う方法も考えられるところであるが，他面で，本件協議会ではそれが容易ではないといった事情が存在した。具体的に述べるならば，特定商品の購入に関して選定を行う協議会であれば，予算内で，この機種と特定した答申が可能であるのかもしれない。これに対し，本件では，協議会限りで決められない不確定要素，交渉案件が，各案の前提に存在した点に注意を要する。例えば，整備案Ｂを実現する上では，県の公安委員会との交渉が必要であり，Ｔ字交差点の設置，特に信号機の設置について公安委員会に承認してもらう必要が存在する（道路交通法４条１項参照）。このように，本件では条件付きで代替案を提示するといった形をとらざるをえない。他方で，本件に関しては，６案まで絞るなかで検討が多面的に施されていることから，６案の比較提示でとりまとめとすることも考えられる。実際，協議会の席でも，それで十分であるといった意見も聞かれた。

　もっとも，子細に検討するならば，協議会の議論においては６案が同様の選好や評価を受けたわけではない。条件付きではあれ，特定の案に支持が集中していたという事情がある。また，答申後に，それぞれ条件が付いた提案のどれから行政機関が着手するかという問題に直面することから，協議会として推奨案を記すという方式も考えられるところである。もっとも，協議会の構成員の中には行政上の職責を担っており，その関係で特定案を推奨することに必ずしも自由ではない者もいることが推察される。協議会では，学識経験者という立

場で協議会に参加した3名の委員の意見という形で，整備案Bを推奨する意見を付すこととした。

協議会後の記者会見で沼津市長（当時）は，推奨を受けた整備案Bから検討を開始することを表明した。これにより，高尾山古墳の現地保存が決定したのである。各方面との折衝は，協議会終了後に行うこととされた。

8 協議会方式の意義

本件協議会の意義や機能を分析する目的で，以下では，広島県福山市の鞆地区地域振興住民協議会と比較するといった考察方法を採用することとした。鞆地区の協議会を比較対象とした理由は，以下に述べるとおりである。鞆地区では，鞆の浦の埋立て，架橋等の整備といった開発計画を契機に反対住民が埋立免許差止訴訟を提起し，第1審で請求認容判決が出された[32]。県の控訴の後に新知事が当選し，当該知事の発案で地域住民による協議会が設置された。19回の会議が開催された後で，県が埋立て計画を断念した事例であり，歴史的な景観保護と開発計画が対立する中で協議会が利益調整を図った点で，本件と類似した側面を有する。

鞆の浦の協議会と高尾山古墳の協議会を比較した場合，共通点としては，第1に首長の発案で設置された点を挙げることができる[33]。第2に，技術的・専門的内容をもつ話し合いの資料は，事務局機能を果たす自治体機関から提出された点を指摘することができる[34]。第3に，立場の異なる者を構成員とする工夫が協議会の委員構成で図られていた点でも共通する。鞆の浦の事例では，12名の構成員について，賛成派と反対派が同数となるようされていた[35]。他方，相違点としては，第1に，鞆の浦の事例では仲介役の弁護士2名が加わるとい

---

[32] 広島地判 2009（平成 21）年 10 月 1 日判時 2060 号 3 頁。評釈として，山下竜一・判例評論 618（判例時報 2078）号（2010 年）164 頁以下，交告尚史・法学教室 354 号（2010 年）7 頁以下，島村健・平成 22 年度重要判例解説（2011 年）64 頁以下，角松生史・環境法判例百選〔第 2 版〕（2011 年）178 頁以下など参照。

[33] 大澤恒夫「鞆の浦ミディエイション」法政研究 79 巻 3 号（2012 年）623 頁。

[34] 大澤・前掲注 33）627 頁，629 頁。

[35] 大澤・前掲注 33）627 頁，632 頁。

った構成が採られた点である[36]。第2に，開催の期間及び頻度の点では，高尾山古墳の協議会が約半年で3回行われたのに対し，鞆の浦では1年8カ月にわたり19回ときわめて多数回が開催された点である[37]。第3に，鞆の浦では紛争が裁判に及び控訴審の段階で協議会が組織された点，つまり司法過程にまで紛争が及んだ段階で設置された点である[38]。

以下，協議会設置にかかる論点について若干の言及を行う。

(1) 透明な対話プロセスの形成

行政が道路の路線などをいったん決定した場合には，事情が変更されたとしても計画が変更されることは稀であった。高尾山古墳の事例では，市長がいったん計画を凍結して見直しに着手している点が重要である。このように，紛争が発生し，利害対立が先鋭化した状況において，立ち止まって考え直す勇気をもつことはきわめて重要であり，そうした機会創出に協議会は貢献している。協議会が社会事情や環境の変化に応じて柔軟に施策を変更し直しを行う上で重要な前提条件は，透明性の確保である。鞆地区の協議会は非公開で開催されたが，高尾山の協議会では徹底した透明性の確保が実現された[39]。公開の討議の中で，行政機関が事務局となり技術的・専門的な資料が提供された点は，情報共有を可能にするという視点からも有意義なものである。公開性が担保されることは，それにより公衆が監視というコントロール機能を果たすという意義を有するものである[40]。

もっとも，公開の審議であるという状況においては，個人情報の保護に配慮

---

36) 大澤・前掲注33) 626頁。
37) 大澤・前掲注33) 632頁。藤井誠一郎『住民参加の現場と理論』（公人社・2013年) 81～178頁は，住民協議会の開催状況を整理する。
38) 大澤・前掲注33) 625頁。
39) 兼重賢太郎「都市計画紛争における対話促進型調停」九大法学105＝106号（2013年) 46頁は，鞆地区協議会について対話促進型調停の導入という観点から分析し，非公開性の問題点を指摘する。
40) 山本隆司「公私協働の法構造」金子宏先生古稀『公法学の法と政策（下)』（有斐閣・2000年) 565頁は，協働型の組織や手続において，透明性や公開性を確保することを通じて，公衆による監視を制御手段として備えることが規範的に要請される点を的確に指摘する。山田洋「参加と協働」自治研究80巻8号（2004年) 37頁も，協働に不可欠な中立性や距離を保障するのは透明性に尽きると帰結する。

するという視点が不可欠である。高尾山古墳の協議会でいえば、様々な路線選択について議論する上で資料は具体的なものが準備されたが、土地所有者の具体的な土地が個別に特定できるほど詳細ではない。これは、個人情報保護の要請を考慮した政策的配慮に基づくものである。

(2) 多元的利益の投入と適正な衡量過程
(a) 多様な主体による利益表明

利害調整を標榜した協働型組織や手続においては、公正な意見表明の機会が保障されることが基本的な規範的要請である[41]。もっとも、すべての利害関係者による意見表明を要するのか、適切な代表者の選定で満足するのかは選択の余地があるところである。

公正な利益表明とは、別の観点からいえば、多様な主体、異質な利益を代表する主体を構成員として協議会を構成することを意味する。鞆地区の協議会では賛成、反対の関係者を同数ずつ入れて委員構成していた点に、そうした配慮が見られる。また、高尾山古墳の協議会では、構成員に学識経験者、関連行政機関の責任者を含める一方で、専門領域にも配慮した点に工夫が認められる。

協議会について定めた法律も、委員構成の多元性を図る方向で進化しているように思われ、そうした例は、環境法の分野のほか、都市法、特に地域公共交通の分野で確認することができる。例えば、自然再生推進法に基づく自然再生協議会では、行政機関等の事業実施者のほか、地域住民、NPO法人、学識経験者、土地所有者等、当該事業に参加しようとする者、関係地方公共団体や行政機関などを構成員と規定し（8条1項）、協議会が自然再生全体構想の作成、自然再生事業実施計画案にかかる協議、自然再生事業の実施にかかる連絡調整（同条2項）を行うとされている（協議結果に基づいて事業実施計画は作成されなければならない〔9条3項〕）[42]。この他にも、景観法に基づく景観協議会（景観行政

---

41) 小高剛『住民参加手続の法理』（有斐閣・1977年）186頁以下は、住民参加を求める理由を手続形式保障機能、情報収集機能、説得的機能、権利利益保護機能、争点整理機能、行政の遂行促進機能の6点に整理したうえで、手続形式保障機能の内容として住民の意向に応えて公正に発言機会を保障することを挙げる。山本・前掲注40）563頁も、協働を標榜する組織や手続においては、関係する諸利益に対して意見表明の機会を同等に与えることが重要な規範的要請になると指摘する。

団体，公共施設管理者，景観整備機構，関係行政機関，観光・商工団体，公益事業者，景観活動者），中心市街地の活性化に関する法律15条に基づく中心市街地活性化協議会（まちづくり会社，商工会・商工会議所，一般社団法人等，事業者，密接な関係者，市町村など）に，そうした意図が認められる[43]。他方，地域公共交通の分野では，2006年の道路運送法改正で乗り合いバスやタクシー事業の分野で，地域公共交通会議の仕組みが導入され，地域住民，利用者，地方公共団体，地元バス会社等が運行形態，運賃等について協議することとされた（特に，協議を経ることで，コミュニティバスや乗り合いタクシー事業などの導入が容易とされた）[44]。さらに，2007年には，「地域公共交通の活性化及び再生に関する法律」が制定され，公共交通全般を対象に「地域公共交通総合連携計画の作成に関する協議及び地方公共交通総合連携計画の実施に係る連絡調整を行うための協議会」が設置されている[45]。

(b) 調整の位相

高尾山古墳の事例では，行政過程で道路建設と古墳保存の対立が生じ，協議会設置に至った点に特色がある。換言すれば，行政過程内部において，利害調整の仕組みが追加（整備）された事例であると言うことができる。これに対し，鞆地区の事例では，開発と保存の対立が行政過程では解消されず，裁判闘争にまで至り，控訴審段階で協議会が設置され，開発計画が断念される形で行政過程に戻されたものである。したがって，行政過程から司法過程に移行する中で，司法による審査と協議会設置を前提に，紛争が行政過程にフィードバックされた事例と整理することができる[46]。

---

42) 大久保規子「環境パートナーシップの展開と評議会方式の可能性」三橋良士明＝榊原秀訓編著『行政民間化の公共性分析』（日本評論社・2006年）123頁。

43) 大久保規子「都市環境の再生とパートナーシップ型まちづくり」環境法政策学会編『まちづくりの課題』（環境法政策学会誌10号）（商事法務・2007年）127頁。

44) 南川和宣「地域公共交通の再生にかかる行政手法について」芝池義一先生古稀『行政法理論の探究』（有斐閣・2016年）351頁が詳細である。

45) 南川・前掲注44）352頁参照。協議会に関しては，新子眞佐夫「今日の公共交通における行政体と住民の関係」政策科学19巻2号（2012年）59頁以下，同「地域公共交通行政領域における公益判断過程の拡充」政策科学20巻1号（2012年）161頁以下も参照。なお，2014年には法律改正により，協議会の名称は「地域公共交通網形成計画の作成及び実施に関し必要な協議を行うための協議会」に変更されている。

46) 司法過程から行政過程へのフィードバックに関して，角松生史「地域空間形成にお

もっとも，2つの事例は全く接点をもたないわけではない。高尾山古墳でも協議会の設置がなく工事が続行されていれば，鞆地区と同様に，裁判闘争に発展したことが充分予想されるところである。司法過程と行政過程の役割分担として，行政過程に利害調整プロセスが整備されている条件の下では，司法機関が違法性の所在を示す形で裁断を下し，当該紛争を行政過程に差し戻すことで解決を図るという方法はありうる選択である。例えば，都市計画訴訟の検討でも，そうした立法政策が提案されていたところである[47]。鞆地区で見られた事例の解決は，協議会設置を契機にそうしたモデルの有効性を示したものとして評価することが可能である。もっとも，司法判断に伴う費用や時間などの高いコストを考えると，できることならば行政過程で利害調整が図られることの方が望ましいものであり，高尾山古墳の事例はそうした有効性を示唆する事例と位置づけることができよう。

(c) 適正な利益衡量

協議会における利害調整過程では，多様な要考慮事項が明示され，その重要性に見合った形で衡量過程に投入されることが不可欠である。本件事例では，交通面では道路の処理能力，児童の安全対策としての信号制御や時速制限措置等が注目される一方で，古墳保護の観点では，道路の古墳に対する影響，史跡景観に対するインパクトが指摘されていた。他方，事業の展開で影響を受ける利害関係市民の財産権保障・生活権保障の観点から，必要となる建て替えや移転などの補償件数が明示されねばならない。さらに，市の財政に対する影響を評価する観点の下で，各案に必要となる事業総額も明らかにされねばならない。

ここに示した複数の視点は，行政訴訟で権限行使が争われる場合の裁量統制項目と近似するものである。この点に着目すれば，協議会の設置は組織法を通じて裁量権行使の適正化を図るための措置であり，裁量適正化のための制度化であるということができる。上記衡量が尽くされていれば，道路にかかる都市

ける行政過程と司法過程の協働」宮崎良夫先生古稀『現代行政訴訟の到達点と展望』(日本評論社・2014年) 5頁は，差止判決が契機となり，これを受けて組織された住民協議会が利益調整を的確に行い行政過程の正常化をもたらすフィードバックプロセスに着目する。

47) 大橋洋一「都市計画訴訟の法構造」同・前掲注1) 57頁以下 (初出2006年)，同「都市計画の法的性格」自治研究86巻8号 (2010年) 3～30頁 (本書第15章)。

計画が後になって裁判で争われた場合でも，計画裁量の適正な行使が行われたことを示すことができる。上記のような総合衡量が事前手続で行われることが重要であり，後の裁判手続で修正することには限界が認められる[48]。

(3) 参加のコスト

鞆地区の協議会は時間的制約を設けずに，1年8カ月間で19回にわたり熟議を重ねたものであり，1つのあるべきモデルを示している。これと比べると，高尾山古墳の協議会は約半年で3回と回数の面で少ないものである。施策の方向性を出すことに主眼を置く協議会の場合には，住民参加手法に関して一般的に要請されるところであるが，参加コストの問題も重要な考慮要素となる[49]。協議会にかかる時間や参加に要するコストが，関係者にとって過剰な負担とならないかといった視点は重要であろう[50]。例えば，高尾山古墳のような事例であれば，既に事業自体が終盤に至ってからの協議であり，再移転を要請する市民が存在したり，協議会後に公安委員会との協議や用地交渉が改めて予定されることから，時間の要素を視野に入れて協議期間を設定する必要がある。

(4) 対案提示を通じた政策形成

高尾山古墳の協議会においては，2つの局面において代替案比較の検討が行われている。1つは，協議会開催前に市が採用していた政策案の基礎を明確化する過程において，当該案とそれとの比較で採用とならなかった案との比較検討である。2つは，協議会で提示された9つの代替案を比較し，今後の方針を定めるための検討である。比較を通じて初めて，各政策案はその個性なり独自性を明確化することが可能となる[51]。また，比較の過程を通じて，市民は具体

---

[48] 行政訴訟により争う場合には，計画裁量の存在が原告にとって壁となる。また，文化財保護の利益を裁判上主張することも容易ではなく，例えば，最判1989（平成元）年6月20日（伊場遺跡訴訟）・前掲注22）では，史跡指定解除処分取消訴訟において歴史学や考古学の学術研究者に関して，原告適格が否定されている。

[49] 小高・前掲注41）195頁以下は，住民参加の問題点として，費用増大の問題を指摘し，適正規模の参加を標榜する。

[50] 兼重・前掲注39）47頁は，鞆地区協議会を対話促進型調停の導入という観点から分析し，参加者への過度の負担になっていないかという参加コストの問題にも言及する。

[51] 代替案提示方式の重要性に関しては，大橋洋一「制度変革期における行政法の理論

の政策案について，その合理性（政策にかかる根拠）を明確に認識することが可能となる。さらに，比較検討の過程は，行政機関に課された説明責務を実施するための過程として位置づけることが可能である。

(5) 身の丈主義

箱もの開発といった用語の下で批判されたように，従来は，地方公共団体が豪華な施設整備案を優先し，後になって維持コストや管理コストで苦労する例は少なくなかった。重要なことは，財政的な考慮も重視して，将来的に持続可能な政策展開を考えるという視点である。換言すれば，都市経営，都市マネジメントの視点を重視した政策判断をするということである。高尾山古墳の事例では，沼津市が置かれた財政状況にふさわしい案が求められており，例えば上下線のトンネル案が選択肢から外されたことは，こうした考慮を反映している。このような現実的対応方法を「身の丈主義」と呼ぶことができる[52]。身の丈主義といった用語法に関しては，せいぜいその程度に止めなさいといった消極的な見方が含まれるのではないかと反発する意見も聞かれるところである。しかし，この用語法は，そうしたマイナス面に注目したものでは決してない。現実的な財政的考慮に立脚して，持続可能な規模に止めるという現実的理性に基づく政策判断なのである。独自施策を成功させている地方公共団体は，事業の継続性や管理のプロセスまで視野に入れて，現実を直視した判断を前提としているところが少なくないように思われる。

(6) 継続的管理

協議会は，対立する問題に関して利害調整を行い，一定期間内に方向性を見いだすことを目途としたものである。鞆地区の協議会も，この点では同様の性格をもつ。これに対し，近年注目されている協議会の中には，継続的な事業管理に期待して組織される性格のものが見られる。例えば，エリアマネジメント施策の一環として設置される協議会が挙げられる。土地区画整理や市街地再開

と体系」同・前掲注1) 364頁（初出2003年）。
[52] 大橋洋一「行政法の一般原則」小早川光郎先生古稀『現代行政法の構造と展開』（有斐閣・2016年）56頁（本書第6章）。

発事業は，伝統的には完結型事業として捉えられ，事業完了をもって終わるという一回性の視点が中心であった。しかし，これらの事業は，近年では郊外地の開発に用いられるよりは，中心地の木造密集地域や老朽化再開発ビルなど借地や借家，高齢者の多いエリア，小規模住宅といった権利関係が錯綜した密集エリア，既に一度開発がなされたエリアで展開される事業（再々開発事業）が多い。そこでは，街路樹や広告物の管理であったり，地下空間・遊歩道や歩行者空間・機械式駐車場の管理などを行うほか，負担金等の費用徴収を実施するなど，継続的管理の視点が重視されるようになってきている[53]。また，東京丸の内の再開発に見られるように，一定の種地を起点として，比較的小規模で短期間の事業を連続して実施していくような事業形態（種地方式）が採用されている。つまり，綿密なスケジュール管理の下で，その折々に旬の施設（あるときは国際会議施設，あるときは国際金融センター，またあるときは防災拠点など）をもって，柔軟な区画設定の下で一定期間内に事業展開を計画していく事業管理が要請されている。こうした一連の事業後の維持管理を果たす趣旨で，ガイドラインの設定と合わせて協議会が設置されるという関係が認められる[54]。

(7) 附属機関設置条例主義

　地方自治法138条の4第3項は，執行機関の附属機関設置について法律又は条例で定めることを規定している（これを，「附属機関設置条例主義」と呼ぶ）。これは，国家行政レベルでいわゆる私的諮問機関[55]を自由に活用できることと比較すると，地方公共団体の組織編制に対する制約となっている。こうした制約は，協議会の設置に関しても問題となるものである。具体的な法律問題とし

---

53) 磯部力「エリアマネジメントの法的課題」ジュリスト1429号（2011年）86頁は，地区内公物・公共施設の管理権限や会費などの負担金徴収権限をどこまで整備できるかがエリアマネジメントの課題であるとする。
54) 田尾亮介「交渉・合意・協働——アメリカにおける開発負担協定を素材として」行政法研究2号（2013年）110頁以下は，エリアマネジメントが重視される法体系では，継続的な管理運営を可能にする法的手法として，特に資金調達面での協議を経た合意に基づく手法として協定制度が普遍性をもつ点を的確に指摘する。
55) 私的諮問機関と言っても，しばしば重要施策の方向性を決定づける公的機関であり，私的諮問機関という名称は適切性を欠くものである。参照，宇賀克也『地方自治法概説〔第7版〕』（有斐閣・2017年）302頁参照。

ては，かりに協議会が附属機関に該当するとして協議会が要綱等で規律される場合には，当該協議会の設置は違法・無効であり，そうした協議会への公金支出が住民訴訟で争われることが考えられる[56]。考え方として，市民の権利義務行使の前提となる審議等を行う組織や恒常的機関に関して附属機関設置条例主義の対象とする趣旨であると判断するとか[57]，個別領域における政策提言型組織は助言の委託先として附属機関から外して解釈するとか[58]，行政運営上の意見聴取，政策に関して助言を求める場として設置されるものは附属機関から除外して解釈する[59]などの解釈上の工夫が必要となる。こうした解釈基準に照らした場合，本章で検討した高尾山古墳の協議会などは恒常的性格のものではなく，政策提言を期待された組織であった点に着目して，条例による設置までは要求されていないと解釈することが可能である。なお，今後，協議会等の活用や活性化が期待されることを考えると，上記の解釈論とは別に，上記の地方自治法規定は，柔軟化と明確化に向けて立法論として一定の修正が課題となろう[60]。

おわりに

現代の地方公共団体にとって最も深刻であることは，施策について利害対立が存在することではなく，市民がその施策に無関心であることのように思われる。高尾山古墳の事例では，協議会の開催を通じて，地元での関心や熱気は一

---

56) 近時の裁判例として，大阪高判 2015（平成 27）年 6 月 25 日判例地方自治 409 号 16 頁，大阪高判 2013（平成 25）年 11 月 7 日判例地方自治 382 号 73 頁は，法律又は条例によらない審議会等の設置について，附属機関条例設置主義に反し違法であると解釈している。もっとも，事案の解決としては，附属機関該当性に関し判例が確立しておらず，学説も対立している等の状況に鑑みて，市職員や長の故意・過失を否定して，原告の請求を棄却している。

57) 碓井光明「地方公共団体の附属機関等に関する若干の考察（下）」自治研究 82 巻 12 号（2006 年）26 頁参照。

58) 参照，成田頼明ほか編『注釈地方自治法〔全訂〕1』（第一法規・加除式）2546 頁（塩野宏執筆）。塩野宏『行政法Ⅲ〔第 4 版〕』（有斐閣・2012 年）203 頁も参照。

59) 松本英昭『新版逐条地方自治法〔第 8 次改訂版〕』（学陽書房・2015 年）501 頁参照。

60) 稲葉馨「自治組織権と附属機関条例主義」塩野宏先生古稀『行政法の発展と変革 下巻』（有斐閣・2001 年）355 頁は，法定外審議会の整理と同時並行で，設置根拠の不明瞭を除去することが立法的課題と的確に提言する。

層高まったように受け止めている。一例を挙げれば，多数の市民が協議会の議論を傍聴するために足を運び，公表された政策資料を通じて充分な政策情報の提供を受け，政策に関する理解を深めていった。その上で，パブリック・コメントという形で意見表明を行っている。他方で，市民は，歴史学者等を講師に招くなど講演会等を繰り返し，地域の歴史等に対する理解を深めていった。このように，協議会の設置を通じて，市民による行政施策の監視や議論の機会が設定されたのである。こうした動きは市民の合意形成に向けた第一歩であると同時に，行政施策に対する市民の支援につながるものである。

　本件道路は，協議会後には，静岡県公安委員会をはじめ関係行政機関との協議に付され，地権者との移転交渉も予定されていた。したがって，協議会の推奨案通りには事業が決定されることにはならない可能性は残されていた。しかし，大切なことは，協議会の議論を通じて，市民を巻き込んで情報の共有が図られ，問題点が提示された点である。換言すれば，議論の透明性は格段に高まり，議論の前提は全く異なったものとなったのである。

　沼津市は協議会の総括を受けて，公安委員会や地元との調整に入った。公安委員会との協議にゆだねられたT字型交差点に関しては，議論や検証の結果，信号予定地における道路の屈曲が道路通行車両の走行に対して危険であり，信号機の設置には適していないとされた。他方で，地元からは，道路整備後の東西道路の接続を要望する意見が強く出され，市は対応を迫られた。こうした調整過程の約2年を経て，最終的には，西側2車線にトンネルを設置し，東側を2車線とする整備案Hが選定されることとなった（T字型交差点を必要としない3案の中で，用地補償が課題にならない案がH案であった）。もっとも，新たな調査で，東側の地盤が協議会時点での認識とは異なり必ずしも強くないことが判明したことから，東側に橋梁を設置して道路を建設することとなった。こうした結果，協議会では約26億円と見積もっていた概算事業費は35億から40億円へと増加した。協議会の時点では，H案に関しては，東側を2車線道路が古墳横を盛り土して通過するため，東から古墳を眺めるビューポイントを設定できないことや，東側にある市有地や神社との一体的整備（市民や観光客の回遊スペースの確保）ができないことが指摘されていた。この点に関しては，東側に橋梁を設置する結果として，東側から古墳を眺めるビューポイントを設定する

可能性が生じたほか，東側2車線の道路が高架化されることで東側に回遊スペースが設けられることとなった。2017年12月21日に沼津市では全員協議会で上記方針が了承され，同日に地元説明会も開催された。

　このようにして，沼津市では協議会やその後の折衝プロセスを経て，高尾山古墳の現地保存が実現されたのである。同地では10年以内に道路工事が終了し，工事の後半段階では国史跡指定の申請がなされる予定である。今後の課題としては，橋梁のデザインを工夫して古墳景観を妨げないための作業が必要となる。その際には，市民意見を公募するなど，市民を巻き込んだ施策展開が期待されるところである。

Ⅳ 行政手続と行政手法の進化

第10章
行政手続の展開と課題

はじめに

　基本的法典が存在しないと説かれてきた行政法において過去30年間に生じた大きな変化は，行政各領域を横断して適用される行政通則法が制定・整備されたことである。なかでも1993年に制定された行政手続法は，行政機関にとって市民を尊重すべき対等当事者として捉えた上で，市民に対して働きかける場合に行政機関が守るべき基本原則や手法を定めたものである。同法は対話型行政の作法を記した基本法としての意義を持つ。ここに示されたように，市民の立場に配慮して対話を通じて行政施策を行うといった考え方は，狭義の行政手続法分野を超える射程を持つ。本章では，行政手続法の意義を確認した後に，行政手続が提示する現代的課題について概観する。

1 行政法体系にもたらした功績

(1)　申請処理手続と不利益処分手続を通じた概観性保障

　処分に関し行政手続法が採用した手続類型は，申請処理手続と不利益処分手続の2つからなる。この類型論は同法制定時に確立していた一般法理を確認したものではなく，同法を契機に新たに登場したものである。ここでは，沿革に注目しながら，同法で採用された処分手続類型論について検証することとしたい。この類型論は，同法制定に先立ち神奈川県で開催された研究会（『『住民参

加と行政手続』研究会」(1984～86年))の報告書に起源をもつ[1]。同研究会は，1980年代以降，情報公開手続条例など先進的施策を展開していた同県において，当時未制定であった行政手続条例や市民参加法制の実現を展望して組織されたものである。代表的な行政法研究者を委員に迎えると共に，県庁内から選抜された職員(同県の将来を支える中堅クラスの職員からなる)グループが上記研究者と共同研究を行うというユニークな組織構成であった(筆者は研究グループの末席に参加していた)。研究手法としては，同県の行政活動の中から具体的素材を探すという実態調査を基礎に，行政手続の課題を日本の行政過程から発掘し，行政手続条例の制定を展望するといった方法を採用していた。当初，一般的処分類型であった授益的処分，負担的処分，二重効果的行政処分といった3区分[2]に従い，事務局は行政手続事例の収集や整理の作業に着手したところである。しかし，行政法令の中から素材を発掘する作業を続ける中で，重要な問題を発見した。1つには，二重効果的とか複効的と称される処分状況は，第三者を視野に入れた問題把握の視点を要請するものであり，そうした状況は，負担的処分にも授益的処分にも共通するという事実である。したがって，二重効果をもつ処分手続を独立の手続類型として把握することが妥当であるのか疑問とされた。さらに，数多くの法令で規定されている申請処理の仕組みに関して，上記の手続類型を当てはめる場合には，申請が認容されれば申請者には授益的処分であり，申請が拒否されれば負担的処分であるなど，ある処分手続がどちらに属するかは，結局のところ決定段階に至らなければ判明しないことが認識されたのである。行政手続が事前手続であることからすれば，決定がなされる前の初動段階にあって，公務員や市民にとって行為規範が示され，手続類型の選択が可能でなければならない。したがって，結果指向の上記手続類型論は行政手続法制で採用できないのではないかといった見解が強まっていった。一体

---

1) 神奈川県自治総合研究センター編「行政手続と住民参加に関する研究」(1986年3月)。同研究会の内容を整理した論攷として，大橋洋一「市民参加と行政手続──地方公共団体の行政手続の実態分析」同『現代行政の行為形式論』(1993年・弘文堂) 69頁以下 (初出1986年)。行政手続法の制定には様々な研究会や関係者が関与した下で結実した共同作品であることを認識した上で，本文では処分手続類型論の沿革に関して，若干単純化した説明を行った。

2) 例えば，兼子仁「現代行政法における行政行為の三区分」田中二郎先生古稀『公法の理論 上』(有斐閣・1976年) 299頁以下。

どのような視点で処分手続を区分けすべきかが課題とされた折に，筆者の記憶では，こうした混迷を打開する提案をされたのが小早川光郎教授であった。申請処理手続と職権処分手続（これは不利益処分手続を主たる内容とする）の2類型に区分けするという妙手である。この新区分によれば，行政手続に詳しくない公務員や市民であっても，処分準備段階の初期から，ある処分手続がどちらに属すのか容易に判断可能である。このようにして，県の行政実例の調査・分類の過程で，申請処理手続と不利益処分手続の2区分論が選択された[3]。もっとも，神奈川県の研究報告書は実現されず，お蔵入りすることとなった。ところが，その後，日米通商摩擦等を背景にわが国でも行政手続法制定が緊急の政策課題となる中で，1991年から始まる国の立法作業において，神奈川県の研究成果が基礎資料とされたのである。外国法制が立法の参照モデルとなることが多い中で，上記処分手続類型論は国産理論であり，この点は注目に値するところである。

　上記の経緯で発展した処分類型区分は，行政手続法の第2章と第3章に根付いたほか，周知のように，その後改正された行政事件訴訟法でも，訴訟類型の判定に当たり重要な指針的役割を果たすこととなった[4]。かくして，今日では，上記2区分論は，行政作用法と行政救済法を貫く基本的概念にまで成長したと評価することができる[5]。この区分は，日本の行政過程を分析する中から形成されたものであることや，わが国における行政法令の基本的スタイルとも適合していることから，公務員のほか，学生に対しても有用性をもつほか，個別処分をめぐる利益状況の差異を明確に示すことを可能にしたのである。上記2区分は，日本行政法にとって最も大切にすべき基礎概念の1つであるように考える[6]。この概念の功績としては，行政過程を分析する場面で市民に概観性を与

---

3) 神奈川県自治総合研究センター編・前掲注1) 14頁以下（兼子仁執筆），大橋・前掲注1) 72頁。
4) 行政訴訟の分野では，義務付け訴訟に関して，申請権の有無に基づく類型論を早い段階から提示した業績として，塩野宏「無名抗告訴訟の問題点」同『行政過程とその統制』（有斐閣・1989年）308頁以下（初出1983年）が重要である。この見解が義務付け訴訟の発展過程に果たした役割に関しては，村上裕章「『申請権』概念の展開」法政研究84巻1号（2017年）54頁参照。
5) 塩野宏＝小早川光郎編著『行政手続法制定資料1〔平成5年〕（議事録編I）（日本立法資料全集本巻103）』（信山社・2012年）95頁（北島周作執筆）。

え，批判の機会を提供することに成功している点を指摘することができる[7]。行政行為論が戦前に見られたような特殊な効力論を通じて（実体法上の）特色を示すことが困難となる中で，行政手続を通じた行政行為の把握が一層の重要性を獲得する状況が認められる。こうした中にあって，上記2区分論は「手続を基軸とした行政法理論」を基底で支える機能を果たすものである。

(2) 透明性概念に支えられた「開かれた行政過程」

現代行政法のバックボーンを形成する主要法律の中で，行政手続法が目的規定において透明性概念を掲げる一方で，情報公開法は説明責任概念を掲げている。こうした2つの基幹概念は，わが国の行政過程において，着実に定着するに至った。もっとも，両法が制定された当初は異なった反応や評価も見られたところである。例えば，透明性といった概念は法律学の世界ではあまりにも斬新であると受け止められ，説明責任概念は知る権利を法定できなかった次善の策との評価も見られた。しかし，時間の経過の中で，2つの概念が日本行政法にとって至宝であることは，多くの者に認識されるに至っている。

例えば，理由提示の機能として，最高裁判例に従い，慎重判断担保機能と行政争訟準備に対する便宜機能の2つが挙げられてきた。しかし，近時の裁判例の中には，これに加えて透明性を挙げるものが登場している[8]。これに関しては，行政手続法の目的規定に掲げられた概念を挙げたにすぎないといった受け止め方もありうるところである。しかし，行政機関に対する慎重判断担保の要請，市民に対する争訟準備便宜機能に加えて，行政プロセス・行政過程の基本的構造原理として透明性の要求を判示したものと捉えることが可能である。換

---

6) 村上・前掲注4) 66頁は，申請権概念について行政手続法上の有用性を肯定する一方で，争訟法上の射程を限定する旨を提案するが，申請型義務付け訴訟の重大損害要件や非申請型義務付け訴訟における併合提起要件の見直しといった問題を超えて，申請権概念自体の見直しまで必要であるかは，なお留意が必要である。

7) 山本隆司「行政法総論の改革」成田頼明ほか編『行政の変容と公法の展望』（有斐閣学術センター制作・1999年）447頁は，公衆にとっての見通しを確保する点に行政法総論の意義を指摘する。

8) 北島周作「一般法としての行政手続法の解釈について——理由提示規定の解釈を素材として」法学79巻2号（2015年）5頁は，裁判例が理由提示に関して透明性の向上も指摘している点を分析する。

言すれば，手続法原理を超えて，透明性原則としての位置付けが示唆されているのである。

近年，行政法のグローバル化や国際行政法が論じられる場合に，その中核にあるのは国内行政手続を透視可能にするといった視点である[9]。このことによって国際的取り極め等の遵守を国民や他国政府等が監視し，遵守を担保した法システムの形成が可能となる。このようにして，国際行政法のレベルにおいても，国内行政法のレベルにおいても，透明性の概念は一般的な原理として地位を確立している。1つの証左は，ヨーロッパ行政法における「良き行政を求める権利」や一般法原則として，透明性原則が確立しているという事実である[10]。わが国の行政手続法の目的規定に新たな概念として登場した透明性概念は，開かれた行政過程を要請する法原理にまで発展しており，手続法制はその一手段としての位置付けを与えられた。

以上述べたように，処分手続の類型論や透明性原則に関し，その発展可能性を探究することは，重要な理論的課題である。とりわけ，これらが行政法一般理論の深化と密接な関わりをもつ点には，一層の注視が必要であろう。

2　手続の相互関係に着目した法理の進展

(1)　基幹的手続の相互関係への着目

行政手続法は，行政通則法として重要な手続類型を法定し，処分手続に関しては告知・聴聞，理由提示，審査基準等の設定・公表といった適正手続3原則を定めた[11]。興味深いことは，基幹的手続の相互関係に対する関心が次第に高まってきた点である。具体的には，(a)処分基準の設定・公表と聴聞手続，さらには理由提示との相互関係，(b)審査基準の設定・公表と理由提示の関係性に関

---

[9]　大橋洋一「グローバル化と行政法」行政法研究1号（2012年）90～113頁（本書第5章）。
[10]　大橋洋一「行政法の一般原則」小早川光郎先生古稀『現代行政法の構造と展開』（有斐閣・2016年）37～57頁（本書第6章）。
[11]　塩野宏教授は，本文で挙げた諸原則に文書閲覧を加えて，適正手続4原則といった表現を用いている（同『行政法Ⅰ〔第6版〕』（有斐閣・2015年）295頁）。そうした指摘に準拠した上で，本章では，文書閲覧が聴聞といった基幹的手続に仕える性格をもつ点に着目して，適正手続原則を3つとした。

する分析である[12]。ここに挙げた関係性の探究は，解明されるべき課題である。以下，具体例を挙げる。

(2) 処分基準の設定・公表，聴聞手続並びに理由提示の相互関係

処分基準の適用関係が理由提示において示されることを求めた最高裁平成 23 年 6 月 7 日判決は，当該基準と理由提示に関する問題の所在を示すものである[13]。さらに，処分基準の適用関係に関する摘示は，聴聞通知書なり聴聞会の段階でも行われるべきではないかといった問題に関して，平岡久教授の先駆的論文などで分析が進められている[14]。厳密に考えれば，聴聞手続段階においても，処分基準の適用関係は行政機関によって説明されるべきであり，その説明に瑕疵があるのであれば処分の取消事由となりうる。聴聞通知書を聴聞段階における理由提示と捉える見解は，こうした見解に親和的なものである[15]。他方，手続を経る中で次第に議論が深まっていくといった観点（行政手続における議論の成熟性の視点）からすれば，かかる適用関係は，遅くとも理由提示の段階で正確に説明されていれば足り，聴聞通知書段階では必ずしも求められないという説明も可能である。

(3) 審査基準の設定・公表と理由提示の相互関係

上で挙げた平成 23 年の最高裁判決は処分基準にかかるものであるが，その趣旨からすれば，審査基準に関しても同様に考えることが可能である[16]。つま

---

12) 本文で挙げた基準と理由提示の密接な関係を指摘した先駆的業績として，宇賀克也「公正な手続」同『行政手続法の理論』（東京大学出版会・1995 年）3 頁以下（特に 8 頁）（初出 1994 年）。
13) 最判 2011（平成 23）年 6 月 7 日民集 65 巻 4 号 2081 頁参照。須田守「理由提示と処分基準」法学論叢 173 巻 3 号（2013 年）146 頁以下及び同論文掲載の評釈参照。
14) 平岡久「処分基準の合理性と聴聞手続中の理由摘示」大阪市立大学法学雑誌 60 巻 2 号（2014 年）115 頁以下（特に 140 頁から 144 頁）参照。
15) 北島・前掲注 8) 22 頁も参照。
16) 審査基準についても同様に解する見解として，参照，北島周作「理由提示の程度と処分基準」法学教室 373 号（2011 年）57 頁，本多滝夫・平成 23 年度重要判例解説（2012 年）35 頁，高橋滋『行政法』（弘文堂・2016 年）70 頁，芝池義一『行政法読本〔第 4 版〕』（有斐閣・2016 年）225 頁注 7，曽和俊文ほか『現代行政法入門〔第 3 版〕』（有斐閣・2015 年）141 頁（亘理格執筆），中原茂樹『基本行政法〔第 2 版〕』（日本評論社・2015 年）121 頁，定塚誠編著『行政関係訴訟の実務』（商事法務・2015 年）533 頁

り，同判決の射程を広く解し，審査基準の適用関係が理由提示で示されるべきであると解釈する立場からは，審査基準の設定・公表と理由提示との間にも関係性を語ることが可能である。

(4) 行政不服審査法改正のインパクト

行政不服審査法は2014年に，制定以来初めての大規模な法改正を経験した。このことが行政手続にいかなる影響を及ぼすのか，多面的に分析を進めることが今後の課題である。

(a) 2つの手続の俯瞰

事前手続である行政手続と事後の行政不服審査手続を総合的に捉えて，手続保障（及び手続負担）の総量を適切に制度設計しなければならないといった視点は，山田洋教授によって的確に指摘されたところである[17]。手続保障の重点を事前手続に置くか，事後手続に置くかについて，立法者に選択の余地がある点は，課徴金をめぐる近時の法改正に参照例を見いだすことができる[18]。行政機関が扱う2種類の手続を俯瞰するといった上記視点からは，一方の手続の進化が他方のあり方に影響を及ぼすなど，相互の連関に注目すべきであろう。

(b) 職能分離の徹底

審査請求手続における手続保障は法改正を通じて拡充された。具体的には，行政不服審査法の改正により，審理員による審理手続が整備されたのである。現在では，審理員と処分庁を区分する職能分離を図るため，地方公共団体では審理員を別のラインに位置づけるとか，組織を別にするなど様々な工夫が図られている[19]。こうした整備やその基礎にある手続思考が定着すると，明文規定

（馬場俊宏執筆），大橋洋一『行政法Ⅰ 現代行政過程論〔第3版〕』（有斐閣・2016年）222頁。下級審判決では，東京高判2001（平成13）年6月14日判時1757号51頁，那覇地判2008（平成20）年3月11日判時2056号56頁（「理由の提示が同法5条の審査基準の存在を前提とするものであることは明らかである」）参照。

17) 山田洋「事前手続と事後手続」磯部力ほか編『行政法の新構想Ⅱ』（有斐閣・2008年）219頁以下。

18) 大橋・前掲注16）325頁以下。

19) 地方公共団体では様々な模索が続けられているが，小規模な地方公共団体では工夫の困難も報告されている。こうした実態は，全国の審理員や行政不服審査会の委員が集まった意見交換会で明らかとされた。2016年12月8日開催の行政不服審査交流会については，宮森征司「行政不服審査交流会結果報告」季刊行政管理研究157号（2017年）

はないとしても，聴聞主宰者に関して職能分離を徹底すべきではないかといった議論が提起されることとなろう。この点に関し，裁判例の中には厳格に解したものも見られる一方で，寛容な判断を示す裁判例も散見される[20]。

(c) 不当性審査と行政手続

行政上の不服申立てが活用されていなかった時代には，行政訴訟を通じた適法性審査が中心とされた。このように行政訴訟が中心とされ，行政上の不服審査が軽視された環境の下では，行政訴訟の思考枠組みが暗黙のうちに不服審査においても定着した。例えば，不当性を理由とした処分の取消しといった運用は実績が伴うことがなかったのである[21]。これに対し，審査請求の活用を期待した仕組みの下で，審査機関が処分について合理性の存在を積極的に問う姿勢を採用する場合には，行政統制の範囲は従来経験しなかった程度にまで広く及ぶこととなる[22]。特に手続上の瑕疵に関して，裁判の場面では取消しが躊躇される事例であっても，合理性審査の視点の下では不当性宣言を行う範囲は広範にまで及びうる。また，行政訴訟であれば行政機関と司法機関の役割分担の観点から処分の取消しを宣言するにとどめ，行政過程に戻し改めて処分の実施を検討させる事例でも，同じ行政過程に位置する特性から審査庁は不当性を宣言した上で，（審査庁が処分行政庁の上級行政庁であれば）処分の変更まで求めることが可能である（行審法46条2項）。

67頁以下（特に77頁）参照。
20) 処分過程で密接に案件に関与した職員が聴聞主宰者となった事例で，金沢地判2014（平成26）年9月29日判例地方自治396号69頁は処分を違法と判示したが，控訴審の名古屋高金沢支判2015（平成27）年6月24日判例地方自治400号104頁は適法としている。
21) 不当性審査が活性化していない状況を分析したものとして，平裕介「行政不服審査法活用のための『不当』性の基準」公法研究78号（2016年）240頁以下参照。
22) 行政不服審査法が改正され，行政不服審査会は処分に不合理な点がないかを直截に問う形で不当性を指摘し，行政判断に再考を求める答申例が登場している。参照，行政不服審査会平成29年度答申第1号（2017（平成29）年4月14日）。

3 行政手続の瑕疵と処分の効力をめぐる課題

(1) 伝統的法理

　行政手続に瑕疵が存在した場合に，当該手続を経て発令された行政行為はその効力に関していかなる影響を受けるかといった問題が論じられてきた[23]。実体法上の瑕疵が行政行為の取消しに結びつけて論じられたことと比較して，手続の瑕疵は行政行為の取消しに直ちには結びつかないことが強調された。伝統的法理は，再度の手続の履践によって処分の結果が異なる場合に限り，行政行為は取り消されるといったものである。換言すれば，行政手続の瑕疵が処分の効力に影響を及ぼすことを例外と捉える見解である。かくして，実体法と手続法は，瑕疵の効力について対照的な性質を持つこととなった。この見解の背後には，手続法は実体法に奉仕する副次的存在であるといった見方が存在していたのである。加えて，実務的観点として，極めて多様で態様の異なる手続上の瑕疵が処分の効力に直ちに影響をもたらすのでは，行政活動の安定を害するといった懸念も存在していた。これは決して杞憂ではなく，海外では手続の瑕疵が処分の効力に影響を及ぼす場合を法律で制限するといった対応を余儀なくされた国も見られたところである。

(2) 行政手続法制定と手続瑕疵論

　伝統的法理は行政手続法制定後の今日においても維持することができるのか，という問題が存在する。行政手続法制定は，以下で述べる2点において，上記法理を見直す契機を与えたものと考えられる。

　1つは，行政通則法の形で中核となる行政手続を法定した点である。具体的には，審査基準や処分基準の設定や公表等に関する規定，理由提示に係る規定，聴聞や弁明の機会付与に係る規定である。従前は個別法レベルで散在していた手続ルールが，原則としてすべての行政領域における一般的ルールとして位置

---

23) この問題に関する詳細な分析は，大橋洋一「行政手続と行政訴訟」法曹時報63巻9号（2011年）1〜32頁（本書第11章）参照。

づけられたのである。したがって，これらの手続は，法律上の根拠を付与されると同時に，基本的手続ルールとしての価値も承認された。上記の伝統的法理は具体的な法的根拠に依拠するものではなく，あくまでも法律解釈における指針として位置づけられたにすぎない。今日では，同じ実定法上の要請であるにもかかわらず，実体法規定と手続法規定の間で瑕疵について異なる取扱いをする根拠が問われることとなる。

2つは，処分手続の基本類型として，不利益処分手続と申請処理手続の区分が採用されたことである。これは処分手続類型の話であって，それ自体として手続瑕疵の効力論に直結する内容ではない。しかし，2区分が採用されることにより，それぞれの手続ルールが前提とする行政過程の利害状況や私人の地位に差異が存在する点に注目が集まり，結果として手続類型に応じて議論を進めようという分析型解釈を促す要因となった。

(3) 変化の兆し

わが国においては，行政手続の瑕疵について法律規定を設けて問題解決が図られているわけではない。行政手続の瑕疵が処分の効力に及ぼす効果に関しては，行政手続法制定後においても明文規定を欠いており，依然として法律解釈にゆだねられている。しかし，(2)で述べたような環境変化により，新たな法解釈が明確化されるなど変化の傾向が窺われる。以下，いくつか具体例を挙げる。

(a) 聴聞や弁明の機会付与の欠如

行政手続法制定前においても，個別法が定めた聴聞に関する瑕疵は処分の取消事由になる点は承認されていた[24]。換言すれば，この分野では伝統的法理は既に通用していなかったのである。行政通則法である行政手続法制定後であれ

---

24) 防御のための準備の機会を与えずに不利益処分を行った事例で，処分の違法性に関して判示した具体例として，ニコニコタクシー事件として有名な大阪地判1980（昭和55）年3月19日行集31巻3号483頁のほか，最判1956（昭和31）年7月6日民集10巻7号819頁，浦和地判1974（昭和49）年12月11日行集25巻12号1546頁，大阪地判1989（平成元）年9月12日行集40巻9号1190頁，大阪高判1990（平成2）年8月29日行集41巻8号1426頁参照。なお，聴聞に関して引用されることの多い最判1971（昭和46）年10月28日民集25巻7号1037頁，最判1975（昭和50）年5月29日民集29巻5号662頁は，申請処理手続における申請者からの意見聴取手続であり，不利益処分の聴聞手続の先例とはいえない。

ばなおさら，従前の取り扱いを変更する実質的理由は存在しない。その理由は，手続ルールを一般化したことに伴い，その価値を減じる必要性や合理性が認められないからである。裁判例の中にも，聴聞を全く欠く処分について処分の取消しを判示したものが見られる[25]。

同様に，弁明の機会付与に関しても，弁明通知書の記載が不十分で弁明の機会が付与されなかったと評価された事例では，手続上の瑕疵が不利益処分の取消事由となる旨を判示した裁判例が存在する[26]。

(b) 理由提示の欠如

同様に，行政手続法制定前においても，理由提示に関しては厳格な判例法理が確立しており，個別法が定めた理由付記に関する瑕疵が処分の取消事由になる点は承認されていた[27]。したがって，この分野においても伝統的法理は既に通用していなかったのである。従前の取り扱いは，行政手続法が不利益処分や申請拒否処分に理由提示を要求するに至った環境の下で，変更する実質的根拠は見当たらない。行政手続法制定後の裁判例において，処分に必要な理由提示を欠く場合は，申請者が拒否理由を推知できるか否かにかかわらず拒否処分の取消しを判示したものが存在する[28]。

(c) 審査基準の設定・公表義務の懈怠

行政手続法の制定前においては審査基準設定の必要性を説く裁判例は見られたが，同法は当該基準の設定や公表を義務にまで高め，それを一般的手続ルールに位置づけた。このことは，行政手続法の功績である。かかる手続法上の義務違反に関する取り扱いは新たな解釈問題であるが，裁判例の中には，審査基準の非公表と理由不提示による拒否決定が処分の取消事由となることを判示したものが存在する[29]。同様に，審査基準の設定公表を欠いていたことが，行政財産目的外使用拒否処分の取消事由となることを判示したものも見られる[30]。

---

25) 東京地判 2013（平成 25）年 2 月 26 日判タ 1414 号 313 頁。
26) 広島高松江支判 2014（平成 26）年 3 月 17 日判時 2265 号 17 頁，長野地判 2005（平成 17）年 2 月 4 日判タ 1229 号 221 頁，福岡地判 2009（平成 21）年 3 月 17 日判タ 1299 号 147 頁。
27) 例えば，審査請求人が棄却の理由を推知できるか否かにかかわらないと厳格に解した裁判例として，最判 1962（昭和 37）年 12 月 26 日民集 16 巻 12 号 2557 頁。
28) 東京地判 1998（平成 10）年 2 月 27 日判時 1660 号 44 頁。
29) 東京高判 2001（平成 13）年 6 月 14 日判時 1757 号 51 頁。

このように，審査基準の設定・公表といった手続ルールの瑕疵に関して伝統的法理は適用されていないのである。

(d) **審査基準や処分基準の準拠要請**

申請審査の基準や不利益処分の基準は行政手続法制定前には通達（これは行政規則に属する）などで定められることが多く，こうした行政内部に向けられた規範（内部法）が裁判所を拘束することは予定されていないところであった。実際に，行政手続法制定前において，そうした準拠義務を否定した最高裁判所の裁判例が存在する[31]。また，基準と行政決定（特に裁量決定）の関係をめぐっては，基準の機械的適用に対する危惧が指摘されていた。さらに，行政裁量を認めた立法趣旨から，個別事情を丁寧に審査する義務が行政機関には存在するとして，裁量基準に準拠した審査を抑制的に捉える考え方も見られたところである[32]。

しかし，行政手続法制定を契機に，審査基準については，設定・公表の義務が規定された。他方，処分基準に関しては，設定・公表が努力義務であるとしつつも，実際には当該基準が設定され公表される運用が見られる。こうした状況下で，行政機関は審査基準や処分基準に原則として準拠すべきであり，合理的な理由なく当該基準から離脱した場合には，個別処分の取消事由となることを説く裁判例が登場した。個別法律による授権を前提としない（伝統的な用語法で言えば法規命令ではない）上記基準について，準拠を説く理論的根拠付けも裁判例によって深められている。こうした理由の理論的解明を進めることも，今後の課題であろう[33]。

1つは，基準に準拠した処理が原則とされる状況下で，自分に関して異なった取り扱いがなされる（＝基準から離脱した取り扱いがなされる）のは，平等原則違反ではないかといった主張である。2つには，基準を公表して行政機関が取扱方針を打ち出した以上，それに基づいて行政活動を行うべきであるといった

---

30) 那覇地判 2008（平成 20）年 3 月 11 日判時 2056 号 56 頁。
31) 最大判 1978（昭和 53）年 10 月 4 日民集 32 巻 7 号 1223 頁（マクリーン事件）。
32) フランス法を素材とした指摘として，交告尚史「ディレクティヴの法理の行方」磯部力先生古稀『都市と環境の公法学』（勁草書房・2016 年）383 頁以下。
33) 大橋・前掲注 16) 143 頁以下。

自己拘束の考え方が存在する。3つには，発想は同じであるが，行政機関は首尾一貫して行動すべしという視点であり，これは先例拘束性を説く視点と共通するものである[34]。4つには，そうした基準を公表した以上，それを信頼した市民の期待は保護されてしかるべきであるといった信義則に基づく見解である。さらに，行政手続法が行政過程の透明化を期待して法定した上記基準を尊重すべきであるといった一般的指摘も可能であるかもしれない。いずれにせよ，設定公表が義務づけられている審査基準のほか，処分基準についても，基準準拠の原則が裁判例で重視されてきている傾向は歓迎すべきことであろう。こうした基準準拠の問題を論じる局面において，伝統的法理はその通用力を発揮していない。

（中間総括）

以上のように見てくると，聴聞，理由提示，審査基準等の設定・公表といった基本的手続ルールに関して，手続違反は原則として処分の取消事由になることが承認されているように思われる。換言すれば，伝統的法理のように，処分取消しが例外であるといった処理方法は原則形態とはなっていない。

(e) 付随的（ないし補助的）手続ルールに関する瑕疵

行政手続法に定められた手続を見た場合に，上記の基本的手続の他に，そうした基本的手続に付随する補助的手続が存在する。例えば，聴聞手続に付随する文書閲覧請求手続（18条）や，弁明の機会付与手続における機会付与通知（30条）などである。これらの手続はそれ自体が基本的手続ではなく，聴聞や弁明の機会付与に仕える性格のものである。こうした補助的手続の瑕疵に関しては，それが仕える基本的手続を実質的に妨げたと評価できる場合に処分の取消事由となるという解釈が考えられる。裁判例にも，文書閲覧の拒否が処分の取消事由となるのは，聴聞当事者の防御権行使を実質的に妨げた場合であるとするものがある[35]。また，弁明の機会の付与通知に関しては，個々の違反事実の記載を欠く通知は，実効的な反論を不可能にするものであり，弁明・意見陳述の趣旨に反すると判示した裁判例が存在する[36]。同様に，聴聞主宰者に関し

---

34) 山本隆司『判例から探究する行政法』（有斐閣・2012年）84頁注9は行政規則を先例と同一視する見解に対して疑問を提起する。

35) 大阪地判2008（平成20）年1月31日判タ1268号152頁。

ても，聴聞手続における公正さや当事者の率直な意見聴取が妨げられる等の弊害が見られる場合には処分の取消事由となりうる。裁判例にも，処分の過程で密接に案件に関与した職員が聴聞主宰者となった事例で，処分の違法を説いたものが存在する[37]。

(4) 申請処理手続における手続違法の取り扱い

行政手続に瑕疵が認められた場合に審査機関がどのように対応するかをめぐって，処分手続類型に即して解釈を行う見解が見られる。これは，本章冒頭で紹介した2区分論の貢献である。

申請処理手続にかかる基本的手続に瑕疵が存在する場合には，申請拒否処分の取消事由となりうる[38]。もっとも，審査請求や行政訴訟の審理過程において，審査庁や裁判所が取消しを行って再度の申請処理を要求することは，審査請求の申立人なり原告にとって必ずしも利益になるとは限らない場合が存在する。私人は申請にかかる許可なりサービスを求めているわけであるから，上記の紛争過程の中で処分庁などに不備がある理由提示なり審査基準の説明を補わせた上で，申請を認容できないか審査を続けた方が申請者の利益になる。このように紛争の一回的解決といった観点から，手続上の瑕疵をもって処分の取消しを

---

36) 広島高松江支判・前掲注26)。
37) 金沢地判・前掲注20)。
38) 例えば，最判1993（平成5）年2月16日民集47巻2号473頁は，労働者災害補償保険法に基づく療養保険給付等の申請に対する不支給処分の取消訴訟において処分理由の追完を認めなかったが，この事例は，処分当初の理由提示が判断の欠落と評価できるほど不備の大きな事例であった。つまり，不支給処分に際して，同法適用前の労働に疾病が起因したことから同法の適用がない点がもっぱら理由として挙げられ，業務起因性の判断や理由提示は何らなされていなかったにもかかわらず，当該処分取消訴訟の段階になって被告が同法の適用を前提に疾病の業務起因性を処分理由として追加主張した事例であり，最高裁はかかる主張を容れなかったのである。なお，本文では申請処理手続を例に挙げたが，他方，不利益処分の場合には手続瑕疵をもって取消しを行うことは容易である。その理由として，1つには，聴聞や弁明の機会の付与を尊重すべきであるという要請があり（宇賀克也『行政手続法の解説〔第6次改訂版〕』（学陽書房・2013年）121頁，阿部泰隆「不利益処分の理由附記（行政手続法14条1項）のあり方（2・完）」自治研究93巻6号（2017年）56頁），加えて，更正手続が法定され利用期間が定められている場合には，それによるべきであると解されるからである（塩野宏『行政法Ⅱ〔第5版補訂版〕』（有斐閣・2013年）179頁注1，宇賀克也『行政法概説Ⅱ〔第6版〕』（有斐閣・2018年）257頁）。

あえて行わない対応が議論されている。ここでのポイントは，不服審査なり行政訴訟で手続に関して事後的補完を認めたからといって，違法の治癒まで認めるわけではないということである。手続違反があり，違法が存在した点については，審査機関が紛争裁断手続の中で明確に宣言すれば良いことがらである。それを前提に，手続違法の処理として戦略的に取消しを行わないという選択肢もありうる。2017年7月の国の行政不服審査会では，研究会でこうした見解に賛意が示されたところである。

このように見てくると，手続上の瑕疵が処分の違法事由となることを認めた場合であっても，処分を取り消すか，違法宣言を行って取消し以外の対応をとるかについて，一定の裁量が認められる。こうした柔軟な対応により，手続瑕疵に的確に対応することが可能となるのである。柔軟な運用を進展させることも，今後の課題であるといえよう。

おわりに

(1) **手続整備にかかる課題**

本章で述べたほかにも，行政手続法が規律していない手続や不十分な手続規定を充実させるという課題が存在する。契約手続のほか，行政立法手続[39][40]，公衆参加手続[41]，行政調査手続[42]，近時の法律で多く制定されている協議会に関する手続[43]などである。さらに，行政手続法のほか，租税法や（適用除外さ

---

39) 行政立法手続で事実調査を基礎とすべき点に関しては，前田雅子「保護基準の設定に関する裁量と判断過程審査」芝池義一先生古稀『行政法理論の探究』（有斐閣・2016年）311頁以下参照。
40) 機能別に行政立法の内容を捉える視点は，野口貴公美「『行政立法の機能論』の可能性——消防法を素材として」阿部泰隆先生古稀『行政法学の未来に向けて』（有斐閣・2012年）205頁以下参照。
41) 久保茂樹「大規模公共事業と早期の公衆参加手続——公開討議（フランス版PI）を検討素材として」青山法学論集51巻1=2合併号（2009年）69頁以下が詳細である。
42) 山本隆司「行政手続および行政訴訟手続における事実の調査・判断・説明」小早川先生古稀・前掲注10）293頁以下。
43) 古墳保護と道路建設にかかる協議会手続のあり方に関し，大橋洋一「道路建設と史跡保護——協議会の機能に関する一考察」行政法研究16号（2017年）1頁以下（本書第9章）。

れた）社会法などで手続法が並立する傾向が存在する。これは他国でも見られるところであり、そうした並立型法構造の解消も課題である[44]。

(2) 行政手続思考について

行政手続法が制定されたからといって、行政実務において基本的手続が実現したわけではない。情報公開・個人情報保護審査会や行政不服審査会で審査を担当した経験に即して言えば、例えば理由提示すら欠けている行政実務に頻繁に遭遇し、基礎的な法的リテラシーとして手続思考が欠けている点を実感することが多い[45]。上記の審査会では、「付言」を活用して行政実務の改善を訴えかけているのが常態である。行政手続思考の不徹底に関しては、研修などを通じて粘り強く改善を図るべき課題であるといえよう。

---

44) 行政法のほか、社会法、租税法と手続法が並立する法構造の問題点は、ドイツ法でも見られるところであり、この問題の所在は 2017 年 3 月 17 日の東京大学における講演会で、カール教授（Prof. Wolfgang Kahl）から示唆いただいた（Das deutsche und europäische Verwaltungsverfahrensrecht: Zwischen Kodifikationsidee und Spezialgesetz）。
45) 不適切な理由提示が常態化している現実に関して、情報公開・個人情報保護審査会答申を素材に分析するものとして、森田明『論点解説 情報公開・個人情報保護審査会 答申例』（日本評論社・2016 年）39 頁以下。

第11章
行政手続と行政訴訟

はじめに

　行政法の特色の1つは，行政活動が行われる前後を通じて手続による規律が及ぶ点にある。1993年制定の行政手続法により事前手続が整備される一方で，2004年改正の行政事件訴訟法により事後手続である行政救済法が大幅に整備された。こうした結果，行政訴訟の段階で行政活動の適法性が説かれる場合などには，法律の定める要件・効果に合致したかという伝統的な視点（実体法上の適法性）に加えて，手続法を遵守したかという視点（手続法上の適法性）が一般的に加わることとなった。さらに，手続思考が進展した結果，手続自体の価値を尊重する傾向は年々強まりつつある。こうした状況を反映して，事前手続と事後手続の関係をいかに捉えるのか，両手続間の対話をどのようなものとして構築すべきかが問われている。こうした問題群の中で代表的なものの1つが，事前手続における瑕疵が事後手続における違法性判断にどのように影響するのかといった問題である。

　本章では，従来から説かれてきた法理が，行政手続法の下において妥当するものであるのかを検討する。具体的に言えば，「手続をやりなおしたときに，処分内容に影響を及ぼす可能性がある場合に（限り）手続の瑕疵は処分の取消事由になる」といった伝統的公式（以下では，「結果依存型法理」という）の妥当性についてである。この公式が従来の判例の考え方を的確に示すものであるのか，この公式が適用可能な射程範囲はいかなるものであるか，現在の裁判例は

むしろ法律に定められた行政手続の目的及び機能，処分の性質に着目して柔軟な結論を導いているのではないかといった点の検証を行う。

1 行政手続の違反に関する裁判例

(1) 裁判例の概観

　行政手続の違反が処分の違法事由になるのかという問題は，判例が問題発見機能を発揮し，学説においても重視されたものである[1]。最近でも，注目すべき下級審の裁判例が登場して，学説に新たな刺激を提供している。注目を集めてきた裁判例を時系列に並べて気づいた点を，いくつか指摘する。

　第1に，行政手続法違反と処分の効力問題を扱った最高裁判決は，1970年代ないしはそれ以前に形成されたものが多く，行政手続法が制定された1993年以降は少ない。同法制定後は，むしろ下級審により裁判例が積み重ねられてきた。

　第2に，行政手続法が制定されてから既に20年余が経過するが，その前半期間においては比較的裁判例の数は少なく，むしろ後半，特に行政事件訴訟法改正（2004年）以降に多く見られる。塩野宏教授が行政手続法を漢方薬にたとえて説明したように[2]，行政手続法制はその効用発揮に時間を要するもののよ

---

[1] 手続に瑕疵のある判決の上訴審での取消しに慣れた裁判所が問題発見機能を果たした（小早川光郎「手続瑕疵による取消し」法学教室156号（1993年）94頁）ことは，以後の議論で，そうした比喩に制約される側面をもたらした。本章の扱う課題にかかる先行業績として，田中舘照橘「行政手続の不公正と処分の取消理由」鈴木忠一ほか監修『新・実務民事訴訟講座9　行政訴訟Ⅰ』（日本評論社・1983年）167頁以下，阿部泰隆「公正手続の観点からする行政行為の司法審査」同『行政裁量と行政救済』（三省堂・1987年）131頁以下（初出1975年），山田洋「手続の瑕疵の効果」成田頼明編『行政法の争点〔新版〕』（1990年）92頁以下，神橋一彦「手続的瑕疵の効果」芝池義一ほか編『行政法の争点〔第3版〕』（2004年）64頁以下，常岡孝好「裁量権行使に係る行政手続の意義」磯部力ほか編『行政法の新構想Ⅱ』（有斐閣・2008年）235頁以下（特に258頁以下），田中健治「行政手続の瑕疵と行政処分の有効性」藤山雅行編『行政争訟』（青林書院・2004年）162頁以下。

[2] 奥平康弘＝塩野宏「〈対談〉情報公開法制定に向けて」法律時報69巻1号（1997年）7頁（塩野教授発言）。漢方薬という比喩は情報公開法を劇薬とたとえることとの対比で用いられた。この点に関しては，大橋洋一『行政法Ⅰ　現代行政過程論〔第3版〕』（有斐閣・2016年）239頁。

うである。近時の裁判例を見ると，処分手続を争う事例，手続違反を理由として処分が取り消される事例は少なくない[3]。

　第3に，行政手続違反と処分の関連について参照されることの多い1975年群馬中央バス事件最高裁判決及び1971年個人タクシー事件最高裁判決（後出）は，申請拒否処分における意見聴取手続違反にかかわる事例である。両判決ともに，行政手続法にいう聴聞に関する裁判例ではない。

　第4に，行政手続法制定前の段階で既に，理由提示や聴聞手続に関する事例において，原則として法定手続違反を理由にして処分の取消しを導く判例法理が形成されていた（後述するように，両分野では，「結果依存型法理」ではなく，手続違反に対して厳格な司法判断を下してきたのである）。

　以下では，裁判例を概観することを通じて，裁判例の動向を分析する。とくに，「結果依存型法理」が現在では手続違反をめぐる原則的法理としての地位を有していない点を確認したい。

(2) 不利益処分手続における聴聞及び弁明の機会付与
(a) 行政手続法制定前の裁判例
(a)-1 法律が告知や聴聞を行うよう明文で義務づけている場合

　不利益処分手続において法律が告知や聴聞，弁明の機会付与を義務づけている場合に，これらの手続が履践されなかった事例において，手続の瑕疵は処分の違法事由になることが認められている。例えば，次の1956年最高裁判決では，処分内容への影響にかかわりなく手続違反から処分の取消しが導かれた。

・最判1956（昭和31）年7月6日民集10巻7号819頁

　町の警察長が，同町の警部補に対して懲戒免職処分を行った事例である。同町の条例及び公安委員会規則である警察基本規程によれば，警察長が警部補以上の職員の懲戒を行う場合，必ず町警察懲戒委員会の決議による勧告に基づかなければならない。警察懲戒委員会の委員長は被審人に懲戒申立書の写しを送達しなければならない旨の規定が設けられているが，本件では被審人に対して

---

[3] 行政手続法制定前の状況として，処分手続について実質的に争われることが少なく，実体問題中心の審理であったという。小早川光郎編『行政手続法逐条研究』（ジュリスト増刊・1996年）107頁（中込秀樹発言）。

懲戒申立書の写しは送達されなかった。もっとも，本件では懲戒申立書記載事実の一部は，審理期日呼出通知書にも記されていた。本件審理手続における違法を理由に懲戒委員会の免職勧告決議が違法であり，上記勧告に基づく本件懲戒処分が違法になるかが争われた。

最高裁は，懲戒申立書の方が通知書よりも懲戒申立事由を一層具体的に記載している点を指摘して，本件懲戒処分の違法を判示した。判断の前提として，町の警察基本規程が「懲戒委員会の審理開始前予め懲戒申立書の写を送付すべきことを定めた趣旨は，これにより被審人に予め自己がいかなる事由により懲戒を申し立てられたかを知らしめ，防禦方法の準備をする機会を与えることにあ」ると解釈している。

・浦和地判 1974（昭和 49）年 12 月 11 日行集 25 巻 12 号 1546 頁

本判決も，法律（道路交通法）が運転免許の取消処分をするにあたり聴聞を明文で義務づけている事例の下で，法の要求する聴聞の実質を欠く場合について処分の取消しを判示したものである。

次の 2 つの大阪地裁判決は，従来，群馬中央バス最高裁判決と対比され，例外として紹介されることが多かったものである。しかし，上記 1956 年最高裁判決とあわせて読んだ場合には，むしろ共通した内容をもつことに気づく。

・大阪地判 1980（昭和 55）年 3 月 19 日行集 31 巻 3 号 483 頁

本件は，陸運局長が一般乗用旅客自動車運送事業免許を取り消した事案である。道路運送法 122 条の 2（当時）所定の聴聞手続において，被処分者に対して処分原因となるべき具体的違反事実が事前に告知されなかった。本判決は，手続上の違法を理由に，当該事業免許取消処分を取り消した。判決は，「聴聞とは，単なる資料収集，調査のみの手続ではなく，被処分予定者など利害関係人に，論点に関する主張，立証を許すことにより，その手続的利益を保護し，これにより正しい事実認定と判断の上に立つた行政処分をさせようとする手続である」と，聴聞制度の趣旨を解釈した。その上で，「被告が，本件聴聞に際し，被処分予定者に対し，取消原因となるべき具体的事実を告知しなかつた本件聴聞の瑕疵は，聴聞制度の目的に反する重大な瑕疵であるから，この瑕疵は，本件処分に実体的根拠があるかどうかに拘らず，本件処分を取り消すべき事由になる」と判示した。

本判決は，上記1956年最高裁判決を先例として引用している。事案の同質性として本判決が挙げる点は，聴聞対象事実が裁量の余地のない事項であること，権利を剥奪する処分がかかわっていることである。本判決においては，1956年最高裁判決と同様，手続の履践が異なった処分結果をもたらしたかという点への言及は見られない。

次に紹介する大阪地裁判決も，解釈の視点は上記の1956年最高裁判決と同様のものである。

・大阪地判1989（平成元）年9月12日行集40巻9号1190頁[4]

所有するゴルフコース内にある市道をAが埋め立てる工事を行ったことから，市長は道路法71条3項（当時）の定める聴聞を行うことなく，同法71条に基づき工事中止命令を発した。Aは中止命令取消訴訟において，聴聞の不実施を指摘して中止命令の違法を主張した。

判決は，上記条文における聴聞の趣旨として，同法71条1項及び2項の定める処分が被処分者の所有権等その権利・利益に重大な影響を及ぼす場合のあることに鑑みて，被処分者に意見及び証拠資料を提出する機会を与えることにより，その権利・利益を担保することを挙げている。その上で，こうした手続が法的に保障されているにもかかわらず，その機会を全く与えられずに処分がなされた場合には，その処分は被処分者の法的利益を侵害するものとして違法たるを免れないとした。

上記の2つの大阪地裁判決は，聴聞手続について不実施又は重大な手続違反が存在した事例である点で，群馬中央バス事件や個人タクシー事件の最高裁判決の趣旨に反するものではない[5]。

(a)-2 **告知や聴聞を行うよう義務づけた明文規定が存在しない事案**

告知や聴聞を欠いた手続違反が処分の取消事由になるかが争われた下級審判決の中には，「結果依存型法理」を判示したものが見られる（東京地判1984（昭和59）年3月29日行集35巻4号476頁，神戸地判1985（昭和60）年12月19日労働判例468号48頁，広島地判1986（昭和61）年11月19日行集37巻10＝11号1336頁）[6]。

---

4) 控訴審も，同様の解釈をとる。大阪高判1990（平成2）年8月29日行集41巻8号1426頁（控訴棄却）。
5) 同旨，高橋滋『行政手続法』（ぎょうせい・1996年）421頁。

従来，こうした事案で示された「結果依存型法理」への言及部分が注目を集めてきた。しかし，これらの裁判例は，告知や聴聞を義務づけた法令が存在しない事例で下された点に，注意を要するように考える。つまり，これらの判決は行政手続上の義務を解釈によって裁判所が導いた上で，行政手続違反が処分に対して及ぼす影響を論じたものである。

従来の学説は，裁判例を分析する場合，法令が告知聴聞を明文規定で義務づけている場合と，明文は存在せず裁判所がそうした手続義務を解釈により導出した場合とを区別することなく，行政手続違反と処分の関連を論じてきた。しかし，こうした法令状況を軽視した分析方法には違和感がある。明文の手続規定が存在する場合には，行政機関にとって行為規範が予め明示されていたわけであり，手続違反の効果を重いものと解することは裁判所にとって抵抗が少ないように考えられる。実際にも，上記(a)-1 に見たように，法律が告知や聴聞を明文で義務づけている事例において，聴聞規定の違反について処分の取消しを厳格に判示した裁判例が見られた。これに対し，告知や聴聞に関する明文規定を欠く場合には，裁判所が手続規範に関し法創造を行うわけであり，行政機関にとって予め手続規範が明示されていないだけに，その違反をもって処分を取り消すのに一定の条件（＝結果依存型法理）を付加するという発想は理解しやすいものである[7]。

(b) 行政手続法施行後の判決（行政手続法 15 条～31 条）

裁判例の動向が上述のようなものであるとすれば，行政手続法が明文で聴聞や弁明の機会等に関する手続規定を置いた段階以降では，手続の瑕疵は原則として処分の取消事由になると解するのが自然である[8]。次に紹介する長野地裁判決は弁明の機会付与に関するものであるが，行政手続の瑕疵から処分の違法

---

6) これに対し，甲府地判 1977（昭和 52）年 3 月 31 日判タ 355 号 225 頁は告知や聴聞が行われなかったことから処分の取消しを導き，東京高判 1979（昭和 54）年 2 月 26 日判タ 386 号 111 頁は防御の機会が与えられた点から処分の適法を判示するなど，結果依存型法理とは異なる視点で判断をしている。

7) 判例による法創造の場合と明文規定の場合とを区別する視点は，既に，阿部・前掲注 1) 156 頁に見られる。

8) 高橋・前掲注 5) 424 頁，南博方＝高橋滋編『注釈行政手続法』（第一法規・2000 年）291 頁（小池勝雅執筆），塩野宏＝高木光『条解行政手続法』（弘文堂・2000 年）13 条〔75〕，田中・前掲注 1) 172 頁。

を導いている。

・長野地判 2005（平成 17）年 2 月 4 日判タ 1229 号 221 頁

B は動物用 X 線デジタル CCD センサーなどを製造・販売していた。農林水産大臣は，B に対して上記医療用具の回収命令を出した。B は回収命令に対し取消訴訟を提起し，当該命令の違法事由として，弁明の機会の付与（行政手続法 13 条 1 項 2 号）が行われなかった点を主張した。本判決は，弁明の機会が付与されなかった場合には，処分要件（実体的要件）を満たしているかにはかかわりなく行政処分は違法であり取消しを免れないと結論づけた。

本判決の用いた審査方法は，概要，次のものである。

① 行政手続が相対立する当事者間の利害調整を目的とする場合，利害関係人の権利もしくは利益を保護することを目的とする場合には，当該手続の瑕疵は当然に行政処分の取消事由になる。

② 行政手続が行政の円滑かつ合理的な運営等のための参考に供する等，行政上の便宜を図ることを目的とする場合，当該手続の瑕疵は当然には当該処分の取消事由にはならない。

本判決は，弁明の機会の付与という手続を，上記審査基準のうち①の法的性格をもつものと捉えた。つまり，行政処分の公正と処分に至る手続の透明性向上を図ることによって，名宛人となるべき者の権利保護を図る趣旨の行政手続と解釈したのである（こうした解釈を導くに当たり，行政手続法 1 条 1 項が参照されている）。本判決によれば，処分の名宛人となるべき者に，公正で透明な行政手続を受ける権利なり利益が法的に保障されている。

（中間的整理）

これまで概観してきたように，聴聞や弁明の機会付与に関する手続違反にかかる判決において，第 1 に，告知や聴聞が全く欠落した場合について，裁判例は手続の不備を処分の違法事由と解釈してきた。不利益処分という処分の性質に着目する一方で，告知・聴聞を要請した規定の趣旨・目的に照らして解釈する姿勢が認められる。なお，事例によっては，軽微な手続違反について処分の適法が導かれる余地は残るが，それは例外に止まり決して原則ではない。

このほか，行政手続法制定後においては，聴聞で審理対象になっていない事実に基づき決定を行うことが許されない点が明確にされた。こうした視点は，

行政決定が聴聞調書の内容や報告書に記載された聴聞主宰者の意見を参酌するよう義務づけた同法 26 条, 聴聞終結後における聴聞の再開を定めた同法 25 条などから読み取ることが可能である[9]。

(3) 文書閲覧権

文書閲覧の仕組みは, 行政手続法により初めて創設されたものであるため, 同法制定後の裁判例を考察対象とする。文書閲覧の仕組みは, 告知・聴聞の手続, 理由提示の手続, 基準の設定・公表手続と並べて行政手続の 4 基本原則と呼ばれることがある[10]。もっとも, 文書閲覧は, 仕組みとしては聴聞制度の一部を形成するものである。したがって, 行政手続違反と処分との関連性の解釈問題を考える場合には, 閲覧に関する瑕疵が聴聞手続の瑕疵にどのように作用し, 聴聞手続のかかる瑕疵が処分の効力にいかに影響するかといった 2 段の連関の中で判断せざるをえない。つまり, 処分の効力に対する影響が間接的なものに止まる点で, 他の行政手続類型の瑕疵に関する考察とは異なる考慮を要する[11]。

行政手続法 18 条 1 項の定める文書等の閲覧請求に対する閲覧拒否は, 処分に該当する。このことを前提に, 同法は閲覧拒否処分を同法の適用除外としており (3 条 1 項 16 号), 行政不服申立てを禁止する (27 条)。閲覧拒否処分を直接争う取消訴訟の提起も理論上は可能であるが, 紛争解決手段としては法律関係を複雑にするものであり望ましくない[12]。多くの場合, 不利益処分取消訴訟において, 聴聞手続の瑕疵を主張する一環として文書閲覧拒否の違法が合わせて主張される[13]。

ここでも, 文書閲覧手続の欠落と評価される場合には, こうした行政手続上の瑕疵は処分の違法事由になりうる。具体的には, 当事者から文書の閲覧請求

---

9) 26 条から論じるものとして, 高橋・前掲注 5) 338 頁, 427 頁。25 条にも着目する見解として, 塩野宏『行政法 I 〔第 6 版〕』(有斐閣・2015 年) 330 頁以下。
10) 塩野・前掲注 9) 295 頁。
11) 小早川編・前掲注 3) 233 頁 (中込発言) はこうした点を指摘する。
12) 利用が重なるようであれば, 立法で禁止する明文規定が望まれよう。アメリカの立法例について, 小早川編・前掲注 3) 162 頁 (宇賀克也発言)。
13) 小早川編・前掲注 3) 135 頁 (中込発言)。

があったにもかかわらず，行政庁が何ら返答をしない場合が想定される[14]。他の場合には，上記の手続法構造に配慮して，閲覧手続に関する瑕疵が聴聞の機会を付与した法の趣旨（手続保障）を実質的に侵害するかという観点から評価することとなろう[15]。換言すれば，聴聞制度が本来期待されている機能を果たせなかったと評価される場合には，文書閲覧手続における瑕疵は処分の取消事由となる[16]。

このように，学説は，閲覧手続の瑕疵に関して処分の取消要件になるという観点から議論してきた。裁判例の中にも，こうした見解に依拠して判断を下すものが登場した。

・大阪地判 2008（平成 20）年 1 月 31 日判タ 1268 号 152 頁

健康保険法に基づき保険医療機関の指定を受けた歯科医院及び保険医の登録を受けた歯科医師に対して，京都社会保険事務局長は，同法 80 条及び 81 条に基づき保険医療機関指定取消処分及び保険医登録取消処分を行おうとしていた。これに対して，上記医院の開設者や歯科医師が原告になって，当該処分の差止訴訟を提起した。原告らは処分の違法事由の 1 つとして，聴聞手続において処分庁が処分に関係する書類の閲覧請求を一部拒否した点を主張した（判決は，結果としてこうした主張を退けている）。

判決は，閲覧請求制度の趣旨を「聴聞手続における意見陳述や立証活動を効果的にさせ，当事者の防御権の行使を十全ならしめようとした点にある」と解釈した。その上で，閲覧拒否が処分の取消事由になるのは，閲覧を認めないことに瑕疵があり，かつ，「聴聞当事者の防御権の行使が実質的に妨げられたと認められる場合に限られる」と判示した。

(4) 申請処理手続における意見聴取

行政手続の分野で有名な個人タクシー事件及び群馬中央バス事件は共に，申

---

[14] 小早川編・前掲注 3) 233 頁（塩野宏発言）。高橋・前掲注 5) 426 頁は手続の完全否定を絶対的取消事由とする。
[15] 小早川編・前掲注 3) 233 頁（中込発言），234 頁（浜川清発言），234 頁（塩野発言）。
[16] 南＝高橋編・前掲注 8) 254 頁（藤原静雄執筆）。

請処理手続，特に申請拒否手続に関するものである。つまり，（不利益処分に関する）聴聞手続についての裁判例ではない。申請処理手続の場合，申請前に申請者と行政の間で折衝が行われるのが通例であり，また，申請者が主として必要な情報を提出する責任を負うのが原則である。したがって，意見聴取の手続が別に設けられるのは例外であり，実定法が特に定める場合に認められる。最高裁の2つの判決は，こうした例外的手続にかかるものである。

・最判1971（昭和46）年10月28日民集25巻7号1037頁（個人タクシー事件）

利害関係者に対する聴聞の手続を法律で個別に規定している事例（道路運送法122条の2〔当時。以下同じ〕）において，裁判所は，当該法令の趣旨を探求して公正な手続の内容を解釈した。本件における主要な関心事は，事実認定手続のあり方であり，道路運送法122条の2の解釈として，審査基準を予め作成する義務が導かれた。もっとも，その公表までは義務づけていない（したがって，行政手続法5条は，審査基準の作成義務を個別法が定める場合から一般化した点に加え，公にすることを義務づけた点で本判決の射程を超えるものである。）

本判決の中心的判示事項は，申請人が公正な手続によって免許許否の判定を受ける法的利益を有することを承認し，これに反する手続による処分は上記利益を侵害するものとして処分の違法事由になることを明示した点である[17]。したがって，原則として，公正手続の違反は処分の違法事由となる。こうした基本的視点は，次に紹介する群馬中央バス事件とは異なる。

本判決に関してよく引用される部分，つまり，本件で十分な聴聞がなされたとすれば処分の結果に影響する可能性がなかったとはいえないという部分の評価については，再考の余地がある。この判示部分は，「結果依存型法理」を積極的に提示した趣旨ではないように思われる。本件の調査官解説は，この部分について，「新たな手続による処分のしなおしが全く無意味であるような場合にはこのようなかしは処分の取消事由とはならないと解しているものであろう」と述べている[18]。本件はそのような無意味な事例ではなかったわけであり

---

17) 中川哲男『最高裁判所判例解説民事篇昭和46年度』（法曹会・1972年）632頁。
18) 中川・前掲注17）633頁。

（判決は手続違反を理由に処分を取り消しているのであるから），上の判示部分は限定的な内容に止まる。先に述べた中心的判示事項との関係でいえば，例外的事例の処理方法を示したものである。

次に，群馬中央バス事件を紹介する。以下では，この判決自体が一般に言われるほど普遍的な内容を持つものではなく，かなり特殊な事案に関する判断である点を明らかにしたい。

・最判 1975（昭和 50）年 5 月 29 日民集 29 巻 5 号 662 頁（群馬中央バス事件）

一般乗合旅客自動車運送事業の免許を C が申請したところ，運輸大臣（当時）が申請を却下したことから，C が申請却下処分の取消訴訟を提起した事例である。道路運送法の仕組みによれば，運輸大臣からの諮問を受けた運輸審議会の公聴会審理を経て，当該大臣が申請の許否を判断することとされている。本件では，運輸審議会の公聴会は開催されている。運輸審議会の審理・決定（答申）の過程において，申請計画の問題点について申請者に主張・立証の機会が充分に与えられなかったという瑕疵が争われた事例である。最高裁は，①諮問を経ないで処分が下された場合に加え，②諮問はなされたが，諮問機関の審理・決定（答申）の過程に重大な法規違反が存在することなどにより，決定（答申）自体に法が諮問を経ることを要求した趣旨に反する瑕疵が認められる場合に，運輸大臣のなす免許拒否処分は違法となり，取消しを免れないと判示した。本件では審議会への諮問は経ているため，上記②でいう重大な法規違反が存在したのかが争われた。最高裁は，申請者に主張・立証の機会を充分に与えなかった瑕疵がある場合であっても，仮に審議会が上記のような機会を与えたとしても申請者において運輸審議会の認定判断を左右するに足りる資料及び意見を提出しうる可能性があったと認めがたい事情があるときは，当該瑕疵は諮問を経てなされた免許拒否処分の取消事由にはならないと説示している。

本件は，諮問手続の瑕疵に関する判決であると同時に，許可申請者に対する意見聴取手続の瑕疵に関する判決でもある。本件手続は，行政手続法でいう聴聞手続ではなく，申請処理手続の特則規定である。また，事実関係に関して言えば，諮問がなされた事例であって手続の完全懈怠・欠落の事例ではない。本判決も明示しているように（上記①参照），諮問手続が不実施であれば手続違反が処分の違法事由になる点は本判決の前提である。その上で，諮問手続が不充

分であった場合（申請者に主張立証の機会を与えるにつき必ずしも充分ではなかった場合）について，処分の取消可能性を探求したものである。本判決は，申請者や利害関係者の関与により，証拠，資料，意見を答申に反映させることを実質的に可能にする点に諮問手続の意義を見出している。こうした意義に照らして具体の事例において手続違背を法的に評価する際に，「結果依存型法理」が一基準として用いられたのである。

上記のように見てくると，本判決について，「手続上の瑕疵は，結果に影響を及ぼす場合に限り取消原因とするに値するという考え方を基本としているものと解される」と評価し，個人タクシー事件最高裁判決も「これを認めていたものである」と，「結果依存型法理」によって2つの最高裁判決を総括する整理は的確なものではない[19]。

(5) 不利益処分手続における理由提示

理由提示の瑕疵に関しては，行政手続法制定以前から，青色申告の事例などを中心に，一連の判例法理が厳格な内容をもって形成されてきた。ただし，そうした要請は個別法が理由提示を要請している「局所」で機能するに止まった。行政手続法の制定は，こうした領域的限定を取り除き，処分一般に理由提示の原則を適用させたという意義をもつ。従前の判例法理によれば，個別法により要求された理由提示について瑕疵が認められる場合，こうした瑕疵が処分の違法事由になることが認められてきた。換言すれば，理由提示の分野では「結果依存型法理」は原則的通用力を有していなかったのである。

(a) 行政手続法制定前の裁判例

・最判1963（昭和38）年5月31日民集17巻4号617頁

所得税の青色申告の承認を受けた者が，青色申告書により所得の確定申告をしたところ，小石川税務署長は所得金額の更正を行った。その通知書には更正

---

19) 越山安久『最高裁判所判例解説民事篇昭和50年度』（法曹会・1979年）255頁。単なる手続違背は判決に影響を及ぼす場合に限定されるという見解の論拠として，刑事訴訟法379条が参照されている（越山・同書256頁）。もっとも，これは絶対的上訴理由が存在することを前提とした説明である。行政手続でも同様であり，結果依存型法理の公式は，手続の公正といった観点から看過できない絶対的取消事由を判断した後の段階で妥当する，二次的解釈指針であるにすぎない。

理由として,「売買差益率検討の結果,記帳額低調につき,調査差益率により基本金額修正,所得金額更正す」と記載されていた。東京国税局長の行った審査決定の通知書には,請求棄却の理由として,「あなたの審査請求の趣旨,経営の状況その他を勘案して審査しますと,小石川税務署長の行つた再調査決定処分には誤りがないと認められますので,審査の請求には理由がありません」との記載があるに止まった。また,再調査決定の通知書にも,更正を相当とする具体的根拠は示されていなかった。

本判決には,理由付記の2つの機能(処分庁の判断の慎重・合理性を担保して恣意を抑制する機能と処分理由を相手方に知らせて不服申立てに便宜を与える機能)が明確に判示されているとともに,理由付記の不備がそれ自体で処分の取消事由になる点が明らかにされていた(本件では,理由付記の不備を理由に更正処分及び審査決定は取り消された)。取消事由になりうるという判断は,前年(1962年)に同じ小法廷が不服申立ての裁決に関する理由付記について示していたものである[20]。このように,事後手続の理由付記に関する法理が事前手続における理由付記にも及ぼされた。1962年判決は,「国民は自己の主張に対する行政機関の判断とその理由とを要求する権利を持つ」と述べ,その帰結として,「理由にならないような理由を附記するに止まる決定は,……判決による取消を免れないと解すべきである」と判示していた[21]。

さらに,1963年判決は,必要とされる理由付記の程度を判定する基準として,処分の性質及び理由付記を命じた各法律規定の趣旨・目的に照らして判断することを挙げている。ここで言う趣旨・目的として,上記の2つの機能が注目されたのである。

・最判1963(昭和38)年12月27日民集17巻12号1871頁

理由提示の機能として,行政機関に対する慎重判断担保機能が承認されたこ

---

[20] 最判1962(昭和37)年12月26日民集16巻12号2557頁(宇賀克也ほか編『行政判例百選II〔第7版〕』(有斐閣・2017年)290頁(藤原静雄解説))。本判決では,理由付記の恣意抑制機能についても言及が見られる。

[21] もっとも,原処分取消請求と裁決である審査決定の取消請求が同時に提起された事例であったことから,既に原処分の適法が確定しており,判決は審査決定を取り消すべきではないという判断が下された。この点に対しては,奥野健一,山田作之助両裁判官の的確な少数意見が付されている。

とから，書面の形で明確な記載を行わなかったという事実は慎重判断を要求する見地からは看過できないこととなる。こうした解釈からすれば，処分理由書の記載は不明確であっても相手方が処分理由を推知できたという事情は重視されないこととなる。この点を，最判 1963（昭和 38）年 12 月 27 日は明らかにした。

その後，理由提示の程度に関する基準はさらに具体化された。

・最判 1974（昭和 49）年 4 月 25 日民集 28 巻 3 号 405 頁

最高裁は，理由付記を要求した法律の趣旨，目的から解釈して明確な判断基準を次のように示した。

> 「要求される附記の内容及び程度は，特段の理由のないかぎり，いかなる事実関係に基づきいかなる法規を適用して当該処分がされたのかを，処分の相手方においてその記載自体から了知しうるものでなければならず，単に抽象的に処分の根拠規定を示すだけでは，それによって当該規定の適用の原因となつた具体的事実関係をも当然に知りうるような例外の場合を除いては，法の要求する附記として十分でないといわなければならない。」

(b) 行政手続法施行後の判決（行政手続法 14 条）

不利益処分手続における理由提示に関する判例法理は，行政手続法制定後においても受け継がれている[22]。このように，同法は理由提示の妥当する範囲を飛躍的に拡張させたのである。

・盛岡地判 2006（平成 18）年 2 月 24 日判例地方自治 295 号 82 頁

岩手県公安委員会から風俗営業等の規制及び業務の適正化等に関する法律（以下，「風営法」という）2 条 1 項 7 号（現 4 号）所定の許可を受けて，D はぱちんこ屋を営業していた。D が罰金刑に処せられた事実が風俗営業許可の取消事由に該当するとして，上記公安委員会は D の営業許可を取り消した。D は本件取消処分には手続上の瑕疵（理由提示を欠く違法）があると主張して，当該処分の取消訴訟を提起した。

本件処分の通知書には，根拠となる法令の条項として風営法 8 条 2 号のみが

---

[22] 学説では，南＝高橋編・前掲注 8）231 頁（玉國文敏執筆），塩野＝高木・前掲注 8）14 条〔29〕，田中・前掲注 1）172 頁。

記載されており，同法4条1項列挙のどの号に該当するかは条文の記載からは不明であった。通知書には，不利益処分の原因となる事実も記載されていなかったのである。

判決は従前の判例と同様に，いかなる事実関係に基づき，いかなる法規を適用して当該処分がなされたのかを，名宛人において記載自体から了知できることが必要であると判示し，本件は行政手続法14条が要求する理由提示を欠くと判断した。

・大阪地判2007（平成19）年2月13日判タ1253号122頁

一般旅客自動車運送事業等を営むタクシー会社Eが，近畿運輸局長から道路運送法40条に基づき車両の使用停止処分を受けたことに対して，取消訴訟を提起した。取消訴訟において，Eは理由提示義務違反を主張した。処分時に交付された「命令書」と題する書面には処分の根拠条文が記載されているだけであり，そこから処分の基礎となった事実や処分基準を了知することはできなかった。本件でも，従前の判例理論に従い，根拠条文のみを記載した理由提示は不備であるという判断が示されている。使用停止処分は理由提示の不備を理由に取り消されている。本件は処分基準が作成され公にされている事例であるが，裁判所は処分の根拠となった処分基準を示すことまで要求している。学説においても，処分基準を理由提示において示す必要性を説く見解が見られる[23]。これと同趣旨の最高裁判決が，以下に紹介するように下されている。

・最判2011（平成23）年6月7日民集65巻4号2081頁

国土交通大臣が行った一級建築士免許取消処分に関し，公にされている処分基準の適用関係が処分理由として示されていない点で，行政手続法14条1項の定める理由提示の要件を欠くとして当該処分の取消しが求められた事例である。当該処分の通知書には，理由として建築士法10条1項2号及び3号（当時）の違反という記載は認められた。しかし，理由には，建設省住宅局長通知に定められていた建築士懲戒処分基準について，その内容及び適用関係は明ら

---

23) 文献としては，宇賀克也『行政手続法の解説〔第6次改訂版〕』（学陽書房・2013年）119頁，塩野＝高木・前掲注8）14条〔7〕，宇賀克也『行政法概説Ⅰ〔第6版〕』（有斐閣・2017年）449頁参照，室井力ほか編著『行政手続法・行政不服審査法〔第3版〕』（日本評論社・2018年）176頁以下（久保茂樹執筆）。

かにされていなかった。この処分基準は意見公募手続を経て定められ公にされていたものである。

本件では，法令の規定は抽象的であり，他方，処分基準の内容が複雑であるという事情が認められる。したがって，処分基準の適用関係が理由として示されなければ，処分の名宛人はいかなる事実関係を対象に，どの処分基準が適用されたのかを知ることは困難である。こうした理由で，本件通知書の記載は行政手続法14条1項にいう理由提示としては十分ではないとして，理由提示にかかる瑕疵が肯定され当該処分は取り消された。

(6) 申請処理手続（申請拒否処分手続の場合）における理由提示

不利益処分手続で形成された理由提示の判例法理は，申請処理手続でも妥当するものである。

(a) 行政手続法制定前の裁判例

・最判1985（昭和60）年1月22日民集39巻1号1頁

Fは外務大臣に対して渡航先をサウジアラビアとする一般旅券の発給を申請したところ，同大臣は「旅券法13条1項5号［当時――引用者注］に該当する」との理由を付した書面により一般旅券を発給しない旨を通知した。Fは当該拒否処分取消訴訟を提起し，処分の違法事由の1つとして旅券法14条の定める理由付記の不備を主張した。最高裁はこの主張を認め，処分を取り消した。

本判決は1963（昭和38）年5月31日の最高裁判決（前出）を先例として引用し，処分の性質と理由付記を命じた法律規定の趣旨・目的に照らして，理由付記の程度を決すべしとしている。一般旅券の発給拒否が人権として保障された外国旅行の自由を制限することを指摘した上で，理由付記のもつ2つの機能に言及した。その上で，特定の条文該当といった記載だけでは足りず，いかなる事実関係を認定して申請者が当該条文に該当すると判断したかを具体的に記載し，行政の判断を申請者が通知書から了知できることを要求している。

・最判1992（平成4）年12月10日判時1453号116頁

本件は，東京都公文書の開示等に関する条例（当時）に基づく公文書非開示決定について，同条例第9条第8号に該当とだけ非開示決定通知書に記載された事例である。本判決も，1963（昭和38）年5月31日の最高裁判決を先例と

して引用し，必要とされる理由の程度に関し判断を示している。これによれば，理由付記は非開示事由を定めた本条例9条各号所定の複数の非開示事由の中でどれに該当するのかを，その根拠とともに開示請求者に了知させうるものでなければならない。したがって，当該公文書の種類，性質等とあいまって開示請求者が該当する非開示事由を当然知りうるような場合は別として，非開示の根拠規定を示すだけでは理由付記としては十分ではない。

このように判示して，従来の最高裁の判例法理が公文書非開示決定にも妥当することが明らかにされたのである。

(b) 行政手続法施行後の判決（行政手続法8条）

行政手続法制定前の判例法理が，行政手続法8条に定める理由提示について妥当することは，以下の判決により明らかにされた[24]。ここでも，理由提示の不備は処分の違法をもたらすものとされ，理由が適法に付記されていた場合に処分内容に影響を与えたかといった視点は見られない。

・東京地判1998（平成10）年2月27日判時1660号44頁

競馬法13条によれば，日本中央競馬会により馬主として登録された者のみが，中央競馬の競走に馬を出走させることが可能である。Gが馬主登録を求めて日本中央競馬会に対して申請をしたのが，本件事案である。日本中央競馬会がGの申請を拒否したことから，Gは申請拒否処分取消訴訟を提起した。通知書における処分理由としては，拒否処分の根拠とされた日本中央競馬会競馬施行規程の2つの条文に該当する旨のみが記されている。つまり，具体的事実のどれが規程に該当するのかは，通知書記載理由からは知ることができない。本件拒否処分について，行政手続法8条1項本文・2項の規定する理由の提示を欠くとして，裁判所は当該処分を取り消した。処分庁は拒否処分前の折衝の過程で口頭で説明しており，Gは通知書記載の規程の条文を見ただけで，いかなる理由により処分がなされたかを十分に知りうる点を主張していた。しかし，裁判所は，通知書の記載自体からいかなる根拠に基づきいかなる法規を適用して拒否処分がなされたのかを申請者が，了知しうるものでなければならない旨

---

24) 宇賀克也『平成11年度主要民事判例解説』（判例タイムズ臨時増刊・2000年）341頁．学説では，南＝高橋編・前掲注8) 291頁（玉國執筆），塩野＝高木・前掲注8) 13条〔75〕，田中・前掲注1) 172頁，室井ほか編著・前掲注23) 118頁（久保執筆）．

を説示した。

　法令の規律密度が十分ではなく，審査基準が作成され利用されている場合には，理由提示における具体的根拠の指摘要請は審査基準にも及ぶであろう。つまり，審査基準自体が複数の事由を掲げており，市民から見て，どれが適用されて申請が処理されたのか不明である事例では，適用された審査基準について具体的事由を記載することが求められる。このように，理由提示の内容となる適用条文に審査基準を含めて解釈する見解は，学説において見られたものである[25]。こうした判断を示した裁判例を以下，紹介する。

・東京高判2001（平成13）年6月14日判時1757号51頁

　中華人民共和国の国籍を有し，同国の医学校を卒業したHは，わが国において医師として業務を行うために，厚生大臣（当時）に対して医師国家試験本試験の受験資格の認定申請を行った。これに対し，厚生大臣はHの申請を却下した。Hは当該却下処分に関して審査基準である認定基準が公にされず適法な理由が示されていなかったとして本件処分の違法を主張し，取消訴訟を提起した。

　本判決は，行政手続法5条にいう審査基準が用いられた事例において，審査基準を公にすることに特別の行政上の支障が存在しない場合には，いかなる事実関係について，いかなる審査基準を適用して処分を行ったのかが申請者に了知できるように理由を示すことを要求している。適用された行政法令の記載を求めていた従前の判例を，審査基準まで拡大したものである。

(7) 審査基準にかかる手続

　審査基準の設定義務に関しては，個人タクシー事件最高裁判決の解説（前出）を参照されたい。作成された審査基準をどこまで行政機関が尊重する必要があるのかという点に関しては，以下のマクリーン事件最高裁判決が先例としての意義をもつ。

---

[25] 塩野＝高木・前掲注8）8条〔4〕，宇賀・前掲注23）解説98頁，同・前掲注23）概説Ⅰ433頁，（財）行政管理研究センター編『逐条解説行政手続法〔18年改訂版〕』（ぎょうせい・2006年）153頁，室井ほか編著・前掲注23）122頁（久保執筆）に見られる。

(a) 行政手続法制定前の裁判例

・最大判1978（昭和53）年10月4日民集32巻7号1223頁（マクリーン事件）

「行政庁がその裁量に任された事項について裁量権行使の準則を定めることがあつても，このような準則は，本来，行政庁の処分の妥当性を確保するためのものなのであるから，処分が右準則に違背して行われたとしても，原則として当不当の問題を生ずるにとどまり，当然に違法となるものではない。」

(b) 行政手続法施行後の判決（行政手続法5条）

(b)-1 審査基準の設定・公表

行政手続法5条は審査基準を作成し，公にすることまで義務づけている。公にすることの義務付けは個人タクシー事件最高裁判決の要請を超えるものである。法律がそこまで手続法規定を整備した現段階で，当該手続の遵守をどこまで要請するのかが解釈問題になる。学説では，5条は審査基準の設定・公表を保障したものであると解釈し，これを欠く処分は取消しを免れないとする見解が見られる[26]。

審査基準が制定されずに申請処理がなされるということは，多くの場合，行政に認められる裁量判断が予め規律されずに申請処理がなされたことを意味する。特に，多数の申請者を平等に扱うことが公正・公平の観点から重要であるにもかかわらず，申請者に他者との比較という検証の機会を与えることなく，申請処理が行われることになる[27]。かりに不平等に申請処理された場合，市民は自らに対する不平等取り扱いを知ることなく，申請却下に追い込まれうる。結果として，適正な申請処理を受ける利益を侵害され，申請が認められた場合に得られたであろう各種給付から当該市民は切り離されてしまう。こうした不利益に着目して，審査基準の設定，公表義務に対する手続違反は処分の取消事由となるのであろう。

行政手続法制定後の裁判例には，以下で示すように審査基準の設定を欠いた

---

[26] 塩野＝高木・前掲注8) 5条〔20〕。高橋・前掲注5) 434頁も，原則的に独立の取消事由とする。田中・前掲注1) 173頁は，審査基準の設定・公表を欠いた拒否処分は直ちには違法にならないという。

[27] 小早川編・前掲注3)（小早川発言）245頁を参照した。

場合に処分の違法事由になる旨を判示するものが現れている。

・東京高判 2001（平成 13）年 6 月 14 日判時 1757 号 51 頁

本件は，先に示したように，医師国家試験本試験の受験資格の認定申請却下処分に対して，審査基準である認定基準が公にされず，適法な理由が示されていなかった点を捉えて，申請者が本件処分の違法を主張し取消訴訟を提起した事例である。

判決は，行政手続法の諸規定の中で，申請に対する処分に関して審査基準の設定・公表（5 条），理由の提示（8 条）を，不利益処分に関して聴聞あるいは弁明の機会の付与（13 条），理由の提示（14 条），文書等の閲覧（18 条）などを挙げて，行政手続法は申請者等に対して同法の規定する適正な手続によって処分を受ける権利を保障したものと解釈した。本件では，審査基準の公表，理由の提示という，行政手続法の規定する重要な手続を履践していない点で，処分は行政手続法に違反した処分として取消しを免れないと判示した。もっとも，本判決にいう重要な手続の範囲が審査基準の設定，理由の提示以外に，どこまでの手続を含むのかに関しては明確な判断は示されていない。

・那覇地判 2008（平成 20）年 3 月 11 日判時 2056 号 56 頁

I 株式会社が港湾施設である土地（これは行政財産である）の使用許可を申請したところ，（沖縄県が加入しており，港湾管理者として設立された）一部事務組合は I の申請に対し不許可とする処分（以下，「本件処分」という）を下した。一部事務組合は，本件処分当時，審査基準を設けておらず，公表も行っていなかった。I は不許可処分取消訴訟を提起し，審査基準の設定なく行われた処分は行政手続法に違反し取り消されるべきであると主張した。

判決は行政手続法 5 条違反を理由に本件処分を取り消した。その理由として挙げられた視点は，理由提示の機能に関する判例法理と同じ内容のものである。行政財産の目的外許可という点に関しては，特定の者に不当な利益を与えたり特定の者が不当な不利益を受けることのないよう，行政庁の恣意を排し，不公平な取り扱いを防止する必要性は高いと判示した。判決の中では，平等原則に配慮した視角の下で，審査基準の重要性を説いている部分が貴重である。

もっとも，裁判例の中には，奈良地判 2000（平成 12）年 3 月 29 日判例地方自治 204 号 16 頁のように，審査基準の設定・公表要請に対する違反を重視しな

い裁判例も見られた。本判決は，行政手続法5条違反が処分の違法事由にならない理由を示しておらず，説明責任という司法の責務を充分に果たしていない。

(b)-2　審査基準からの離脱

個別の申請案件においてどこまで自由に行政機関は審査基準から離脱して申請処理することができるのかという問題が存在し，これに取り組む判決が登場している。

・東京地判2003（平成15）年9月19日判時1836号46頁

「主任審査官が本件各退令発付処分に当たり，いかなる事項を重視すべきであり，いかなる事項を重視すべきでないかについては，本来法の趣旨に基づいて決すべきものであるが，外国人に有利に考慮すべき事項について，実務上，明示的又は黙示的に基準が設けられ，それに基づく運用がされているときは，平等原則の要請からして，特段の事情がない限り，その基準を無視することは許されないのであり，当該基準において当然考慮すべきものとされている事情を考慮せずにされた処分については，特段の事情がない限り，本来重視すべき事項を不当に軽視したものと評価せざるを得ない。被告らは，この点について，裁量権の本質が実務によって変更されるものではなく，原則として，当不当の問題が生ずるにすぎないと主張し，過去の裁判例にもこれを一般論として説示するものが少なくないが（例えば，最高裁大法廷判決昭和53年10月4日民集32巻7号1231頁），このような考え方は，行政裁量一般を規制する平等原則を無視するものであって採用できない。」

審査基準に必ず従うべしと画一的処理を要求することは，適切な裁量権行使を妨げるものである。しかし，行政機関が自ら設定し，公表した基準から離脱するのであるから，基準とは異なる申請処理を行う場合には，その理由を示すことが要請されよう。

(8)　処分基準にかかる手続（行政手続法12条）

処分基準の設定は行政手続法12条1項において努力義務とされているため，設定を懈怠したことが処分の違法事由になるといった解釈を採ることは困難である。したがって，行政手続法の制定後であっても，処分基準にかかわる法律問題は，裁判において多くは登場しないであろうと考えていた。ところが，子細に観察すると，処分基準の設定が努力義務であるとしても，行政機関が処分

基準をいったん制定し公表した以上は，原則として，その基準に準拠するよう求める裁判例が現れている[28]。判決で重視されてきた要因は，不利益処分の発令という，既存の権利利益に対する侵害が問題となる状況，平等取り扱いに関する要請，処分基準が行政手続法 12 条に基づく点，公表された基準に対する市民の信頼などである。

・大阪地判 2007（平成 19）年 2 月 13 日判タ 1253 号 122 頁

本件は，先に示したように，タクシー会社が車両の使用停止処分（4 日間ないし 9 日間）を受けた事案である。原告は当該処分に対し取消訴訟を提起したが，停止処分の期間満了により訴えの利益が消滅するかが争点となった。作成され公表されていた処分基準によれば，本件処分の期間経過後であっても，本件処分を受けた事実が将来の同種処分にとって加重事由となることが定められていた。裁判所は処分基準に従い処分されることが予定されているとして，期間経過後であっても不利益は残るという解釈を採用して訴えの利益を肯定した。処分は，先に述べたように理由提示の不備で取り消されている。

「処分基準公示は，……行政手続法 12 条に基づいて定められたものであり，同条の趣旨は，行政庁が不利益処分を行う際の処分基準を定め，公示する努力義務を課すことにより，不利益処分を受ける者に予測可能性を与えるとともに，行政庁の恣意を抑制し，不利益処分決定に関わる行政運営の公正の確保及びその手続き過程の透明性の向上を図ろうとした点にある。同条のこのような趣旨からすれば，行政庁が処分基準を定めている場合，特段の事情のない限り，当該処分基準に基づいて同基準どおりの処分がされることが予定されているというべきである。」

・最判 2011（平成 23）年 6 月 7 日における田原睦夫裁判官補足意見

先に挙げた一級建築士免許取消処分等取消請求事件判決で，田原睦夫裁判官は補足意見の中で，処分基準の公表により行政庁は同基準に羈束されてその裁量権を行使することを対外的に表明したという解釈を説示している（これは，処分基準の設定が努力義務であることからする那須弘平裁判官の反対意見を念頭に述べ

---

28) 東京高判 2003（平成 15）年 4 月 23 日判例集未登載（平成 14 年（行コ）第 187 号），名古屋地判 2003（平成 15）年 6 月 25 日裁判所ウェブサイト。理論分析として，大橋・前掲注 2）144 頁以下。

たものである)。これは行政による自己拘束論の一種であり、行政施策方針を示した行政庁に行政側の公表活動に起因した基準準則義務を導く考え方である。

(処分基準からの離脱)

なお、処分基準の場合も、公表した基準に必ず行政機関が拘束されるとすることは硬直にすぎ、裁量権行使に期待された柔軟な対応を阻害することになりかねない。田原裁判官が上記事例の補足意見で述べているように、処分基準によることができない場合には、合理的な理由があれば基準からの離脱は可能であるが、そうした例外の正当化根拠は処分の理由提示において具体的に示される必要があるといえよう。

2 処分理由の差替え・追加

(1) 問題の所在

(a) 処分理由の差替えと理由提示制度

これまで見てきたように、行政手続の瑕疵に関して裁判例は厳格に解する傾向が認められる。こうした判例の傾向を表現する公式として、伝統的な「結果依存型法理」は的確性を欠くというのが本章の結論である。しかし、他面で、それとは一見したところ矛盾するような法理が存在することに気づく。処分理由の差替え・追加である。これは、処分取消訴訟の係属中に、被告が処分の維持を図るために、処分の際には考慮していなかった事実等を新たに主張することができるのかという問題である。

取消訴訟の訴訟物は当該処分の違法性一般であると伝統的に説かれてきた。こうした見解は、違法事由ごとに複数の訴訟物を取消訴訟について構想するのではなく、違法事由のいかんを問わず当該処分について訴訟物は処分の違法性一般であるとして1つと捉える発想に結びつきやすい[29]。こうした視点の下に、処分が取消訴訟で争われた場合には、被告は処分を防御すべく一切の法律上及び事実上の根拠を新たに主張することができるという取扱いが承認されていた[30]。これによれば、行政機関は取消訴訟の段階で自由に理由の差替え・追加

---

29) 最判 1974(昭和 49)年 7 月 19 日民集 28 巻 5 号 897 頁。

ができた。その代表例が，いわゆる白色申告に対する更正処分取消訴訟をめぐる裁判例である[31]。

もっとも，理由の追加や差替えが自由に認められるとすれば，故遠藤博也教授が述べたように，「せっかくの理由附記制度が尻ぬけとなっているきらいがある」[32]。この問題をどのように考えるべきかという理論問題がここには存在するのである。

(b) **理由提示義務の一般化と理由の差替え・追加**

理由提示を厳格に考えれば，後で理由を差し替えたり，追加することは制約されるべきであろう。このように，理由提示義務と理由の差替え・追加は密接な関係にある。

今日では，行政手続法が一般法として不利益処分のほか申請拒否処分について理由提示を義務づけている。また，上で紹介した白色申告更正処分は理由提示規定の適用除外とされてきたが，国税通則法の 2011 年改正により理由提示が義務づけられるに至っている[33]。このように，理由提示が処分について一般的に義務づけられる現状にあっては，かつてのように理由の差替え・追加を自由に肯定できる前提は存在しないのである。

(2) **不利益処分の場合**

行政手続法が制定され，理由提示の制度が一般的な仕組みとして整備されると，取消訴訟における被告の主張が一定程度制限されることはないのかが問われる状況が一般的に生じた。処分理由の差替えは，こうした問題群に属す。この問題は，行政手続法制の立法趣旨を取消訴訟の局面でどこまで尊重すべきかといった問題を根幹に含むものである。換言すれば，この問題は行政過程における行政手続法制と，司法過程における取消訴訟審理手続の接点に位置する。

---

30) 最判 1978（昭和 53）年 9 月 19 日判時 911 号 99 頁。
31) 最判 1961（昭和 36）年 12 月 1 日訟月 14 巻 2 号 191 頁，最判 1967（昭和 42）年 9 月 12 日訟月 13 巻 11 号 1418 頁，最判 1974（昭和 49）年 4 月 18 日訟月 20 巻 11 号 175 頁，最判 1975（昭和 50）年 6 月 12 日訟月 21 巻 7 号 1547 頁。
32) 遠藤博也『実定行政法』（有斐閣・1989 年）167 頁。取消訴訟における理由の差替えについて，比較法研究を踏まえた論文集として，交告尚史『処分理由と取消訴訟』（勁草書房・2000 年）126〜180 頁を参照。
33) 国税通則法 74 条の 14 第 1 項参照。

この問題の分析にあたっては，行政手続法の規律状況に応じて区分して議論すべきであろう。したがって，以下では，不利益処分の場合と申請処理処分の場合に区別して検討する[34]。

(a) 弁明の機会付与手続が用いられる場合

不利益処分は，行政庁が市民に対し直接義務を課し，又はその権利を制限するものであり（2条4号），いわば既得の市民の利益を侵害するものである。したがって，その法令上の根拠とそれを適用するに足りる事実の存在が処分の前提とされている（30条）。市民の側は，文書の形式で弁明を行い，証拠等の提出も可能である（29条）。さらに，行政による理由提示義務が加わる（14条）。こうした行政手続法制を前提にした場合，訴訟段階における行政機関による理由の差替えは，処分段階における行政庁の事実調査義務を軽減することを意味し，不服申立ての準備における市民の便宜，弁明の機会付与を犠牲にして，行政の便宜のため処分の維持を認めるものである。処分の発動段階から行政の側が主体になって，説明責任を尽くして処分を発令していくといった，不利益処分手続の基本構造から見た場合，処分理由の差替えは抵触する点が極めて多い。処分理由の差替えが制約される理由は，ここに認められる。

(b) 聴聞手続が用いられる場合

聴聞手続が適用になる事例では，当事者や参加人に口頭で質問を発する機会を保障しているほか（20条4項），不利益処分の決定が聴聞調書の内容等に基づくことを要請するなど慎重な手続保障が用意されている。この点からすると，処分理由の差替えは，上記(a)に加え，こうした市民の手続権を軽視することになるため一層認められないこととなる。

(c) 理由提示義務

上述のような理由提示のもつ機能を尊重する趣旨からも，理由の差替えは消極に解される。なお，最高裁は「一般的に……更正の理由とは異なるいかなる事実をも主張することができると解すべきかどうかはともかく」という留保を付けて理由の差替えを肯定したが[35]，この点に対しては学説の批判が存在し，

34）区分の視点は，小早川光郎『行政法講義下Ⅱ』（弘文堂・2005年）206〜215頁，阿部泰隆『行政法解釈学Ⅱ』（有斐閣・2009年）244〜247頁参照。

35）最判1981（昭和56）年7月14日民集35巻5号901頁。

一層詳細な説明を要するところである[36]。

　なお，先に挙げた一級建築士免許取消処分等取消請求事件判決では，免許取消処分を理由提示義務違反を理由に取り消しても，再度同様の免許処分が行われるという点に着目して訴訟経済の観点から理由の差替えを緩やかに解釈する那須弘平裁判官の反対意見が見られた。換言すれば，理由の差替えを自由に認めて，不利益処分に関する紛争の一回的解決を図る提案である。しかし，理由提示が極めてずさんな場合には，行政過程のありようとしては異常であり，公正手続の観点から差替えを認めるべきではない。田原睦夫裁判官は，補足意見で，行政手続において手続の公正さは貫かれるべきであり，「適正手続の遂行の確立の前には，訴訟経済は譲歩を求められ」ると説いている。

(3)　申請拒否処分の場合

(a)　問題状況

　申請処理の手続は，多くの場合，許可や認可，各種サービス，補助金を求める市民の申請によって開始される。法令で要求された給付条件をすべて充足することに関し，市民の側が説明し立証することが原則的に要請されている仕組みである。他方，申請の審査に当たる行政庁の側は，1つでも条件を満たさない点があれば，それを指摘して給付を拒否することができる。したがって，Aという理由で申請が拒否された場合には，原告がAの充足さえ証明できれば他の要件に関わりなく給付を受けられるということにはならない。こうした手続法制を前提とすると，訴訟段階で被告がBの要件を欠くから給付できないという理由を持ち出すことは市民にとっての手続権侵害という要素は少ない。ここでは，不利益処分の場合と異なり，事前の意見聴取（弁明の機会付与や聴聞）といった手続ルールとの抵触関係も存在しない。

　他方，処分理由の差替えを認めることは，行政の側にも，申請者の側にもメリットをもたらしうる。行政機関は不備であった拒否理由を補充して，拒否処分の適法性を主張する機会に恵まれる。他方，申請者としては，Aという理

---

[36]　金子宏『租税法〔第22版〕』（弘文堂・2017年）1008頁は，原処分の理由とした基本的課税要件事実の同一性が失われない範囲において理由の差替えを認める趣旨の判決であると理解している。

由が不備で申請拒否処分が取り消されたとしても，行政機関がBという理由で再度申請を拒否することは可能であり，申請通りの給付を得たいという希望は実現できない。むしろ，取消訴訟の中ですべての拒否理由を被告に出させた上で，どの理由によっても申請拒否処分は維持できないとして取消判決を得ることが紛争の一回的解決になる。つまり，申請の実現には近道なのである。

したがって，手続法制との抵触の要素が少なく，他方で，原告にとって紛争の一回的解決の点でメリットをもたらす点から，申請拒否取消訴訟における理由の追加・差替えは肯定されやすくなる。

(b) 情報公開条例に基づく非公開決定

公文書開示請求の拒否決定について，最判1992（平成4）年12月10日判時1453号116頁では，理由付記は行政庁の慎重判断担保機能をもち，申請者には不服申立てに対する便宜機能を有することから，こうした理由付記制度の趣旨からすれば，後から行政庁が理由を説明しても理由付記不備の瑕疵は治癒されないという厳格な判断が示されていた。他方，最判1999（平成11）年11月19日民集53巻8号1862頁は，情報公開の非公開決定が争われた事例で，取消訴訟段階において，処分通知書に記載していなかった非公開理由の主張を行政庁に許容した。2つの判決の関係について，少し考えることとしたい。

1992年最判の事例では，単に不開示の根拠となる法律規定が申請者に拒否理由として示されたにすぎず，その示された法律規定には複数の拒否事由が挙げられているため，申請者はどの事由に該当して拒否されたのかが不明である。加えて，その根拠も示されていなかった。結論として，最高裁は条例が要求する理由付記の要件を満たすものではないと判断したのである。換言すれば，当初の理由付記は極めてずさんなものであり，行政過程のありようとしては異常な状況を示すものであった。こうした場合について，理由付記の瑕疵は治癒されないと判示したのである[37]。

---

37) 最判1993（平成5）年2月16日民集47巻2号473頁は，労働者災害補償保険法に基づく療養保険給付等の申請に対する不支給処分の取消訴訟において処分理由の追完を認めなかったが，この事例は，処分当初の理由提示が判断の欠落と評価できるほど不備の大きな事例であった。つまり，不支給処分に際して，同法適用前の労働に疾病が起因したことから同法の適用がない点がもっぱら理由として挙げられ，業務起因性の判断や理由提示は何らなされていなかったにもかかわらず，当該処分取消訴訟の段階になって

これに対し，1999年最判の事例では，理由付記の2つの機能は，「非公開の理由を具体的に記載して通知させること……自体をもってひとまず実現されるところ」と述べているように，1992年最判の要求する水準を備えた理由付記が当初の段階でなされていたのである。1999年最判は，1992年判決の要求を満たす水準の理由付記がなされた場合には理由付記規定の目的は実現されたと解釈している[38]。その上で，裁判過程に移行した段階で，行政庁がさらに調査を進め，発見した他の理由を主張して理由の追加・差替えを行うことについて，理由付記制度からの制限は存在しないと判示したのであろう。

おわりに

　取消訴訟において，裁判所が（行政実務によって従来は処分として扱われてこなかった行政活動について）処分性を拡大して解釈した場合に，処分と判示された行為に対する行政手続を判決後にはどのように考えるのかといった問題が存在する[39]。また，義務付け訴訟や差止訴訟の判決を下す場合に，行政手続の履践はどこまで要求されるのかという問題も見られる[40]。さらに，違法性の承継を肯定する場合には，先行処分についてどこまでの行政手続を要求するのかといった問題も提起されている[41]。このほか，立法論として，都市計画訴訟を構想する場合には，都市計画の補完手続を用意する必要がある[42]。このように，行政訴訟と行政手続は多様な接点において数多くの課題を抱えており，本章は問題の一端を論じたに止まる。行政手続に対する司法審査は，行政過程の支柱をなす行政手続規律の遵守に大きな影響を及ぼし，司法を通じた行政過程の制度保障といった意義を有するものであることから，議論の一層の進展が期待される。

　　　被告が同法の適用を前提に疾病の業務起因性を処分理由として追加主張した事例であり，最高裁はかかる主張を容れなかったのである。
　38）　大橋寛明『最高裁判所判例解説民事篇平成11年度（下）』（法曹会・2002年）831頁。
　39）　最判2005（平成17）年7月15日民集59巻6号1661頁を受けた，病院開設中止勧告の行政手続の判定問題などが代表例である。
　40）　一例として，東京地判2007（平成19）年5月25日訟月53巻8号2424頁。
　41）　例えば，最判2009（平成21）年12月17日民集63巻10号2631頁。
　42）　大橋洋一「都市計画の法的性格」自治研究86巻8号（2010年）3頁以下（本書第15章）。

第12章
災害避難の法理

はじめに

　地震多発地帯に位置し，長い海岸線を有するほか，国土の勾配が急であることなどから，わが国においては歴史的に自然災害が数多く発生してきた。市民の生命や安全を確保することは最も重要な政策課題の1つであり，そのために災害対策基本法（以下「災対法」という）を一般法として，避難にかかる法制度が整備されてきた[1]。しかし，近年では，避難勧告の発令が少ないこと，発令の遅れ，勧告によっても避難しない市民の存在，避難途中での災害発生など，多くの課題が報告されている[2]。本章では，避難法制が抱える現代的課題を明らかにすることとしたい[3]。

　とりわけ，災害避難情報の提供に関して，行政機関が市民に対して行うコミ

---

1) 武力攻撃事態等における国民の保護のための措置に関する法律（以下，「国民保護法」という）と災対法の比較を通じて，これらの法制における避難の重要性を解明したものとして，石井隆一『地方分権時代の自治体と防災・危機管理』（近代消防社・2004年）77頁以下，大橋洋一「国民保護法制における自治体の法的地位――災害対策基本法と国民保護法制の比較を中心として」同『都市空間制御の法理論』（有斐閣・2008年）219頁以下（初出2004年）参照。
2) 土砂災害時における避難に関して，宇賀克也「総合的土砂災害対策の充実へ向けて」阿部泰隆先生古稀『行政法学の未来に向けて』（有斐閣・2012年）295頁以下。
3) 本章の執筆に当たっては，筆者が中央防災会議「災害時の避難に関する専門調査会」に参加して得た知見を基礎としている。この場を借りて，委員諸氏に御礼申し上げる。中央防災会議・災害時の避難に関する専門調査会「災害時の避難に関する専門調査会報告」（2012年3月）（以下，「避難調査会報告」と引用）が成果である。

ュニケーションのあり方に焦点を当てる。なお，本章の原論文公表（2012年）の翌年には，災害避難を中心として災害対策基本法が改正され（2013（平成25）年法律第54号。以下「2013年改正」という），当該論文の提案で実現を見た部分も少なくないことから，本章では2013年改正も含め分析対象とする。

1 災害対策法制における情報提供体系

　災害対策法制においては，市民の避難及び避難を促すために市町村長が行う情報提供手法は複数用意されている。当該法制の特色として，情報の提供手法が精緻に細分化・差別化されている点を挙げることができよう。他の分野では単に情報提供と整理されるところが，次のような三層構造で構成されている。
　第1に，災対法では，避難勧告，避難指示といった特別類型の情報提供手法が用意されている（同法60条）。こうした避難に向けた働きかけは，2つの特色を有する。1つは，1959年の伊勢湾台風を契機に，従前は立退き指示の権限を個別法の根拠に基づき都道府県レベルに置いていた点を改め，上記のように市民に近い市町村長に災害全般について避難の指示及び勧告の権限を持たせることとしたのである[4]。これは，市民の自主的判断を前提にして，市町村長が情報提供を通じて働きかける仕組みと理解されている。つまり，市民の自主的で主体的な判断を尊重するという基本理念から，避難の働きかけに対する不服従について災対法では強制措置は用意されていない。
　第2に，これに付加する形で，避難準備情報（「要援護者避難情報」とも呼ばれる）が提供され，（補完的に）各市町村がその地域防災計画に基づき，自主的に行う「自主避難の呼びかけ」など，様々な情報提供活動が実施されている。このうち避難準備情報は「避難勧告等の判断・伝達マニュアル作成ガイドライン」（2005年）（以下「避難勧告ガイドライン」（2005年）と引用）以降，累次改定された当該ガイドラインに基づき提供されていたが，後述のように2013年改正

---

[4] 水防法29条は都道府県知事，その命じた都道府県職員又は水防管理者の権限と定めており，地すべり等防止法25条では都道府県知事又はその命じた職員の権限であり，警察官職務執行法4条1項も都道府県の警察官が主体である。参照，防災行政研究会編『逐条解説 災害対策基本法〔第3次改訂版〕』（ぎょうせい・2016年）379頁以下。

により明文化された（災対法56条1項）。

第3に，こうした情報提供を通じた誘導体系の外側に，警戒区域の設定（同法63条1項）を前提とした退去命令（これは，罰則により義務履行が間接的に担保されている），さらには，警察官職務執行法（以下「警職法」という）4条に基づく即時強制が位置するという法的仕組みになっている[5]。

2 市町村長による多様な働きかけ

(1) 現行制度の概要

(a) 避難勧告と避難指示

市民に対する避難の呼びかけの中で，災対法60条に基づく避難勧告と避難指示の2種類が主要なものである。両者の区分や差異に関しては，これまでも不明確であることや区分の基準について具体性が欠けることがしばしば指摘されてきた。したがって，災対法における避難の考え方について，その明確化を図ることが課題とされてきた[6]。避難勧告と避難指示はいずれも不服従に対する罰則や強制措置を予定していないことから，居住者等に対する法的拘束力を有していない働きかけに止まる。避難指示には拘束力があるといった説明は，これまでも見受けられたところであるが[7]，その根拠は必ずしも明確ではない。

避難指示は義務を課す趣旨であるが，現行法は指示違反に対しては強制手段を用意していない[8]。避難指示が義務を賦課する点で，いわば行政指導である

---

5) 警戒区域の設定という手法は，水防法21条1項，消防法28条1項，国民保護法114条1項などにも見られる。自然災害により警戒区域が設定された場合には，自然災害により財産権が制約を要する危険に直面したことが規制の主たる原因であることから，警戒区域設定を理由とする損失補償は認められない。参照，阿部泰隆『大震災の法と政策』（日本評論社・1995年）33頁。

6) 例えば，「集中豪雨時等における情報伝達及び高齢者等の避難支援に関する検討報告」（2004〜2005年）（以下，「集中豪雨時検討報告」と引用）1頁は，2004年の水害で適切なタイミングで避難勧告等が発令されなかった原因の1つとして，本文で挙げた区分の不明確性を挙げる。「大雨災害における避難のあり方等検討会報告書」（2010年）（以下，「大雨災害報告書」と引用）36頁は，災対法の課題として，避難の考え方の明確化を指摘する。

7) 防災行政研究会編・前掲注4) 380頁は，指示について勧告よりも拘束力の強いものと説明している。

8) 災対法に関する説明では，避難指示が義務を課す趣旨であることが明言されていない

避難勧告との差異があると説明することが可能である。もっとも，ここでいう義務は強制手段を伴わないものであるため，結局，強制力の点で，避難指示と避難勧告の間で実質的な差異を認めることができない[9]。

　避難指示の違反に対して強制手段を用意しなかった理由としては，(1)時期的に早い段階では直接強制すべきではないこと，(2)急迫した場合は即時強制が可能であること，(3)立退きをしないことにより被害を受けるのは本人であることなどが挙げられている[10]。もっとも，(1)の理由に関しては，避難指示に関する要件からすれば，それが出される段階では既に述べたように相当程度切迫した状況であることから，早い時期における強制を回避するという理由は説得力がない。また，(2)の即時強制が可能であるという説明は，（避難指示が義務賦課の趣旨であるとすれば），なぜ義務を前提としない即時強制を持ち出すのか，義務を前提とした直接強制を利用すべきではないかという疑問に対しては答えていない。結局，(3)にあるように，本来は自らの生命や身体の安全は住民本人が保護に努めるべきものであること（自己責任の原則），また，緊急時になお避難指示に従わずその場に止まる場合には，個々人に特有の事情が存在することなどから，市町村による後見的な関与として強制力をもってまでして義務履行を図らないという立法選択の結果であるように思われる[11]。

　避難指示が発令されるような切迫した場合においては，避難指示に続いて，警職法4条1項に基づき避難措置が行われることが考えられる。この場合には，避難指示は即時強制の事前手続といった機能を果たすこととなる。こうした事例を念頭に置いて，おそらくは避難指示には強制力があるといった説明がなされてきたのであろう。ここで注意を要する点は，第1に，強制措置はあくまで

　　が，国民保護法における避難指示に関しては避難指示が（強制手段を伴わない）義務の賦課である趣旨が記述されている。参照，国民保護法制研究会編『逐条解説 国民保護法』（ぎょうせい・2005年）134頁，礒崎陽輔『国民保護法の読み方』（時事通信出版局・2004年）141頁。
9) 災対法の避難指示について理解を困難にしている事情として，避難指示で義務を課したにもかかわらず市民が不服従の場合に，義務の強制履行として市民の身体に手をかける方式を避けて，危険にさらされた市民を保護するために即時強制を行う形式を好む点，つまり執行レベルの配慮が存在する点がある。
10) 防災行政研究会編・前掲注4) 380頁。
11) 礒崎・前掲注8) 141頁。

警職法4条など他の法令を根拠にすること，第2に，警職法上の避難措置の要件は「特に急を要する場合」と避難指示よりも要件が加重されていることである（ここに示されているように，避難指示の発令は自動的に避難措置と連結するわけではない）。現行法においては，避難指示が出される状況では，警職法に基づく避難措置の発動が検討事項となりうる点に着目して，避難勧告との差異を説明することは考えられるところである[12]。

　避難勧告と避難指示の差異は法的拘束力の有無にではなく，主として発令要件に関して認められるものである。つまり，避難指示は市町村長が「急を要すると認めるとき」に発令される点で，避難勧告に比べ要件が加重されている。このように，両者の差異は発令される状況や事態の深刻度，緊迫性，切迫性により説明されうる。こうした加重要件の存在を前提にすると，災害が発生しようとしている場合等において，避難勧告は一般的に利用可能な原則的手法であり，避難の基本類型である。これに対して，避難指示は要件が加重されている分だけ利用が限定されるという関係にある。地方公共団体における従来の避難実務において，避難勧告と避難指示の間に原則的手法と例外的手法ともいうべき関係が存在してきたところであるが，その例外は津波に関して認められる。津波の場合には，震度4以上の強い地震，津波警報を覚知した時点で，避難指示を直ちに出すことが要請されていたのである[13]。

　なお，避難勧告と避難指示については，法律上，利用の手順が定められていない。そのため，例えば，避難勧告を前置した上で避難指示を発令すべしといった利用順序にかかるルールは存在しない。このように，両者は独立の関係にあり，一方を利用するか，双方を利用するか等は，いずれも市町村長の判断にゆだねられている。実際の避難実務上における運用も，このような手続ルール不存在の結果を示している。

　12）　これまでも，避難勧告等を発令しても避難しない人の存在が指摘され，対応策として，隣近所からの働きかけ，消防団からの声かけ，市町村長自らによる呼びかけが効果的であると語られてきた。こうした市民に関し，切迫した状況で，避難指示とそれに続く即時強制が利用される場面が否定できない。
　13）　「集中豪雨時検討報告」3頁。「避難勧告ガイドライン」(2005年) 22頁も同旨。

(b) 避難準備情報
（法定外手法としての成立）

　避難準備情報は，「避難勧告ガイドライン」(2005 年) 以降，累次改定された当該ガイドラインに基づくものと言われ，避難行動に時間を要する者を想定して，避難準備のための情報提供を行うための手法である。他方，災対法 56 条 (2013 年改正前) にいう「これに対してとるべき措置」の中に含めて解釈する見解も見られた。これによれば，避難準備情報は法定外ではなく，法律上の制度であることとなる。もっとも，上記条文は警報等の伝達に重点を置き，その文言の内容は不確定であることや，そこには多種多様な活動を含みうる点で，避難準備情報の提供に対する市民の予測可能性が確保されるとはいいがたい[14]。実際，上記文言は，避難準備のほか，堤防補強，家屋の補強，防火体制強化など，性質の異なる諸活動を包含すると従来から説かれてきたものである。

（法定手法としての明確化）

　避難準備情報は，発令要件の緩やかな柔軟な手法として市町村長にとっては利用しやすい手法であり，他方，早期から避難準備を進めたい要援護者には有用な手法である。このように早期の避難実現に資する[15]ことから，本章の原論文では，一層の利用拡大を期待して法定の手法とすることを要請したところである[16]。

（法改正による明確化実現）

　2013 年改正で，56 条 1 項には「避難のための立退きの準備その他の」措置について通知や警告ができる旨の文言が追加され，避難準備情報が同条に基礎を置くことが明確化された。かくして，現時点においては，同法には，法定手

---

[14]　防災行政研究会編『逐条解説 災害対策基本法〔第 2 次改訂版〕』（ぎょうせい・2002 年) 278 頁以下では，伝達に関する記述が中心で，市町村長の採るべき措置についての具体的言及はみられなかった。

[15]　住民が情報を入手してから実際に避難行動に移るまで相当の時間を要するという事情があるにもかかわらず，過去には，被害発生と同時に避難勧告が出される例も少なくなかったのである。「大雨災害報告書」18 頁，19 頁。したがって，早期の情報提供は極めて重要な政策課題である。

[16]　避難準備情報の提供，避難勧告の発令と段階を踏むことがなされず，避難準備情報の提供は避難勧告を発令した市町村の 3 割弱でなされたに止まる。「大雨災害報告書」23 頁。

(法定手法の表現変更)

避難準備情報	→	避難準備・高齢者等避難開始
避難勧告	→	避難勧告
避難指示	→	避難指示（緊急）

法として避難指示，避難勧告，避難準備情報が明記され，法定外の手法として自主避難の呼びかけが行われている。

(名称の変更)

2016（平成28）年の台風10号による水害で岩手県岩泉町の高齢者施設で避難準備情報の意味が伝わらず，適切な避難行動につながらなかったことから，高齢者が避難を開始する段階であることを明示する等の理由で，2017年からは名称が変更された。また，避難指示に関しては発令される際の状況を明示する表現に改められている（上の表を参照）。こうした名称変更は，「避難勧告等に関するガイドライン（2017年1月改定）」によるものである。

(2) 避難指示と避難勧告の関係について

(a) 用語の統合提案

避難指示と避難勧告の両者を統合・統一すべきであるといった見解は，これまでも繰り返し説かれてきた。その主な理由は，1つには，両者は共に強制力を有しない情報提供活動であって，差別化することができない点に求めることができる。2つには，これまでも，発令される状況の緊迫度に着目して両者を区分する試みが各種マニュアルにおいて取り組まれてきたものの，その記述内容が具体性に欠く点が挙げられる。例えば，人的被害発生の可能性が明らかに高い，非常に高いといった区分は，基準として機能を果たしているとはいいがたい[17]。状況の差異に着目して区分するという方法論は，結局は相対的な比較になるため，区分の厳格性を求めることが難しい。また，いずれの発令も市町村長の裁量判断にゆだねられていることから，発令義務，発令の定型的基準値を一義的に確定する点について厳格性を期待することが難しい。

---

17) 「避難勧告ガイドライン」（2005年）14頁には，避難準備情報は人的被害発生の可能性が高まったとき，避難勧告はそれが明らかに高まったとき，避難指示はそれが非常に高いときと説明されているが，発令基準は相対的で明確ではない。

(b) 複数の情報伝達手段を用意することの政策上の必要性

避難勧告と避難指示を区分することが困難であるという点からすれば，両者を1つに統合すべしといった提案が出てくることは，極めて自然な帰結であろう。しかし，例えば両者を避難勧告に統合した場合，市町村に，勧告発令以降の情報提供手段を失うというデメリットをもたらしかねない。避難勧告を出した市町村長が，震災の展開，避難の拡大を受けて，より深刻な状況を市民に伝えようとする場合の手立てがなくなるという政策手段の損失である。こうした行政上の需要に応えて，複数の手法を維持する立場は政策としてありうる[18]。

(3) 市民にわかりやすい用語法について

(a) 受け手の視点の重視

災害情報の伝達を受けた市民が避難行動に移るよう誘導するためには，市民の視点に立った，わかりやすい用語法の選択が情報提供者に求められる。こうした視点を示したものとして，「洪水等に関する防災情報体系のあり方について（提言）」（2006年6月22日）（以下「洪水防災情報提言」と引用）が高い参照価値を有する。そこでは，情報の受け手が容易には理解しがたい防災情報として，河川管理者等でのみ通用している特殊な用語，危険のレベルや災害現状が受け手に伝わらない用語，文字では理解できても（ラジオや防災無線等における）音声では理解しにくい用語が例として挙げられる[19]。改革案として，避難行動を想定した用語法を提唱すると同時に，情報提供に当たっては，具体的な地名や方角といった付加情報が市民の理解を容易にする点が示唆されている[20]。ここ

---

18) 「避難調査会報告」14頁は，こうした見解を示す。もっとも，避難勧告について，第1次，第2次と複数回発令するような実務を想定する場合には，伝達手段がなお確保できることから，避難指示をあえて残す必要はないといった議論も可能かもしれない。こうした点は今後の検討を要する。

19) 「洪水防災情報提言」1頁参照。

20) 「洪水防災情報提言」4～6頁。水位情報を，受け手の側から見直している点が重要である。例えば，避難準備情報の発令を判断する用語として，「警戒水位」に代えて，「はん濫注意水位」を提案する。同様に，避難勧告の発令を判断する用語として，「特別警戒水位」に代えて「避難判断水位」を提言している。「避難勧告等に関するガイドライン（2017年1月改定）」では，避難勧告等を受ける立場に立った情報提供のあり方について変更がなされ，対象者を明確にして，対象者ごとにとるべき行動が明確になるよう伝達することを求めている。

に示されているように情報の具体性を高めるといった視点は，避難法制における用語法を考える上で普遍的な要請を含むものであろう。
  (b) 実験の重要性
　避難に関する用語の中には，これまでも利用され定着してきた用語法が存在することから，新たな用語の採用に当たっては，従前の用語法との関係で市民に混乱を生むことはないか，新しい用語法が一層，市民の避難行動に結びつくのかといった点の検証過程（実験過程）をもつことが不可欠である。「洪水防災情報提言」は，制度改正前の検証プロセスの重要性に配慮した提言である。そこでは，例えばモデル地区を作り，河川管理者と市町村の密接な連携・調整を図りつつ，用語改善について試行を進めることなどを要請する[21]。こうした政策立案過程は，政策法学，とりわけ実験法学の観点から高く評価できる[22]。
  (c) 改善の方向性
  （名称の変更）
　避難勧告と避難指示との区別がわかりにくいという批判に応えるためには，発令される際の事態及び状況の切迫度が異なることを，一般の市民にも理解できるような用語法を採用することが課題となる。本章の原論文では，以下のように2つの方向性を示唆した。
　第1の方策は，一部の地方公共団体の運用に見られるように，避難指示の語に緊迫性の趣旨を付与する目的で，避難指示に代えて「避難命令」の語を用いることである。これは，一般の市民にも強い働きかけの趣旨を相当にかつ明確に伝えることができる点でメリットがある。地方公共団体の中には，こうした運用も見られた。反面において，命令という用語の背景に制裁措置が存在するわけではないことから，名称と実際の法的性格とが必ずしも一致しないという問題点を残すことになる。換言すれば，強制措置を伴うかのような外観（名称）を装うことにより，市民を避難に誘導しているのではないかという批判が想定される。しかし，①先に述べたように避難指示には市民に義務を課す趣旨

---

21) 「洪水防災情報提言」9頁参照。
22) 　実験法学に関しては，大橋洋一「実験法律の法構造」同『対話型行政法学の創造』（弘文堂・1999年）280頁以下（初出1998年），同「政策実施総論」同編著『政策実施』（ミネルヴァ書房・2010年）21頁以下参照。

が含まれていること，ないしは，②命令という言葉が避難実務において有用性をもちうることから，政策上の理由に基づき「避難命令」の語を用いることは，必ずしも排除される必要はないと考える（注意すべき点は，「避難命令」に強制措置が法定されていないにもかかわらず実務上そうした措置がとられることがあってはならないという点である）。

第2に，命令以外の新たな用語により表現する方策として，現行法の用いる「避難指示」を「緊急避難指示」といった用語に代えるといった改正を提案した。

2017年1月には「避難勧告等に関するガイドライン」が改定され，そこでは，先に述べたように「避難指示」に代えて，「避難指示（緊急）」の表現が用いられている。上記の改革提案の第2に相当する方策がとられた。

（避難勧告と避難指示の利用手順）

2つの情報提供手段が法律上併存される場合には，たしかに，行政担当者にとって利用可能な手法が複数確保できる点でメリットがあるのかもしれない。しかし，市民から見た場合には，どういう場面でどちらの手法が発令されるのかは事前にわからず，予測可能性の喪失というデメリットが生じる。こうしたデメリットを解消するためには，2つの手法を併存させる場合であっても，各手法の運用方針が市民に対して予め明確に示されることが重要である。つまり，避難勧告が基本形態であることを明確にした上で，要件の加重された情報提供手段として，（緊急）避難指示を整備するといった段階付け，原則―例外関係の明確化である。これにより，市民としては，避難勧告を避難開始行動の基本的指標として認識し，行動することが可能となる。また，（緊急）避難指示が出た場合には，例外的に重大で切迫した事態が既に存在することを意識して即刻行動すべきであるという形で，予測可能性が担保されるのである。

（空振りをおそれない）

これまでも避難勧告や避難指示が市民の避難行動を確保できるほど早期には発令されず遅れがちである点を重視して，早期発令の重要性を改めて明文化することも重要であろう[23]。別の観点からの早期発令支援策として，かりに市長

---

23) 東日本大震災等の教訓から，2014年4月には「避難勧告等の判断・伝達マニュアル

による発令が空振りに終わったとしても，それは許容される政策判断であることを市民と共有していくことが重要である。なお，現在においても，こうした空振りに対してのマスコミや市民の受け止め方は，一般に予想されるのとは異なり許容度が高い。むしろ，空振りリスクの強調が早期の判断に踏み切れなかった行政側の言い訳に利用されないように留意すべきである。

(4) 避難準備情報の法定化について

(a) 自主避難との関係

避難準備情報は，従前，各地域で自主避難の呼びかけ，避難注意情報など，様々な名称を用いて行われてきた情報提供活動を広く含む用語法である[24]。例えば，局地的豪雨のように，行政による防災対策に限界が認められる災害事態については，市民の自主避難の重要性が一層高まっており，それを可能にする情報提供が要請されるという関係が認められる[25]。このように地方公共団体レベルで運用されてきた避難準備情報の法定化が要請されてきたが[26]，先に述べたように2013年改正で明文化された（災対法56条1項）。

(b) 避難準備情報と避難勧告との関係

避難勧告を基本形態と位置づけた場合には，避難勧告と避難準備情報の関係をめぐって様々な問題が生ずる。例えば，避難準備情報は避難勧告に先立って発令されるべきなのかといった手続上の問題である。

避難準備情報が要援護者の利益を考えた仕組みであることや，こうした情報提供を望む市民層が存在すること，早期避難の重要性からすれば，避難準備情報の発令を原則と位置づけるべきであろう。したがって，基本形態は避難準備情報発令，避難勧告発令の2段階となる。もっとも，避難準備情報を出すだけの十分な時間的余裕が確保できない事例も存在することから，避難勧告の1段階に止めざるをえない事例が考えられる。この場合には，要援護者等への周知

　　作成ガイドライン」が全面改定され，その中では避難勧告等は空振りをおそれずに早期に出すことが強調されている。
24)　災害時要援護者の避難対策に関する検討会「災害時要援護者の避難支援ガイドライン」（2006年3月）（以下，「要援護者支援ガイドライン」と引用）4頁参照。
25)　「中小河川における局地的豪雨対策WG報告書」（2009年1月）7頁。
26)　「大雨災害報告書」37頁，「避難調査会報告」14頁以下。

徹底は避難勧告段階において特に配慮される必要がある。

(c) 避難準備情報の発令主体

情報提供の運用に市町村長が当たってきた経緯や，避難勧告や（緊急）避難指示の発令主体との整合性から考えれば，避難準備情報の発令主体は市町村長とすべきであろう（本章の原論文で要請していた点であるが，2013年改正で災対法56条1項において実現した）。こうした整合性を重視するのは，災害時における指揮命令系統の明確化を図る趣旨に基づく。

(5) 要配慮者の避難確保

(a) 要配慮者の把握・配慮と個人情報利用可能性

本章の原論文では，高齢者，障害者，乳幼児など災害時に配慮を要する者が過去には災害時の被害者となった例が多いことから，こうした要配慮者に関する情報を予め収集しておくこと，そうした情報に基づいて災害時の避難に役立てることの必要性を説くと共に，個人情報保護の観点から上記情報収集や利用に支障が出ないように，事前に個別の同意をとるほか，目的外利用の規定の活用などを指摘した[27]。

(b) 災対法改正による要支援者の避難確保策実現

災害対策基本法は2013年改正により，災害発生時に自ら避難することが困難な者であって，円滑かつ迅速な避難の確保を図るため特に支援を要する者（以下「避難行動要支援者」という）について，避難行動要支援者名簿を作成することを市町村長に義務づけ，避難行動要支援者に加えて支援にあたる消防職員等の生命・身体を保護することを目的とした[28]。個人情報の扱いについては，災害発生時には市町村が当該名簿を避難支援等の実施に必要な範囲で本人の同意を得ることなく内部で活用できることとしたほか，平常時においても，避難行動要支援者本人の同意を得て，消防機関，都道府県警察，民生委員，市町村社会福祉協議会，自主防災組織等の関係者にあらかじめ名簿情報を提供するものとした[29]。土砂災害防止法や水防法も，2017年に改正がなされた（2017（平

---

27) 行政機関の保有する個人情報の保護に関する法律8条2項4号に相当する個人情報保護条例の規定を活用して目的外利用を可能とする方途を指摘したのである。

28) 災対法49条の10。

成 29) 年法律第 31 号)。洪水や土砂災害のリスクの高い区域の要配慮者利用施設 (これは市町村の地域防災計画に記載され, 社会福祉施設, 学校, 医療施設などを含む) については, 利用者が確実に避難できるように施設管理者等に対して避難確保計画策定などを義務づけた[30]。当該義務の履行担保のために, 計画を策定しない施設管理者等に対しては市町村長が必要な指示を行い, 正当な理由なく従わない場合にはその旨を公表することができるとされた[31]。

(6) 避難勧告等の発令にかかる組織・手続法の充実
(a) 基準の具体性及び平易性と基準策定における説明責任

第 1 の改善点は, 発令基準の設定・公表が遅れている現状に鑑みて[32], これを災対法で法律上義務づけることである[33]。基準の内容はできる限り客観的かつ具体的であることが望まれる[34]。市民の生命や安全に不可欠な義務付けであることから, 地方分権の視点に基づく「義務付け・抑制の議論」の射程外の問題として論ずることが可能である[35]。

第 2 に, 避難勧告等を市町村長が発令する際にその判断の基礎となるデータを提供する専門的主体や法的資格を有した災害専門家が基準策定過程に参画し, 長を補佐することのできる仕組みが不可欠である[36]。具体的には, 気象庁, 河川管理者, 都道府県, 消防組織 (一部事務組合や消防団も含む) などの参加を規範化することである。

---

29) 災対法 49 条の 11。災害時に本人からの同意を得ることなく同条第 1 項に基づく内部利用が可能な点に関し, 防災行政研究会編・前掲注 4) 321 頁。
30) 水防法 15 条の 3 第 1 項, 土砂災害防止法 8 条の 2 第 1 項。
31) 水防法 15 条の 3 第 3 項・第 4 項, 土砂災害防止法 8 条の 2 第 3 項・第 4 項。
32) 例えば,「大雨災害報告書」17 頁によれば, 水害発生時を想定した基準を策定している市町村は全体の 46 パーセントにとどまる。
33) 同旨, 生田長人編『防災の法と仕組み』(東信堂・2010 年) 95 頁 (原田賢一郎執筆)。
34) 避難勧告等の発令の基準は, 従来, 運用として「避難勧告等の判断・伝達マニュアル作成ガイドライン」において定められ, 累次の改定を見た。改定の内容は, 防災行政研究会編・前掲注 4) 382 頁以下参照。このガイドラインは, 2017 (平成 29) 年 1 月に改定されると共に, 発令側の市町村の判断・伝達だけではなく, 受け手のことも含めて総合的に定める趣旨から, 名称が「避難勧告等に関するガイドライン」に変更された。
35) 同旨, 生田編・前掲注 33) 95 頁 (原田執筆)。
36) 生田編・前掲注 33) 32 頁 (生田長人執筆)。

(b) 情報ネットワーク構築などの発令支援体制整備

　災害対策の分野においても，他の行政分野と同様に，首長の権限行使に際して補助機関による支援が前提とされている。ここでの問題点は，科学的知見に立脚した高度の専門的判断を瞬時に要求される災害対応の領域で，市町村長のみならず行政職員も十分な専門性に欠ける面が否定できないことである。これは，ゼネラリストを是とする人事政策の中で職務訓練を行ってきた公務員制度に起因するものである。

　こうした課題を克服するために，本章の原論文では首長の判断をサポートできる体制整備について，法律でもその基本的枠組みについて規定を置く必要性を指摘した。組織編制に関する規定整備，発令基準の具体化に関する規定のほか，発令に必要な情報を有している機関（都道府県〔例えば，出先の土木事務所〕，気象庁，ダム管理者，河川管理者，消防，警察等）を具体的に挙げて，連携確保を図るための手続規定を設けること[37]のほか専門職員の養成にあたる機関や資格制度の創設を指摘した[38]。

　2013年改正では，市町村長が的確に避難指示等を出すことができるよう助言取得体制構築の趣旨で，市町村長から助言を求められた国（地方気象台や河川事務所等）又は都道府県について応答義務を課すことが規定された[39]。

(c) 災害時の行政組織に関する考え方

　現在見られる考え方は，行政領域の1つとしての防災担当部局を置き，災害時には当該部局が指令役になって対応にあたるといった組織モデルであろう。ここでは，平時も緊急時も組織編制に大きな差異が存在しないことが特徴であり，災害発生時において，防災担当部局任せといった依存心が組織全体に残ることが最大の問題点である。改善の方策としては，行政組織のあり方を平時対応と緊急時対応の2種類に区分して構想する視点が重要であると考える。平時の組織編制と緊急時の組織編制の2つを用意し，個々の職員が平時の役割分担と緊急時の役割分担を常に主体的に考えること，災害対応を総力戦で行うことを組織面でも明確化することが狙いである。

---

37) 都道府県から市町村に対する助言について，「集中豪雨時検討報告」8頁。
38) 「避難調査会報告」23頁以下は，研修や訓練プログラム開発を提案する。
39) 災対法61条の2。防災行政研究会編・前掲注4) 388頁以下参照。

(d) 避難勧告の内容

避難勧告が市民に対する説得活動であることから，避難勧告の発令に際しては，市民の受け入れに結びつきやすい内容を含むべきである。具体的には，発令主体を明示すること，発令の根拠を具体的に挙げること，過去の災害を引き合いに出すなどして災害発生の危険について市民の経験に訴えることなどである。避難勧告の内容に関しても必要的事項を法律上明記すべきである。

(7) 複数の避難形態の明確化と適切な避難類型選択の重要性

(a) 複数の避難類型の明示

災対法においては「避難のための立退き」(60条1項) といった文言が用いられているため，避難＝立退きであるといった印象を市民に与えやすく，そうした意識は災対法制定後の約50年の歴史において固定化したのである[40]。かかる理解が不幸にして避難中の災害を招いた事例も報告されていた[41]。災害事例を見ると，計画された避難場所への避難が必ずしも適切な対応ではない場合が存在したのである[42]。本章の原論文では，避難には多様な類型が存在することから，明示された立退きのほか，その場に止まるという類型（待機ないし待避）が存在することを法律上明記することを要請した[43]。屋内避難が避難に含まれる旨を表す文言が既に他の法律にもみられることを参考にしたのである[44]。加えて，屋内避難には，その場に待機する類型のほか，上層階への避難（つまり垂直避難）も含まれることを法律上明記することを指摘した。

以上述べた避難の多様性について，図のように整理した[45]。

2013年改正では，市町村長は避難のための立退きに加えて，屋内での待避

---

40) 「避難調査会報告」9頁。
41) 予め指定された避難所（小中学校など）への移動といった立退き避難に固定化した避難のイメージが存在する。その結果，夜間，激しい降雨時，道路冠水時などの危険な状況下で街路灯もない中を立退き避難をして被災する例が見られた。参照，「大雨災害報告書」9頁，10頁。
42) 「避難勧告ガイドライン」(2005年) 6頁。
43) 「避難調査会報告」11頁。
44) 原子力災害対策特別措置法15条3項，国民保護法52条1項は屋内への退避を明記する。
45) 「避難調査会報告」12頁も参照。

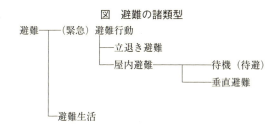

その他の屋内における避難のための安全確保に関する措置についても指示できることとされた（ここには垂直避難も含まれると解される）[46]。

(b) 緊急避難場所と避難所の区分

災害時に切迫した災害の危険から逃れるために緊急に避難する場所と，一定期間滞在して避難生活を送るための避難所は，従前は充分に区分されず，これが原因で混乱が生じ被害が拡大したといわれている。そこで，災害時における緊急の避難場所（指定緊急避難場所）と，避難生活をする学校，公民館等の避難所（指定避難所）が2013年改正で条文上，明確化された[47]。市町村長は，防災施設の整備の状況，地形，地質その他の状況を総合的に勘案して，洪水や津波など異常な現象の種類ごとに安全性等の一定の基準を満たす施設又は場所を指定緊急避難場所として予め指定し，その内容を住民に周知しなければならないこととされた[48]。指定緊急避難場所は，避難勧告や避難指示で退避を要請された場合の屋外退避場所としての意味を持つ[49]。

他方で，指定避難所についても規定され，一定の基準を満たすことが要求されている[50]。

---

46) 災対法60条3項に「屋内での待避等の安全確保措置」などの文言が追加されたのである。垂直避難に関し，防災行政研究会編・前掲注4）380頁以下参照。
47) 指定緊急避難場所は，洪水，崖崩れ，地震，津波，大規模火事など災害類型ごとに定められる点に特色がある。
48) 災対法49条の4。周知方法としては，ホームページや広報誌，防災マップなどが想定されている。防災行政研究会編・前掲注4）300頁。
49) 防災行政研究会編・前掲注4）299頁。
50) 災対法49条の7。指定基準として，規模，構造，立地，交通条件等について定められている（災対令20条の6）。参照，防災行政研究会編・前掲注4）304頁以下。

(8) 権限移譲について

　避難勧告，（緊急）避難指示（ないし避難命令），災害準備情報の発令主体は，原則として市町村長である。しかし，緊急時，例えば，市の本庁と連絡がとれなくなった場合であるとか連絡をとる時間的余裕がない場合など，一定の要件の下において，出先機関（支所等）の長が市町村長の権限を行使する仕組みを予め用意しておくという問題がある[51]。豊岡市災害対策（警戒）本部設置基準で避難勧告の発令なども総合支所長の判断で行うこととされているように，こうした取り組みを既に行っている地方公共団体が見られる。このことは，権限移譲の問題が実際上も必要であることを示唆している。リスク管理という視点からも，（指揮命令系統の一元性という要請の重要性を考慮に入れつつも）多重の権限行使システムを準備しておくことは検討課題となろう。

　災対法にも，警察官や海上保安官に対する権限移譲の規定が存在する（61条）。ここでの検討課題はこのほか，市町村長がその補助職員に対して権限移譲を行うといった問題である。このような委任を可能にする手法としては，地方自治法153条1項の規定に依拠した当該市町村の職員（消防吏員）への事務委任が考えられる[52]。同条による委任には形式について特段の決まりは存在しないが，直接市民と関わることから，住民に対して予め周知の措置が徹底されることが必要である[53]。このほか，災対法にそうした委任規定を置くことも考えられよう。

　権限の委任がなされた場合，委任した者は権限を失うのが原則である。しかし，市町村長とその職員といった指揮監督関係にある機関相互で権限委任がなされる場合には，市町村長には一般的指揮監督権は残ると解されている。このため，市町村長は委任した事項について，当該市町村の職員に対する指揮監督権を失わないのである[54]。ここでの課題は，市町村長が自ら判断できない状況にある場合，及び，市町村長が指揮監督権を行使できない場合についてである

---

51)　「集中豪雨時検討報告」7頁は，首長の不在時における発災に備えた代理規定の整備を指摘する。
52)　防災行政研究会編・前掲注4) 387頁。生田編・前掲注33) 92頁（原田執筆）。
53)　松本英昭『新版逐条地方自治法〔第8次改訂版〕』（学陽書房・2015年) 530頁。
54)　塩野宏『行政法Ⅲ〔第4版〕』（有斐閣・2012年) 39頁，大橋洋一『行政法Ⅰ 現代行政過程論〔第3版〕』（有斐閣・2016年) 406頁。

から，出先機関の長など市町村の補助機関に代理の可能性を補完的に確保しておく手法も検討すべきである。

(9) 日常時の災害情報の提供（防災マップ）

日常時から，災害の想定区域や程度，指定緊急避難場所，避難路などの避難に関する具体的情報を市民にわかりやすく伝えることが重要であり，そのための手法としてハザードマップ（防災マップ）が活用されている[55]。ハザードマップは，行政から市民に向けた一方的な情報提供ではなく，市民が有する地域に特有な災害情報をくみ上げるための手法でもある。市民参加を通じて，市民の関心，災害リテラシーの向上（学習効果），ハザードマップの宣伝を図ることができるという効用も併せもつ手法である。

本章の原論文では，具体的で地域に密着したハザードマップの作成を指摘した。2013年改正で，市町村長は，防災マップの作成等に努めることが明記された。つまり，市町村長は，指定緊急避難場所，避難路等を住民に周知させるため，防災マップなどの印刷物の配布，インターネットを利用した情報提供などに努めなければならないこととされた[56]。

おわりに

東日本大震災を契機として，かつてないほど大幅に，災害避難のあり方が災対法において改正された。避難情報の伝達という事実行為が様々な法的課題を伴うことが多面的に示されている。同時に，行政機関と市民のコミュニケーションを図ることの重要性と困難が極めて明瞭に表されている。行政法学における事実行為論，情報提供活動論が防災法分野の発展と共に進化することを期待して本章を閉じることとしたい。

---

55) 土砂災害防止法8条3項及び同法施行規則5条。
56) 災対法49条の9。防災行政研究会編・前掲注4) 310頁以下。

V　権利救済手段の多様性

第 **13** 章
市民による法利用と審査請求

はじめに

　法を作る主体は長らく国であると考えられ，法律案の作成や法律の執行では官僚が中心的役割を担ってきた。こうした上からの法形成モデルの下では，市民による（行政）法の利用は低調なものに止まった。換言すれば，法は統治のための手段といった性格を強く有していたのである[1]。こうした中にあって，地方公共団体レベルにおける実験過程が先行し情報公開条例が制度化され[2]，行政機関の保有する情報の公開に関する法律（以下，「行政機関情報公開法」という）の制定に至った。これは地方からの法形成，市民参加による制度形成として画期的な意味をもつ[3]。同法の開示請求の仕組みは市民により頻繁に利用され，行政機関の決定（主に不開示決定）に対して市民が不服を申し立てる事例も

---

1) 市民による法利用の典型例である訴訟の場面ですら，行政訴訟は使い勝手が悪く，実際の提訴も比較法的に見て低いものに止まり，原告（市民）の勝訴率も低かった。こうした反省から，司法制度改革の一環として行政事件訴訟法は 2004 年に改正された。参照，総務省「行政不服審査制度の見直し方針」（2013 年 6 月 21 日）。同法に関しては，参照，大橋洋一『行政法Ⅱ〔第 3 版〕』（有斐閣・2018 年）第 15 章及び第 16 章。
2) 情報公開のほか，在宅福祉，環境アセスメント，公害防止，景観保護等の領域で地方公共団体が先進的役割を果たしてきた。実験機能を重視した法制度設計に関して，大橋洋一「実験法律の法構造」同『対話型行政法学の創造』（弘文堂・1999 年）280 頁以下（初出 1998 年），同「社会実験と法制度の設計」法学研究 81 巻 12 号（2008 年）29 頁以下（本書第 3 章）参照。
3) 同法の解説として，高橋滋ほか編著『条解行政情報関連三法』（弘文堂・2011 年），宇賀克也『新・情報公開法の逐条解説〔第 6 版〕』（有斐閣・2014 年）。

多い。加えて，行政訴訟や行政不服審査で市民の請求が認容される例が他の分野に比べて高いといった特徴も認められる[4]。このように市民が法を創り，法を活用するといった特色は，情報公開の分野において特に顕著であるということができる。

　本章では，市民による法利用の促進といった観点から，情報公開の仕組みを素材として取り上げ，法利用が活性化している理由を分析する。特に，行政不服審査が実効的に活用されてきた原因を運用面も含めて解明し，市民が利用しやすい行政制度形成に向けた指針を得ることに努めたい。

1　法利用の基礎条件（概論）

　行政制度の中には，法律に規定があっても利用されていないものが少なくない。ある規制が必要であるとして法定化されたものの，利用されずに無整理に蓄積される例は枚挙にいとまがない[5]。こうした状況からすれば，市民の法利用を支える条件について考えることは，行政制度の改革にとって第一歩であるといえよう。利用者の視点から情報公開制度を点検するならば，当該制度が活用されている理由として次の4点を挙げることができる。

　第1に，仕組みが簡明であるということである。行政文書の開示を希望する者は誰でも，申請すれば開示してもらうことができる（行政機関情報公開法3条）。見通しの悪い複雑な仕組みが多い行政制度の中で，群を抜いた簡明さが認められる。シンプルな法構造のポイントは，行政機関情報公開法や（地方公共団体の）情報公開条例が明文で何人も開示請求権を有すると定め，当該権利を付与（＝創設）した点を挙げることができる[6]。わが国の行政システムでは，

　4）　不服申立てにおいて，情報公開関連が大きな割合を占めている。2014年度では，地方公共団体のレベルで（旧行政不服審査法下における）異議申立ての処理件数7728件のうち，情報公開条例に基づくものは分野別で第1位，2510件（32.5％）となっている。総務省「平成26年度における行政不服審査法等の施行状況に関する調査結果（地方公共団体における状況）」（2015年12月）。

　5）　一例を挙げれば，都市計画では，近年，都市計画法本体の改正ではなく，景観法や都市再生特別措置法などの周辺関係法律で改正が図られている。

　6）　地方公共団体が情報公開条例を制定した当初，裁判所が開示請求権を明確に判示したことが，その後の制度活用をもたらした。参照，東京高判1984（昭和59）年12月20

市民に対して主張可能な権利や利益が付与されているのか判然としない場合が多い。こうした中で，きわめて明確に市民に権利という形で立脚点が与えられている点が特徴的である。

　第2に，制度形成過程で市民参加が図られ，地方公共団体相互の間で競争原理が働いていた点である。こうした「下からの制度形成」は，西欧からの法の継受を伝統としてきたわが国では新しい現象である。重要なことは，下からの制度形成が法利用の確実性を保障する機能を果たしているという連関である。つまり，（既に臨床実験済みであるという点で）法利用の確実性が形成プロセスを通じて保障されたのである。

　第3に，第三者による是正の仕組みの整備が，高い利用率を支えていた点が重要である。行政機関が開示請求を拒否した場合に，申請者は行政不服申立てと行政訴訟という2つのルートを選択して争うことが可能である[7]。前者の不服申立ては行政機関に不開示決定の見直しを求めるもので，行政側のプライドも影響してか，（2014年の行政不服審査法改正前は特に）救済率は低かった。これに対し，情報公開制度では市民の不服を受けて行政機関が再考するに当たり第三者機関（情報公開・個人情報保護審査会）の意見を聴いたうえで決定をするという諮問の仕組みを導入して，外部の意見を取り入れる制度設計を行っている。こうした仕組みは実際には大きな影響力を持ち，不服申立ての認容率を高めることに貢献している。情報公開をめぐる不服申立ては，今日では行政不服申立ての分野において代表的利用類型になっているのである。不服申立てのプロセスで熟成された法解釈は，行政訴訟に対しても影響を与えるという関係が認められる。

　第4に，法律の規律密度と市民参加の意欲との関係性を指摘することができる。一般に，法律の制定準備に当たる官僚は，あらゆる紛争等を念頭に置いて詳細な規定を準備する傾向にある。疑義がないように規律し尽くすといった発想である。こうしてできあがった法律は，たしかに法律規定としては詳細で非の打ち所がないように見えるかもしれない。しかし，利用する市民の側から見

　　日行集35巻12号2288頁。
　7）　自由選択主義と呼ばれる。行政事件訴訟法8条1項。

た場合には，法律規定というだけでもアレルギーがあるところに加えて，難解で詳細な行政法律ともなると，市民による法利用や参加の意欲に対して萎縮効果を持ちかねない。こうした事情を考慮すると，たしかに隙間があるかもしれないが，他面において自らが作っていけるという「隙間をもった法律」という印象を市民に与える法律は，市民の参加意欲を高めることに通じる（ここでいう隙間は，後述するように，人々の社会認識の変化を取り込む可能性や柔軟性を提供する）。情報公開の仕組みについて，特に制度形成の初期段階には，そうした傾向が存在したように思われる。行政制度を官僚の職人芸に止めることなく，市民の広範な利用をも想定した「余地」をあえて用意する立法行為は（高度な）法律技術ではないかと考えられる。

2 利用促進の諸方策

　これまで，情報公開制度が活用されている制度的要因のうち，骨格部分について紹介した。次には，比較的地味な工夫であるが，実務上きわめて重要性を持つ利用促進策について個別に分析を進めたい。一見したところ気付きにくい支援策が多いが，こうした細かな配慮によって利用者に対する支援が図られているのである。

(1) 文書特定に対する支援
　公務員として勤務した経験もなく，役所に「土地勘」のない一般市民にとって，「この行政文書を開示してほしい」と指定すること（これを「文書の特定」という）は，決して容易なことではない。行政文書の公開を請求する場合に，一般の市民が戸惑う点は，自分の見たい情報がどの文書に掲載されているのか，請求者本人でもよくわからないといった事情である。この点を厳格に運用されてしまえば，情報公開制度は実質的に利用できないものとなる。こうした状況を打開するためには，行政機関による支援策が不可欠である。支援策として，行政機関からの情報提供が考えられる。従前の行政法では，行政による情報提供はほとんど注目されることのない行政活動であった。しかし，市民の法利用といった視点から見た場合には，きわめて重要な活動であることが判明する。

つまり、些末とも見える情報提供活動が開示請求権の実現を決するのである（同様のことは、後述する補正手続にも妥当する）。こうした事情は、情報公開の実務に携わった経験のある者にはよく知られた経験知である。申請処理の初期段階で行政機関が丁寧に情報提供を行っていれば申請者の希望は叶えられたであろうとか、長期にわたる争訟も回避できたであろうと思われる事例は、不服審査の現場では常態に属す。このように細部の仕組みへの注視が行政制度の明暗を決するという意味で、情報公開の分野でも重要な事柄は仕組みの細部に存在するのである。

文書特定の困難に対応した法的な仕組みとしては、申請処理にかかる一般法である行政手続法に加えて、行政機関情報公開法が個別の規定を置いている。以下、その内容を見ることとしよう。

(a) 申請者に対する情報提供

情報公開の仕組みは、申請者が行政機関の長に行政文書の開示を申請し、長が申請に応答するといった行政活動（つまり、申請処理活動）である。行政手続にかかる一般法として、行政手続法9条2項が申請処理処分手続における情報提供について次のように定めている。

> 「行政庁は、申請をしようとする者又は申請者の求めに応じ、申請書の記載及び添付書類に関する事項その他の申請に必要な情報の提供に努めなければならない。」

もっとも、上記条文には、2つの点で限定が付されている。1つは、申請者等の「求めに応じ」た情報提供の規定であって、行政庁の職権による情報提供まで含んでいないことである。したがって、申請者の側から情報提供を求めなければならない。2つには、申請者に対して行政庁が行う情報提供について努力義務規定になっていることである。このため、申請者の求めに対して応じない余地が行政機関に残されている。換言すれば、申請者が情報提供の請求権を持つとは解されていない[8]。

こうした（一般法レベルでの対応）状況を情報公開の分野において一歩進めたのが、行政機関情報公開法22条1項である。同項は、開示請求の処理手続に

---

8) 塩野宏＝高木光『条解行政手続法』（弘文堂・2000年）9条〔9〕。

ついて次の特則を定めている。

　「行政機関の長は，開示請求をしようとする者が容易かつ的確に開示請求をすることができるよう，公文書等の管理に関する法律第7条第2項に規定するもののほか，当該行政機関が保有する行政文書の特定に資する情報の提供その他開示請求をしようとする者の利便を考慮した適切な措置を講ずるものとする。」

　この規定の特色は，①情報提供を申請者の求めに応じて行う場合に限定せずに，行政庁が自発的に行う場合をも想定していること，②情報提供等の適切な措置を講ずることを行政庁に（努力義務を超えて）義務として規定したことに認められる。上記条文は，行政庁の説明責任の重要性に着目したものであり，行政文書の所在に関する判断が市民に困難であることに配慮した規定である[9]。

(b)　補正手続

　申請段階における上記の情報提供義務規定以外にも，申請者が提出した申請書に不備等がある場合を想定した補正手続が申請処理の仕組みに用意されている。詳述するならば，申請者が請求文書を申請段階で十分に特定できないことは，（請求対象文書を特定することが申請書の必要的記載事項であることから），申請書の記載事項に不備があるという評価につながらざるをえない。このように記載が足りていない場合を念頭に置いて，行政手続法7条は特別規定を置いている。これによれば，行政庁は速やかに申請者に対し「相当の期間を定めて当該申請の補正を求め，又は当該申請により求められた許認可等を拒否しなければならない」。この規定によって，不備のある申請書であっても行政庁の事務所に到達した場合には，行政庁は申請処理を留保することはできず，補正を求めるか，拒否するか，いずれかの行動をとらなければならない。この条文について意見が分かれているのは，補正と申請拒否との間で（優先）関係が存在するのかについてである。

　総務省の解釈は，補正を求めるのか，申請拒否を行うかという判断に行政庁の裁量を肯定する[10]。つまり，行政手続法は補正と申請拒否のいずれかを行う

---

[9]　行政機関情報公開法22条1項の解説は，高橋ほか編著・前掲注3）451頁以下（濱西隆男執筆），宇賀・前掲注3）170頁以下。

[10]　行政管理研究センター編『逐条解説行政手続法〔18年改訂版〕』（ぎょうせい・2006

行政庁の義務を定めているが，その選択については，行政庁の裁量に委ねる趣旨であるという解釈である（これを，以下では「選択裁量説」と呼ぶ）。もっとも，選択裁量説によっても，裁量権の行使には一定の限界があると説くものもある[11]。このため，補正を求めずに直ちに申請拒否をした場合などでは，当該判断について裁量権の逸脱濫用を認め，申請拒否を違法と解する余地は残されている。

これに対し，上記条文は選択裁量を認める趣旨の規定ではなく，補正の余地がある場合には，行政庁としては補正を優先すべき義務を負うという解釈も存在する（これを，以下では「補正優先説」と呼ぶ）[12]。裁判例の中にも，実用新案登録出願に図面の添付を欠いた事例で，考案内容の特定に添付図面がほとんど重要な意味を持たず後からの添付で出願の趣旨が変更されない場合には，添付図面の追完など補正を求めるべきであり，添付がないことを理由に拒否処分をすることは違法であると判示したものがある[13]。市民の申請権を尊重する見地，市民の各種給付や資格付与が申請の仕組みと結びついている規律状況，さらには市民と行政庁の情報格差等に着目するならば，補正の優先を説くことは合理性を持つ。この見解によれば，不備が軽微な場合や申請者の理解不足に基づくことが明らかな場合などでは，行政庁は補正を求めることを優先させるべきであり，補正を求めずに形式不備を理由に直ちに申請を拒否することは違法と判

年）150 頁。
11) 塩野＝高木・前掲注8) 7 条〔10〕。
12) 兼子仁『行政法総論』（筑摩書房・1983 年）128 頁は，補正の余地がある場合に，不備な申請に対する補正義務を論じている。南博方＝高橋滋編『注釈行政手続法』（第一法規・2000 年）158 頁（山口浩二執筆）。高橋滋『行政手続法』（ぎょうせい・1996 年）205 頁が的確に議論の状況を整理する。
13) 東京地判1971（昭和46）年1月29日判時640号36頁参照（「申請が一応申請としての体裁を具えていながらも，申請が申請として成立するために法によって要求される本質的要件を備えておらず，しかも，その瑕疵が補正によって治癒されえないような場合には，不受理処分をしうることについての法律の明文の規定を要せず，申請を却下するという意味で，これを不受理処分に付しうるということは，けだし，法の当然に予定しているところとみるべきだからである。いかなる態様の瑕疵がある場合に，申請が申請としての本質的要件を欠き，またその追完が許されないものとすべきかについては，当該申請がいかなる法令によって認められたものであるか，また当該申請によって達せられるべき目的，その申請行為の性質等によって異なり，一概に決めることはできず，各法令を検討解釈して決定すべき問題であるといわなければならない」）。

断される。他方，窓口でのやりとり等から市民が補正に応じないことが明確である場合や，不備が重大で補正困難であるような場合には，補正優先説の下でも例外として補正を経ない申請拒否が許容される余地は残る。

わが国における行政実務では，申請の不備が認められる場合には行政機関が補正を求めるのが一般的であり，それでもなお申請者が補正に応じない場合などで例外的に申請拒否に至る。こうした一般的行政運営における例外的処理としての申請拒否は，上記のいずれの説によっても説明可能である。つまり，選択裁量説によれば適法に申請拒否が選択され，そうした選択に裁量権の逸脱濫用は存在しないと説かれる。他方，補正優先説によれば，補正を求めたもののやむをえず申請拒否に至った事例であり，例外事例として拒否は適法と解される。

それでは，行政庁が申請者を何らかの理由で敵対視したり制裁を与える趣旨で，故意に補正を経ずに直ちに申請拒否の判断を行う場合，さらには，許可の審査に当たる公務員が申請処理に不慣れであったり経験の浅い技術系職員が配置されているなど，法務知識に欠け補正手続を看過した場合などではどうであろうか。これらの場合についても，両説で解釈を通じた結論が異なることはなさそうである。つまり，選択裁量説によれば裁量権の逸脱濫用事例と評価されるであろうし，補正優先説によれば補正を優先させなかった点で違法と評価されることとなろう。

上記のように見ると，2つの解釈論の優劣は，その結論に着目して判定されるものではなく，行政手続の理念に則して判断されるべき事項であるように考える。行政実務を支配している補正優先という一般的な行為規範を原則形態として説明できる点や，補正を通じて市民の申請権を尊重するという対話型行政過程の特色を受け止めることができる点で，補正優先説の方が解釈論として優れているように思われる。

上記のように，申請段階における情報提供や補正要請を通じて，市民の法利用が支援されている。

(2) 手数料の軽減

以上のほか，利用料についても制度的工夫を指摘することができる。申請に

基づき文書を求める仕組み（典型例は，住民票の写しの請求など）では，多くの場合，手数料が要求される[14]。情報公開の分野では，開示の手数料について，多くの地方公共団体が無料としている。情報公開の世界で無料化が図られているのは，次の理由による。つまり，住民票の写しは請求者本人が自己のために使用する趣旨で請求することから自己負担に適しているのに対し，情報公開請求は行政監視の意味も含むのであって公益性があるといった説明である。

　これに対し，国の仕組みでは，開示請求の手数料が要求されている（行政機関情報公開法16条1項）。しかし，ここでも子細に見ると，費用負担に関して工夫が認められる。具体的には，文書単位の数え方に関してである。例えば，ある年度に特定部局に対して100人から寄せられた苦情処理文書が1つのファイルに綴じられている場合に，当該文書の開示請求がなされた場合を考えてみよう。不服申立人単位で文書を数えれば100件になるが，1冊のファイルに綴じられている点に着目すれば1件とカウントすることも可能である[15]。1件の文書開示手数料が300円であることから，カウント方法によって請求者の負担額が変わり請求自体に影響を及ぼすことになる。

　手数料は，申請処理に要する人件費等など処理に要した実費をまかなえる状況にはない。手数料を低く抑えることで利用促進の機能を果たしているのである。料金の設定いかんでは申請に対する抑制機能が及んでしまうことから，料金の設定及びカウント方法には配慮を要するところである。

3　節度ある法利用

　情報公開の仕組みでは，これまで述べたように市民の開示請求について法利用のハードルを低くするための工夫が施されている。その一方で，そうした促進策の副作用として，開示請求の仕組みは権利濫用のリスクを抱えることとな

　14）　行政機関情報公開法16条1項，同法施行令13条に基づき，開示請求に係る行政文書1件につき300円と定められている。

　15）　1つの行政文書ファイルにまとめられた複数の行政文書や相互に密接な関連のある複数の行政文書につき1件の行政文書と見なす点については，行政機関情報公開法施行令13条2項，宇賀・前掲注3）152頁。

る。このように，利用促進策に伴う濫用対応，節度ある法利用をいかに実現するかという問題が登場する。以下では，問題の所在と現状について紹介する。

(1) 権利濫用問題

情報公開制度では，国の仕組みでは開示請求の手数料が必要とされる。これに対して，地方公共団体の仕組みでは，開示請求手数料を無料とするところが少なくない。こうした相違に起因してか，地方公共団体レベルでは，開示請求をしておきながら，開示決定がなされた後に文書の閲覧に全く現れない請求者が存在する。とりわけ，部分開示（請求文書のうちで不開示情報が含まれる部分を黒塗りして行われる開示）など骨の折れる処理を必要とする開示請求をしておきながら，閲覧に現れない開示請求者の存在は実務では広く知られている。こうした請求者は新規の請求を繰り返すが，閲覧には興味を示さない。他方で，きわめて大量の行政文書について開示を求める請求者も見られる。こうした事態を重視して，情報公開条例に請求者の権利濫用禁止を明記する動きが登場している。

(2) 処方箋の模索

上で説明したように，情報公開の制度は利用に関して敷居が低く，市民の法利用という点で成功を収めている。他面で，他者の法利用を妨げかねない濫用事例の危険が存在するのである。現に，大量請求の権利濫用が争われ，裁判にまで発展した事例も存在する。例えば，積み上げた場合に60メートルにも及ぶ行政文書を請求した事例が見られ，裁判所は権利濫用の判断を下している[16]。ここに示したことからも明らかなように，情報公開制度は利用促進と濫用防止という2つのベクトルの間で，合理的調整に配慮した仕組みであることが要請されている。この場合の基準は，法治国のコストをどこまで容認するかといっ

---

[16] 厚さ60メートルに及ぶ大量文書の請求事案に関して，横浜地判2002（平成14）年10月23日判例集未登載。段ボール箱120個分の大量請求について，権利濫用であると構成する解釈論（横浜地判2010（平成22）年10月6日判例地方自治345号25頁は権利濫用を認めた）のほか，文書の特定が果たされていないとして処理する解釈論（東京高判2011（平成23）年7月20日判例地方自治354号9頁）もある。

た点に求められるように考える。

　解決の技法として，複数のものが考えられる。1つには，権利濫用禁止条項を法律や条例において明文で定めたり権利濫用については申請を拒否ないし却下する旨を定める方法である[17]。2つには，情報公開・個人情報保護審査会なり裁判所といった第三者性の高い機関に，濫用該当の判断を委ねることも考えられる。以下では，国の情報公開・個人情報保護審査会（以下，「審査会」という）が下した答申を例に挙げることとしよう。

　国の個人情報保護制度においても，個人の開示請求に対して複写費を無料にしている実務を奇貨として，大量の文書を請求する事例が報告されている。この事例は，見方によっては，個人情報保護制度を複写目的で利用しているのではないかという印象を与えかねないものである。国の仕組みで複写手数料が無料とされたことは次のような事情に基づく。つまり，個人が自己情報について行う開示請求は，当該情報が誤っていた場合に認められる是正請求権や利用停止請求権の前提請求と位置づけられている点を重視したものである。少し説明すると，個人情報保護の仕組みでは，開示請求した者に限って，（開示した自己情報が誤っている等の考えを有した場合には）次の段階として，訂正請求や利用停止請求ができるという2段の構造になっているのである[18]。このように，個人情報の保護を目的とした請求権の前提となる開示請求という点に鑑みて，開示決定を受けた文書の複写について無料の取り扱いを続けてきたのである。個人情報における過度の複写要求に対して，審査会は2014年に事例判断として権利濫用の判断を初めて下した[19]。審査会は個別基準を機械的に適用して権利濫用が判断されるといった誤解を与えないように，答申では総合判断であることを強調している（その分，判断基準は漠然とした印象を与えるものになった点は否定

---

17) 横浜市の保有する情報の公開に関する条例5条参照。
　　第5条　何人も，この条例の定めるところにより，実施機関に対し，当該実施機関の保有する行政文書の開示を請求することができる。
　2　何人も，この条例に基づく行政文書の開示を請求する権利を濫用してはならない。
　3　実施機関は，前項に規定する行政文書の開示を請求する権利の濫用に当たる請求があったと認めるときは，当該請求を拒否することができる。
18) 行政機関の保有する個人情報の保護に関する法律27条3項・36条3項。
19) 内閣府情報公開・個人情報保護審査会平成25年度（行個）答申120号（2014年3月17日）「本人が人事院総裁に宛てたあらゆる文書等の一部開示決定に関する件」。

できない)。権利濫用は例外であって,行政により安易に拡大適用されることがないように慎重な判断を示したのである。

4 対話型の法構造

　情報公開の仕組みは決して固定的なものではなく,利用者の取り組みや審査会の答申,判決などの影響を受けるほか,情報公開のあり方に関する人々の考え方や社会における意識,情報提供に関する周辺制度の発展などによって,変動させられるものである。この点では環境依存型であり,利用者等との対話に依拠した仕組みである。そうした変容の代表例を以下では示すこととしたい。

(1) 社会常識・社会慣行の取り入れ
　情報公開制度に関する法律の基本的仕組みが変更されていないにもかかわらず,情報公開を取り巻く環境の変化が影響して,行政文書の開示や不開示をめぐる判断が変更される例が見られる。換言すれば,そうした社会変化を取り入れることを可能にしている仕組みが情報公開法制には認められるのである[20]。

　1つには,開示請求の進展と並んで,行政機関自らによる情報提供施策が近年急速に進展してきたという状況変化である。具体的に言えば,官庁等のホームページにおける情報提供の充実である。例えば,審議会の議事録や会議配付資料などは,インターネット上で公開されている。また,裁判の情報に関しても,裁判所のホームページの他,各種のデータベースの充実により簡単な検索でアクセス可能である。同様のことは,新聞等のデータについても妥当する。こうした公表情報が増加した結果,以前であれば,行政機関の情報は外部の者にとってアクセスが難しく,公的機関の発行する書籍を通じた情報収集に限定されていた状況が,大きく変化したのである。そのために,ある市民が行政文書の開示請求を行った場合,当該文書の内容から判断すると個人情報や法人情報等を含み不開示決定とならざるをえない事例についても,当該行政文書に掲

[20) 慣行の文言により,社会通念の変化を取り入れる可能性を持つ点については,塩野宏「情報公開法とその運用上の課題」同『法治主義の諸相』(有斐閣・2001年) 287頁以下 (初出 1999 年)。

載されている情報がホームページ等で既に公開されていることから開示が可能となる事例が見られる[21]。

　2つには，社会における行政情報に関する認識が大きく変化するようになった点を指摘することができる。一例を挙げれば，説明責任といった用語は情報法の世界を超えて，広く人々の会話で用いられるようになった。このため，行政機関に対して説明を求める圧力なり，施策形成過程や実施過程にかかる透明性を求める要請は一層強まった。例えば，公務員の氏名については，法制度が成立した当初は公務員のプライバシーを重視する見地から，氏名が公表される公務員の範囲は国のレベルでは本省課長級以上に限定されていた。ところが，地方公共団体レベルでは，職員がネームプレートを胸に付けて職務に当たる例や，部屋の入り口に職員の配置図を名前付きで明示することなどが恒常化するにつれて，職務に当たる公務員の氏名を公表することが原則形態であるというように役所や市民の意識が変化したのである。こうした変化は，開示判断にも影響を及ぼし，公務員氏名は慣行として公表されていると捉えられることにより，公務員氏名が開示される方向へと変化したのである。国のレベルでも，公務員氏名の開示が裁判で争われ，やがては，政府のレベルで申し合わせがなされたことを受けて，国の公務員氏名も公開の慣行が存在するという判断の下で開示対象とされた[22]。現在では，独立行政法人の職員の氏名を公開できるかといったところに議論は推移している[23]。

(2)　**情報提供の義務付け**

　社会慣行の変化のほかにも，法律制度が行政機関による情報提供について次第にその範囲を広げつつある点も，開示請求の処理に影響を及ぼしている。例えば，申請処理に関して審査基準の設定や公表を義務づけた行政手続法制によって，従前は行政内部で通達等に規律されてきた情報が審査基準に含められ公

---

　21)　行政機関情報公開法5条1号イの規定による。
　22)　「各行政機関における公務員の氏名の取扱いについて」(2005年8月3日情報公開に関する連絡会議申合せ)。
　23)　国の公務員について氏名公表の慣行が肯定できる状況に至った現在では，独立行政法人の職員についてもそうした公表慣行を肯定する解釈は可能である。

表されるように変化してきている[24]。法律や規則，さらには審査基準等の行政基準について情報が公開されると，それは開示請求の処理についても開示範囲を広げる機能を果たす。このほかにも，個別法分野で変化が認められる。例えば，公務員の懲戒処分については氏名を挙げて公表する運用がなされている。これによって，懲戒免職や停職になった公務員については，非違行為と共に氏名が公表され，開示請求における開示範囲を広げることに寄与している[25]。さらに，医師や歯科医についても免許停止や戒告などの懲戒処分を受けた場合には，ホームページで氏名等を公表したり，プレス発表するといったことが法律上義務づけられている[26]。したがって，こうした法制上の義務を根拠に，開示請求で開示することのできる範囲が広がることとなる。このほかにも，競争入札の分野では，入札に参加した業者の氏名や入札での評価について公表する仕組みも登場してきている[27]。その結果，そうした扱いを前提に開示範囲の検討を行うことが可能となってきている。このように，法律制度における透明性の要求が高まることに呼応して，開示請求における開示範囲も拡大しているのである。

(3) 理由提示を基軸とした交渉過程

行政庁が不開示決定を行う場合には，不開示の理由を申請者に対して明示しなければならない[28]。それは理由提示とか理由付記と呼ばれる行政手続法上の義務である。理由提示として，不開示決定の根拠となる具体的な法律条文のほ

---

24) 審査基準に関しては，行政手続法5条3項。
25) 「懲戒処分の公表指針について」(2003年11月10日総参-786)(人事院事務総長発)は，記者クラブ等への資料の提供その他適宜の方法による公表を定める。
26) 医師法30条の2, 医師法施行令14条では，戒告や3年以内の医業停止処分を受けた者のうち，戒告を受けた者は再教育研修が終わるまで，停止処分を受けた者は処分期間経過まで（再教育研修命令を受けた者は研修終了まで），氏名や処分に関する事項を公表する仕組みとなっている。歯科医師法28条の2, 歯科医師法施行令14条は同様の公表措置を定める。
27) 入札手続でも，事業者が企画立案して提案するような方式を地方公共団体が採用し，審査の結果や企画の内容を情報公開する旨を事前に制度上明らかにしている場合には，事業者の企画内容や審査過程を生ずることとなる。参照，碓井光明『行政契約精義』(信山社・2011年) 351頁以下。
28) 行政手続法8条1項。

か，審査基準を見なければ開示判断が困難な場合には，審査基準の条文も併せて提示しなければならない[29]。さらに，当該法令の規定が適用された事実関係についても説明する必要がある。これらは，最高裁判所が判示したルールである[30]。このように，不開示規定の具体的な当てはめについて説明を尽くすことが行政庁には求められている。理由を見て，申請者は行政不服申立てなり行政訴訟を通じて争うかを検討することとなる。行政機関も，理由を書くことを通じて，慎重に判断することが期待されているのである。こうした理由提示について判例は厳格な立場を採用してきており，理由提示を怠ったことはそれだけで不開示決定の取消事由となる[31]。行政決定について理由を提示するといった行政手続ルールはこのようにきわめて重要なものであるが，実際の行政実務では理由を提示するという作法は定着していない[32]。提示される理由は行政過程において支柱とも言うべき性格のものであり，これをベースに市民と行政機関のやりとりが以後展開される性質のものである。

(4) 対話型審理

情報公開の仕組みでは，行政機関と申請者との間で多様な対話が予定されている。具体的には，文書の特定をめぐる手続，補正手続，理由提示などに関して対話プロセスが見られる。開示・不開示の決定がなされるまでの事前手続において対話型の仕組みが存在するほか，不開示決定が不服申立てや裁判によって争われる場面（事後手続）においても，行政機関や裁判所と市民との対話が継続している。以下では，法制度の利用者との対話過程といった観点から，情報公開制度を見ることとしたい。

---

[29] 処分基準に関する最判 2011（平成 23）年 6 月 7 日民集 65 巻 4 号 2081 頁の判断内容は，審査基準にも射程が及ぶものと解される。大橋洋一『行政法 I 現代行政過程論〔第 3 版〕』（有斐閣・2016 年）222 頁注 19。

[30] 最判 1985（昭和 60）年 1 月 22 日民集 39 巻 1 号 1 頁参照。

[31] 大橋洋一「行政手続と行政訴訟」法曹時報 63 巻 9 号（2011 年）23 頁以下（本書第 11 章）。

[32] 例えば，行政機関情報公開法の改正案（2011 年 4 月 22 日閣議決定。2012 年 11 月 16 日に衆議院解散により廃案）9 条 3 項は，不開示決定についての理由提示を定めていた。既に行政手続法に規定がある事項について再度確認的に理由提示を明文化した背景には，行政実務で理由提示が定着していない事情があると思われる。

(3)で説明したように理由提示を重要であると考えると，不開示決定が出された後に，不服申立てや裁判の段階に至って行政機関が別の理由を持ち出してくることはルール違反であるように思われる。しかし，実際には，例えば行政不服審査において行政機関の側から追加理由説明が出されることは通例である[33]。これは，不開示決定を維持しようとする行政機関の行動としては，理解しうるところである。これに対し，申請者にとっては，そうした理由の追完は容認しがたいように見える。それでも理由の追完が認められているのは，次の事情に基づく。つまり，理由の追完を一切否定して，当初の理由提示が不備であるとして不開示決定が取り消された場合であっても，再度の申請処理において行政機関が別の理由を持ち出して不開示決定を行う可能性は残る。これに対し，理由の追完をあえて許容して，考えうる理由を出させたうえで不服申立てなり取消訴訟で勝訴すれば，再度の申請処理の後に開示決定が得られる可能性が高まるのである（加えて，義務付け訴訟によれば開示が直截に実現可能である）。このように，紛争の一回的解決といった視点から理由の追完は許容されている[34]。

(5) 民民調整としての行政

情報公開制度が行政文書を対象とした開示請求の仕組みであると聞くと，官の世界に限定した（つまり民間人には関係のない）制度であるように思われる。しかし，情報公開制度でいう行政文書には行政機関が作成したものばかりではなく，行政機関が取得したものも含まれる点が重要である。換言すれば，個人や法人が作成して行政機関に提出した文書も開示請求の対象となる。行政機関が個人や法人に届出をさせたり，許認可を要する事項について申請書を受け付けたり，また，行政指導を通じて任意に提出を要請したものなど，現実には社会の様々な分野における多様な主体の情報が行政機関の手元に集積されており，それに対する開示が請求されているのである。したがって，法人Aが提出し

---

33) 最高裁判決にも，情報公開の事案で理由の追完を肯定したものがある（理由は明確に示されていない）。最判1999（平成11）年11月19日民集53巻8号1862頁。同判決につき，大橋・前掲注1) 166頁以下。

34) この点に関し，小早川光郎『行政法講義下Ⅱ』（弘文堂・2005年）213頁以下，大橋・前掲注29) 236頁以下，大橋・前掲注31) 23頁以下。

て行政機関の手元にある文書を市民Bが開示請求する事例では，行政機関はAとBとの間で情報の流通を調整する役割を担っているともいえる[35]。こうした構造を反映して，行政機関は開示請求の申請者である市民Bの意向を尊重する必要がある一方で，当該文書の作成者でありその開示に利害関係を持つ法人Aの言い分を十分に聞くことも求められる。見方を変えれば，行政機関はAやBとの対話を重ねながら決定に至るのである。不服申立てでは裁決庁がそうした対話の仲介役を担い，行政訴訟では裁判所がかかる任務を果たすこととなる。

5 権利救済の実効性

　情報公開の仕組みにおいては，請求者の申請が違法ないしは不当に拒否された場合に備えて，申請者が権利の救済を図ることができることが不可欠である。こうした権利救済手続はそれ自体が法利用の一場面であると同時に，かかる手続の整備が情報開示請求の利用を支えるという関係にある。権利救済手続においては，実効的に権利救済が図られることが肝要である。以下では，行政訴訟と行政不服申立てとを考察対象として，両者の比較を通じて各手続の特色を明確化することとしたい。

(1) 不服申立てと行政訴訟

　情報公開の分野においては，行政上の不服申立てと行政訴訟はいずれも活用されている状況にある。行政上の不服申立ては，行政機関に対して申請拒否等の是正を申し立てるものである。その利用にあたり市民は手数料等を支払う必要はなく，原則として書面審理であるなど簡易迅速である点に特色を持つ。他方，行政訴訟は，裁判所に対して申請拒否等の是正を求めるものであり，手厚い手続保障や裁断者の第三者性が保障されている。こうした2つの救済手段の利用について，市民の選択に委ねられている。つまり，不服申立てだけを選択

---

　35) 本文に挙げたように，開示決定に対して申請者以外の者が不服を申し立てるタイプは逆FOIA訴訟と呼ばれ，三面関係で争われる訴訟類型である。

することも,不服申立てを経ずに直接行政訴訟を提起することも自由である[36]。また,不服申立てで満足を得られない場合には行政訴訟の提起に及ぶという利用方法も可能である。従前の利用方法を見ると,国のレベルでは,不服申立てを経て行政訴訟に及ぶという利用方法(=二重の利用形態)は少ないようである。つまり,市民は,不服申立てか行政訴訟の一方を選択して,不開示決定等の是正を求めているのである。不服申立てと行政訴訟はいずれも行政活動の是正を目的とした救済制度であり,それぞれ法律を根拠に実施されている(両者を併せて行政争訟と呼ぶ)。以下では,両者の比較を通じて,それぞれの救済手段の特色を指摘し,市民の利用を促している点,なお改善を要する点などに言及する。

(2) 公 開 制

行政訴訟では公開が原則とされるのに対し,不服申立てでは情報公開・個人情報保護審査会の審理は非公開で行われる。こうした審理の特色を踏まえて,救済手段の選択が市民によりなされている。例えば,企業情報が関わる開示請求の事案では,企業Aに関する行政文書の開示を求めた市民Bの請求を認めて開示決定が下された場合に,開示決定に対してAが争う場合が見られる。こうした紛争では,行政訴訟における公開審理を嫌って,Aにより非公開である不服申立てが選択されることがある。このように,救済手続が公開性に関して持つ差異は,市民の選択に影響をもたらす側面がある点に注意が必要である。

(3) インカメラ審理

現在では,行政不服審査にあっては,審査会は実際に開示請求のあった行政文書を見分することができる(これを「インカメラ審理」という)[37]。これに対し,行政訴訟にあっては,裁判の公開の原則に反するといった理由で(それを認める法律規定も存在しないことから),裁判官だけが文書を見て当事者には見せない

---

36) 前掲注7)参照。
37) 情報公開・個人情報保護審査会設置法9条参照。

といった手続を利用できないとされた[38]。したがって，インカメラ審理の活用可能性という点で，2つの救済手続は区別される（もっとも，裁判においても将来的にはインカメラ手続を，解釈論を通じてないしは法律の明文規定を用意して導入すべきであろう）[39]。

　インカメラ手続が行政救済の分野で必要と思われる理由は，次の2点に認められる。1つは，行政機関の持つ裁量判断に対する武器を提供するという理由である。情報公開審査会で勤務した経験によれば，一般に，行政庁による不開示の主張は行政庁に有利で最も無難な基準に基づいてなされる傾向にある。その場合には，官僚組織が総力を挙げて理論武装をして，一見したところではもっともな理屈が並べられることが多い。こうした抽象的な理由付けだけを見ると，争われている行政文書を開示しようものなら社会問題が直ちに生起するような印象を受ける。しかし，インカメラ手続によって実際の行政文書を見分すると，開示したところで何ら問題が発生しない類いの文書である場合が決して少なくない。先に述べた大仰な抽象論とは対照的に，開示したところで支障のない内容なのである。このように，インカメラ手続の利用を通じて現実の文書に触れることによって，先の抽象論を乗り越える力を紛争の裁断機関は得るのである。審査機関の持つ専門性は担当部局の職員に劣る場合があるとしても，インカメラ手続においては，一般的な経験則に依拠して行政庁の主張する「開示によって生起するおそれ」が根拠のないものであるという確信を抱くことは充分に可能である。2つは，インカメラ手続が存在することによって，審査機関は実際の文書を見分して判断を下しているという外観を（不服申立人や原告を始めとする）市民に与えることができるという点である。こうしたメカニズムは，救済制度への信頼を保障する働きを持つものである。かりに，こうした印象を市民に与えることに失敗するならば，情報開示システムの信頼性は低下し，

38）　もっとも，憲法82条の要請は法廷の公開を意味しているだけで，被告提出資料を原告に見せることまで常に要求するものではないといった見解が見られる。阿部泰隆『行政法解釈学Ⅰ』（有斐閣・2008年）542頁。インカメラ手続を詳細に検討したものとして，村上裕章「情報公開訴訟におけるインカメラ審理」同『行政情報の法理論』（有斐閣・2018年）340頁以下（初出2011年）参照。

39）　行政機関情報公開法改正案・前掲注32）24条は，弁論期日外証拠調べとしてインカメラ手続を許容している。

市民による利用は低減することとなろう。

(4) 第三者の視点の導入

　行政訴訟の場合には裁判官が審査に当たることから，審査機関の第三者性は制度的に保障されている。これに対して，市民が行政庁の決定等に対して是正を求める行政不服申立てでは，見直しを行政機関の判断に任せるため，審査機関の第三者性は確保されない状況が存在した。この点に関する工夫として，情報公開では，不服審査の審理に当たり行政機関は情報公開・個人情報保護審査会への諮問を義務づけられている（行政機関情報公開法19条）。これにより，第三者の視点が行政判断に届けられることとなる（審査会への諮問の仕組みは，2014年の行政不服審査法改正により情報公開以外の分野でも一般化された。行政不服審査法43条，67条〜73条参照）。こうした広義の市民参加の仕組みが持つ機能について，以下で考察する。

　審査会に対して考えられる批判は，行政庁の側に都合の良い委員を登用しているのではないかといったものである。審査会の委員は地方公共団体の長や大臣によって任命される点からすれば，そうした批判が妥当するようにも見える。しかし，任命に当たり議会同意が要求される場合には，行政の一存で任用することができないという制約がある。併せて，答申内容が公開されるという仕組み[40]や（審査会の裁決に不服な場合には裁判所へ出訴するという）行政訴訟の存在が，制度の客観的運用を担保する機能を担っている。つまり，仮にある審査会が行政寄りの判断をしたとしても，答申の公開により当該判断自体が批判の下に置かれる。また，情報公開の運用が積み重ねられてきたことから，開示の判断については，裁判例なり答申により一定の基準が築かれてきている。したがって，審査会委員といえども，そうした基準を念頭に置いて判断をせざるをえず，根拠なく基準から逸脱した判断を下せば答申が批判対象となりうるのである。最も明瞭な批判は，審査会答申に沿った決定が行政訴訟で争われ取り消される場合である。こうした制度的な構造が，審査会の判断過程にとって一定の

---

[40] 答申内容の公表については，情報公開・個人情報保護審査会設置法16条に規定されている。

制約として機能している。

(5) 行政に関する知見の導入

　行政の世界では分野ごとに判断に専門性が要求される。社会や政策の変動も速いため、そうした実情に通じることは外部者（市民）に難しく、行政経験を持って初めて理解できる部分が少なくない。したがって、不開示決定の審査に当たる場合には、行政現場における知見をどのように導入するかは、不服申立てであれ行政訴訟であれ、きわめて重要な審査環境整備事項となる。以下では、情報公開・個人情報保護審査会の審査手続における「行政の知見導入」の重要性について分析することとしたい。

　外部者である委員からなる審査会の場合、それが機能するためには事務局スタッフの存在が重要性を持つ。事務局自体が行政判断の見直しに消極的で審査会委員の判断自体に抑制をかける働きかけをするのであれば、折角の第三者性の高い仕組みも十分には機能しないこととなる。これに対し、スタッフの構成に工夫が凝らされる場合には、審査会自体のチェック機能が高まることとなる。地方公共団体の場合には、情報公開制度を重視するという首長自体の姿勢や審査会で勤務する事務局職員の人選が重要性を持つ。国の制度の場合には、審査会が内閣府（2016年4月1日より総務省に移管）に置かれていることにより、各省との一定の距離が保障されている。また、審査会委員の判断を尊重しようとする運営が従前とられていることや、審査会内部に部会が設けられ、各部会が一定の所管分野を持つことを前提に、審査会事務局職員がそうした所管官庁から出向していることが審査会の活動を促進している。最後に述べたように、開示請求の文書を作成・保有等する省庁からの出向者を審査会事務局の職員に迎えることは、当該省庁の影響を審査会自体が受けることとなり、第三者性自体を損なうものではないかという批判も考えられる。例えば、各職員が出身省庁の利益を強く配慮するような行動をとれば、そうした批判も当たっているといえる。こうしたリスクにもかかわらず、従前上記の運用がなされてきたことは、他面でメリットが存在するからである。行政分野の土地勘を持った事務局職員を迎えて開示請求の審査を支援し、審査会委員がそうした職員との密接な対話の中で実情を把握して判断を下すことは、行政実務等に関する深い理解に基づ

いた審査を可能にする。また，行政の実情を踏まえた判断がなされることから，諮問した行政庁自体も受け入れやすい内容となることが多い。換言すれば，土地勘のあるスタッフの助力を得て初めて，裁量問題に深く切り込むことや，理論への偏重を避けた合理的判断が可能になるのである。このように，事務局スタッフの人選問題は実際の審査過程に大きな影響を及ぼしうる問題であり，諸刃の剣といった性格を持ちうる。補助組織の構成問題は，運用の知恵が試される法分野なのである。

(6) 先例拘束

行政訴訟の場合には，最高裁判所の裁判例は先例として下級審に対して拘束性を有する。他方，不服申立てにおいて，積み重ねられてきた情報公開・個人情報保護審査会答申が先例として拘束性を有するのかという問題がある。答申の示した解釈は行政機関の申請処理判断の指針となり，統一性を有することが要請される。このように考えるならば，不服申立ての分野においても先例拘束といった考え方が成立しうる。国の審査会は，長年，こうした立場に立っている（先例を変更しようとする場合には，(15名の委員全員による) 総会の審議が必要であるとされてきた)[41]。こうした原則の背景には，答申の内容が不統一であれば答申の説得力が弱くなるといった理由が存在したところである。しかし，このような立場に対しては，以下のような批判が想定される。第 1 に，審査会の委員は国会によって承認を受けて任命されており，その制度趣旨は委員の専門的判断に期待したものではないか，先例拘束性の強調はそうした委員の自主判断に制約的機能を果たすのではないかという批判である。たしかに，過去の答申が拘束性を有するのであれば，過去の委員の判断が現役委員の判断に優先することになりかねない。審査会では諮問事項の増加を反映して，現在では 5 つの部会が構成されている。ほぼ毎週のように各部会が諮問案件の処理に当たっており，作業環境はきわめて過密なスケジュールである。国の審査会において先例変更を行う場合には総会の決定が必要となるが，多忙な (15名の) 委員（こ

---

[41] 情報公開・個人情報保護審査会運営規則 2 条 3 項を基礎に，先例拘束といった運用がなされてきた。

のうち10名は非常勤である）の日程調整を部会審議以外に設定するのは容易でなく，総会の開催が困難な事情にある。1つの事実として，審査会が設置されてから10年余の間に総会開催は1回のみであった。現在では，総会の開催を柔軟に行うことができるように工夫が講じられているが，それでも総会開催に制約が存在するのは事実である（もっとも，国の行政不服審査会では頻繁に総会を開催しており，活発な意見交換が行われていることからすると，情報公開の分野では改善の余地が大きいという印象を持つ）。第2に，上記のように審査会による先例変更が困難である事情を見越してか，行政庁の側で先例拘束性を過度に強調して不開示決定の維持を主張する対応が見られる。こうした局面では，審査会は個別事案の特性を強調する形で，先例の射程を狭く解釈して柔軟な判断を行うことも少なくないものと推察される。第3に，同様の事例で先行答申があるとしても，その答申の理由がきわめて簡単にしか付されていない場合が存在し，先例答申の結論に拘束されなければならない理由について疑問に生じる場合が存在する。十分な議論の形跡がうかがわれない先例答申の判断に拘束性を認めることが合理性を持つのか疑わしい場合が認められるのである。第4に，先例拘束性を強調すると，先例答申がきわめて多数に及ぶことから，判断の余地が狭められ創造的作業環境が失われるのである。少なくともそうした萎縮的な雰囲気なり意識を現役委員に与えるマイナスの影響を指摘することができよう。

　上記の批判に考慮して，地方公共団体の審査会の中には，先例拘束の考え方を否定して柔軟に諮問処理に当たっている審査会も存在する。これは，現役委員の判断に重きを置いた運営であり，経験知に基づいた運営方法であるように思われる。

　これまで述べたように，先例拘束といった点の捉え方によっては，裁判手続と不服申立手続の間に異同が生じるところである。

(7)　義務付け請求

　行政機関が開示請求に対して不開示の決定を行った場合に，申請者は当該決定の取消しを求め（行政機関に改めて申請処理を行わせ）る方法と，申請した開示を行うように裁断機関が行政庁に命ずるよう求める方法の2つが選択可能である。行政訴訟の分野では，不開示決定の取消訴訟が前者に当たり，開示決定の

義務付け訴訟（この場合には不開示決定の取消訴訟も併合提起することが必要である）が後者に該当する[42]。これに対して，不服申立ての分野では，開示決定の取消しを求める不服申立てのみが可能であり，義務付け訴訟に相当する手段は欠けている状況が存在した。しかし，行政不服審査法の改正作業が進められ，開示決定の義務付けを求める不服申立ても可能とされたため，両手続の差異は相対化された（行政不服審査法 46 条 2 項 1 号）[43]。

(8) 制度改善提言

上記以外にも，2 つの手続間で認められる差異として，制度改正や運営改善に対して手続が持つ提案機能を挙げることができる。行政訴訟の場合，取消訴訟では取消判決によって不開示決定が取り消され，判決の趣旨に沿った申請の再処理が要請されるところまでは到達可能である。他方，義務付け訴訟では，申請通りの開示決定を行うように裁判所が命ずるところまで求めることができる。こうした判決の効力は，個別案件の処理としては適切なものであるが，それを超えて，行政制度を見直すとか，従前の運用を改めるといった事態にまで進展する保障は存在しない。

これに対して，行政不服申立てでは，審査会が答申の中で制度改善や運用変更を求めることがある。これにも 2 種類の手法が存在する。1 つは建議機能として行使される場合であり，他の 1 つは「なお書き」「付言」による場合である。地方公共団体レベルでは，情報公開条例が審査会に対して制度改正を要求する建議権を与えているものがある[44]。建議権が認められた背景には，次のような事情が存在する。開示請求をめぐる紛争は形式的には行政文書の開示をめぐる争いであるが，実際には，行政機関の対応や運営方法に対して市民が不信感を抱いていることが根底にある場合が少なくない。換言すれば，行政事務処

---

42) これは，申請型義務付け訴訟と呼ばれるものであり，2004 年の行政事件訴訟法改正で導入された（3 条 6 項 2 号・37 条の 3）。不開示決定が出された場合では，不開示決定の取消訴訟（ないし無効確認訴訟）と併合提起する必要がある（37 条の 3 第 3 項 2 号）。
43) 大橋・前掲注 1) 379 頁，橋本博之ほか『新しい行政不服審査制度』（弘文堂・2014 年）141 頁以下参照。
44) 福岡市情報公開条例 23 条 2 項 2 号。建議機能に関しては，大橋・前掲注 29) 353 頁以下。

理に対する不満が形を変えて行政文書の開示請求として提起されているのである。子細に観察すると，不服申立てが提起される行政分野は一定の領域や制度に集中する傾向が認められる。こうした状況においては，個別の諮問事件処理を通じて行政文書の開示を要請しただけでは，不服申立ての連鎖を断ち切ることはできない。そこで，「元から絶たなければ解決なし」といった発想から，制度改正や運用の一般的見直しを建議権を通じて要請することが必要と考えられた。

国のレベルでは，行政機関情報公開法には，かかる建議権を認めた規定は存在しない。しかし，審査会答申における運用を通じて，行政機関に対する要請を行っている。「なお，……」といった形で答申に補足的に書く場合もあれば，答申の最後の方で，「付言」という項目を新たに設定して問題点の所在と改善要請を書く場合が見られる。付言には，次のものが見られる。①請求文書の特定が不十分であり，それが原因で紛争に発展していることから特定を正確に行うよう求めるもの，②申請段階における行政機関の補正や情報提供が不十分である点を改めるよう求めるもの，③不開示の決定の書き方が抽象的である点，不開示部分と対応する形で正確に不開示理由が記載されていない点を改めるよう求めるもの，④申請処理に時間がかかりすぎている点を改めるよう求めるもの，⑤文書管理の方法や文書保存期間等の設定について見直しを求めるものなどである。ここに記載した事項からも明らかなように，情報公開の申請処理を行う上で，市民に親切に対応すること，行政機関に正確な処理を行うよう求めること，基礎的な取り扱い方針を整備することを求めるものであり，とりわけ不服申立てに不慣れな部署に対しては教育的機能を果たしている。不服申立手続においては，行政活動が適法であったかという審査（合法性審査）に加えて，妥当であったかという審査（合目的性審査）が加わることから，制度改善や制度運用に対しての付言や建議の機能を不服申立てでは発揮しやすいといった事情が存在する。ここには，不服申立手続の持つ発展可能性が示されている[45]。

---

45) 裁判所と国の行政不服審査会が同じような事案で違法性の承継に関する判断を行った事例を比較すると，行政不服審査会が付言で法律自体の改正まで提言している点に，不服審査制度の発展可能性を見ることができる。参照，東京地判2017（平成29）年1月31日判タ1442号82頁（東京高判2017（平成29）年9月21日LEX/DB 25560435

おわりに

　本章では，市民による法利用が活発である点に着目して情報公開制度を扱ってきた。この分野で法利用が活性化していることは，他の分野への波及効果があることに留意が必要である。1つには，この仕組みに習熟する過程で，市民自身が行政活動に対する対応の仕方，法利用の経験を積むことができるという法教育機能である。2つには，行政機関の側でも，情報開示請求の処理を通じて，行政活動の重要部分を占める申請処理手続に関する基本的作法を身につけることができる点である。情報公開の現場では，根拠法律は行政機関情報公開法であるが，実際の紛争は申請処理に関わる不手際が多く，争われている争点の実質は行政手続法であることは少なくない。このように見てくると，情報公開の仕組みは，双方向の教育過程であって，公務員教育の側面と市民の法教育としての側面を併せ持つ。市民の法利用を契機に，両者の対話が深められ，それを通じて法制度の運用面で進化が図られていくことが期待できる。

　このほかにも，情報公開の分野で法利用が進むことは，行政過程の透明性向上に貢献し，このことがわが国行政の国際的信頼につながる点も指摘することができる。本書第5章で指摘したように，情報公開制度の整備は，国際行政法の基盤整備の意義を持つものである。情報公開制度で登場する利用者は市民に止まらず，他国の国民や政府でもありうるのであって，利用者の範囲が国境を越えている点も現代法の動態を示している[46]。

　　は同じ判断で控訴棄却）と行政不服審査会平成29年度答申27号（2017年12月5日）。大橋洋一「行政法判例の動き」『平成29年度重要判例解説』（2018年）33頁参照。
　46）　国際行政法における一般原則としての透明性原則と，それを実現する手段としての情報公開制度の意義については，大橋・前掲注29）107頁，大橋洋一「グローバル化と行政法」行政法研究1号（2012年）107頁以下（本書第5章）。

第14章
土地利用規制と権利救済

はじめに

　本章においては，望ましい法制度の構築という観点から，都市制度やまちづくりが抱える課題に焦点を当て解決の方向性を探究する。とりわけ，土地利用規制にかかる仕組みを対象として，土地利用規制に対する行政不服審査制度や行政訴訟制度の利用可能性のほか，補償や損害の回復制度のあり方について言及する。事後的争訟を避けるために，規制基準の策定や決定段階をどのように設計すべきか，概観性の高い利害調整の仕組みはいかにして構築可能かなど，市民の視点に立って協働を可能とする改善提案を行う。

1 考察の視点

(1) 区域制を通じた土地利用規制と都市基盤整備事業

　土地利用にかかる法的仕組みでは，基本的法律として都市計画法が存在する[1]。しかし，以下で述べるように，同法だけで完結した仕組みにはなってい

---

1) 土地利用規制に関する研究書としては，参照，生田長人『都市法入門講義』（信山社・2010年），碓井光明『都市行政法精義Ⅰ・Ⅱ』（信山社・Ⅰ2013年・Ⅱ2014年），安本典夫『都市法概説〔第3版〕』（法律文化社・2017年），荒秀＝小高剛編『都市計画法規概説』（信山社・1998年），芝池義一ほか編著『まちづくり・環境行政の法的課題』（日本評論社・2007年），ヴィンフリート・ブローム＝大橋洋一『都市計画法の比較研究』（日本評論社・1995年）。

ない。このほかにも，建築基準法であるとか，景観法，土地区画整理法，都市再開発法，大規模小売店舗立地法，都市再生特別措置法などを視野に入れて初めて理解可能な法体系となっている。このように，土地利用をコントロールする法制度は複雑であり，概観性が悪いといった特色を持つ。全体像をつかむ上では，地域や区域の指定を通じて土地利用を規制する仕組みと，都市基盤整備事業などの実施を目指した仕組みの2つを念頭に置いて考察を進めることが便宜である（図1の(a)(b)参照)[2]。以下では，かかる視点から分析を進めることとしたい。

(2) 多層型の計画システム

留意すべきことは，都市計画の仕組みが土地利用規制，都市計画事業のいずれについても，多段階の行政過程によって形成されているという点である。これは現代行政法に顕著な特色であり，行政計画が法律と後続処分との間において，いわば中間項として利害調整を果たしているのである。換言すれば，計画が法令の定める規制や事業の具体化に貢献する仕組みとなっている。

したがって，土地利用規制に関しては，計画と個別処分といった少なくとも2つのタイプの行政活動が関わるため，それぞれの行政活動について，どのような内容的要求をするのか（実体法上の問題），その策定や発動の手続をいかに構成するのかといった問題（手続法上の問題）に加えて，両者の関係にかかる問題が存在する。また，権利救済の観点からは，市民はどの行政活動を対象として争うべきであるのかといった攻撃対象の選択問題が重要な争点となる。簡略化して言えば，伝統的理解では，争点が熟した段階として個別処分の段階で争えば足りるといった発想が一般に見られた（個別処分の段階で争うことができる点は今日まで異論がない）。これは紛争の成熟性，即時確定の利益といった視点を尊重した考え方である[3]。これに対し，早期の段階で実効的な権利救済を図るためには，計画段階でも争う機会を設けるべきであるといった意見が提起され

---

[2] 大橋洋一『行政法Ⅰ 現代行政過程論〔第3版〕』（有斐閣・2016年）150頁以下参照。
[3] 処分性と紛争の成熟性の関係に関しては，室井力＝塩野宏編『行政法を学ぶ2』（有斐閣・1978年）64頁以下（小早川光郎執筆），大橋洋一『行政法Ⅱ 現代行政救済論〔第3版〕』（有斐閣・2018年）57頁参照。

図1　土地利用のコントロールにかかる法制度
(a)　区域制を通じた土地利用規制：土地利用計画────具体的処分
　　　　　　　　　　　　　　　　　　　　　　　　　（建築確認等）
(b)　都市基盤整備事業の実施　　：事業計画等　 ────具体的処分
　　　　　　　　　　　　　　　　　　　　　　　　　（収用，換地等）

ていた。最高裁判所の裁判例の積み重ねもあり，ごく簡略化して言えば，都市基盤整備事業で収用や換地を予定している事例については，事業計画の段階で行政訴訟の提起が可能とされている[4]。これに対し，区域制を通じた土地利用規制に関しては，そうした利用制限を定めた計画段階において行政訴訟は未だ許容されていない。ここに課題を残しており，この点の詳細は後述する。

2　土地利用規制制度の輪郭

(1)　土地利用規制の仕組み

　土地利用を規制する都市計画に関しては，以下に述べるように，多段階の行政過程を経て規制が課されている。もっとも，計画に定められた規制の実現は，市民が実際に開発行為や建築行為に着手する段階において，開発許可や建築確認の申請を通じて図られている点に注意が必要である。換言すれば，上記規制に反する土地利用に対して許可や確認が付与されないという形で土地利用規制の遵守が図られ，計画に従った土地利用が次第に実現するのである。具体的には，土地利用規制は以下のプロセスを経て実現される。

　第1に，土地利用規制の対象となる地域として，都市計画区域が指定される（都市計画法5条。以下，特に表記しない場合には都市計画法の条文を指す）。都市計画区域に指定されると，当該区域内において，①開発許可や建築確認などを通じた土地利用規制が及ぼされるほか，②都市基盤整備事業が展開されることが決定される（29条1項・12条1項，建築基準法6条1項）。もっとも，都市計画区域の指定は市町村の行政区域にも匹敵するくらいの広域を対象とすることが可

---

[4]　都市計画事業認可に関し，最大判2005（平成17）年12月7日民集59巻10号2645頁，第二種市街地再開発事業の事業計画決定に関し，最判1992（平成4）年11月26日民集46巻8号2658頁，土地区画整理事業計画決定に関し，最大判2008（平成20）年9月10日民集62巻8号2029頁が処分性を肯定した。

能であり，また，市民に対して直接的な法的効果をもたらすものではないと考えられてきた[5]。換言すれば，事後に行われる行政活動の準備活動としての性格を持つ非拘束型行政計画であると説かれたのである。したがって，都市計画決定を対象とした行政訴訟や不服申立ての利用は消極的に捉えられてきた。なお，国土の一定部分しか都市計画区域に指定されず，それ以外について土地利用規制が極めて弱い点にも問題を残している[6]。

　第2に，都市計画区域ごとに，都道府県は概ね20年後の状況を想定して当該区域における将来像を描いた「整備，開発及び保全の方針」（これを「都市計画区域マスタープラン」という）を都市計画として定めるよう義務づけられている（6条の2）。当該方針に即して，市町村は，市町村の将来像について「都市計画に関する基本的な方針」（これを「市町村マスタープラン」という）を定めるという二層制の仕組みとなっている（18条の2）。いずれのマスタープランも，都市のマネジメントのための方針を示すものであり，市民の権利を拘束する性格のものではない。このように非拘束型行政計画であることから，マスタープランに対する行政訴訟や不服申立ても消極に解されてきた[7]。

　第3に，都市計画区域の中で，市街化区域と市街化調整区域が区分されることがある。こうした区分（これは「線引き」と呼ばれる）を行うかは，都市計画区域ごとに都市計画権者が判断するものとされている[8]。線引きが行われた都市計画区域では，市街化区域において，土地利用規制の観点から，①用途地域が設定されると共に，②規模 1000 m² 未満の開発行為について開発許可が不要とされる（13条1項7号・29条1項1号，法施行令19条1項）。加えて，市街化区域においては，③市街地開発事業が展開される（13条1項）。他方，市街化調

---

[5]　都市計画区域決定に関し，遠藤博也『都市計画法50講〔改訂版〕』（有斐閣・1980年）45頁以下，抗告訴訟の対象とならない点は，荒＝小高編・前掲注1) 22頁（荒秀執筆）。

[6]　都市計画区域が国土の一部しか対象としていない点に関し，ブローム＝大橋・前掲注1) 311頁以下，生田・前掲注1) 29頁，安本・前掲注1) 20頁。区域外ではショッピングセンターや産廃施設等が建設されている。

[7]　マスタープランが直接に私権を制限しない非拘束型行政計画である点は，生田・前掲注1) 39頁。

[8]　線引きは，かつては義務とされていたが，2000年の都市計画法改正により規制緩和された。

整区域では，①原則として用途地域は定められず，②開発行為は原則禁止され，③市街地開発事業などの都市施設整備も行われない（13条1項7号・34条）[9]。こうした線引きの仕組みは，都市化の圧力が強かった時代に，それに対抗するために1968年制定の都市計画法で導入された。市街化区域や市街化調整区域の指定は，用途地域の指定や開発許可制度の適用に対する方針を決定する行為にとどまるため，紛争の成熟性の観点から行政訴訟や不服申立ての対象とはならないと考えられてきた（最高裁は，法令制定と同様の行為であると捉えている）[10]。

　第4に，とりわけ市街化区域では，土地利用を規制する様々な地域地区の指定が行われる（8条）。これには複数の区域指定があるが，その代表例が，用途地域の指定である（同条1項1号）。用途地域が指定されると，まず，当該地域では，どのような種類の土地利用が認められるかという用途が決定される（これを「用途規制」という）。加えて，どの程度までの土地利用が許容されるかという建築物のボリューム・密度について決定がなされる（これを「形態規制」という）。具体的に示すならば，第一種低層住居専用地域に指定されると，良好な住環境を保護した住居利用に適した用途が決められると共に，許容される容積率・建蔽率，（通常2階建てまでといった）高さ規制（例えば10m）などが決められる（9条1項，建築基準法52条1項1号・53条1項1号・55条1項）。このように，用途地域が都市計画で決定されると，定型的な形で用途規制と形態規制が同時に定められる仕組みとなっている。このほかにも，例えば商業地域に指定されるならば，極めて高い容積率が許容される（これは高層建築物の建築が可能になることを意味する）。また，日照を確保するための規制手段である日影規制が及ばないことが決まる（建築基準法56条の2第1項・別表第4）。したがって，高層マンション建築に反対の近隣住民にとっては，商業地域の指定は不利益な決定となる。同様に，工業地域に指定されるならば学校や病院の建設が禁止さ

　9）　もっとも，市街化調整区域でも市町村が規制を緩和する条例を制定して開発許可を出す運用が広く見られる（都市計画法34条11号）。参照，野澤千絵『老いる家　崩れる街』（講談社・2016年）72頁以下。

　10）　市街化調整区域指定の処分性に関しては，否定例として，広島地判1990（平成2）年2月15日訟務月報36巻6号1134頁，肯定例として，京都地判1976（昭和51）年4月16日行集27巻4号539頁，大阪高判1978（昭和53）年1月31日行集29巻1号83頁参照。

れ，他方，第一種低層住居専用地域に指定されれば高い容積率は許容されない。工業地域で学校や病院建設を望む者，第一種低層住居専用地域で高い容積率を期待する者には，用途地域の指定が不利益な決定となる。このほか，用途地域の指定は，指定されたエリアの土地所有者に対して地価などにも現実的影響を及ぼしうる。しかし，最高裁は，用途地域の指定行為を法令制定行為と同視して，取消訴訟や不服申立ての対象適格（処分性）を認めていない[11]。

　法定された13の用途地域を補完する手段も都市計画法で多数定められている。例えば，良好な住環境を保護する目的で，建築できる最高限度の高さを定める高度地区の設定が可能である（8条1項3号）。このほか，良好な景観を維持するために建築物の形態意匠制限，高さ制限，敷地面積の最低限度などを内容とした景観地区を定めることも可能である（同項6号）[12]。また，良好な住環境を保護するために狭域を対象とした地区計画の策定も可能である（12条の4第1項1号。規制強化型の地区計画）。もっとも，高度地区や地区計画についても，用途地域について述べたのと同様の理由で，最高裁は処分性を否定してきた。したがって，抗告訴訟や不服申立てを利用することはできない[13]。

　上記の用途規制や，用途地域に連動して定められる容積率，高さ制限等の形態規制は，建築確認の段階でその遵守が審査される仕組みとなっている。換言すれば，上記規制を審査する都市計画許可は存在せず，個々の建築物の建築許可の仕組みの中で都市計画適合性が合わせて審査されるのである。現行法では，例えば市民Aが建築確認を申請した場合に，建築物自体が安全や衛生面等で基準を満たしているかという規制（これを「単体規制」という）の審査に加えて，都市計画で定められた用途の規制に合致しているか（用途規制），（用途の指定と同時に定型的に定められる）建蔽率，容積率等を遵守しているか（形態規制），道路に一定程度接続する義務を果たしているか（接道義務）（これは，都市計画区域や準都市計画区域において要求されている）といった（建築物と周辺環境との関係に

---

11) 用途地域指定の処分性に関しては，工業地域について，最判1982（昭和57）年4月22日民集36巻4号705頁。
12) 景観法では，景観計画区域を設定し，その中で一定の行為に対し届出制を採用し，景観計画に定められた景観形成基準に基づき勧告を行う仕組みなどが法定されている。
13) 高度地区に関しては，最判1982（昭和57）年4月22日判時1043号43頁，地区計画の処分性に関しては，最判1994（平成6）年4月22日判時1499号63頁。

かかる）規制（これらの規制をあわせて「集団規制」と呼ぶ）の審査が行われている[14]。このように，建築確認では，単体規制にかかる部分では建築物に関する規制が審査され，あわせて，集団規制にかかる部分について，建物と周辺住環境との適合など都市計画上の規制に関する審査が行われている。建築確認に対しては取消訴訟等の行政訴訟や不服申立てが利用可能であり，従前からしばしば用いられてきた（取消訴訟の提起に先立ち，審査請求の利用が義務づけられていたが〔不服申立前置〕，行政不服審査法 2014 年改正で廃止された。審査には専門機関として建築審査会があたる仕組みが採用されている）[15]。

(2) 都市計画事業の仕組み

　土地利用にかかる都市計画の定めが市民の建築行為等を機縁として長い時間の中で次第に実現するのに対し，都市施設や市街地開発事業に関する都市計画は，市町村等の施行者が強制的権限（収用権限や換地権限）をもって事業を一定期間内に実施する点に特徴を有する。具体例を挙げれば，B 市が都市計画道路を整備しようとする場合，同市の都市計画決定を経て都市計画事業として実施される。事業計画が C 県知事によって認可されると当該事業は収用権限を付与された事業として位置づけられる。都市計画事業も，以下に記す通り分節的に実現されるのである。

　第 1 に，都市計画区域においては，道路や公園，下水道などの都市施設は必ず都市計画において定められる（13 条 1 項 11 号）[16]。他方，土地区画整理事業に関しては，市町村が施行する場合には，都市計画に定めることが必要とされている（土地区画整理法 2 条 8 項・3 条 4 項・3 条の 4 第 1 項）[17]。

　14）　集団規定は都市計画区域及び準都市計画区域に限り適用され（建築基準法 41 条の 2），都市計画の観点から建築物の敷地，用途，交通等について規制を行っている。単体規定，集団規定に関しては，荒秀ほか編著『改訂 建築基準法』（第一法規出版・1990 年）358 頁以下（関哲夫執筆）。島田信次＝関哲夫『建築基準法体系〔第 5 次全訂新版〕』（酒井書店・1991 年）も参照（単体規定に関し 139 頁以下，集団規定に関し 173 頁以下），安本・前掲注 1) 99 頁以下。

　15）　行政不服審査法改正で建築確認や開発許可について不服申立前置が廃止された点は，大橋・前掲注 3) 389 頁以下参照。

　16）　道路，公園，下水道は都市計画に定めることが法律上義務づけられ，実例が多いのに対し，福祉施設や病院などは都市計画に定められた例は少ない。

　17）　土地区画整理組合が施行する場合には都市計画に定められたものとそうでないもの

第2に，市町村が施行する都市計画道路などの場合には，市町村が定めた事業計画に対して知事の認可が必要とされている（59条1項）。この認可が告示されると，当該事業地内で建築行為が制限される。加えて，事業認可の告示が土地収用法に基づく事業認定とみなされるため，事業地内の土地所有者は収用を受ける地位に立たされることとなる（62条1項・65条1項・70条1項）。当該都市計画事業を違法であると考える事業地土地所有者ないしは当該事業に反対の近隣住民は，事業認可に対して取消訴訟等を提起することができ，不服申立ての利用も可能である。このように都市計画事業の実施について，計画段階で争訟手段が用意されている。

　市町村施行の土地区画整理事業の場合には，都市計画事業認可について定めた都市計画法の規定が適用されないため（土地区画整理法3条の4第2項），上記のように都市計画制限や収用される地位を理由に上記争訟手段の利用を認めることができない。しかし，土地区画整理法において市町村の事業計画の設計概要について知事が認可し，事業計画の決定が公告（同法55条9項）された時点以降においては事業地内の土地について利用制限が課される（同法76条1項4号）。このほか，とりわけ土地所有者が換地されるべき地位に立たされることを重視して，最高裁は取消訴訟の提起を事業計画決定段階で肯定した[18]。

3　計画に基づく土地利用制限と行政訴訟

　2で述べた概観から明らかなように，行政救済の手段が欠けている（ないしは明確化していない）のは，土地利用計画段階（計画行為）に関してである。具体例を挙げれば，違法な用途地域が指定された場合に当該指定を対象とした取消訴訟や不服申立ては許容されていない。この点をどのように克服するか，解釈論，立法論のそれぞれの観点から検討が必要である。

　　がある。
　18）　最大判2008（平成20）年9月10日・前掲注4）参照。

(1) 解釈を通じた行政訴訟等の可能性

　用途地域指定を定めた都市計画に処分性が肯定できないことから，都市計画に対しては不服申立ても利用することができない。このことは，取消訴訟も不服申立ても同様に処分を対象とした争訟制度であるという理解から導かれる結論である[19]。他方，処分性が認められないことを前提に，行政訴訟の可能性を探るならば，行政事件訴訟法改正にあたりその活用が説かれた「公法上の当事者訴訟」(行訴法4条)を利用する解釈が考えられる。具体的に述べるならば，用途規制を定めた都市計画が違法であり無効であることから，土地所有者は用途規制を受けない地位を有することを確認するよう求める訴訟として構成する方法である。用途規制を定めた都市計画が違法であると裁判所によって判断されれば，計画権者は確認判決の拘束力により再度計画を策定するなど，計画の見直しを迫られる (行訴法41条1項・33条1項)。原告は，用途地域が指定されたことにより被る不利益について確認の利益を具体的に主張することが要求され，このことが当該訴訟の勝敗を決することとなる。用途地域指定に対する公法上の当事者訴訟において，裁判所は計画の効力を否定するわけではなく，違法判断の後の処理は行政庁にゆだねられる。この点で，裁判所の負担は少ないといえよう。

　もっとも，1つには，公法上の当事者訴訟には出訴期間の制限が存在しないことから，策定された都市計画が際限なく争われる点が心配される。この点は，立法上の手当を要する点の1つである。2つには，公法上の当事者訴訟では，例えば用途地域指定の違法を判示した判決の効力は訴訟当事者間にとどまる。この点は，たしかに判決の効力を抑制的なものにとどめ処理を行政機関にゆだねる点に妙味があるという見方が可能かもしれない。しかし，訴訟当事者間では計画は違法であり，それ以外の市民との関係では適法といった不均一な状況を認めながら解決を図ることができるのかという疑問も残るところである[20]。

---

　19) 不服申立制度で処分が抗告訴訟と同様に解されている点は，大橋・前掲注3) 364頁以下。
　20) 取消判決の第三者効に着目し，画一的処理に対する期待が見られる最高裁の判決としては，最判2009 (平成21) 年11月26日民集63巻9号2124頁のほか，最大判2008 (平成20) 年9月10日・前掲注4) における近藤崇晴裁判官の補足意見参照。

3つには，公法上の当事者訴訟では，違法確認判決（勝訴判決）の拘束力の内容が不明確であるといった批判も考えられる。4つには，公法上の当事者訴訟の場合には，規制的内容を持つ用途地域指定等に対し仮処分等を利用できるのか，すなわち仮の権利救済手段の利用可能性が不明確である[21]。

(2) 立法論の検討

上記のように，公法上の当事者訴訟の不十分な点に鑑みて，都市計画に特化した訴訟を立法で整備するといった議論がこれまでも存在した[22]。この問題に関しては既に論考を公表しており，本書第15章で詳説することから，本章では概略を記すにとどめる[23]。例えば，周辺の環境や従前の土地利用と明らかに不調和な緩和型用途地域指定がなされた場合，当該指定に基づき住環境の破壊を招いた後に個別処分取消訴訟で争うよりは，指定に近接した早期の段階で当該指定の効力を停止し是正することが合理性を持つ。こうした観点から，出訴期間を限定した上で，違法確認判決により指定行為の効力を停止し，他方で，法定した補完手続を通じて瑕疵の是正を行う仕組みを明確化する立法論が考えられる。これは，違法確認判決の持つ拘束力をいっそう具体的で明確な形で法定しようとする制度設計論である[24]。また，緩和型の地域指定により判決後の処理に支障が予想される場合には裁判所が厳しい規制を命ずる執行停止の仕組みを法定することも可能である。

---

21) 当事者訴訟のデメリットに関しては，大橋洋一「都市計画の法的性格」自治研究86巻8号（2010年）8頁以下（本書第15章）。
22) 従前の取り組みとして，都市計画争訟研究会「都市計画争訟研究報告書」（2006年8月）（これに関しては，西谷剛「都市計画争訟について」新都市60巻9号（2006年）1頁以下），都市計画争訟のあり方検討委員会・ワーキンググループ「人口減少社会に対応した都市計画争訟のあり方に関する調査業務報告書」（2009年3月）（これに関しては，大橋洋一「都市計画争訟制度の発展可能性」新都市63巻8号（2009年）1頁以下）。
23) 改革の取り組みの評価として，大橋・前掲注21) 12頁以下。
24) 補完手続に関し，大橋洋一「都市計画訴訟の法構造」同『都市空間制御の法理論』（有斐閣・2008年）74頁以下（初出2006年）。

4 土地利用規制の改革に向けた制度設計論

これまで,土地利用規制をもたらす行政活動(とりわけ計画行為)について,裁判にのせるための訴訟選択問題を中心に説明してきた。しかし,行政訴訟の審理を充実させる目的のほか,市民の権利救済を進めるためには,土地利用規制を定める法令自体について,実体法および手続法の規律を充実させることが不可欠である。とりわけ,土地利用にかかる行政計画については,多様な利害調整の必要性に鑑みて計画権者に計画裁量と呼ばれる広範な行政裁量が認められているため,その審査にあたっては法令上の手がかりが不可欠である[25]。また,紛争に至ることなく行政過程において市民の理解が得られることや,適切に多様な利害の調節が果たせることが,行政法の仕組みとしては最も重要なことである。換言すれば,考慮すべき利害がもれなく投入されること,その利害について適切な配慮がなされることを保障するために直接・間接の措置が求められている[26]。そこで,適正な規制をもたらすために必要な措置(直接的な改善措置に限定しない)について,以下,代表的なものを挙げることとしよう。

(1) 基本政策に関する新たな方向性の明示

わが国の土地利用法制は,都市が拡大発展する状況や都市化の圧力に対して枠をはめるといった視点から基本的骨格が整備された。換言すれば,都市のスプロール防止といった観点が重視された。そのために様々な規制手法が盛り込まれた。土地所有権の尊重を基礎に,抑制的に運用するという視点の下に,規制制度が構築されたのである。こうした規制を外枠として,その枠の内部で行政指導や補助金交付,税の減免,容積率のボーナスといった誘導を併用する法体系が設けられた。これは,経済成長の時代に適合した都市システムであるといえよう。現行の都市システムも上記の性格を基礎とする。

しかし,バブル経済の崩壊後,失われた20年と呼ばれる期間を通じて,都

---

25) 計画裁量については,大橋・前掲注 2) 158 頁以下。
26) 裁量統制の準則である。ドイツ法における「裁量の内的制約」と呼ばれるものに該当する。ブローム=大橋・前掲注 1) 132 頁以下参照。

市法の分野では景気浮揚策の有力な手段として，土地利用規制制度が様々な形態で緩和されてきた。公開空地の提供など公共性への寄与を理由とした容積率の緩和，特区制度を用いた容積率緩和，建築確認制度の民間開放，線引き制度の自由化，規制緩和を意図した地区計画の出現など枚挙に暇がない。こうした度重なる緩和を経て，例えば地方都市ではもはや容積率を利用しきれずボーナスは不要であるといった声が聞かれるほど，容積率が余るまでに規制は緩和されてしまった。従前の町並みと不釣り合いな高さやボリュームの建物が多数出現し，それに伴う建築紛争も見られた。他方で，各種の起爆剤的政策にもかかわらず，地方における過疎化は急激に進展し，近年では地方都市に見られるシャッター通り，中心市街地における駐車場や空き地・空き家の増加（都市のスポンジ化現象）など，開発エネルギーが落ち込んだ状況が登場している。公共交通機関から隔離された交通難民や，自動車を所有しなければ身近で買い物をすることができない買い物難民の登場，郊外の住宅団地における高齢化や施設の老朽化・陳腐化といった現象も広く見られる。こうした現状や少子化，高齢化の一層の進展を見据えて，国のレベルではすでにコンパクトシティーに向けた都市政策に重点が置かれている。これを代表するのが近年改正が繰り返された都市再生特別措置法である。ここでは，経済的インセンティヴを用いて中心市街地の居住誘導区域へと居住を誘導する仕組みとして，届出・勧告の仕組みが用意されている。

　上記のように土地利用政策の基本的な方向性がすでに変化しているにもかかわらず，例えば都市計画法の目的規定は相変わらずである[27]。また，都市計画法とは別個に，都市再生特別措置法の中で誘導の仕組みが法定され，土地利用に関しては二重線引とも見ることができる概観性の悪い法体系となっている[28]。特に一般市民に対する政策の明示性の弱い仕組みであり，都市計画法と都市再生特別措置法は車の両輪にたとえられるにもかかわらず泣き別れの状況である。一定の期間経過後には都市計画法に一元化することが望まれるところである。

---

27) 構想提示の欠如問題，理念を語らない法律の問題に関しては，大橋洋一「コンパクトシティーの制度設計」同・前掲注24) 51頁以下（初出2006年）。
28) 都市計画運用指針が，都市計画法と都市再生特別措置法を広義の都市計画制度として位置づけ，統一的運用に配慮している。

(2) 都市計画の柔軟な変更手続

　規制制度で課題となっている点の1つは，何十年も前に都市計画決定された都市計画事業などが見直しをされずに所有地等が長期間にわたり建築制限等を受けているといった長期未着手問題である。例えば50年以上にもわたる私権制限は損失補償の対象にならないのかといった形で訴訟で争われてきた。最高裁は損失補償は不要であるという結論を下したが，それは長期未着手一般について損失補償不要の判断を示したものではなく，当該事案に関しての事例判断である[29]。したがって，当該事案以降さらに時間が経過しているため，計画権者である地方公共団体にとっても損失補償支払いのリスクは高まっている。

　都市計画の見直しは，損失補償請求に備えるといった消極的意図のほかにも，事情の変化や政策の変更に応じて，計画上の目標や規制を定期的に見直していくことの重要性を示すものである。そのためにも，都市計画法21条に定期的見直しの規定を導入したり，マスタープラン（特に具体性の高い市町村マスタープラン）について定期的見直しの規定を創設すべきである。加えて，変更手続について要件緩和の措置が必要である[30]。

　都市計画変更の手続は新規都市計画策定の手続規定を準用しており（21条2項），例えば変更には，都道府県は大臣協議やその同意を要求されているが（法18条3項参照），軽易な変更にはかかる協議や同意を必要としない例が広範に法定されている（法施行令14条2号，法施行規則13条）。他方，市は都道府県との協議（町村は加えて同意まで）を要求されているが（法19条3項），軽微な変更として協議不要の事例は極めて限定されている（法施行令14条3号，法施行規則13条の2）。例えば，1000m未満の道路延長区間を対象に中心線の振れが100m未満の変更を行う場合に，県が行う事業では軽易な変更で協議不要であるのに対し，市が行う場合には協議を要するといった区別は合理性を持たない（法施行規則13条3号イ，13条の2第2号）。変更を活性化するといった観点からも，市町村についても簡易な変更の項目を都道府県並みに拡充すべきであろう[31]。

---

29) 長期未着手に関し，最判2005（平成17）年11月1日判時1928号25頁。
30) 定期的見直しを説くものとして，樺島徹「都市計画制度の見直しに向けた検討の状況について」新都市65巻2号（2011年）30頁以下。

(3) 誘導施策の検討

　規制緩和手法の増大を受けて，容積率という手段についても検討する必要がある。都市計画の基本的な発想は，すでに建物が建ち並んだ中心市街地では既存の町並みを 1 つの基準に新規建築物の適合性や調和を審査・調整し，郊外部では町並みに代わるものとして計画上の指針を基準に新規建築物の適合を問う点にある。つまり，地域像との適合という視点が中心に置かれるべきものである。高さ制限が利用されていた時代には，高さという見えやすい指標は地域像との適合の視点に親和的な指標であった。これに対し，高さ制限に代えて導入された容積率は（高容積率の許容が高層建築物を許容するという関連を持つとしても），算定の根拠が複雑であったり，操作が可能な数字であることから，政策的に利用されやすく，現地における予定調和をもたらすとは限らない。抽象化された取引上の価値として一人歩きする危険性を内包する。こうした点に対抗するためには，都市法制の中に当該区域において可能となる利用状況を明示する場，目標とすべき地域像を明示する場がともに必要である。これは，市町村マスタープランにも，用途地域を指定する都市計画にも求められるところである。

　地区計画は，従前の広域型土地利用規制システムに対し，ドイツの地区詳細計画などを参照して，狭域のエリアに一層厳格な規制を盛り込む手段としてスタートし高い評価を受けた。これに対し，近年では，緩和型地区計画が登場してきている[32]。しかし，同じ地区詳細計画とはいっても両者の性格は異なり，特に当該エリア以外に対する影響という観点では，緩和型地区計画は他地域との利害調整を要求する性格のものである。したがって，緩和型にふさわしい手続ルール等を整備するとともに，緩和型地区計画を争う手段を確立すべきである。従前，最高裁は地区計画を法令制定類似の行為と捉えてきたが，地区計画の詳細度，近隣に対する規制の具体性などから見て，むしろ処分性を肯定する余地が残されているように解する[33]。

　このほかにも，都市計画法を規制の根拠法にとどめることなく，現実に用い

---

[31] こうした指摘は，内閣府の地方分権有識者会議提案募集検討専門部会からも地方分権，地方創生の観点から要請されている。
[32] 緩和型地区計画に関し，生田・前掲注 1) 188 頁以下，その問題点に関し 198 頁以下。
[33] 地区計画の処分性に関し，最判 1994（平成 6）年 4 月 22 日・前掲注 13)。

られている誘導施策を政策手段として法定化し，施策手段を総覧できるような基本法にすることが，当該施策への信頼，理解，透明性を高める意味で重要であると考える。

(4) 規制の実現手段について

建築物と周辺環境との適合という審査を実効的なものとするという観点から，2点にわたりコメントすることとしたい。

1つは，集団規制部分に関して，建築確認審査の民間開放について見直すといった視点である。現行法についてすでに説明したように，建築確認は建築物それ自体に起因する安全や衛生面での単体規制の遵守を審査する機能のほか，建物と周辺環境との適合に関する集団規制の審査機能の2つを併せ持っている。前者の単体規制は裁量性の低い確認的事項が多く，最低限度の規制を基礎としている。したがって，こうした審査を行政外部の民間に開放することが1つの選択肢であることは理解できる。これに対し，後者の集団規制は，裁量性も高く，また最低規制を超えた規制内容を持つこともある。裁量性の高い事項は，都市政策上の観点から地方公共団体が自ら審査することが必要であり，民間への開放にはなじまないように思われる。現行法は集団規制も含めて民間開放しているが，将来的にはこの部分は切り離して都市計画許可として市町村の権限とすべきである[34]。市町村が独自条例に基づき行っている行政指導について，それを付随的に行う契機となる権限を設けることが期待される。

2つは，建築物が周辺環境に対して与える影響を都市計画法の観点から審査する過程を欠いている規制緩和型許可について，見直しを行うことである。ここでいう都市計画法の観点からする審査とは，利害関係者の参加を経て行われる利害調整過程を意味する。見直し対象として念頭に置いているのは，総合設計のように建築基準法59条の2に基づき，計画的な調整を行うことなく許可のみで大規模な建築・開発行為を可能にする仕組みである。これは，都市計画法に基づき定められる特定街区と同様の機能を持った仕組みを都市計画から切り離し，建築確認で代替する仕組みである。この仕組みによって，周囲とは異質

---

34) 集団規制部分の民間開放に批判的な見解は学説にも見られた。

な高さの建物が簡単に建築されることとなる。都市計画やそれに基づく許可といった通例の仕組みを採用しない場合には，個別許可の仕組みの中に都市計画が行っている近隣との利用調整に関する詳細な仕組み（計画許可とも称すべき仕組み）を盛り込むべきである[35]。もっとも，こうした複合的で大がかりな許可が，建築確認という現行制度に適合するものなのかは別途，検証が必要である。

(5) 協議のための仕組みの充実

本書の第9章で考察したように，近時の行政法規において多用されている手法に協議会がある。第一線において協議会が設置される意義は，1つには，協議関係者を広範に指名することを通じて，構造的に多様な利害に考慮を払うことが可能になる点である。例えば，現在では土地利用を考える場合に交通アクセスの問題，特に公共交通機関との接続・結節という問題が重要となる。このような観点からは，交通事業者を協議者に含めることが適切である。同様に，中心市街地で都市空間のマネジメントを進める上では，道路占用許可など，公物管理者との調整が重要となる。また，中心市街地に福祉機能を充実させる場合には，中心部においても在宅介護ステーションの設置を積極的に図ることが肝要であり，この観点からは福祉担当部局の参画も望まれる。2つには，広範で重大な利害を持つ関係者の参加により，専門的知見が当該地区に関連する形でもたらされるのである。3つには，こうした協議を通じて協議者間に意思疎通が生まれ，具体的な実施過程を円滑に進めるといった効果が期待できる[36]。4つには，協議会の運営の透明性を確保し，施策の基礎となる基幹的情報を市民に提示する形で説明責任を果たすとともに，市民を巻き込むことが期待される。現代行政にとって最も重要な活力源は市民の関心の高さであり，最も危惧される状況は市民の無関心である。後者は，施策遂行の応援団が不存在であることを意味する。協議会開催の経験を集積して，協議会運営のルールなり基本構造を都市計画法等の基本的法律に明文化することも重要な課題であろう。

---

35) 総合設計制度の仕組みと問題点に関しては，生田・前掲注1) 332頁以下。
36) 透明性を確保した上で，多様な専門家の参画の下で代替案を検討する意欲的な協議会の具体例として，静岡県沼津市における「高尾山古墳保存と都市計画道路（沼津南一色線）整備の両立に関する協議会」がある。本書第9章参照。

第*15*章
計画争訟制度の構想

はじめに

　行政計画に対する司法統制は，行政事件訴訟法の改正作業において課題として残されたものである[1]。ここでいう課題には，法解釈におけるものと立法論に関わるものの2つが含まれる。法解釈上の課題に関しては，現行法が予定している取消訴訟や当事者訴訟をいかに活用していくかといった問題が存在する。裁判例では，取消訴訟の対象適格（処分性）を柔軟に解釈することで行政計画に対する司法統制を拡充した例が目をひくところである[2]。これは最高裁判所が42年ぶりに判例変更をしたものであり，土地区画整理事業計画について処分性を肯定し，取消訴訟の利用可能性に道を開いた。他方，立法論としては，都市計画を対象とした争訟制度創設（新規立法）を提言する研究会報告が公表されている。1つは，2006年8月に都市計画争訟研究会が公表した「都市計画争訟研究報告書」（以下「研究報告書」という）である[3]。他の1つは，2009年3月に国土交通省都市計画課が公表した「人口減少社会に対応した都市計画争訟

---

[1]　2004（平成16）年10月29日に，司法制度改革推進本部行政訴訟検討会は，行政計画の司法審査に関して，「更に議論を深めておく必要があるとの認識」を示していたところである。小早川光郎編『改正行政事件訴訟法研究』（ジュリスト増刊・2005年）196頁以下参照。

[2]　2008（平成20）年9月10日の浜松土地区画整理事業計画決定判決である。最大判2008（平成20）年9月10日民集62巻8号2029頁参照。

[3]　詳細は，西谷剛「都市計画争訟について」新都市60巻9号（2006年）1頁以下参照。

のあり方に関する調査業務報告書」(以下「調査業務報告書」という) である[4]。
　代表的な行政計画である都市計画を素材にして計画争訟制度の設計を試みる際には[5]，とりわけ都市計画の持つ法的性質に配慮する必要がある[6]。違法な行政行為に関する権利救済で見られるように当該行為の効力を否認すれば足りるものではなく，従前の計画により構築された法関係を維持しながら，新しい計画の策定へと移行することを可能にする争訟制度が求められているのである。ここでは，裁判所が問題点を指摘し，行政過程に事案を戻して制度設計からやり直させるといった新しい解決手法，つまり司法と行政の対話を基調とした紛争解決が求められている。以下では，そうした対話型司法を念頭において，計画争訟制度を構想することとしたい。

1 取消訴訟による対応
――最高裁判決の分析

(1) 判決の意義と特色
　浜松土地区画整理事業計画決定最高裁判決については，すでに優れた判例評釈も公表されているところであり[7]，以下では基本的な枠組みに関して数点コメントをするに止める。
　第1に，1966年判決[8]を変更して権利救済の道を開いた点は高く評価すべきである。比較法的に興味深いことは，66年判決が挙げていた計画に対する取消訴訟を否定する理由は，1950年代にドイツの裁判所が採用していた論拠

---

4) これに関しては，大橋洋一「都市計画争訟制度の発展可能性」新都市63巻8号 (2009年) 1頁以下参照。
5) 大橋洋一「都市計画訴訟の法構造」同『都市空間制御の法理論』(有斐閣・2008年) 57頁以下 (初出2006年)，同「行政法理論と裁判」同書81頁以下参照。近時の包括的研究として，湊二郎『都市計画の裁判的統制――ドイツ行政裁判所による地区詳細計画の審査に関する研究』(日本評論社・2018年)。
6) 都市計画を行政行為と捉えるのか規範として捉えるのかという1950年代から今日まで続くドイツにおける論争は，本章の基底にある基本問題に関する取り組みであり，比較法的に重要な考察対象である。
7) 代表的な評釈として，山本隆司『判例から探究する行政法』(有斐閣・2012年) 388頁以下及び同書で引用の文献を参照。
8) 最大判1966 (昭和41) 年2月23日民集20巻2号271頁参照。

とほぼ重なることである。ドイツで1960年に計画に対する訴訟（規範審査訴訟）が認められたことからすると，約半世紀遅れで日本でもようやく権利救済が図られたことになる。

　第2に，浜松の最高裁判決が掲げた論拠に関しては，決して新規の内容ではないということである。泉徳治裁判官が補足意見の中で当該判決がこれまでの裁判例の延長線上にある点を解き明かしているように，その基幹的な考え方は既に現れていたのである。最高裁は，処分性を肯定する決め手として計画が策定されると換地処分がほぼ確実に行われる点に着目しており，この点では収用処分が予定されている点から事業認定に処分性を肯定した裁判例と発想方法は同じである[9]。収用であれ換地であれ，特定の事業のために私人が強制的にその土地所有権を取り上げられる地位に立たされたことに着目して，予防的に争う機会を肯定するという発想である。本判決によって，土地収用や換地処分によって実現される事業プロジェクトが後続する都市計画に関しては，計画段階で取消訴訟提起が可能となった。

　第3に，本判決が実効的権利救済という視点を明確に打ち出した点は，高く評価できるものであろう。もちろん，この判示は，事情判決による方法が解決にならない点を示す文脈でのものである。しかし，理論的には大きな発展可能性を秘めたものである。1つの行政過程に行政計画とそれを具体化する処分が連続する場合に，後者が争えれば足りると言った発想を採用していない点が重要である。

(2)　残された課題

　上記最高裁判決を前提にして，残された課題としては第1に，都市計画を対象に取消訴訟を用いることから生ずる一連の問題の解明が挙げられる。取消訴訟という慣れ親しんだ訴訟類型を用いることは，一方で，適用すべきルールが明確であるといったメリットをもたらす。具体的には，出訴期間，釈明処分の特則，執行停止，管轄，被告を誤った訴えの救済，共同訴訟，職権証拠調べ，

---

　[9]　第二種市街地再開発事業計画決定について，「自己の所有地等が収用されるべき地位に立たされること」に着目した判示について，参照，最判1992（平成4）年11月26日民集46巻8号2658頁。

訴訟費用の裁判などの規定の適用である。他方で，取消判決により計画の効力は遡及的に消滅するという整理で十分なのかといった問題が残されている。また，都市計画決定と後続処分という2つの処分が連続することとなるため，両者の間で違法性の承継が肯定されるのか，都市計画の違法性を計画策定後一定期間内に争う責任が原告に認められるのかという問題が提起される。このほか，取消判決が第三者効を持つのか，第三者効を肯定する場合に第三者の訴訟参加をどのように考えるのかといった一連の問題である。こうした問題が生じることを先取りして，近藤崇晴裁判官，今井功裁判官がそれぞれ補足意見を書かれている。

第2に，本判決が処分性を肯定するにあたり，土地利用制限を決め手にはしなかった点である。土地利用制限だけを根拠に処分性を肯定する涌井紀夫裁判官の意見は，理論的には明快であるにもかかわらず，多数意見では採用されていない。結果として，本判決の射程は非完結型と呼ばれる計画類型に限定され，完結型の都市計画には及ばないのである。具体的にいえば，工業地域指定の決定[10]，高度地区指定の決定[11]，地区計画の決定[12] などについては，取消訴訟の利用が認められないままである。こうした理論的帰結は，藤田宙靖裁判官が補足意見の中で説かれたように，本件事案に即した解決を優先する本判決の解釈姿勢から導かれたものである。

2 確認訴訟による対応

非完結型計画について取消訴訟が利用できない現状では，その解決のために確認訴訟の活用が検討されるべきである。こうした対応は，行政計画を例示して確認訴訟の活用を説いていた行政事件訴訟法改正の趣旨とも合致するものである。もっとも，公法上の当事者訴訟に関する条文や裁判例が少ないため，残された課題は多い。

---

10) 最判1982（昭和57）年4月22日民集36巻4号705頁。
11) 最判1982（昭和57）年4月22日判時1043号43頁。
12) 最判1994（平成6）年4月22日判時1499号63頁。

(1) 非完結型計画に対して取消訴訟を利用しないメリット
（取消責任の回避）
　完結型計画に取消訴訟を利用しないという最高裁の立場は，理論的に見た場合には理由のあるものと考える。非完結型計画に対して取消訴訟を肯定した場合，計画の違法は計画段階で提訴して争うべきであり，市民が争わなかった事案では，後続処分（例えば，建築確認拒否決定）の取消訴訟において計画の違法をもはや主張できないこととなる。非完結型計画の場合には，行政が中心になって具体的プロジェクトを推進していくことから，その実現も一定の期間内に止まる性格のものである。これに対して，完結型計画の場合には，そこで示されたゾーニング規制に沿って，その内容を実現する主体は個々の市民であり，計画が直ちに実現することもあれば，数十年後の場合もありうる。つまり，こうした状況を前提にすると，個別の市民に計画段階で争っておくべきであるという取消責任を課すことが重すぎないかという問題が生ずるのである。ドイツ法が土地利用を含む計画（地区詳細計画）に対して取消訴訟を消極に解した主な理由は，まさにこの点に存在したのである。つまり，出訴期間内に取消訴訟を提起して権利防御を行わなければならないという原告の責任（取消責任）は，対象行為の規律の持つ負担的効力やその無効を根拠づける諸事情が原告（市民）に認識可能であり，その効力が概観可能である場合に限られると考えたのである[13]。

（効力否認の回避）
　当事者訴訟として確認訴訟が提起された場合には，裁判所は計画の違法を確認すれば足りる。この判決の効力は当事者間に止まるものであるから，他の市民に対する直接的な影響を考慮しなくて済む[14]。違法と宣言された計画の後始

　13）　わが国における指摘として，久保茂樹「都市計画と行政訴訟」芝池義一編著『まちづくり・環境行政の法的課題』（日本評論社・2007年）95頁以下参照。こうした権利救済上の理由のほか，理論的根拠としては，計画が広範な利益衡量を必要とする点にも着目がなされていた。
　　ドイツにおける計画訴訟（規範審査訴訟）と後続の行政訴訟の関係を簡単に紹介することとしよう。次の図を参照いただきたい。市民Ａが地区詳細計画に対して規範審査訴訟を提起する局面①と，市民Ａの建築確認・建築許可申請が拒否された場合に，市民Ａが取消訴訟を提起し，その前提として計画の違法を主張する局面②の2つを挙げたものである。

末の問題は，確認判決の拘束力の問題として処理されることとなり，行政機関が計画の廃止なり補完なりを考えて実行することとなる（行政事件訴訟法41条1項・33条1項）。ここで述べた確認訴訟のメリットは，取消訴訟による処理と比較することにより明確に理解できるところである。つまり，取消判決で計画の効力を遡及的に消滅させること，その判決の効力が第三者にも及ぶこと（同法32条1項）は，判決後の成り行きに関して裁判官に考慮を要求することとなり，違法判断が慎重になる可能性が否定できないのである。

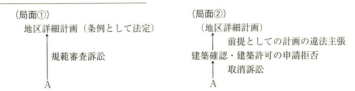

Aが地区詳細計画に対して規範審査訴訟が提起する場合，訴訟の結果により，次の(1)(2)のような事態が生じる。
(1) Aが，規範審査訴訟で勝訴した場合，判決は対世効を持つため計画は対世的に効力を失う。
(2) Aが，規範審査訴訟で敗訴した場合，Aはもはや後続処分の取消訴訟で計画の違法を主張しえない（これは，判決の既判力によるものである）。
(3) Aが，規範審査訴訟で争わなかった場合，Aは後続処分の取消訴訟で計画の違法を主張できる（局面②）。

最後の(3)に見られるように，現行のドイツ法では，計画の違法の主張は後訴でも遮断されない。これが，地区詳細計画を行政行為としてではなく条例として法定し，規範審査訴訟を用意した理由である。仮に，こうしたシステムを採用せず，地区詳細計画が行政行為であるとすれば，Aは既に規範審査訴訟段階で計画の違法を争わなければならないこととなる。上記(3)のような主張は認められないこととなるのである。

14) 確認訴訟を利用して都市計画訴訟を構想する場合には，本文で述べたように，確認判決に第三者効が存在しない点を利用する一方で，確認判決の拘束力に期待するという考え方が基礎に存在する。これに対し，条例の処分性を肯定した最判2009（平成21）年11月26日民集63巻9号2124頁は，取消判決や執行停止決定に認められた第三者効に着目して取消訴訟の提起を認めている。つまり，確認判決に第三者効が存在しない点に着目して，市町村が「実際の対応に困難を来すことにもな」るとして，取消訴訟の利用に合理性があると判断したのである（本判決について，高橋滋「保育所廃止条例制定行為の処分性」法学セミナー664号（2010年）131頁参照）。この判決には，判決の拘束力に関する言及は見られない。拘束力を文言通り，行政機関に対する効力と考えて条例に処分性を肯定した場合であっても，条例を制定した議会に対する拘束力は考えられないという判断かもしれない（同じような問題は，在外邦人の選挙権訴訟における確認判決〔最大判2005（平成17）年9月14日民集59巻7号2087頁〕についても存在する）。条例と同じく一般的な規律を含む都市計画について，2009年最判を基礎に考えれば，当事者訴訟の利用は困難となろう。

(2) 当事者訴訟の課題

前述のことから，完結型計画に対して，補足的な訴訟類型として確認訴訟を利用するという考え方が登場することとなる。ここでの最大の問題は，確認訴訟を利用するとして，その場合に生ずるであろう具体的な諸問題がなお充分に考察されていないことである。代表的なものを以下では扱うこととしたい。

(未解明の課題)

確認訴訟に関して指摘される問題点の1つは，出訴期間の制限が存在しないことである。つまり，いつまででも都市計画が争われ，法的に安定しないといった批判である[15]。この点では，確認訴訟は計画の策定後，一定期間内に利用する手段であることを明確にすべきではないかが問われなければならない。

第2の批判としては，確認訴訟に対する仮の権利救済手段が法律上明確化されていない点である。この点では，法解釈を通じて，仮の権利救済手段の利用可能性を明確にしておかなければならない。

第3の批判は，確認訴訟といった訴訟類型が多数当事者関係に適合的なものであるのか，都市計画という仕組みに対応した訴訟類型なのかといった点である。

第4に，確認の利益がどこまで必要とされるのかといった点である。これは，取消訴訟で原告適格の問題として論じられる点に対応するものである。具体的な土地利用に先立って早期の段階で提訴する場合には，紛争の成熟性といった点で利益の主張が容易ではない場面が考えられる。この点では，訴訟を提起できる利益や原告の範囲を広く法定することで，出訴を容易にする工夫が必要なのかもしれない。

(違法な計画の効力に関する問題)

このほかにも，違法な計画の効力に関わる理論問題が存在する。違法な計画の効力を従前通り無効と解すると，確認判決の拘束力により行政機関が行動すべしと言ってみたところで，行動の余地は極めて限定されざるをえない。つま

---

[15] 都市計画に確認訴訟を利用する場合の出訴期間の問題点を指摘するものとして，中川丈久「行政訴訟としての『確認訴訟』の可能性」民商法雑誌130巻6号（2004年）996頁，越智敏裕「まちづくり紛争における行政訴訟の可能性」法律のひろば57巻10号（2004年）38頁注14。

り，都市計画に対して確認訴訟を活用すべしという提言に従う場合，違法な計画は無効という伝統的理論から脱却し，都市計画の補正手続を承認することが法的安定性や信頼保護の観点から重要となる。事後的に都市計画の無効が判明することは，都市建設秩序に対して通常は壊滅的帰結をもたらすであろうし，部分的に実現された土地利用計画では統一的な都市の構想は実現されないことになりかねない。

このほか，違法と宣言された時点以降，都市計画が補正されるまでの間，市民が提出する建築確認申請をどのように扱うのかといった経過問題も，ここでは考えておく必要がある。

このように見てくると，確認訴訟を利用する場合，受け皿は存在するとしても，その内容は白地であって解釈論を通じて制度形成するに等しい。この点では，次に述べる立法論と内容的には大差ない状況が認められる。したがって，立法論で展開される技術や新たに発見された問題への対応は，確認訴訟を用いる場合の解釈論の中でも利用可能である。問題は，解釈を通じてどこまで制度形成してよいのかといった，関係者に対する予測可能性の保障問題が存在することである。

3 立法による対応
――行政計画を直接の対象とした新たな司法審査

(1) 制度設計における複数の選択肢

浜松土地区画整理事業計画決定判決が出された現時点においては，同判決の射程が及ばない完結型計画のみを対象とする立法を行うべきであるといった立場が考えられる。他方，都市計画の特質に即した新しい制度を作るのであれば，完結型と非完結型の両計画を含む包括的な仕組みを構想すべきであるといった立場も考えられる。

(2) 根拠法令

新しい仕組みをどのように法定するかという点に関しては，個別法による対応として都市計画法改正による方法が考えられる。他方，計画訴訟といっても

規制型計画で市民の関心事である都市計画に紛争は集中するのであるから，行政事件訴訟法において代表例を掲げるといった趣旨で都市計画訴訟を法定する方法も考えられる。折衷案としては，当面は都市計画法に計画訴訟の特則を設け，事例が重なる中で次第に普遍的な部分を行政事件訴訟法に規定していくといったモデルを想定することもできる[16]。

(3) 制度設計の具体的なモデル

これまで公表された研究報告によれば，都市計画に対する権利救済手続を実現するモデルとして，2つのものが提案されている。1つは，裁決主義を前提とした取消訴訟モデルであり，他の1つは，都市計画違法確認訴訟モデルである。前者の裁決主義型モデルは2006年に研究会報告書によって公表され，2009年の調査業務報告書により一層深く検討されたものである。後者の都市計画違法確認訴訟モデルは，調査業務報告書において提言されたものである。

以下，それぞれのモデルの基本的な特徴と狙いを紹介することとしたい。

(4) 2つの計画類型と2つの規制態様

制度設計にあたっては，計画の類型，紛争の態様について具体的イメージを持つことが大切である。

(a) 2つの計画類型

これまで述べてきたように，都市計画は，都市施設・市街地開発事業に関する都市計画（非完結型計画）と土地利用規制に関する都市計画（完結型計画）に大別されるものである。

都市施設・市街地開発事業に関する都市計画として，具体的には，都市計画道路の拡幅に関する都市計画決定，区画整理事業に関する都市計画決定などが代表例として挙げられよう。こうしたプロジェクト推進型計画は，これが取り消された場合，特定の区域における道路，公園等の都市施設の整備や区画整理

---

[16] こうした例として，行政機関情報公開法に定められた特別な裁判管轄が，やがては行政事件訴訟法に特定管轄裁判所制度として一般的に規定されたというものがある（行政事件訴訟法12条4項）。参照，大橋洋一『行政法Ⅱ 現代行政救済論〔第3版〕』（有斐閣・2018年）45頁以下。

事業，市街地再開発事業等の市街地開発事業の円滑な実施を確保するために課されていた建築制限がその効力を失うこととなるが，関係者に対する影響は比較的限定的である。プロジェクト推進型計画は計画策定から実現まで一定期間を予定しており，その実現は公共の手によって第一義的に進められる性格のものである。

他方，土地利用規制に関する都市計画は，不特定多数の者を対象とした完結型建築規制であり，これが取り消された場合における既存秩序及び関係者への影響は広範で多様なものとなりうる。計画策定から私人による実現までの時間は長期にわたるものであり，計画策定時にその実現段階を完全に見通すことには困難が残る。

具体的検討にあたっては，こうした計画類型の持つ性格の差異を踏まえることが必要となる。

(b) 2つの規制態様への着目

土地利用規制に関する都市計画については，さらに2つの規制態様の相違に着目することが重要である。つまり，紛争状況に着目した場合，土地利用規制の強化に反対の立場から争う場合と土地利用規制の緩和に反対の立場から争う場合が，それぞれ考えられる。具体的には次のような紛争類型である。

(b-1) 土地利用規制強化に反対して争う場合
　　　区域区分の決定による市街化調整区域の設定
　　　　・準工業地域における大規模集客施設の立地の制限を目的とした特別用途地区の設定
　　　　・高度地区の指定による高さ制限
(b-2) 土地利用規制緩和に反対して争う場合
　　　　・区域区分の廃止による非線引き白地地域化
　　　　・第一種住居地域から準工業地域への用途地域の変更
　　　　・高度地区の指定による高さ制限の緩和

なお，ここでいう紛争類型の対比は理解の便宜を考えてのものであり，正確性には欠ける面を残している。つまり，工業地域や工業専用地域の指定は，医院を建築しようとする者にとっては規制強化と捉えられるが，他方，工場を建築しようとする者にとっては規制緩和と理解される。立場によって，性格づけ

が異なるのである。このように，土地利用に関する都市計画については，規制の強化及び緩和といった2つの効果が複合しているため，いずれか一方の型に分類できない場合が生じうる。しかし，問題状況を分かりやすく示すため，規制強化型・規制緩和型という表現を便宜上用いることとした。

4 裁決主義を前提とした取消訴訟

(1) 基本モデル

　裁決主義型モデルを理解するために，一例として，住居地域から準工業地域への用途地域に関する都市計画の変更を取り上げることとしよう。これに不服の市民は，審査庁に審査請求を提起する。審査庁は行政機関であることから，計画裁量の違法性のみならず，当不当の問題にまで立ち入って審査をすることができる。審査庁は裁決において，都市計画を取り消すほかに変更を命ずるなど，救済措置に関して裁判に比べ多様性を持ちうる。審査庁が審査請求を棄却した場合には，市民は裁決取消訴訟を提起して，その中で計画の違法性を主張する。市民が勝訴して取消判決により裁決が取り消されると，審査庁は再度審査請求を審理する義務を負う。ポイントは，都市計画が違法と裁判所で判断された場合であっても，都市計画自体は取り消されない点である。したがって，遡及的に計画が無効になることはない。裁決主義型モデルを利用することによって，都市計画は遡及的無効から守られることとなる。

　このモデルの抱える課題を含めて，以下，詳説する。

(2) 審査庁の新設にかかる問題

　裁決主義による制度設計の場合，その基幹をなすのは都市計画に関する不服審査及び裁決を行う審査庁である。その任務から判断すれば，第三者性と専門性を備えた組織として構成することが必然的に求められる。都市計画の実体的な瑕疵まで審理の対象とする場合を考えると，司法審査段階における裁判所の負担軽減といった観点から，審査庁による審査の内容を充実させるという視点が重要となる[17]。

　都市計画決定権限が都道府県や市町村にあるとされている現状から考えれば，

ここでいう審査庁は都道府県・市町村レベルで自己完結的に組織されることが要請されよう。理論的な問題点ではないが，現在のように地方公共団体が財政難に苦しむ状況で審査庁の新設を伴う制度設計が受け入れられるのかという問題が浮かび上がる。加えて，第三者性及び専門性をもって都市計画の審査をなしうる機関を設置することは現実に可能か，慎重な検討を要する。また，それだけの人材を揃えることができるのかという疑問も提起されるかもしれない。

この点に配慮した対処方針として，地方ブロック毎に審査庁を設置することも一案として考えられる。この場合に，審査庁を国の機関として組織すると，市民からの審査請求を機会に国の機関が自治事務に対して関与することになる（裁定的関与の問題）。この点に対しては，地方分権の観点からの懸念も提起されよう。同時に，国の行政組織を新設することに対しては行政改革の観点から懸念が寄せられることとなろう。このような点に鑑みると，審査庁は地方公共団体の連合組織として設置することが考えられる。

(3) 不服申立期間

不服申立期間について具体的な規定を設けない場合には，行政不服審査法の原則（3カ月）に従うこととなる[18]。裁決主義を採る場合には，不服申立期間の設定が実質的には出訴期間制限の機能を果たすこととなる。また，都市計画が専門的な内容を含むことから，市民にとって，不服申立ての準備には相応の時間を要する。こうした考慮からすれば，取消訴訟の出訴期間（処分を知った日から6カ月，処分の日から1年）を考慮して，期間を3カ月からさらに延長することも検討課題となる。

---

[17]　2009年8月1日に専修大学で開催された第9回行政法研究フォーラム「第2次行政訴訟制度改革の必要性」（以下「フォーラム」と引用）において，「都市計画争訟の可能性」と題する研究報告を行った。本文の指摘はフォーラムの席上，仲野武志教授からいただいたものである。

[18]　行政不服審査法では，審査請求は，処分があったことを知った日の翌日から起算して3カ月を経過したときはすることができないとされた（18条1項）。

(4) 裁決の内容と審理手続
(a) 参加手続
　都市計画は多数者の利害に関わり，錯綜した利害調整を図るものである以上，都市計画を対象とした審理手続への参加について，要件を緩やかに解釈することが重要である。こうした視点の下では，住民等も含め利害関係者の参加を広く認めるべきであろう。立法論を展開する場合のメリットの1つは，関係者の範囲を広く法定し，行政手続や争訟過程への参加を拡張できる点にある。
(b) 裁決の内容と手続
　審理手続のあり方は，裁決でどこまで踏み込んだ決定を行うのかという点と密接に関わる。審査庁が上級庁でない点に着目して，(イ)都市計画決定の取消しのみを行う方法がある。このほか，(ロ)審査庁は取消しに加えて都市計画を変更する裁決を行う仕組みや，変更内容を示して都市計画の変更を命ずる裁決を行う仕組みが考えられる。(ロ)に関し，行政不服審査法では，上級庁でない審査庁は行政処分の変更又は変更の命令を行うことができないこととされていることから，こうした裁決を構想するのであれば，変更裁決ないし変更命令裁決を許容する明文規定が必要になる。
　どの方式を採用するかは，審査庁の審理手続，都市計画権者による計画策定手続との役割分担に依拠するものである。例えば(ロ)のように，裁決が自ら都市計画の変更を行うのであれば，審理手続の中に計画策定手続に準じた手続保障措置が盛り込まれることが要求される。つまり，公聴会，公告・縦覧，都市計画審議会への付議，関係機関との協議・調整など，都市計画決定に必要とされる手続が審理手続の一環として行われるべきである。この点では，この趣旨を定めた特例規定が必要となろう。ここに見られるように，審理手続の高度化を念頭に置けば，それだけ審理手続の装備は重いものにならざるをえず，手続コストは増大する。
　他方で，(イ)のように，裁決は計画を取り消すだけで計画権者に計画を差し戻すものであるとすれば，裁決手続の内部に計画策定手続と同様の手続保障措置まで盛り込む必要はない。このように，両手続を連続的・連携的に捉える立場も考えられる。
　なお，裁決に対して計画を策定した行政機関（原処分庁）が争うことができ

ない点は，都市計画権者の判断権，特にそれを委ねられた地方公共団体の自主的判断権との関係で問題を残している[19]。

(c) 取消裁決の意味

土地利用規制に関する都市計画の取消裁決は，規制区域における土地利用規制を白紙にするのではなく，当該都市計画決定がなされる直前の状態に戻すものと考えられる。

(d) 執行停止の活用及び変更裁決の必要性

裁決手続においては，執行停止の仕組みを重視する必要がある。当該都市計画決定の時点から不服申立てを経て審査庁による裁決までの間に，建築行為等が進行して一定の秩序が形成されることに対する対応策が必要になる。換言すれば，執行停止制度を活用して，裁決に至るまで建築行為等を一定程度制限することが重要になる。執行停止は従来活用されてこなかっただけに，活用が期待される。

その上でなお，裁決の時点において，一定程度の秩序が形成されている場合には，必ずしも取消裁決により当該都市計画決定がなされる前の状態に戻すべきではなく，変更又は変更の命令により裁決の時点において審査庁が適正と考えられる（経過的な）規制の設定を行うこととすべきである。

(5) 裁決の効力

都市計画決定等を取り消す裁決は，原則として対世効を有すること，つまり，裁決の効力が限定なしにすべての者に及ぶことを明記することが望まれる。これは，都市計画決定の取消し又は変更を一体的・統一的に行うことが都市計画争訟制度の立法趣旨の1つであることに基づく。

変更の裁決についても，同様に解することとなろう。

(6) 裁決取消判決の効力

(a) 再度の裁決と計画補完の可能性

取消訴訟において裁決が取り消された場合には，裁決庁は改めて裁決をやり

---

[19] フォーラムの席上，碓井光明教授からいただいた指摘である。

直すこととなる。ここに見られるように，取消判決により都市計画自体が効力を失わない点が，裁決主義を採用した制度設計の要諦である。審査庁は判決の趣旨に従い，改めて裁決をやり直し，例えば変更裁決の活用により都市計画の補正が可能となる。裁決主義型モデルの下でも，都市計画の違法が理由で都市計画を維持した裁決の取消しが判決される場合には，厳密に考えれば都市計画の違法が判断されているが，これは判決理由中の判断として表面化していないのである。

(b) 都市計画の効力停止

都市計画の効力は，裁決取消判決によって直ちに否定されるわけではない。しかし，裁判所により違法の判断を受けた都市計画が新たな裁決に基づき都市計画が補正されるまでの間，そのまま維持されるのでは原告の権利保護と都市計画の適正化を目的とした争訟制度の趣旨に反する。そこで，取消判決の拘束力の1つとして，都市計画の違法を理由とする裁決取消判決が確定した場合，審査庁は都市計画の効力を停止する決定を行うべきであろう。この点を明確にする趣旨から，明文で効力停止の規定を置くことが望まれる。

(c) 経過期間における対処方針

行政実務上の大きな問題は，裁決がやり直されて計画が補正されるまでの期間（経過期間）に，都市計画に基づいて行われる諸活動について，どのように考えるのかという点に認められる。ここでは，冒頭で述べた都市計画の類型論（都市施設・市街地開発事業に関する都市計画と土地利用規制に関する都市計画の二区分）が思考の整理に役立つ。

都市施設・市街地開発事業に関する都市計画の場合には，取消判決で違法性が判断された都市計画を基礎に行政が事業を進めることには，正当な理由は存在しないであろう。したがって，事業活動は原則として停止することが出発点として考えられる。

これに対して，土地利用規制に関する都市計画の場合には，当該都市計画の効力が停止されるからといって，計画に基づく私人の建築行為も原則として停止されるのでは不利益が大きすぎる。わが国では建築自由を前提に都市計画が自由を制約すると考えられていることから，都市計画の効力が失われると建築自由が復活してしまう。規制区域における土地利用規制が白紙になり，全くの

建築自由が生まれるというのも極端である。原則として，当該都市計画決定がなされる直前の状態に戻ると考えていくこととなろう。この場合には，次に述べるように，当該都市計画が規制強化型の内容なのか規制緩和型の内容なのかに応じて，区分して考える必要がある[20]。

(d) 規制強化型都市計画に関する例外的対処の必要性

（原計画が規制緩和型の場合）

例えば，前の都市計画が高さ制限10メートルを規定していて，原計画が制限を20メートルに変更する内容のものであった場合，つまり規制緩和型計画であった場合を考えてみる。このケースで，原計画の行きすぎた緩和が裁判所により違法であると判断されたとする。この場合，原計画の効力が停止されると前計画が基準となるため，裁決による新計画策定まで高さ制限は10メートルとなる。

（原計画が規制強化型の場合）

例えば，前の都市計画が高さ制限20メートルを規定していて，原計画が制限を10メートルに変更する内容のものであった場合，つまり規制強化型計画であった場合を考えてみる。このケースで，原計画の規制強化が厳しすぎるとして違法が裁判所により判断されたとする。

この場合，原計画の効力が停止されるとすると前計画が基準となり，裁決による新計画策定まで高さ制限は20メートルと緩やかなものとなる。経過期間においては，裁決を通じて新たに策定される計画の内容は未定である。かりに，新計画が高さ制限12メートルを規定するものとなった場合には，経過期間中に前計画の緩やかな建築制限の下で建築行為がなされると新計画は実現が困難となってしまう。この点を重視すると，原計画の効力（高さ制限10メートル）を維持するという例外措置が要請されることとなる。

裁決後に策定された新計画が高さ制限12メートルを許容する内容のものであった場合，結果として，例外措置によって私人は過剰に規制を受けたことになる。裁判所に違法と判断された原計画を維持した例外措置により，経過期間

---

20) 経過期間の対応を考える上では，本文で述べた点以外に，裁判所が都市計画について違法と判断した内容が重要な考慮要素となる。この点の指摘は，フォーラムの席上，亘理格教授からいただいた。

中の建築行為が過剰に規制されていることになるのである。これによって被った不利益をどのように考えるかについては，多様な見解が予想される。1つには，この不利益は都市計画の実効性を確保するという公益上の理由に基づくものであり，一種の特別犠牲と呼ぶことができるという見解である。これによれば，都市計画の効力の停止を特別に制限した結果生じる損失は事後的に補償すべきである。調査業務報告書では，この見解が示されている。2つには，こうした不利益が生まれることは計画争訟制度を設けたことに伴うもので内在的な制約であると考えれば，損失補償は必要ないのかもしれない。

(e) 調査業務報告書における整理

上記の考慮をまとめて，判決理由中で違法と判断された都市計画が土地利用規制に関するものであり，新たな計画が策定されるまでの経過期間中に建築確認申請がなされるケースについて，対処方針を調査業務報告書（11頁）は次のように記している。

> 「建築規制を緩和する都市計画については，この効力を停止することにより事後的な補正（補正された計画内容の実現）が困難となるような問題は生じないことから，当該計画が違法と判断された場合には，審査庁により当該計画の効力は停止され，当該計画策定以前に効力を有していた都市計画（前計画）を基準として申請を処理することとする。」

> 「建築規制を強化する都市計画については，この効力を停止し前計画に戻ることにより，緩い基準での建築行為が可能となると，事後的な補正が困難となることから，当該計画が違法と判断された場合には，経過期間中における例外的な特別の建築制限として，違法と判断された計画を暫定的な基準として申請を処理する。

> その上で，違法と判断された都市計画を前提として建築確認拒否処分が行われ，その後の当該計画の変更又は廃止により，結果的に土地の有効利用が阻害されたと認められる場合には，経過期間において過剰な規制がなされていたことに着目して，事後的な補償により対応する。」

このように，経過期間中の対応について具体的な考察をした点が，委員会報告書の1つの特色である。

なお，都市施設・市街地開発事業に関する都市計画についても，都市計画法53条の許可申請の処理に関し，同様の問題が生じる。考え方は同じであるこ

とから，この点の説明は省略する。

5　都市計画違法確認訴訟

(1)　新しい訴訟形態の法定

　調査業務報告書では，上記の裁決主義型モデルの改善提案に加え，都市計画違法確認訴訟モデルを提案している。趣旨は，行政事件訴訟法に法定された取消訴訟や当事者訴訟といった形式に無理に当てはめる制度設計ではなく，都市計画の特質に即した訴訟形式を都市計画法に規定する点にある。もっとも，具体的に見るならば，出訴期間，判決の拘束力，補正手続の法定，対世効の承認，変更行為について特例規定を置く点では，上記の裁決主義型モデルと相違点は少ない。こうした点に着目すれば，新たな制度といってもその法的性格は特殊な抗告訴訟という整理になると思われる[21]。都市計画法に都市計画訴訟を法定することを意図した制度提言ではあるが，将来の行政事件訴訟法における計画訴訟の先駆けとなる制度設計を自由に構想する試みでもある。

　調査業務報告書の提言する都市計画違法確認訴訟の類型では，都市計画の違法性を確認し，瑕疵のある都市計画について計画の効力を停止することに重点が置かれている。換言すれば，取消訴訟に見られるような取消判決の形成力に期待した制度設計にはしないという趣旨である。取消判決の形成力は計画制度には適合しないように考える。むしろ，違法宣言を前提としたうえで，拘束力（行政による改善）に大きな期待を寄せたものである。具体的な拘束力の内容を法定し，行政による計画の補正手続実施義務を明確にしようとする制度設計論である。都市計画の補正手続を法定することで，従前の計画が裁判所の違法判断後も遡及的に無効にならない点が間接的に表現されている。

　段階的に都市づくりを実現していくという都市計画の特性を踏まえ，瑕疵のある都市計画についてこれを直ちに無効とするのではなく，瑕疵の補正手続を法定し，適切に補正がなされれば当該計画は判決時に遡って有効となる仕組み

---

[21]　フォーラムの席上，小早川光郎教授から，都市計画違法確認訴訟の法的性格について，当事者訴訟なのか，特殊な抗告訴訟なのかを問う質問が寄せられた。

を構築する。都市計画の特性を重視した制度設計を意図したものである。つまり，都市計画の瑕疵論という基本問題について修正を求める提言である。

　裁決主義型モデルとの差異としては，行政不服審査手続を介在させない制度とすることにより，争訟手続が複雑になることを避けるとともに，地方公共団体における実施コストの削減を図る点が挙げられよう。このように，行政不服審査手続を介在させないシンプルな制度設計は，地方公共団体に対し執行コストの削減をもたらす。

(2) 原告適格

　都市計画違法確認訴訟は，「確認の利益」を有することを訴訟要件にするのではなく，都市計画の違法の確認を求めるにつき「法律上の利益」を有する者に原告適格を認めることとする。この場合，行政事件訴訟法9条2項を準用する方法が考えられる。取消訴訟の原告適格の判断枠組みに準じて「法律上の利益」の有無を柔軟に判断することとなろう。

　立法論としては，例えば，計画策定手続上，様々な利害関係者の参加規定を設けることにより，原告適格を広く肯定しやすい規範構造にしておくことが，早期の段階で計画の基本的な瑕疵を広く議論するという予防的な観点から推奨されることとなる。このように，原告適格となりうる者の範囲を広く設定できる点は，確認訴訟の活用論と比較した場合，立法論を通じた対応案の1つの特色をもたらすこととなろう[22]。

(3) 出訴期間の設定

　都市計画の法的安定性を確保する観点からは，都市計画違法確認訴訟に出訴期間の制限を設けることが必要である。都市計画の有する専門的内容に着目するならば訴訟準備に相応の時間を要することから，都市計画決定の日から1年を出訴期間と定めることが，諸外国における出訴期間の例と比較して妥当な期

---

[22] フォーラムの席上，越智敏裕教授から，原告適格の広がりに関して質問を受けた。また，中川丈久教授から，都市計画違法確認訴訟と当事者訴訟の異同に関する質問を受けたが，制度設計によって，前者は，原告適格，出訴期間，補正手続の法定といった点でメリットを持ちうると考えている。

間設定であると思われる。

(4) 訴訟手続

　都市計画違法確認訴訟の基本的な考え方は，裁判所が都市計画の違法を確認し，瑕疵のある計画の効力を停止するものである。計画の効力停止が，この訴訟手続の中核的部分である。判決の拘束力に従い，都市計画決定権者は計画を遡及的に取り消すか，補正手続として都市計画の手続をやり直すこととなる。したがって，訴訟手続の中で都市計画手続のすべてを行う必要はない。

　訴訟手続への参加については，多数当事者を対象とすることから，行政事件訴訟法22条（第三者の訴訟参加）や23条（行政庁の訴訟参加）を準用することが考えられる。訴訟の存在を広く知らしめる観点からも，訴えの公告制度も課題となろう[23]。

(5) 執行停止

　計画確認訴訟においては，仮の救済制度を明文で整備しておく必要がある。例えば，高さ制限を緩和する高度地区の指定に基づき，都市計画違法確認訴訟の係属中に高層の建築物が建築された場合，判決において当該都市計画が違法であるとの確認がなされ，補正手続により高さ制限が強化されたとすると，当該建築物は既存不適格建築物となる可能性がある。このように，新計画の高さ制限の実効性が損なわれかねない事態が生じてしまうのである。そこで，特に規制を緩和する都市計画決定については，裁判所の決定による当該都市計画の執行停止制度を設ける必要がある。

---

[23] 調査業務報告書では，例えば，会社関係の訴えについて，訴えが提起されたときに，これを公告する制度に着目している。会社法849条5項，商法旧105条4項（合併無効の訴え）。訴訟手続として，行政事件訴訟法12条（管轄），15条（被告を誤った訴えの救済），17条（共同訴訟），23条の2（釈明処分の特則），24条（職権証拠調べ），35条（訴訟費用の裁判の効力）等の準用が検討を要する。また，行政事件訴訟法34条（第三者の再審の訴え）の準用については，判決後の補正手続との関係を整理した上で，慎重に検討する必要があろう。

(6) 判決の内容と判決の効力

判決主文では，原告の法律上の地位ではなく，都市計画自体の違法性を確認するものとする。都市計画の違法確認判決は，都市計画決定権者が判決の拘束力に従い補正すべき瑕疵及びその理由を判決理由において明示すべきである。

(a) 効力の停止

都市計画の違法性を確認する判決が確定した場合には，当該都市計画の効力は停止するものとする。このように，都市計画の違法確認の仕組みの第1の眼目は計画の効力を停止する点にある。

(b) 都市計画権者等に対する拘束力

都市計画の違法確認の制度は，違法確認判決の拘束力に期待した仕組みである。つまり，多数当事者や関係者が安心して対応できるように，拘束力の内容も予め法律で明示しておくものである。具体的には，都市計画の違法確認判決の拘束力により，都市計画決定権者は，補正手続として判決の趣旨に従って都市計画の手続をやり直し，瑕疵を補正した上で，当該都市計画を維持するか，変更するか，または廃止する（取り消す）旨の義務を負うと明記するのである。

都市計画の違法確認判決の確定後，違法な計画の補正の経緯に関して市民は関心（不安）を持つことから，都市計画決定権者は，判決後直ちに，補正手続により再度の都市計画決定を行うべき時期を明示する必要がある[24]。

(c) 補正手続の利用可能性

都市計画違法確認制度の特質は，補正手続による都市計画の遡及的修正を可能にする点である。つまり，補正手続により当該都市計画を変更する旨の決定が行われた場合には，変更された都市計画は判決時に遡って有効となる。

(d) 違法確認判決の対世効

都市計画の効力を一体的・統一的に停止することが都市計画争訟制度の立法趣旨の1つとなることから，都市計画の効力を停止する違法確認判決の効力に対世効を認めることが必要である（このために，既に述べたように，判決の効力を受けることとなる第三者の手続保障が必要となる）。

---

24) 補正手続の長期化に対抗するために，補正手続の期間制限を法定するという示唆を，フォーラムの席上，藤原淳一郎教授からいただいた。併せて，同教授からは，補正手続というアイデアに対して好意的な意見が寄せられた。

(e) 経過期間における対処方針

都市計画違法確認訴訟においても，違法確認判決の確定後，補正手続を通じて新たに都市計画決定が行われるまでの期間（経過期間）が存在する。この期間に市民から建築確認申請等がなされた場合に，どのように対応するのかという方針決定が重要な問題点となる。基本的な考え方は，先に述べた裁決主義の場合と同じである。

こうした考慮を前提に，調査業務報告書は次の方針を示している。モデルとされたケースは，違法を確認された都市計画が土地利用規制に関するものであり，経過期間中にこれを前提に建築確認申請がなされたというものである。

(イ) 建築規制を緩和する都市計画の場合　効力を停止することにより事後的な補正（補正された計画内容の実現）が困難となるような問題は生じないことから，当該計画が違法と判断された場合には，当該計画の効力は停止され，当該計画策定以前に効力を有していた都市計画（前計画）を基準として申請を処理する。

(ロ) 建築規制を強化する都市計画の場合　効力を停止し前計画に戻ることにより緩い基準での建築行為が可能となると，事後的な補正が困難となることから，当該計画が違法と判断された場合には，当該計画の効力を停止させずに違法と判断された計画を暫定的な基準として申請を処理する。

その上で，違法と判断された都市計画を前提として建築確認拒否処分が行われ，その後の当該計画の変更又は廃止により，結果的に土地の有効利用が阻害されたと認められる場合には，経過期間において過剰な規制がなされていたことに着目して事後的な補償により対応する。

6　都市計画争訟をめぐる基本的理論問題

(1)　2つの立法モデルに共通する問題意識

これまで，2つの研究会が公表した争訟モデルをそれぞれ概観した。これらは一見したところ異なった制度設計のようであるが，基本的な視点においては共通点が多いものである。両者に共通する視点を，いくつか紹介することとしよう。

(a) 出訴制限期間の法定

都市計画をめぐる紛争は多数当事者に関わるものであり、法的安定性に対する要請が強いことから、2つの争訟モデルはいつまでも出訴できるものではなく、計画策定後の一定期間に争わせる仕組みとなっている。これが、不服申立制限期間や出訴制限期間の法定といった提言となっている。

(b) 計画に関する瑕疵論の見直し

補正手続という発想は、都市計画の特性を重視した制度設計を心掛けるという視点に基づく。ここでいう都市計画の特性とは、都市計画は多数の利害関係者の合意を図りながら段階的に都市づくりを実現していく形成作業であるということである。この点で、都市計画は法律に代表されるような法規とは構造が異なる。都市計画をめぐる権利救済制度は、積み重ねて実現してきた行政過程を尊重しつつ、違法性を是正することが求められる。このことから、違法であるから無効といった効力論は都市計画には適合しない。そこで、計画の補正手続を法定し、正規の補正手続を踏めば違法な計画も有効なものになりうることを制度的に表明する必要がある。こうした問題意識は、比較法研究の成果でもある（ドイツ法、フランス法）。

(c) 対話型司法過程の探究

違法な都市計画の是正には、行政過程の助けを借りなければ達成できない部分が残る。換言すれば、法廷ですべての違法を是正し、新たな計画を策定し直すことには限界があり、多くの場合、計画の違法を指摘して、裁判所が行政に是正を命じて差し戻す場面が必要になる。この点で、行政過程と司法過程の間でどのような機能分担を図るのかという問題、両者の連携に着目した対話型司法の探究が重要になる。2つのモデルはともに、計画の効力を停止して行政過程に紛争の処理を投げ返すという形で、行政過程と司法過程の協働を図ろうとしている。

(d) 判決から計画補正までの過渡的期間における対応

これは、本章で紹介した立法論の取り組みの過程で発見された問題である。比較法研究から明確にされなかった理由は、わが国における建築自由に関する考え方が背景に存在する[25]。つまり、諸外国では計画から建築の自由が生じると考えるために、計画の効力が停止すれば建築活動も停止せざるをえないので

ある。これに対し，わが国では建築の自由が前提であり，計画はその制約要素と捉えられる。したがって，計画の効力が停止されれば建築自由は復活する。これを前提にすると，新計画策定中は建築確認申請等の取り扱いは極めて自由なものとなり，そうして建築された建物等が新計画策定後に障害となる可能性がある。そこで，こうした過渡的期間における対応・規律に関して予めルールを明確にしておく必要があり，これは解釈論を通じては実現しにくい性格のものである。既に述べたように，こうした配慮は，規制強化型の都市計画が裁判所により違法と判断された場合に特に必要となる。

(2) 残された課題
(a) 完結型計画に対する計画訴訟システムと違法性の承継問題
　完結型計画を対象として計画訴訟を整備した場合でも，後続処分取消訴訟等において付随的に計画の違法を主張する可能性を残さざるをえない。市民の計画取消責任を語る前提として概観可能性が常に存在するとはいえないからである。もっとも，計画策定から一定の期間内に計画の有する瑕疵が攻撃され是正される機会が用意されれば，後続処分取消訴訟で付随的に争う問題は予防的に解決されることとなろう[26]。したがって，計画訴訟の制度化は有用である。後続処分取消訴訟で個別事案との関係で計画がなお違法とされる場合があるとすれば，例外事例か，次に述べる計画変更の放置に関わる問題である。
(b) 定期的計画見直し・変更手続の必要性
　計画が策定された後，変化した現状と乖離しているにもかかわらず，計画の変更がなされないといった事例が存在する。この場合には，訴訟の対象として何を想定するのか，その場合に用いる訴訟手段はどのようなものかといった問題が生じる。これを訴訟法のレベルだけで解こうとするのは，司法過程に対する負担が大きすぎると考える。考え方としては，都市計画変更に関する行政手

---

25) 山本・前掲注7) 410頁以下が詳細である。
26) フォーラムの席上，中川丈久教授から，確認訴訟と新規の立法論で認められる訴訟との異同に関して質問を受けた。確認訴訟に加えて，立法論として新制度を設ける趣旨は，本文で述べた予防機能のほか，出訴期間の法定，原告適格の拡大，補完手続の明記といった点にあるものと考えている。

続を立法上充実させて，計画権者に一定期間ごとの計画見直しを義務づけ，そうした見直し活動を訴訟の対象とすることが望ましい。こうした改正案づくりは国土交通省で進められたが実現には至っていない。

　本章でテーマとした都市計画訴訟制度は，司法過程だけではなく，行政実務の対応可能性を視野に入れながら議論すべき課題である。併せて，こうした仕組みは理論的課題を多く含むことから，学界を挙げた取り組みが必要であり，司法，行政，学界の垣根を越えた自由な対話の継続に期待して本章の考察を終わることとしたい。

第16章
住民訴訟の現代的課題

はじめに

　地方自治に関して提起される行政訴訟のうち，最も利用されている訴訟類型として住民訴訟が存在する。この訴訟類型は客観訴訟，民衆訴訟として例外的訴訟類型に分類されている。アメリカ法の納税者訴訟にルーツを持つものが，日本法として進化したという経緯を有するため[1]，通常の行政訴訟とは異なった性格を多く有している。住民訴訟は，その対象行為である財務会計行為が支出負担行為，支出命令など多様であることに加え，対象行為の権限者も地方公共団体の長のみならず，委任や専決が行われた場合の事務担当者など，伝統的理解では内部法に位置づけられた行為者についてまで広く及ぶ。さらに，住民訴訟の提起には住民監査請求を経由することが条件とされ，住民監査請求と住民訴訟の双方について期間制限が付されるなど期間制限に関しても複雑な問題が存在する。加えて，行政活動を行う主体が多様化している現代的状況を反映して，地方公共団体の外郭団体に対して住民訴訟を提起することができるかという問題も存在する。こうした事情もあり，その審理期間も長期化する事例が

　1）　本章は，筆者が2015（平成27）年10月8日に司法研修所で担当した講演会の一部を基礎としている。当日は多数の裁判官の方々に聴講いただく機会を得たほか，講演会を通じて知的刺激に満ちた意見交換を行うことができた。この場を借りて御礼申し上げる。本章が対象とした住民訴訟の歴史に関しては，成田頼明「いわゆる納税者訴訟について——米国におけるこの制度の運用とわが地方自治法243条の2における若干の問題点」同『地方自治の保障』（第一法規・2011年）（初出1953年，54年）339頁以下。

見られる。このように複雑な問題を抱えるにもかかわらず，住民訴訟に関する条文は簡素で数も限定されている状況にある。その結果，住民訴訟に関する法理は判例法により形成され，判決も多数蓄積されたものの，その関係は必ずしも明確ではない。本章は地方公共団体レベルで活用されている住民訴訟に関して，現代的課題を取り上げると共に，判例上は取扱いが決まった問題についても理論的基礎について考察を深めることとしたい。

1 住民訴訟の主要解釈問題

住民訴訟制度の概要については基本書において記述する機会を有したところであり，ここで繰り返すことは省略させていただく[2]。本章では，制度の運用に関して問題となる解釈問題に焦点を当てることとしたい。

(1) 財務会計行為

住民訴訟の利用条件の1つとして，対象行為が財務会計行為であるといった制約が存在する。こうした行為は，一般の行政法で慣れ親しんだ行為形式とは異なるものであり，伝統的には行政の内部活動と整理された活動を多く含むものである。加えて，財務会計行為が段階的に行われることや，対象行為が作為に止まらず怠る事実のような不作為まで含む点で複雑性を増す要因となっている。

財務会計行為は，一般に当該行為と怠る事実の2つに大分される（地方自治法（以下，「法」という）242条1項）。こうした区分の最も大きな意義は，住民監査請求を行う場合の取扱いに差異を生ずる点にある（すなわち，「当該行為」には監査請求期間の制限があり，「怠る事実」には原則としてかかる制限はない）[3]。財務会計行為に関して，代表的なものについて表1に整理したので参照いただきたい。「当該行為」としては，①公金支出（これは狭義のものである），②財産の取得，管理，処分，③契約の締結もしくは履行，④債務その他の義務の負担とい

---

2) 大橋洋一『行政法Ⅱ 現代行政救済論〔第3版〕』（有斐閣・2018年）322頁以下。
3) 参照，最判1978（昭和53）年6月23日判時897号54頁。「怠る事実」にかかる住民監査請求には監査請求期間の適用はないとする。

表1 財務会計行為の種別

当該行為	①公金の支出		補助金の支出，売買契約に基づく支払，給与や手当の支出
	②財産の取得，管理，処分		動産や不動産の売却・購入
	③契約の締結もしくは履行		売買，賃貸，請負，委託の契約締結
	④債務その他の義務の負担		負担寄付，給与・手当の支出
怠る事実	⑤公金の賦課もしくは徴収		税金や使用料の徴収
	⑥財産の管理		公有財産の管理措置

った4種類の類型が存在する。他方，「怠る事実」としては，⑤公金の賦課もしくは徴収，⑥財産の管理が挙げられている。こうした財務会計行為を対象とすることが住民訴訟の利用条件であり，当該行為や怠る事実に該当するかが解釈問題となる。最高裁の裁判例を見ると，財務会計行為に該当しないと判示された例として，私有地に市道を建設するに際して，市の建設局長らが請負人をして道路建設工事をさせる旨の工事施行決定書に決裁をして関与した行為が存在する[4]。もっとも，この紛争自体がおよそ住民訴訟の対象にならないわけではない。本件では原告が工事施行決定書の決裁行為といった一般の行政活動を対象行為として法律構成している点が，住民訴訟の利用ルールから外れていると判断されたものである。換言すれば，道路建設にかかる行政過程のうち，例えば，市長による道路建設工事請負契約締結や履行を対象としておけば，対象適格の問題は生じなかった事例である[5]。つまり，当該事例は，直截に財務会計行為を対象としていない点に問題性を有していたと言うことができる。

上記の財務会計行為6類型の中でも，①公金の支出が対象行為として争われることがきわめて多い。そこで，公金の支出を例に挙げて，対象行為選択に関する解釈問題を深めることとしたい。

「公金の支出」は，最も狭い意味では，現金や有価証券による支払行為を指す概念として用いられる（法232条の4第1項・第2項）。広い意味では，こうした支払行為に加えて，その前提となる支出命令を含む場合があり（法232条の4第1項），さらに広い意味では，その原因となる支出負担行為（法232条の3）まで意味する場合がある（最も広い用語法で「広義の公金の支出」という）[6]。法242

---

4) 最判1990（平成2）年4月12日民集44巻3号431頁。
5) 上田豊三『最高裁判所判例解説民事篇平成2年度』（法曹会・1992年）128頁参照。
6) 関哲夫『住民訴訟論〔新版〕』（勁草書房・1997年）20頁以下，碓井光明『要説住民

表2　広義の公金支出

(a) 支出負担行為（法232条の3）…………長の権限
　　支出の原因となる行為。
　　請負契約や購入契約などの契約締結，補助金交付決定，旅費支出決定，給与支給決定，不法行為に基づく損害賠償金の支出決定などを含む。
(b) 支出命令（法232条の4第1項）………長の権限
(c) 支出（法232条の4第1項・第2項）…会計管理者の権限
　　会計管理者は支出負担行為が法令又は予算に違反していないこと，支出負担行為にかかる債務が確定していることを確認する実質的な支出命令審査権を持つ（法170条2項6号）。

条1項に掲げられた「公金の支出」は広義のものである。広義の公金支出に関して留意すべき点は，第1に，表2の(a)から(c)のそれぞれが単独の行為であり，住民にとって住民監査請求の対象として選択することが可能な点である。第2に，その権限を行うことのできる者が異なって法定されているという点である。具体的に言えば，(a)支出負担行為や(b)支出命令は長の権限であるのに対し（法232条の3・232条の4第1項），(c)支出は会計管理者の権限とされている。このように，法律上の権限配分は多元的である。第3に，各行為について行政実務においては権限の委任，専決等が広く行われていることから（法153条1項・170条3項・171条4項・180条の2），住民にとって権限の所在は決してわかりやすいものではない点である。

　以上の複雑性を示す一例として，最高裁で争われた事例を挙げるならば，同和対策報償金支給にかかる広義の公金支出に関して，支出負担行為は長の権限であるところ民生局長の専決とされ，支出命令は市長の権限であるところ社会部庶務課長の専決とされ，支出は当時の収入役（現在の会計管理者）が行うなどの処理が見られたところである。

　上記のように住民訴訟の対象行為が多様であり，権限の所在も多元的であり，加えて専決等がなされるといった状況は，住民にとって具体的には次の3点で法的意味を持つ。

　第1に，住民は，住民監査請求の請求人ないし住民訴訟の原告として，対象行為の特定について責任を負う。もっとも，この点を厳格に解釈しすぎると住民監査請求や住民訴訟の制度趣旨を没却してしまう点に留意が必要である。住

訴訟と自治体財務〔改訂版〕』（学陽書房・2002年）87頁。

表3 権限の委任，専決の現状
支出負担行為：同和対策報償金支給決定…民生局長（市長権限の専決）
支出命令……………………………………社会部庶務課長（市長権限の専決）
支出…………………………………………収入役（現行法の会計管理者）
（出典）最判2002（平成14）年9月12日民集56巻7号1481頁

民監査請求における対象の特定性は緩やかでありうるので，広義の公金支出を対象とした請求も可能であると解されている[7]。

第2に，住民監査請求の期間制限は対象とした財務会計行為ごとに考えることから[8]，住民による対象行為の特定は期間制限にも関わる。

第3に，財務会計行為の権限の所在や委任の有無が，住民訴訟の被告を選択するうえで基準となる。裁判例における一般的理解に従えば，2号請求では（行訴法改正で取消訴訟などについて行政団体主義が採用され，当該条文が準用される結果として〔法242条の2第11項，行訴法43条1項・2項，11条1項〕）処分庁の帰属する地方公共団体が被告となる。これに対し，4号請求では，地方自治法の2002（平成14）年改正により2段階の訴訟制度となり，第1段の訴訟は損害賠償請求，不当利得返還請求，賠償命令の権限をもつ機関が被告となることから，地方公共団体の長又は地方公営企業の管理者が被告となる（法240条2項，242条の3第1項，243条の2の2第3項・第4項，地方公営企業法7条，8条1項，34条）。これらの権限の委任は実務上一般になされておらず，権限委任や専決の問題を考える必要性は低い。これに対し，1号請求や3号請求では，両号の規定振り（「当該執行機関又は職員に対する」〔法242条の2第1項第1号・第3号〕）から，財務会計行為の権限をもつ機関が被告となる。この場合に，例えば，委任（法153条，180条の2）があると，地方公共団体の長が本来権限をもつ場合であっても，被告は受任機関となる（〔争いはあるが〕長は権限を委任により失い，被告にはならない）。他方，専決による事務処理がなされている場合には，（これも争いがある問題であるが）専決は内部事務処理であることから被告は長であり，専決者は含まれない。現行法とそれに関する上記理解は複雑であり，市民に混乱を

---

7) 大橋寛明『最高裁判所判例解説民事篇平成14年度（下）』（法曹会・2005年）575頁。
8) 最判2002（平成14）年7月16日民集56巻6号1339頁。

与えかねない内容である。このように混乱を招く点に関しては立法論として改正が望ましいほか，1号請求や3号請求で委任や専決がなされた事例の被告に関しては理論上解明すべき点が残されている[9]。なお，被告を誤った訴えは，行訴法15条の準用で対応すると説かれている（法242条の2第11項，行訴法43条3項，40条2項）。

(2) 監査請求期間経過の正当な理由

住民監査請求や住民訴訟制度においては，いずれについても利用条件として期間制限が存在する。住民訴訟の提起に先立ち住民監査請求を経ることが要求されていることから（住民監査請求前置），住民にとっては第1に住民監査請求に関して期間制限遵守が不可欠となる。ここでは，当該期間が徒過した後の住民監査請求を可能とする「正当な理由」の解釈をめぐって，従来から争いが存在する。

(a) 監査請求期間制限（原則）

期間制限を考えるにあたっては，先に述べたように，財務会計行為にかかる二分論（当該行為と怠る事実の区別）が重要性を持つ。原則は，当該行為に関しては期間制限が適用され，他方，怠る事実についてはかかる制限が存在しない[10]（真正怠る事実）。

---

9) こうした複雑な仕組みは市民に親切な仕組みではないことから，行政事件訴訟法で取消訴訟などの被告適格を行政団体主義に変更して市民の負担を軽減した例を参考に，（2号請求以外の）住民訴訟の被告に関しても地方公共団体に統一することが望まれる。同旨，高橋滋ほか編『条解行政事件訴訟法〔第4版〕』（弘文堂・2014年）170頁，173頁（山本隆司執筆）。1号請求に関して，裁判例の動向は，森田浩美「差止請求の要件等」大藤敏編『現代裁判法大系28 住民訴訟』（新日本法規出版・1999年）118頁以下参照。1号請求に関しては委任者や専決権者にも被告適格を肯定する見解として，碓井・前掲注6）105頁以下参照。なお，最判1991（平成3）年12月20日民集45巻9号1455頁や最判1993（平成5）年2月16日民集47巻3号1687頁が，2002（平成14）年改正前の4号請求について，委任や専決の事例で委任者や専決権者に被告適格を認める趣旨であることからすれば，1号請求や3号請求でこれらの者に被告適格を認める余地は解釈論として残されていないのか，余地がないのであれば，その理論的理由（例えば，旧4号請求制度では組織としての責任ではなく，実質的に賠償責任を負うべき個人を被告とする必要が存在したため，被告の判定に際して特例的解釈を採用せざるをえなかった等）を明らかにする必要があるように思われる。

10) 最判1978（昭和53）年6月23日・前掲注3），最判2002（平成14）年7月2日民集56巻6号1049頁。

まず，当該行為に関しては，それが一回的行為の場合には，当該行為のあった日から1年以内に住民監査請求はなされなければならず（法242条2項），財務会計行為が継続的行為の場合には，それが終わった日から1年以内に行わなければならない（図1参照）。監査請求期間は，財務会計行為のあった日又は終わった日の時点から客観的に起算される[11]。

図1 住民監査請求・住民訴訟にかかる期間制限

財務会計行為
　　│　監査請求期間（1年）（法242条2項）
住民監査請求
　　│　（原則60日以内）（法242条6項）
監査結果
　　│　出訴期間（30日以内）（法242条の2第2項）
住民訴訟提起

他方，怠る事実に関しては，上記の期間制限がかからないが，それは，怠る状態が継続している以上，不服の申出を認めるべきであるといった考え方による。したがって，こうした発想によれば，怠る事実の場合であっても怠る事実が終了すれば期間制限は適用可能となるはずであり，判例もこれを認めている[12]。怠る事実にかかる紛争類型として，判例上は談合にかかるものが存在する[13]。

(b) 監査請求期間制限（例外）

上記(a)の原則については，例外が存在する。第1に，当該行為に関しては，「正当な理由」が存在する場合には期間徒過後の請求も可能とされている。判例によれば，特段の事情のない限り，相当な注意力をもって調査すれば客観的に当該行為の存在及び内容を知ることができたときから相当な期間内において請求が許容される[14]。

第2に，怠る事実を理由に住民監査請求がなされた場合であっても，期間制限の適用が肯定される場合が認められている。具体的に述べるならば，契約の締結が違法である事案で，契約締結を対象とした4号請求を行うことが可能な場合であるにもかかわらず，契約に基づく損害賠償を行わないことが違法であ

---

11) 最判2002（平成14）年9月12日民集56巻7号1481頁（磯部力ほか編『地方自治判例百選〔第4版〕』（有斐閣・2013年）92事件）。
12) 参照，最判2007（平成19）年4月24日民集61巻3号1153頁。
13) 最判2002（平成14）年7月2日・前掲注10）。
14) 最判1988（昭和63）年4月22日判時1280号63頁，最判2002（平成14）年9月12日・前掲注11）。

ることの確認を求めるなど，法律構成を変えて（期間制限のかからない）3号請求を提起する際には，契約締結時から監査請求期間を起算することが認められている（不真正怠る事実）。

以下では，上記例外の認められる「正当な理由」にかかる解釈論を紹介する。
（正当な理由）

正当な理由がある場合としては，住民が天災等で住民監査請求できないといった場合のほか，財務会計行為時に住民がその違法性について認識できず，事後的に違法性が認識可能となる場合も含まれる。後者の例として，財務会計行為が秘密裏に行われた場合のほか，住民が相当の注意力をもって調査を尽くしても当該行為の存在又は内容を認識できない場合が存在する[15]。上記の認識可能性を与える端緒として，全戸配布の議会便り[16]，新聞報道[17]，一般の閲覧に供された決算説明書[18]，入手された（市の）内部資料[19]，情報開示決定（及びその実施としての文書の閲覧・交付）[20]などの情報提供行為が最高裁により認められてきた。

さらに細かな論点として，行政機関等による情報提供活動があった際に，それをもって認識可能と解釈できるかという点について解釈が分かれている。例えば，決算説明書が一般の閲覧に供されたことをもって認識可能であるという判例に対しては，通常の住民にかかる認識を要求するのは厳しいのではないかといった見解も見られる[21]。同様に，新聞報道をもって財務会計行為の存在及び内容を住民が認識できたのかという点についても解釈は分かれうる。例えば，最判 2006（平成 18）年 6 月 1 日では，多数意見は財務会計行為にかかる新聞記事で認識可能であるとしたのに対して，泉徳治裁判官の反対意見は当該記事は本件支出について明確に述べるものではないことから認識不能であるとしたう

---

15) 最判 2002（平成 14）年 9 月 12 日・前掲注 11)。
16) 最判 1988（昭和 63）年 4 月 22 日・前掲注 14)。
17) 最判 2002（平成 14）年 9 月 12 日・前掲注 11)。最判 2006（平成 18）年 6 月 1 日判時 1953 号 118 頁。
18) 最判 2002（平成 14）年 9 月 17 日判時 1807 号 72 頁。
19) 最判 2002（平成 14）年 10 月 15 日判時 1807 号 79 頁。
20) 最判 2005（平成 17）年 12 月 15 日判時 1922 号 67 頁，最判 2008（平成 20）年 3 月 17 日判時 2004 号 59 頁（磯部ほか編・前掲注 11) 93 事件)。
21) 人見剛・民商法雑誌 128 巻 4 = 5 号（2003 年）646 頁，657 頁。

えで，4カ月あまり後の（市長等が初めて本件支出について議会で説明した）議会質疑の報道をもって初めて認識可能となったと解釈していたところである[22]。

図2　相当な期間

財務会計行為
　↓ 1年経過
存在及び内容の認識可能時（新聞報道，情報開示決定等による）
　↓ 相当な期間　　※3カ月？（従前は60日を目安）
住民監査請求

（相当の注意力）

　正当な理由を認める場合にあたり住民には「相当の注意力」が必要とされるが，ここで言う注意力は，一般的な住民の注意力を前提としたものである。これに対し，監査請求人に特有な立場や能力が一般住民の水準を上回る場合には，監査請求者側の立場・能力を前提として解釈すべしとする見解が存在する[23]。裁判例には，不動産鑑定士が住民監査請求を行った事例で，不動産鑑定士が意見書をまとめるまでに知りえた点に着目するなど，その地位・能力を考慮に入れたものがある[24]。このように，監査請求人に特有な情報水準を前提とする理由は，上記最判1988（昭和63）年4月22日の解釈公式にいう「特別の事情」が存在するものとして説明することが可能であろう[25]。

(c)　相当な期間の解釈

　正当な理由が認められ，期間徒過後の請求が可能と解される場合であっても，財務会計行為が認識可能となった時点から相当期間内において請求することが要求されている（図2参照）。「相当な期間」に関しては，住民監査請求の準備に要する時間を考慮して，事案の特質に即した判断が必要となろう。1つの目安として，従前は行政不服審査における不服申立期間が参照され60日が判断基準とされてきたように思われる。この点に関し，2014年に行審法が改正されたことから，今後は同法18条1項所定の3カ月を目安とする可能性が生じている。

　最高裁により相当な期間について判示された事例を概観するならば，1カ

22）　最判2006（平成18）年6月1日・前掲注17）。
23）　磯部ほか編・前掲注11）154頁（多賀谷一照執筆）も参照。
24）　最判2002（平成14）年10月15日・前掲注19）。
25）　阪本勝・ジュリスト1261号（2004年）160頁。

月[26],66日[27]について相当な期間内と判断したものが存在する。他方，相当な期間の超過と判断されたのは，64日以上[28],84日[29],4カ月[30],8カ月[31]などである。

(3) 委任と専決

次に，住民監査請求や住民訴訟にかかる解釈を難しくする要因として，委任や専決といった事務処理方式を挙げることができる。問題となるのは，4号請求において賠償責任等を負う「当該職員」の解釈に関してである。法令上，権限を割り当てられている長の責任と，その長から委任を受けた受任者や専決で権限を行使する専決者の責任とは，区別されて論じられてきた。以下では，専決，委任の順で，分析を進めることとしたい。

(a) 専　決

ここでいう専決とは，対外的には長の名で権限行使をするが，実際の事務処理は担当者（専決者）が行う事務処理方式である。これは行政内部における補助執行に該当する。専決といった事務処理の方式は，わが国の行政法では古くから知られたものであり行政官庁法理論に遡る。専決は，法律の規定に基づく必要はなく，行政機関限りで行うことができる点で，後述の委任とは異なる。法律で権限を与えられるのは一般に知事などの地方公共団体の長であり，対外的には長が権限を行使したものと表示される。もっとも，1人の知事が地方公共団体について法令で権限を与えられた事務を処理することができるはずもなく，部長，課長，職員といった補助職員が「黒子として」事務処理を行っている。取消訴訟などの抗告訴訟で争われる場合などには，専決による事務処理は行政内部事項とされ正面に登場することはなかった。これに対して，住民訴訟ではこうした内部事項が外部法化している点にその特質を見いだすことができ

---

26) 最判2005（平成17）年12月15日・前掲注20)。
27) 最判2002（平成14）年9月12日・前掲注11)。
28) 最判2002（平成14）年10月15日・前掲注19)。
29) 最判2002（平成14）年9月12日・前掲注11)。
30) 最判1988（昭和63）年4月22日・前掲注14),最判2006（平成18）年6月1日・前掲注17)。
31) 最判2008（平成20）年3月17日・前掲注20)。

る。その理由は，4号請求でいう「当該職員」に関しては，賠償責任を実際に問われるべき者といった視点から審理が行われている点に原因を求めることが可能である。また，専決が住民訴訟で争われる場合に，専決に関して定めた地方公共団体の規程が判断準則として重視されている点が興味深い。調査官解説は，専決者や専決事項が事務決裁規程（訓令）に定められ公表されるなど，正規の事務処理である点に着目しているのである[32]。

伝統的な行政法理論でいえば行政内部法に相当するであろう上記規程が外部法化している理由について，以下では考えてみたい。1つには，行政内部法と説明されてきた行政組織規律について，伝統的理論でさえ，例えば所管事項についての違反は対市民との関係で違法の問題を生じさせることを認めてきた。つまり，外部法の扱いを受けてきたのである。2つには，住民訴訟における紛争の実態からすれば，行政組織体の責任が問われ，その責任を対外的に示す方策として代表者の責任が問われるといった場面ではなく，当該事務を実際に違法に処理し実質的に責任を負うべき者は誰かといった点が審理の中心にあることが起因している。解釈にあたり，行政主体の賠償責任と実質的担当者の賠償責任を区別する視点が見受けられるのである。

（専決者の責任）

最高裁は，実質的に権限を行使した専決者が4号請求にいう当該職員として賠償責任を負うと判示した[33]。その根拠として，調査官解説は，専決処理は内部的になされる事務処理の正規の方法であり，それにより専決処理を任された補助職員はおよそ財務会計上の行為を行う権限と無関係な職員であるとはいえないと判示していたところである[34]。ここに見られるように，実質的に処理を行う権限を有する者が責任を負うべきであるという実質主義とも称すべき視点は，このほかにも地方自治法自体に見られる（法243条の2の2第1項後段「直接補助する職員」）。同項の趣旨は，予算執行職員の権限に属する事務に関する賠償責任は，予算執行にあたり実質的責任を持つ者が負うとする点にも求めることができる[35]。

---

32) 高橋利文『最高裁判所判例解説民事篇平成3年度』（法曹会・1994年）535頁。
33) 最判1991（平成3）年12月20日民集45巻9号1503頁。
34) 高橋・前掲注32）550頁。

(長の責任)

　他方で，最高裁は長も4号請求の責任を負う場合があるとするが，その根拠は，長が財務会計行為権限を本来的に持つことに伴い，指揮監督する義務や指揮監督の責任を負う点に求めている[36]。換言すれば，長が責任を負うのは，専決者の非違行為を阻止しえなかったことについて長に過失が認められる場合である。専決は，行政官庁法理論によれば長からの権限移動を伴うものではない。市民との関係では，専決後も長は権限者であり続け，その執行を職員が補助するという理解である。住民訴訟は当該職員の個人的賠償責任を問う仕組みであることから，その矛先は実質的な処理責任者に向けられることとなり，その割り振りをしているのが上記規程であるということとなる。したがって，住民訴訟で長が当該職員として個人責任を負う範囲は，取消訴訟で長が被告として権限行使の違法を争われる範囲とは異なる。調査官解説では，専決者の行為について，組織体の代表として責任が問われる場合（行政責任）と，地方公共団体に対する民事上の（個人的）責任を問われる場合（賠償責任）とを区別している。長は，後者の責任について，民法上の帰責事由がない限りその責任を負わないなど[37]，行政責任と賠償責任を対比した議論を行っている。換言すれば，「長は，自ら当該財務会計上の非違行為を行ったのと同視し得る程度の指揮監督の懈怠がある場合に限り」賠償責任を負う[38]といった限定が見られる。

　なお，専決者と長が共に責任を負うときは，共同不法行為となる（民法719条）。

(b) 委　任

　専決について判例が確立した後で，最高裁は委任についても取り組むこととなる。最高裁の解釈は，委任に関して，基本的に専決と同様の発想に基づいている[39]。専決と委任に関する理解の同質性が判決の理論的特色であるように思われる[40]。これによれば，実質的に権限を行使した受任者は賠償責任を負う一

---

35) 髙橋・前掲注32) 551頁。石川善則『最高裁判所判例解説民事篇昭和61年度』（法曹会・1989年) 91頁注19。
36) 最判1991（平成3）年12月20日・前掲注9)（磯部ほか編・前掲注11) 77事件)。
37) 髙橋・前掲注32) 535頁。
38) 髙橋・前掲注32) 536頁。
39) 最判1993（平成5）年2月16日・前掲注9)。

方で，長は指揮監督権の行使といった観点から責任を負うこととなる。

　もっとも，長の指揮監督権限に関しては，少し丁寧な考察が必要である。専決の場合には，長は専決によって権限を失わないことから，容易にその指揮監督権を肯定することができる。他方，委任の場合には，行政官庁法理論によれば委任によって長は権限を失うものとされた。このことは，法153条1項にも確認されている。つまり，同項に基づき委任をした長は，自ら処理する権限を失うこととなる[41]。この限りでは，指揮監督権の根拠が見いだせないのである。しかし，行政官庁法理論でも，同じ組織の上級機関と下級機関の間では一般的な指揮監督権が委任によっても残ると説かれてきた。こうした行政官庁法理論を法154条は確認しており，同条に基づき長は補助機関に対して指揮監督権を有するである[42]。

　判例は専決と委任を，いわば内部委任，外部委任と性格の共通するものと位置づけ，どちらも正規の事務処理と捉えている。これは，伝統的な見解が行政機関限りで可能な専決と法律に基づく委任とを区別してきた基礎を軽視しており，検討の余地があるように考える。つまり，委任は法律が長の権限を移動させることを許容していることから，こうした前提によれば，委任後に長の責任は軽減されるということが直接に導かれる。他方，専決は行政機関限りの申し合わせであり，長はこれにより自己の権限行使を補助機関に割り振ることができるとしても，それにより自己の賠償責任の範囲を限定できるとは考えにくい。結論として，最高裁は専決事例について，当該職員の責任追及に踏み込んだ点では高い評価にふさわしい反面で，長の責任を限定しすぎている。

　こうした限定は，長の責任を過失主義と捉える現行法の厳格性に対する解釈論上の対応であるように推察される[43]。3(3)で後述するように，長の損害賠償

40）　委任を専決と同様に解釈している高橋利文『最高裁判所判例解説民事篇平成5年度上』（法曹会・1996年）204頁は，専決と同視して結論を出している。
41）　松本英昭『新版逐条地方自治法〔第8次改訂版〕』（学陽書房・2015年）529頁。
42）　市制9条，町村制73条に同様の規定が存在した。成田頼明ほか編『注解地方自治法〔全訂〕』154条（2771頁）（塩野宏執筆）。
43）　最判1986（昭和61）年2月27日民集40巻1号88頁は過失主義が長に関して妥当することを判示している。専決に関する最高裁判決につき，長に対する過度な責任集中を避ける解釈論と的確に分析するものとして，高橋ほか編・前掲注9）173頁（山本執筆）参照。

額を制限する法改正の後においても上記の限定解釈が必要であるかは、残された課題である。

(4) 和 解

　住民訴訟については、裁判外において、原告の住民と地方公共団体との間で和解が行われる事例が指摘されている。この場合に、当該住民は訴訟の取り下げを約束し、他方、地方公共団体の側では損害を与えた市長等が一定額を支払うことを約束して訴訟は終了する。こうした実務を生み出した1つの要因として、住民訴訟（4号請求）で和解が否定的に解されてきたことに起因している。最高裁の判例として、旧4号請求の事案で、原告の請求権放棄を認めなかったものがある[44]。これは、住民訴訟（4号請求）が代位請求と構成されていた時代の判決である。この判決の主要な着眼点は、（判決では明示していないが）請求人（原告）が実体法上、処分権限を有していない点に認められる[45]。また、住民訴訟に限らず、行政訴訟では法治主義を理由に和解は認められないといった議論も従来から存在した。こうした理論の結果、裁判上の和解が否定され、同様の交渉が裁判外で見られることとなったのである。

　自己の権利利益を主張するのではない住民が、裁判所の関与しないところで、透明性を確保されない前提の下に具体的賠償金額等に影響を及ぼすことは、あたかも損害賠償請求債権について原告住民が処分権を行使しているようにも見える。こうした実務上の処理が適切であるのか、基本的なルールの設定が問われる必要がある。例えば、裁判で和解を認めることができないかが論点となる。この場合に、長は和解にあたって議会の議決を要することとなろう。したがって、ここでは2つの問題が存在する。1つは、原告にそうした一種の処分権限を認めることが可能なのかといった問題である。2つは、議会が請求権の放棄議決を行う点で、後述するように請求権放棄議決が許容されるのかといった問題である。

---

44) 最判2005（平成17）年10月28日民集59巻8号2296頁。
45) 長屋文裕『最高裁判所判例解説民事篇平成17年度（下）』（法曹会・2008年）744頁, 754頁注18。

2 住民訴訟の事例研究

(1) 外郭団体と住民訴訟

　現代行政の特色の1つとして，行政機能を果たす主体が多様化している点を挙げることができる。地方行政に限ってみても，都道府県や地方公共団体のほか，特別地方公共団体，地方公社，地方独立行政法人，第三セクターといった主体が大きな役割を果たしている。こうした主体の多様化に直面して，いかに行政の統制・制御，ガバナンス体制構築を進めるかという問題が登場する。情報公開条例の適用対象の拡充問題や，住民訴訟提起の可能性がここに具体的な問題として登場する[46]。例えば，市が団体の設立を主導し，当該団体の役員や大半の職員は市の職員で構成され，市庁舎内にその事務局が置かれている例は全国に見られる。市が当該団体に対して行った財務会計行為について住民訴訟が提起される事例が存在する。このほかに，当該団体の行った財務会計行為について住民訴訟が提起できるかという問題が存在する。

（検　討）

　上記の問題を考察する前提として，行政機能を果たす様々な主体と住民訴訟提起の可能性に関して考えることとしたい。

（都道府県，市町村）

　法242条の住民監査請求，242条の2の住民訴訟は，「普通地方公共団体」に関するものである。法によれば，普通地方公共団体として都道府県及び市町村が存在することから（法1条の3第2項），都道府県や市町村に対して住民訴訟の提起は可能である。なお，地方公営企業は，地方公共団体が経営する企業で地域住民にサービスの提供を行うものであり，具体的には下水道事業，交通事業（バス，地下鉄など），電気事業，ガス事業，病院事業などを営む。これらは法人格を持たず，地方公共団体の一部をなすものである。地方公営企業法は地方自治法の特別法としての性格を持ち（地方公営企業法6条），地方自治法の

---

[46]　情報公開と第三セクター問題に関しては，大橋洋一「自治体外郭団体の情報公開」同『都市空間制御の法理論』（有斐閣・2008年）164頁以下（初出2002年）。

適用除外（例えば，同法40条参照）がない限り，地方公営企業に対して地方自治法の適用を認める。したがって，住民監査請求，住民訴訟の規定も適用があり，地方公営企業に対する住民訴訟提起は可能である。これまでも，水道局に対し，その財務会計行為について住民訴訟が提起された例が存在する[47]。

（特別区，地方公共団体の組合，財産区）

他方，特別地方公共団体として，特別区，地方公共団体の組合，財産区が存在することから（法1条の3第3項），それぞれについて住民訴訟の提起可能性が論点となる。

まず，特別区については，市に関する規定の適用があるため（法283条1項），住民訴訟に関する規定の適用も肯定することができる。

次に，地方公共団体の組合であるが，当該組合には一部事務組合，広域連合（法284条1項）が存在する。これらにも都道府県や市町村に関する規定の準用が認められているため（法292条），住民訴訟の提起は可能である[48]。

さらに，財産区については住民訴訟や住民監査請求の準用を明記した規定は存在しないことから，様々な解釈論が展開されてきた。1つには，法294条1項により財産区の財産の管理処分等について普通地方公共団体の財産の管理処分等の規定が適用されることから，242条の2の規定は財産区についても準用されると説く見解である[49]。これに対しては，条文の文理を重視した批判も見られる[50]。2つには，住民訴訟の規定についての準用規定が不存在であることを前提に，住民訴訟制度の趣旨を尊重する立場から住民訴訟を可能と説く見解が見られる。一例として，京都地判1983（昭和58）年10月21日における以下の判示を参照されたい[51]。

「㈠ 特別地方公共団体である財産区についても，財産区の住民が，その個

---

47) 地方公営企業と住民訴訟に関し，詳しくは，篠田賢治「特別地方公共団体等と住民訴訟」大藤編・前掲注9) 264頁以下参照。
48) 例えば，一部事務組合に関し肯定した判例として，最判1989（平成元）年9月5日判時1337号43頁，最判1989（平成元）年10月3日判時1341号70頁を挙げることができる。
49) 福岡地判1969（昭和44）年2月27日行集20巻2＝3号186頁，大阪地判1993（平成5）年12月22日行集44巻11＝12号1038頁などが具体例である。
50) 関哲夫・判例評論305（判例時報1114）号（1984年）26頁。
51) 京都地判1983（昭和58）年10月21日行集34巻10号1784頁。

人的な権利や利益にかかわりなく，住民の資格で住民訴訟を提起し，財産区の執行機関らによる違法な財務会計の管理運営をただすことによって，地方行財政の公正，ひいては住民全体の利益を確保する必要があることは，普通地方公共団体の場合と変わりはないというべきである。そうでないと，財産区に属する財産又は会の施設（以下財産等という）の管理及び処分又は廃止（以下管理等という）と，普通地方公共団体に直接属している財産等の管理等との間に不均衡が生ずることになる。

（二） 財産区について，法242条の2の規定を準用する旨の規定はないが，反対に適用又は準用を禁止又は制限する規定はない。

（三） 住民訴訟が客観訴訟であることを理由に，明文の規定がある場合にだけ住民訴訟が許されるとしても，財産区に住民訴訟の規定を準用することは，むしろ住民訴訟の制度の趣旨を生かすことになりこそすれ，いたずらに住民訴訟の出来る範囲を拡大するものではない。」

このほかにも，法294条1項による委任を説く裁判例も見られた[52]。いずれの見解によっても，財産区について住民訴訟の提起が可能とされる点は共通する。興味深いのは，明文の規定がなくとも法が住民訴訟を定めた制度趣旨から住民訴訟の提起可能性を論じる議論であり，これは発展可能性を有する視点を含む。

なお，地方開発事業団も特別地方公共団体の例として挙げられてきたが，2011年4月の地方自治法改正により廃止されたため，ここでの考察対象からは除外する（2011年の地方自治法改正以前には，旧314条1項が明文で法242条，242条の2を準用していたため，住民訴訟提起は可能であった）。

（地方公社）

地方公社は，地方公共団体が全額出資して設立した法人である。個別法令に基づき設立されるものとして，土地開発公社（公有地の拡大の推進に関する法律），地方住宅供給公社（地方住宅供給公社法），地方道路公社（地方道路公社法）などが代表例ある。これによると，役員は設立主体の長が任命し，長が兼ねることが多い。設立主体の長は公社に対して包括的監督権を有している点が特徴である。地方公社に関して，設立主体である地方公共団体の住民が住民訴訟を提起

---

52) 大阪高判1996（平成8）年6月26日行集47巻6号485頁。

できるかが争われてきた。最判 1991（平成 3）年 11 月 28 日は次のように，住民訴訟は提起できないという立場を明らかにした[53]。

「公有地の拡大の推進に関する法律 10 条に基づいて設立された土地開発公社の理事の違法な行為につき，その設立者である普通地方公共団体の住民は，地方自治法 242 条の 2 第 1 項 4 号の規定による訴訟を提起することができないとした原審の判断は正当として是認することができる。」

もっとも，最高裁判決は理由に関して明確に判示していない。そこで，この問題について詳説した下級審判決に注目することとしたい。福岡高判 1986（昭和 61）年 11 月 28 日は，次のように説示した[54]。

「実体としては，土地開発公社は，地方公共団体の機能の一部を分担し，その一機関ともみることができる。しかしながら，住民訴訟は，いわゆる客観訴訟の一種であり，法律が特に認めた場合においてのみ提起することができるものであつて（行政事件訴訟法 42 条），住民訴訟の範囲，方式等は，実定法上の明文に即して厳密に解釈せざるを得ず，準用規定のない以上，土地開発公社に対し，その実際上の機能を重視して地方自治法 242 条，242 条の 2 を類推適用することは許されないというべきである。」

他方，本件の第一審である佐賀地判 1986（昭和 61）年 5 月 16 日は，以下のように判示していた[55]。

「地方自治法 242 条及び 242 条の 2 のいわゆる住民訴訟の規定は，個々の住民の法律上の利益にかかわらない事項すなわち法律上の争訟にあたらない事項について，一定の政策的理由により特に創設された規定であるから，単に右規定の適用の実際上の必要性等があるからといつてみだりに類推適用されるべきものではなく，法文の規定の解釈上適用あるいは準用の定めがあるとされる場合でない限り，右規定に基づいて訴えを提起することは許されないと解すべきである。」

高裁判決，地裁判決のいずれも，明文の準用規定を要求する立場である。も

---

53) 最判 1991（平成 3）年 11 月 28 日判時 1404 号 65 頁。土地開発公社に対する住民訴訟提起に関する研究として，寺田友子『住民訴訟判例の研究』（成文堂・2012 年）142 頁以下（初出 2007 年）が詳細である。
54) 福岡高判 1986（昭和 61）年 11 月 28 日行集 37 巻 10 = 11 号 1392 頁。
55) 佐賀地判 1986（昭和 61）年 5 月 16 日行集 37 巻 4 = 5 号 677 頁。

っとも，現行法では，客観訴訟，民衆訴訟に対する根拠規定の要請を受けて，地方自治法に242条の2が法定されていることからすれば，根拠規定が存在しないわけではない。重要な点は，当該条文の趣旨として，地方公社への準用を認めることができるかという解釈問題であるように思われる。上記判決が説くような厳密な解釈や限定の趣旨は，客観訴訟からは直接には出てこないと考える。

　ここで着目したい点は，地方公社が地方公共団体と法人格を異にする点の評価についてである。興味深いのは，公社と普通地方公共団体の関係についての見方である。佐賀地判は，両組織の差異や両組織が別組織であることを強調していた。例えば，「土地開発公社は普通地方公共団体ではなく，その外郭団体にすぎない」，「公社は，設立団体とは別個の法人格を有し」といった説示がこうした視点を端的に示すものである。これに対し，福岡高裁は，むしろ両組織の同質性について言及していたのである（別組織論で決着が付かないために，客観訴訟にかかる上記判決が続く構造となっている）。

　（学説による評価）

　学説でも，地方公社に関して住民訴訟提起を消極に解する見解が従来から見られた。例えば，碓井光明教授は，最高裁のような解釈はやむをえないとする[56]。また，皆川治廣教授も，かかる住民訴訟は原則として不可能とする[57]。

　これに対して，異論を唱える見解が散見された。山本隆司教授は，以下のような見解を公表している[58]。基本的視点は，地方公共団体が法人格の分割によって住民のチェックの効かない財務領域を創出する権限を認めるべきではないという点にある。地方公社は，その設立主体である地方公共団体と法的性格を共通にする「自治法人組織」であるとして，地方公社の財務に関し設立主体の住民による住民訴訟を許容する見解である。山本教授は他の著作においても，地方公共団体が責任財産を独立させる自由を持たないこと，つまり，議会等の民主的コントロールの及びにくい隠し財産をあちこちに作る自由を有しないこ

---

56)　碓井・前掲注6) 35頁。

57)　園部逸夫編『住民訴訟』（ぎょうせい・2002年）363頁（皆川治廣執筆）。園部逸夫『実務地方自治法講座4巻　住民訴訟・自治体争訟』（ぎょうせい・1990年）283頁（皆川治廣執筆）は，準用規定の不存在，類推適用の困難を根拠に挙げる。

58)　高橋ほか編・前掲注9) 154頁（山本執筆）。

とを指摘する[59]。

　さらに，関哲夫弁護士は，原則として両組織は別個の法人格を持つことから住民訴訟は否定されるとする一方で，設立主体が議会議決等を免れる不当な目的で明らかにダミーとして公社を利用する場合等には，公社の法人格を否認する余地があるとする[60]。これは，限定した条件の下で一種の法人格否認論を展開するものである。このほかにも，早い段階に主張された見解として，交告尚史教授は，242条の2の準用はその旨の明文規定がなくとも合理的な根拠さえあれば可能と説く[61]。

（地方独立行政法人）

　2017年4月1日現在，総務省の資料によれば，地方独立行政法人は135団体が設立されている。そのうち大学が70，病院ないし医療センターといった公営企業が53であり，両者が当該法人の大半を占める。組織構造にかかる法律規定の同質性からすると，地方公社と同様の解釈問題が存在する[62]。

（第三セクター）

　これまで述べたように，地方公共団体の周辺には極めて多様な組織が存在する。中でも最も難しい課題を提示するものが，第三セクターである。当然予想される指摘であるが，碓井光明教授は三公社ですら出資団体の住民による住民訴訟が認められないのであるから，ましてや株式会社や財団法人方式の法人の行為について住民訴訟は認められないとする[63]。また，地方公社に対する住民訴訟提起を肯定する山本隆司教授ですら，共同出資の第三セクターに関しては地方公共団体とは法的性格を異にする「公私混合法人組織」であり，解釈論として住民訴訟は認められないと説く[64]。

59）山本隆司「民営化または法人化の功罪（上）」ジュリスト1356号（2008年）31頁。
60）成田頼明ほか編『地方自治判例百選〔第2版〕』（有斐閣・1993年）202頁（関哲夫執筆）。
61）交告尚史・判例地方自治31号（1987年）93頁。
62）同旨，高橋ほか編・前掲注9）155頁（山本執筆）。
63）碓井・前掲注6）35頁。
64）高橋ほか編・前掲注9）155頁（山本執筆）。山本隆司「行政組織における法人」塩野宏先生古稀『行政法の発展と変革上巻』（有斐閣・2001年）875頁は，第三セクターのように私人が出資している公私混合法人組織について，私人の占める議決権がごくわずかな場合を除いて，当該組織に基本権主体性を認める。

（検　討）

　地方行政のレベルでは，普通地方公共団体が行政任務を果たすという伝統的な形態から様々な主体が行政任務を果たすスタイルへと，主体の多元化の方向で変化が進んでいる。こうした状況にあって，地方公共団体の行政機関が任意に団体を設立して行政事務を任せることがどこまで許容されるのか，という問題が提起されているように考える。こうした様々な主体の設立を通じて，今日では一般化した（普通地方公共団体に対する）コントロール（これには，議会によるコントロール，監査委員によるコントロール，情報公開を通じた市民によるコントロール，住民訴訟などが存在する）から解放されることの許容性が問われている。

　住民訴訟は地方公共団体レベルで確立した「住民参政の手段」であり，これは地方自治法に定められた効率性原則（法 2 条 14 項は地方自治行政の基本原則であると明記している）を実現する重要な手段である。こうした標準型行政スキームから，とりわけ地方公共団体の行政機関が任意に解放される手段を持つこと，自由な空間を設立する権限を認めることはできない。こうした原則から議論は開始されるべきである。例外は，かかる除外について適切な手当を整備した法律により初めて許容されるものである（立法者の制度設計責任）[65]。

　そうだとすると，地方公社，独立行政法人に対して法律に基づいて自由な空間を創設した現行法規定なりその解釈については，上記責任行使という観点から見た場合に疑問が残るところである。

　他方，法律に基づかずに行政機関が任意に設立する組織については，少なくとも財源，人員，業務の点で普通地方公共団体と実質的同一性が認められるものについては，住民訴訟との関連では組織分離を否定する方向での解釈論（つまり，設立主体である地方公共団体と一体のものと捉えた上で，当該地方公共団体の住民による住民訴訟提起を許容する解釈論）が必要であろう。

(2)　損害調整の仕組みと方法

　地方公共団体の長が地方公共団体に対して財務関係上，広範な責任を負うと

---

[65]　例えば，国家の波及的正統化責任に関しては，エバーハルト・シュミット = アスマン（太田匡彦ほか訳）『行政法理論の基礎と課題』（東京大学出版会・2006 年）102 頁，273 頁など参照。

しても，損害発生に関して他に関与した者がある場合に，長とその者との間で公平な責任分担をいかに実現するかという問題が存在する。例えば，市が購入した土地の価格が適正価格を著しく超えていた場合に，長に対する4号請求の住民訴訟の提起が考えられる。この訴訟で長が敗訴し，適正価格との差額を損害として賠償した後に，適正価格を超えていることを認識しながら上記購入を働きかけた者に対して損害の分担を求めることができるのかという問題である。

(検　討)
(a)　責任に関する優先関係

　財務会計行為の相手方に対して不当利得の返還を請求するよう求める4号請求の可能性が存在する場合に，当該職員に対して損害賠償を請求するよう求める4号請求が可能かという解釈問題が存在する。この点に関し，不当利得返還請求の優先を説く見解も見られる[66]。しかし，両者について優先関係を定めた規定は現行法上存在せず，原告は選択により，一方を請求することも両者を請求することも可能であると解される[67]。この場合に両請求は不真正連帯債務となる。

(b)　責任の分配問題

　両者を請求する場合には両請求は併合され，住民訴訟において原告が両請求で勝訴した場合には，第2段階訴訟の判決が執行される段階で調整がなされる[68]。もっとも，どのような請求を選択するかは原告に委ねられるため，地方公共団体の側で両請求を行うよう求めることはできない。例えば，長に対する損害賠償のみが請求され，長により賠償がなされた後に，長が別途，財務会計行為の相手方を被告として不当利得の返還（請求額は調整されることが想定される）を請求することができないかが問題となるのである。

---

66)　例えば，植村栄治「住民監査請求・住民訴訟」雄川一郎ほか編『行政法大系8巻』（有斐閣・1984年）374頁は，利得が多額の場合には，利得を有する相手方への不当利得返還請求が適切であるとする。

67)　高橋ほか編・前掲注9) 159頁（山本執筆）。地方自治制度研究会編『改正住民訴訟制度逐条解説』（ぎょうせい・2002年）48頁は，4号請求で行使が求められている債権につき，地方公共団体が請求の相手方を選択できることからすれば，住民訴訟でも住民は選択可能であると説く。

68)　地方自治制度研究会編・前掲注67) 49頁。

この場合に，土地の売買契約の無効が長による請求の前提になるとは考えにくい。つまり，適正価格を超えた価格部分が違法な金銭支給であり，長は当該部分について損害賠償責任を問われ，他方，財務会計行為の相手方はその部分に関与した点に着目すると，当該部分に関して相手方が対価の保有を続ける理由は存在しない。適正価格を超過した部分について，どのような責任分担が両者の間で適切かは，個々の事例に則して，最終的には裁判所が判断すべき事項であろう。不真正連帯債務に求償関係を想定することができるといった見解や，共同不法行為の場合にその負担部分は過失割合で決まるといった考え方を参考にすることも考えられる。

　なお，長による財務会計行為の相手方に対する請求が可能であると解釈した場合であっても，相手方には住民訴訟の判決の効力は及ばないため，改めて長は財務会計行為にかかる違法の主張等を行わざるをえない。

　上記は，民事裁判を利用して調整を図ろうとする場合の解釈論である。こうした方法に支障があるのであれば，具体的な利害調整方法を明文化しておくことが必要であろう。

(3) 先行行為の違法と財務会計行為の違法

　住民訴訟において財務会計行為を対象とするとは言っても，そこで主張される違法事由が先行行為の違法である事例が見られた。これを自由に許容すると，行政活動に対する抗告訴訟等の提起に代えて，訴訟要件の緩やかな住民訴訟が利用されることになりかねない。そこで，先行行為の違法性と住民訴訟の関係をいかに考えるかといった問題が生じる。

（検　討）
(a) 解釈の指針について

　財務会計行為である公金支出を住民訴訟で審査するにあたり，一般に先行行為の審査が不可欠であるとまでは解されない。財務会計行為を対象とする住民訴訟の制度趣旨から言えば，財務会計行為を行うにあたり担当者が遵守すべき行為義務に反していたかが出発点となろう。従来，この問題に関して，違法性の承継といった名称が用いられることがあった。もっとも，この名称は，取消

訴訟などの抗告訴訟で，処分性判断に関して形成された理論であり，当該理論の基礎（問題意識）には先行行為の出訴期間遵守の問題（原告のいわば主張責任の問題）が関わっていたのである。このことからすると，ここで問題となっている事象とは前提状況が異なる。したがって，かかる名称の下で議論することは，問題を正確に把握する上では適切でない。また，解釈の指針として，財務会計行為にとって直接の原因行為である先行行為については審査権が及ぶといった解釈公式も見られたが，「直接」とか「一体」といった形容詞で語られる内容は直観的であり，いずれも解釈上の道具として有用性を持たない。

そこで，単一の解釈公式ではなく，以下のような（複数の）解釈準則により裁判例は判断してきたと捉えることが正確な理解をもたらすように考える[69]。

(ｱ) 例えば，先行行為（原因行為）が違憲である場合や無効である場合には，財務会計行為はその前提を欠くことから，財務会計の権限者は根拠を欠く財務会計行為を行うべきではないという行為義務を負っているということができる[70]。それにもかかわらずなされた財務会計行為は違法の評価を受けることとなろう。ここでいう違憲という場合に念頭に置いているのは，政教分離原則違反のほか平等原則違反等が含まれる。一例を挙げれば，津地鎮祭訴訟において，最高裁は神主への礼金支払いの違法性審査にあたり，地鎮祭について政教分離原則違反（憲法89条違反）を審査したのである[71]。

(ｲ) 先行行為が無効であるとまでは言えない場合であっても，(i)原因行為の違法性が重大である場合ないしは違法な原因行為のもたらす財務面への影響が大きい場合（特に違法な財務会計行為を意図して先行行為がなされた場合）で，かつ，(ii)財務会計担当者が違法な当該財務会計行為を回避する権限を持ちその行使について期待可能性が認められる場合には，担当者は同様に無益な財務会計行為を行わないという一般的な職務義務（忠実履行義務）を負うということができる。財務処理の観点から見て，先行行為が看過できない不合理な取扱いを内容としており，財務会計処理に悪影響を及ぼし，財務会計担当者としてかかる悪影響

---

69) 曽和俊文「住民訴訟制度改革論」法と政治（関西学院大学）51巻2号（2000年）199頁以下が私見に近い。

70) 井坂正宏「住民訴訟」笹田栄司他編『司法制度の現在と未来』（信山社・2000年）167頁。

71) 最大判1977（昭和52）年7月13日民集31巻4号533頁。

を回避する一般的義務が肯定できた事例として，例えば川崎市退職金訴訟を挙げることができる[72]。この事案において，退職金支出の審査にあたり分限処分の違法性が審査されたのは，違法な財政会計処理（退職金の増額支払い）を目的として分限処分の形式が意図的に選択されるなど，財務会計処理に看過しえない悪影響を及ぼすことが認められるという当該事例特有の事情による。森林組合事件も，同様の判例として整理することができる[73]。

このように考えると，一日校長事件[74]は長と教育委員会の権限配分を前面に出した判決になっているが，そこで説かれた公式「予算執行の適正確保の見地から看過し得ない瑕疵」という判示部分の方が一般性を持ちうる解釈指針であるように解される。もっとも，同事件の事案処理については疑問が残る。昇格処分や退職金承認処分とそれに基づく退職金支出に関して，退職金の増額支給を意図してその目的のために異例な分限処分が選択され法形式が作出された事例である点に着目すれば，こうした取扱いは財務会計処理にあたっても審査事項になるはずである。組織法上の権限配分から長は教育委員会の判断を尊重すべしと一般的に言うことができたとしても，当該事例における処理は著しく合理性を欠く取扱いであり，会計処理に看過しえない悪影響を認めることができ，長は拒否すべきであったように解する。

(ウ) 法208条以下には財務に関する規定が規定されており，財務会計行為にとって規範的要請となっている。このほか，効率性原則（2条14項，同様の規定は地方財政法4条1項）といった一般原則が規定されている。さらに，法232条の4は，支出にあたり支出負担行為の法令適合性審査を行うことを会計管理者に義務づけている（第2項）。

(エ) このほか，例えば，補助金の場合には，地方自治法232条の2が確認規定を置いているように，補助金交付にあたり交付対象について公益性が要求されているために，補助対象事業についての審査が不可欠となる。

(b) 財務会計上の義務という視点

土地開発公社が土地を先行取得する事例に関して，最判2008（平成20）年1

---

72) 最判1985（昭和60）年9月12日判時1171号62頁。
73) 最判1983（昭和58）年7月15日民集37巻6号849頁。
74) 最判1992（平成4）年12月15日民集46巻9号2753頁。

月18日は，先行行為の違法と財務会計行為の違法との関係について，以下のような判断を示している[75]。事案は，市が土地開発公社との間で土地を先行取得する委託契約を締結し，これに基づいて公社が取得した土地を市が買い取るための売買契約について，市の住民が違法を主張して提起した住民訴訟である。先行する委託契約が地方自治法2条14項や地方財政法4条1項の趣旨を没却するものであり無効であれば，売買契約を締結してはならない財務会計上の義務が認められるとする判断部分は，上記(a)(ア)の解釈指針に位置づけることが可能な内容である。加えて，委託契約が無効とはいえない場合であっても，解約などを通じて市が違法な委託契約を解消する手段を有している場合は，それを行使することが財務会計上の義務と評価できるかを審査項目とする以下の部分は，上記(a)(イ)の解釈指針の応用形態である。

> 「また，先行取得の委託契約が私法上無効ではないものの，これが違法に締結されたものであって，当該普通地方公共団体がその取消権又は解除権を有しているときや，当該委託契約が著しく合理性を欠きそのためその締結に予算執行の適正確保の見地から看過し得ない瑕疵が存し，かつ，客観的にみて当該普通地方公共団体が当該委託契約を解消することができる特殊な事情があるときにも，当該普通地方公共団体の契約締結権者は，これらの事情を考慮することなく，漫然と違法な委託契約に基づく義務の履行として買取りのための売買契約を締結してはならないという財務会計法規上の義務を負っていると解すべきであり，契約締結権者がその義務に違反して買取りのための売買契約を締結すれば，その締結は違法なものになるというべきである。」

3 請求権放棄議決をめぐる裁判例と立法論

住民訴訟で争われた債権について，地方議会が放棄の議決をした場合ないしは放棄を内容とする条例を制定した場合に，その議決なり条例が効力を持ちうるのかが争われた。

---

75) 最判2008（平成20）年1月18日民集62巻1号1頁。

(1) 裁判例の動向
(a) 放棄議決を有効とする見解
　請求権放棄の議決を有効と判断したものとして，東京高判 2000（平成 12）年 12 月 26 日がある[76]。同様の判示は，他にも見られたところである[77]。その根拠は，法 96 条 1 項 10 号が放棄について実体的要件を定めていない点に求められる。したがって，請求権放棄議決は適法な権限行使であることとなる。この見解は，地方議会の権限を尊重するという考え方に立脚する。

(b) 放棄議決を原則として無効とする見解
　他方で，請求権放棄議決は無効であると判示したものが見られる[78]。その根拠として，請求権放棄を自由に認めることは住民訴訟を通じて財務会計の適正を確保しようとした当該訴訟の制度趣旨に反するものであることが挙げられる。換言すれば，原告の努力を水泡に帰せしめ住民訴訟の意義を損なうこと[79]，違法な財務会計行為に基づく損害賠償請求権の放棄には公益性が一般的に認められないことなどが理由として挙げられてきた。

（小　括）
　上記の(a)及び(b)の見解は，それぞれに法に根拠を有した解釈論である。こうした裁判例における対立は，戦前の市制・町村制に起源を持つ権利放棄議決制度と戦後導入されたアメリカ型住民訴訟制度との調整が立法上行われていないことを反映したものである[80]。

(c) 原則有効，裁量権の濫用審査を肯定する見解
（最高裁判決の基本構造）
　下級審判決が分かれている状況において，最高裁は地方議会の裁量を基本的に肯定し，請求権放棄議決は有効であることを判示した。その上で，以下のように裁量権の逸脱や濫用が認められる場合には，当該議決は違法であり無効で

---

76) 東京高判 2000（平成 12）年 12 月 26 日判時 1753 号 35 頁。
77) 東京高判 2006（平成 18）年 7 月 20 日判タ 1218 号 193 頁，大阪高判 2010（平成 22）年 8 月 27 日判タ 1360 号 127 頁。
78) 大阪高判 2009（平成 21）年 11 月 17 日 LLI/DB 判例秘書 L06420891，東京高判 2009（平成 21）年 12 月 24 日判例地方自治 335 号 10 頁などである。
79) 碓井・前掲注 6) 187 頁。
80) 塩野宏『行政法 III〔第 4 版〕』（有斐閣・2012 年）219 頁以下。

あるとした[81]。

　「住民訴訟の対象とされている損害賠償請求権又は不当利得返還請求権を放棄する旨の議決がされた場合についてみると，このような請求権が認められる場合は様々であり，個々の事案ごとに，当該請求権の発生原因である財務会計行為等の性質，内容，原因，経緯及び影響，当該議決の趣旨及び経緯，当該請求権の放棄又は行使の影響，住民訴訟の係属の有無及び経緯，事後の状況その他の諸般の事情を総合考慮して，これを放棄することが普通地方公共団体の民主的かつ実効的な行政運営の確保を旨とする同法の趣旨等に照らして不合理であって上記の裁量権の範囲の逸脱又はその濫用に当たると認められるときは，その議決は違法となり，当該放棄は無効となるものと解するのが相当である。そして，当該公金の支出等の財務会計行為等の性質，内容等については，その違法事由の性格や当該職員又は当該支出等を受けた者の帰責性等が考慮の対象とされるべきものと解される。」

　上記最高裁判決は議決の有効性から出発したうえで，裁量権の審査を伴うものである。かかる審査方法は考慮要素を多岐にわたって挙げるものであり，その内容も多義的であることから，各要素間の相互関係も必ずしも明確ではない[82]。つまり，審査は決して容易ではなく，緩やかであると一概には言えないものである[83]。

　なお，請求権放棄議決が有効であるとされた場合であっても，住民訴訟において財務会計行為が違法であった点が判決に記される点では実務改善に向けた促進機能を持つため，この点で判決は有用性を持ちうる[84]。

---

81) 最判 2012（平成 24）年 4 月 20 日民集 66 巻 6 号 2583 頁，最判 2012（平成 24）年 4 月 23 日民集 66 巻 6 号 2789 頁。阿部泰隆「権利放棄議決有効最高裁判決検証と敗訴弁護士の弁明(1)～(3)完」自治研究 89 巻 4 号 3 頁，5 号 3 頁，6 号 3 頁以下（2013 年），斎藤誠「住民訴訟における議会の請求権放棄」同『現代地方自治の法的基層』（有斐閣・2012 年）468 頁以下（初出 2010 年），曽和俊文「住民訴訟と債権放棄議決」民商法雑誌 147 巻 4 = 5 号（2013 年）1 頁以下，橋本博之「債権放棄議決事件上告審判決」判例評論 654（判例時報 2187）号（2013 年）7 頁以下，大橋洋一「損害賠償請求権の放棄議決と住民訴訟」議員 NAVI 42 号（2014 年）15 頁以下。
82) 斎藤・前掲注 81) 477 頁。
83) 同旨，塩野・前掲注 80) 219 頁。
84) 塩野・前掲注 80) 220 頁は，「司法による当該財務会計行為の違法確認は制度的に担保されている」と的確に指摘する。

(放棄議決の時期)

　裁判所は，議会議決がどのタイミングで行われたかに関係なく，放棄議決に対する司法審査を住民訴訟において行う姿勢を打ち出している。例えば，判決確定前に放棄議決を行ってしまえば，市長等が責任追及されることはもはやなくなるとすることはできない。つまり，第一審で市長の損害賠償責任が住民訴訟で肯定された事例において，議会が損害賠償請求権放棄を議決したとしても，それによって損害賠償請求権が消滅し，原告の訴えの利益が失われて訴訟終了とはならない。つまり，議会議決が裁量権の逸脱または濫用に該当するのであれば議決は無効であり，依然として損害賠償請求権は存続することとなるため住民訴訟が終了することはない。第二審で裁判所は放棄議決の効力について，(原告が求めている損害賠償請求審査の) 前提問題として審査を行うことができる。むしろ，特定の財務行為に関する司法審査の回避を目的とした議会議決を裁判所は認めていない点に注意が必要である。換言すれば，住民訴訟による責任追及回避を主目的に請求権放棄の議決を行えば，住民訴訟制度を軽視したとか，(最高裁が挙げた) 裁量審査の諸条件の検討を怠ったとして，議決が無効とされるリスクは高まるのである。

(放棄が単なる議決による場合と条例による場合)

　従来あまり議論がされておらず，最高裁判決で表面化した論点として，請求権放棄が議会議決によって行われる場合と条例によって行われる場合の区別問題がある。つまり，議会議決による場合は（債権放棄を専任事務とする）長による意思表示が必要であるのに対し，条例による場合は条例制定のみで足り長による意思表示は不要であると判示した。最高裁は，詳しくは説明していないが[85]，個別処分が条例で規律される事例などを参照して判断したように類推される[86]。

(制度改正に向けた補足意見)

　本判決には千葉勝美裁判官の補足意見が付され，制度改正についての視点が示されている[87]。具体的には，請求権放棄議決が争われてきた背景として，住

---

85) 条例による放棄と議決による放棄の区別につき，飯島淳子「神戸市債権放棄議決事件」論究ジュリスト3号 (2012年) 132頁以下，曽和・前掲注81) 21頁以下。
86) 曽和俊文教授も，条例で処分内容を規定できる点を参照する。

民訴訟制度の抱える問題について指摘を行うものである。例えば，国家賠償法1条では公権力の行使にあたる公務員が個人で責任を負うのは故意・重過失に基づく場合に限定されるのに対して，住民訴訟の4号請求で追及される長の個人責任はそうした限定を伴っていない。このほかにも，住民訴訟では個人が処理可能な範囲を超えた過大な責任が負わされることがありうる点も指摘し，拡大した財政規模の下で多種多様な財務会計行為が錯綜する中で長が過大な個人責任を追及されることは，柔軟な職務遂行にとって萎縮効果を持ちうる点にも言及している。このように，住民訴訟の特殊性に焦点を当てて，請求権放棄議決をもたらす要因の検討を促しているのである。補足意見では立法論として，損害賠償を負う事例や賠償範囲について限定を加える方策などを指摘している。これは本件の事案処理とは直接関係はしないが，住民訴訟制度のあり方にかかる貴重な問題提起を含むものであった。

(2) 総務省における「住民訴訟に関する検討会」

上記の最高裁判決や補足意見における提言を受けて，2012年7月に総務省に「住民訴訟に関する検討会」（座長・碓井光明教授）が設置され，2013年3月には報告書を公表している[88]。そこでは6つの対応策が提示されており，以下では，そうした方策について概略を紹介する。なお，筆者もこの検討会に参加したが，以下の記述はあくまで個人的見解にとどまる。紹介の仕方としては，報告書が挙げている対応策を個別に要約する方法も考えられるが，本章では，各方策の基礎にある考え方を説明する形で記述させていただきたい。

(a) 対応方法

上記最高裁判決が提起した課題を解く上では，立法措置を講ずる方法に加えて，行政上の措置で対応する方法も存在する。両者は決して排他的な関係にあるものではなく，一方のみを選択することもできれば，併用もまた可能である。

まず，立法上の措置としては，住民訴訟制度を定めた地方自治法を改正して，

---

[87] 例えば，最判2012（平成24）年4月20日・前掲注81）における千葉勝美裁判官の補足意見参照。
[88] 住民訴訟に関する検討会「住民訴訟に関する検討会報告書」（2013〔平成25〕年3月）。

新たな仕組みを定めるという方法が存在する。制度設計の具体的視点は後述する。他方，行政上の措置としては，最高裁が示した基本的枠組みを前提として，請求権放棄議決の際に議会が守るべき準則を地方公共団体レベルで定める方法と，国の省庁レベルでモデルとなる準則を定め，法245条の4第1項に基づく技術的助言として地方公共団体に提示する方法も考えられる[89]。もっとも，議会議決が裁量権の逸脱・濫用に該当するかは個別事例における判断とならざるをえないため，指針を定める場合であっても，多くは消極的な規律（つまり，濫用に該当するであろう極端な事例の例示）にとどまることが予想される。

(b) 立法措置の可能性

立法措置を考える場合には，（どのような条件であれば議決が許容されるのかといった）請求権放棄議決の実体的要件について規律する方法のほか，（議会議決に伴う手順を定めるといった）手続に関する要件について規定する方法の2つが考えられる。

（実体的要件の改正）

実体的要件の見直しの背景には，住民訴訟で追及される長の個人責任が重すぎるのではないか，責任追及を恐れて長の活動に萎縮効果が生じるのではないかという意見が存在する。よく引き合いに出される例として，国家賠償法に基づき国や地方公共団体から公務員に対してなされる求償の要件（同法1条2項）が故意・重過失に限定されていることと比較して，住民訴訟で軽過失についてまで長の個人責任を問うのは均衡を失しているのではないかという意見である[90]。これに応えた立法論として，長に対して故意・過失に基づく責任を認める現行制度を，法改正により故意・重過失の場合に限定する（換言すれば，軽過失の場合は免責する）ものである。故意・重過失の場合に責任を限定するという方策を選択する場合にも，軽過失について単純に免責とする方式のほか，軽過失の場合に民事の損害賠償責任は免除するものの，法律に反した財務会計行為を行ったことについて公務員法上の責任等を問う措置（具体的には懲戒措置など）を別途法定するという選択肢も考えられている。

---

89) 参照，住民訴訟に関する検討会・前掲注88) 4頁。
90) 参照，住民訴訟に関する検討会・前掲注88) 8頁以下。

責任にかかる実体的要件を見直す方法には，上記のように過失要件に変更を加える（＝軽過失免責）方法のほか，損害賠償額を限定する方法も存在する。1つのモデルとして，会社法425条等の規定を参照することが考えられる。例えば，年収の何倍までと個人の責任を限定する旨の規定を法律で定めるというものである。この場合には，例えば年収の4倍を限度とする規定について，そうした責任限定の具体的な意味について解明すべき問題が残る。つまり，賠償額の限定が住民訴訟を通じて責任を追及する場合について4倍にとどめるという趣旨なのか，それに加えて市が市長等に対して損害賠償を求める場合についても4倍という制約がかかるのかである。住民訴訟は立法者が創設した仕組みであり，その利用に伴い長の負う個人責任について厳しい現状があるというのであれば，この仕組みの利用方法について条件を設定するという制度変更は可能であるように考える。

上記のように，公務員の責任を故意・重過失に限定する改正案や責任額を制限するといった改正案に対しては，消極的見解も考えられる。この立場によれば，最高裁の過去の判決を見ると，裁判所は違法な財務会計行為があったとしても，そのことで直ちに長の責任を肯定してはいないという指摘である。例えば2012（平成24）年4月20日の最高裁判決は，補助金の支出について派遣法（公益的法人等への一般職の地方公務員の派遣等に関する法律）に違反する手続上の違法があり無効であると判示しながらも，補助金が派遣職員の給与に充てられることについて自治政務次官が明確に否定的見解を示していなかったことや，同法施行前の支出について判決が分かれていたこと等を指摘して，そうした状況下で市長が支出の適法性について疑義があるとして調査を行わなかった点をもって注意義務違反があったとはいえないとして，長の過失を否定している[91]。このように，最高裁判決は地方公共団体の政策判断を尊重している点に着目する。こうした見解によれば，上記の限定案は不要であり，例えば重過失に責任要件を限定する改正は住民訴訟の利用を過度に制約するのではないかという批判が提起されることとなる。もっとも，責任限定のための新規規定は不要であるとしても，最高裁が従前に示してきた注意義務違反に関する判断を確認する

---

91) 参照，最判2012（平成24）年4月20日・前掲注81）。

趣旨の規定を置くべきであるという見解も見られる[92]。

(手続的要件の改正)

　損害賠償債務の免除を議会が決定するにあたり，その裁量権行使を慎重にさせる目的で，議会に監査委員からの意見聴取を義務づけるという手続の創設が報告書では提案されている[93]。これは，請求権放棄議決が基本的に議会の裁量にゆだねられる仕組みであることを前提とした上で，議会に慎重な判断を求めるための制度的工夫であり，地方公共団体の重要事項を決定する議会に対して諮問的役割を果たすことができる機関として，現行法上，監査委員以外は考えにくいという判断を前提としている。こうした提案に対して考えられる批判として，監査委員がその役割にふさわしいのかというものがある。特に，住民訴訟で対象とされた損害賠償請求権は，監査委員が住民訴訟に先だってなされた住民監査請求を退けたという経緯があるため，既に一度（住民訴訟での請求認容判断とは異なる）判断を下した監査委員が，判決を受けて議会議決を監視する立場に立つことができるのかという批判である。このほかにも，監査委員に損害賠償額を実質的に決定するまでの関与を肯定する提案も報告書で記されているが，同様の批判が想定される[94]。

(3)　地方自治法改正

　地方制度調査会は 2016 年 3 月 16 日に「人口減少社会に的確に対応する地方行政体制及びガバナンスのあり方に関する答申」を公表し，住民訴訟について「長や職員への萎縮効果を低減させるため，軽過失の場合における損害賠償責任の長や職員個人への追及のあり方を見直すことが必要である」と指摘した。これを受けて，同年 12 月 8 日に「住民訴訟制度の見直しに関する懇談会」（座長・碓井光明教授）が設置され，翌年 1 月 16 日には，会社法・独立行政法人通則法など，役員等の損害賠償責任の限定を可能とする立法例を参考にして，長や職員個人が負担する損害賠償額を限定する措置を講じることが適当とする方針を提示した。これに従い，2017 年に地方自治法は改正された。

---

　92)　参照，住民訴訟に関する検討会・前掲注 88) 6 頁以下。
　93)　参照，住民訴訟に関する検討会・前掲注 88) 15 頁以下。
　94)　参照，住民訴訟に関する検討会・前掲注 88) 14 頁以下。

具体的には，長や職員等の損害賠償責任について，軽過失の場合に責任限度額を地方公共団体が条例で定めることが可能とされた（243条の2。法律の施行は2020年4月1日からであり，具体的に制限が行われるのは制限を定めた条例の施行後である）。上記の最高裁の判断枠組みは現行法を前提としたものであることからすれば，責任限定を内容とする法改正が行われた後には，債権放棄議決の有効性を肯定することは難しくなることが予想され司法判断が注目される。

おわりに

本章においては，不十分なものにとどまるが，住民訴訟に関して議論が不足していると思われる現代的課題について分析を行った。とりわけ，行政内部法に切り込む機能を持つ住民訴訟においては，これまで考察が進んでいない行政組織法理の分析が密接な関係にあることを指摘できたのではないかと思う。今後，こうした視点から深化を図ることが必要であることを指摘して，本章を閉じることとしたい。

初 出 一 覧

第 1 章　「行政法の対象と範囲」高木光＝宇賀克也編『行政法の争点』（ジュリスト増刊・2014 年）4〜7 頁
第 2 章　「法政策学について」新世代法政策学研究 7 号（2010 年）1〜24 頁
第 3 章　「社会実験と法制度の設計」法学研究 81 巻 12 号（2008 年）29〜54 頁
第 4 章　「制度的理解としての『公法と私法』」阿部泰隆先生古稀記念『行政法学の未来に向けて』（有斐閣・2012 年）1〜20 頁
第 5 章　「グローバル化と行政法」行政法研究 1 号（2012 年）90〜113 頁
第 6 章　「行政法の一般原則」小早川光郎先生古稀記念『現代行政法の構造と展開』（有斐閣・2016 年）37〜57 頁
第 7 章　「分権改革としての提案募集制度の発展可能性」総務省『地方自治法施行 70 周年記念自治論文集』（2018 年）161〜174 頁
第 8 章　「行政の自己制御と法」磯部力＝小早川光郎＝芝池義一編『行政法の新構想 I』（有斐閣・2011 年）167〜192 頁
第 9 章　「道路建設と史跡保護──協議会の機能に関する一考察」行政法研究 16 号（2017 年）1〜46 頁
第10章　「行政手続の課題」行政法研究 20 号（2017 年）27〜40 頁
第11章　「行政手続と行政訴訟」法曹時報 63 巻 9 号（2011 年）1〜32 頁
第12章　「避難の法律学」自治研究 88 巻 8 号（2012 年）26〜48 頁
第13章　「情報公開と行政訴訟」長谷部恭男他編『法の変動の担い手（岩波講座　現代法の動態　第 5 巻）』（岩波書店・2015 年）259〜285 頁
第14章　「土地利用規制と救済」論究ジュリスト 15 号（2015 年）17〜25 頁
第15章　「都市計画の法的性格」自治研究 86 巻 8 号（2010 年）3〜30 頁
第16章　「住民訴訟の現代的課題」法政研究 82 巻 2＝3 号（2015 年）647〜688 頁

判例索引

[最高裁判所]

最判 1956（昭和 31）年 7 月 6 日民集 10 巻 7 号 819 頁 …………………………219, 228
最判 1961（昭和 36）年 12 月 1 日訟月 14 巻 2 号 191 頁…………………………………249
最判 1962（昭和 37）年 12 月 26 日民集 16 巻 12 号 2557 頁 ……………………220, 238
最判 1963（昭和 38）年 5 月 31 日民集 17 巻 4 号 617 頁………………………………237
最判 1963（昭和 38）年 12 月 27 日民集 17 巻 12 号 1871 頁 …………………………238
最大判 1966（昭和 41）年 2 月 23 日民集 20 巻 2 号 271 頁……………………………317
最判 1967（昭和 42）年 9 月 12 日訟月 13 巻 11 号 1418 頁……………………………249
最判 1971（昭和 46）年 10 月 28 日民集 25 巻 7 号 1037 頁 ……………………219, 235
最判 1971（昭和 46）年 11 月 30 日民集 25 巻 8 号 1389 頁 ……………………………61
最判 1972（昭和 47）年 6 月 27 日民集 26 巻 5 号 1067 頁 ………………………………68
最判 1974（昭和 49）年 4 月 18 日訟月 20 巻 11 号 175 頁……………………………249
最判 1974（昭和 49）年 4 月 25 日民集 28 巻 3 号 405 頁………………………………239
最判 1974（昭和 49）年 7 月 19 日民集 28 巻 5 号 897 頁………………………………248
最判 1975（昭和 50）年 5 月 29 日民集 29 巻 5 号 662 頁 ………………………219, 236
最判 1975（昭和 50）年 6 月 12 日訟月 21 巻 7 号 1547 頁……………………………249
最大判 1977（昭和 52）年 7 月 13 日民集 31 巻 4 号 533 頁……………………………364
最判 1978（昭和 53）年 6 月 23 日判時 897 号 54 頁……………………………342, 346
最判 1978（昭和 53）年 9 月 19 日判時 911 号 99 頁……………………………………249
最大判 1978（昭和 53）年 10 月 4 日民集 32 巻 7 号 1223 頁 ……………………221, 244
最判 1980（昭和 55）年 7 月 15 日集民 130 号 253 頁……………………………………66
最判 1981（昭和 56）年 7 月 14 日民集 35 巻 5 号 901 頁 ……………………………250
最判 1982（昭和 57）年 4 月 22 日民集 36 巻 4 号 705 頁 ………………………305, 319
最判 1982（昭和 57）年 4 月 22 日判時 1043 号 43 頁 ……………………………305, 319
最判 1983（昭和 58）年 7 月 15 日民集 37 巻 6 号 849 頁 ……………………………365
最判 1985（昭和 60）年 1 月 22 日民集 39 巻 1 号 1 頁 ………………………………241, 288
最判 1985（昭和 60）年 9 月 12 日判時 1171 号 62 頁 …………………………………365
最判 1986（昭和 61）年 2 月 27 日集民 40 巻 1 号 88 頁 ………………………………353
最判 1988（昭和 63）年 4 月 22 日判時 1280 号 63 頁 ……………………347, 348, 349, 350
最判 1988（昭和 63）年 6 月 17 日判時 1289 号 39 頁 ……………………………………11
最判 1989（平成元）年 6 月 20 日判時 1334 号 201 頁 ……………………………174, 202
最判 1989（平成元）年 9 月 5 日判時 1337 号 43 頁 ……………………………………356
最判 1989（平成元）年 10 月 3 日判時 1341 号 70 頁 …………………………………356
最判 1990（平成 2）年 4 月 12 日民集 44 巻 3 号 431 頁 ………………………………343
最判 1991（平成 3）年 11 月 28 日判時 1404 号 65 頁 …………………………………358
最判 1991（平成 3）年 12 月 20 日民集 45 巻 9 号 1455 頁 ……………………………345
最判 1991（平成 3）年 12 月 20 日民集 45 巻 9 号 1503 頁 ……………………………351, 352

最判 1992（平成 4）年 11 月 26 日民集 46 巻 8 号 2658 頁 ･･････････････････302, 318
最判 1992（平成 4）年 12 月 10 日判時 1453 号 116 頁 ･･････････････････241, 252
最判 1992（平成 4）年 12 月 15 日民集 46 巻 9 号 2753 頁 ････････････････････365
最判 1993（平成 5）年 2 月 16 日民集 47 巻 2 号 473 頁 ･･････････････････223, 252
最判 1993（平成 5）年 2 月 16 日民集 47 巻 3 号 1687 頁 ･････････････････345, 352
最判 1994（平成 6）年 4 月 22 日判時 1499 号 63 頁･･･････････････････305, 313, 319
最判 1999（平成 11）年 7 月 13 日判時 1687 号 75 頁･･････････････････････････66
最判 1999（平成 11）年 11 月 19 日民集 53 巻 8 号 1862 頁･･････････････252, 289
最判 2002（平成 14）年 7 月 2 日民集 56 巻 6 号 1049 頁･･････････････････346, 347
最判 2002（平成 14）年 7 月 9 日民集 56 巻 6 号 1134 頁･･････････････････33, 70
最判 2002（平成 14）年 7 月 16 日民集 56 巻 6 号 1339 頁･･････････････････････345
最判 2002（平成 14）年 9 月 12 日民集 56 巻 7 号 1481 頁･････････345, 347, 348, 350
最判 2002（平成 14）年 9 月 17 日判時 1807 号 72 頁 ････････････････････････348
最判 2002（平成 14）年 10 月 15 日判時 1807 号 79 頁･･････････････････348, 349, 350
最判 2003（平成 15）年 9 月 4 日判時 1841 号 89 頁 ･･････････････････････････11
最決 2005（平成 17）年 6 月 24 日判時 1904 号 69 頁･･････････････････････････92
最判 2005（平成 17）年 7 月 15 日民集 59 巻 6 号 1661 頁･･････････････････11, 253
最大判 2005（平成 17）年 9 月 14 日民集 59 巻 7 号 2087 頁 ･･･････････････････321
最判 2005（平成 17）年 10 月 28 日民集 59 巻 8 号 2296 頁･･････････････････････354
最判 2005（平成 17）年 11 月 1 日判時 1928 号 25 頁 ･････････････････････････312
最大判 2005（平成 17）年 12 月 7 日民集 59 巻 10 号 2645 頁 ･･･････････････････302
最判 2005（平成 17）年 12 月 15 日判時 1922 号 67 頁････････････････････348, 350
最判 2006（平成 18）年 6 月 1 日判時 1953 号 118 頁 ･････････････････348, 349, 350
最判 2007（平成 19）年 4 月 24 日民集 61 巻 3 号 1153 頁･･････････････････････347
最判 2008（平成 20）年 1 月 18 日民集 62 巻 1 号 1 頁 ････････････････････････366
最判 2008（平成 20）年 3 月 17 日判時 2004 号 59 頁 ･･････････････････････348, 350
最大判 2008（平成 20）年 9 月 10 日民集 62 巻 8 号 2029 頁 ･･････････302, 307, 308, 316
最判 2009（平成 21）年 7 月 10 日判時 2058 号 53 頁 ･･･････････････････････33, 70
最判 2009（平成 21）年 11 月 26 日民集 63 巻 9 号 2124 頁 ･･････････････92, 308, 321
最判 2009（平成 21）年 12 月 17 日民集 63 巻 10 号 2631 頁 ･･････････････････253
最判 2011（平成 23）年 6 月 7 日民集 65 巻 4 号 2081 頁･･･････････215, 240, 247, 288
最判 2012（平成 24）年 4 月 20 日民集 66 巻 6 号 2583 頁 ･････････････368, 370, 372
最判 2012（平成 24）年 4 月 23 日民集 66 巻 6 号 2789 頁 ････････････････････368

［高等裁判所］
東京高判 1954（昭和 29）年 3 月 10 日行集 5 巻 3 号 632 頁･････････････････････60
大阪高判 1969（昭和 44）年 9 月 29 日判時 599 号 35 頁･･････････････････････56, 57
大阪高判 1978（昭和 53）年 1 月 31 日行集 29 巻 1 号 83 頁 ･･･････････････････304
東京高判 1979（昭和 54）年 2 月 26 日判タ 386 号 111 頁 ･････････････････････231
東京高判 1983（昭和 58）年 10 月 27 日判タ 516 号 143 頁･･･････････････････････64
東京高判 1984（昭和 59）年 12 月 20 日行集 35 巻 12 号 2288 頁 ･･･････････････275

福岡高判 1986（昭和 61）年 11 月 28 日行集 37 巻 10 = 11 号 1392 頁 ……………………358
大阪高判 1990（平成 2）年 8 月 29 日行集 41 巻 8 号 1426 頁 ………………………219, 230
大阪高判 1996（平成 8）年 6 月 26 日行集 47 巻 6 号 485 頁 …………………………………357
東京高判 2000（平成 12）年 12 月 26 日判時 1753 号 35 頁……………………………………367
東京高判 2001（平成 13）年 6 月 14 日判時 1757 号 51 頁 ………………216, 220, 243, 245
東京高判 2003（平成 15）年 4 月 23 日判例集未登載 …………………………………………247
東京高判 2006（平成 18）年 7 月 20 日判タ 1218 号 193 頁 …………………………………367
福岡高判 2007（平成 19）年 3 月 22 日判例地方自治 304 号 35 頁 ……………………………33
大阪高判 2009（平成 21）年 11 月 17 日 LLi 判例秘書 L06420891 ……………………………367
東京高判 2009（平成 21）年 12 月 24 日判例地方自治 335 号 10 頁 …………………………367
大阪高判 2010（平成 22）年 8 月 27 日判タ 1360 号 127 頁 …………………………………367
東京高判 2011（平成 23）年 7 月 20 日判例地方自治 354 号 9 頁 ……………………………283
大阪高判 2013（平成 25）年 11 月 7 日判例地方自治 382 号 73 頁 …………………………205
広島高松江支判 2014（平成 26）年 3 月 17 日判時 2265 号 17 頁 ……………………220, 223
名古屋高金沢支判 2015（平成 27）年 6 月 24 日判例地方自治 400 号 104 頁 ………………217
大阪高判 2015（平成 27）年 6 月 25 日判例地方自治 409 号 16 頁 …………………………205
東京高判 2017（平成 29）年 9 月 21 日 LEX/DB25560435 ……………………………………298

[地方裁判所]

大阪地判 1955（昭和 30）年 4 月 2 日行集 6 巻 4 号 1048 頁……………………………………60
福岡地判 1955（昭和 30）年 4 月 25 日行集 6 巻 4 号 1027 頁…………………………………54
京都地判 1957（昭和 32）年 3 月 7 日行集 8 巻 3 号 432 頁 …………………………………55
大阪地判 1967（昭和 42）年 11 月 30 日判時 514 号 70 頁 ……………………………………56
東京地判 1968（昭和 43）年 3 月 28 日行集 19 巻 3 号 529 頁 ………………………………58
福岡地判 1969（昭和 44）年 2 月 27 日行集 20 巻 2 = 3 号 186 頁 …………………………356
岡山地判 1969（昭和 44）年 5 月 29 日行集 20 巻 5 = 6 号 704 頁 …………………………57
東京地判 1971（昭和 46）年 1 月 29 日判時 640 号 36 頁 ……………………………………280
浦和地判 1974（昭和 49）年 12 月 11 日行集 25 巻 12 号 1546 頁 ……………………219, 229
東京地八王子支決 1975（昭和 50）年 12 月 8 日判時 803 号 18 頁 …………………………58
京都地判 1976（昭和 51）年 4 月 16 日行集 27 巻 4 号 539 頁 ………………………………304
甲府地判 1977（昭和 52）年 3 月 31 日判タ 355 号 225 頁 ……………………………………231
大阪地判 1980（昭和 55）年 3 月 19 日行集 31 巻 3 号 483 頁 …………………………219, 229
東京地判 1981（昭和 56）年 10 月 27 日判タ 460 号 142 頁 …………………………………64
名古屋地判 1983（昭和 58）年 8 月 19 日判時 1104 号 107 頁 ………………………………64
京都地判 1983（昭和 58）年 10 月 21 日行集 34 巻 10 号 1784 頁 …………………………356
東京地判 1984（昭和 59）年 3 月 29 日行集 35 巻 4 号 476 頁 ………………………………230
神戸地判 1985（昭和 60）年 12 月 19 日労働判例 468 号 48 頁 ………………………………230
徳島地決 1986（昭和 61）年 3 月 18 日判時 1200 号 137 頁 ……………………………………67
佐賀地判 1986（昭和 61）年 5 月 16 日行集 37 巻 4 = 5 号 677 頁 …………………………358
千葉地判 1986（昭和 61）年 7 月 25 日判タ 634 号 196 頁………………………………………65
広島地判 1986（昭和 61）年 11 月 19 日行集 37 巻 10 = 11 号 1336 頁 ……………………230

大阪地判 1989（平成元）年 9 月 12 日行集 40 巻 9 号 1190 頁 ……………………………219, 230
広島地判 1990（平成 2）年 2 月 15 日訟務月報 36 巻 6 号 1134 頁……………………………304
大阪地判 1993（平成 5）年 12 月 22 日行集 44 巻 11 = 12 号 1038 頁……………………………356
名古屋地決 1997（平成 9）年 2 月 21 日判時 1632 号 72 頁 ……………………………………67
東京地判 1998（平成 10）年 2 月 27 日判時 1660 号 44 頁 ……………………………220, 242
奈良地判 2000（平成 12）年 3 月 29 日判例地方自治 204 号 16 頁……………………………245
横浜地判 2002（平成 14）年 10 月 23 日判例集未登載……………………………………………283
名古屋地判 2003（平成 15）年 6 月 25 日裁判所ウェブサイト ……………………………247
東京地判 2003（平成 15）年 9 月 19 日判時 1836 号 46 頁 ……………………………………246
長野地判 2005（平成 17）年 2 月 4 日判タ 1229 号 221 頁 ……………………………220, 232
盛岡地判 2006（平成 18）年 2 月 24 日判例地方自治 295 号 82 頁……………………………239
東京地判 2006（平成 18）年 12 月 8 日判タ 1255 号 276 頁 ……………………………………65
大阪地判 2007（平成 19）年 2 月 13 日判タ 1253 号 122 頁……………………………240, 247
東京地判 2007（平成 19）年 5 月 25 日訟月 53 巻 8 号 2424 頁 ………………………………253
大阪地判 2008（平成 20）年 1 月 31 日判タ 1268 号 152 頁……………………………222, 234
那覇地判 2008（平成 20）年 3 月 11 日判時 2056 号 56 頁 ……………………………216, 221, 245
福岡地判 2009（平成 21）年 3 月 17 日判タ 1299 号 147 頁……………………………………220
広島地判 2009（平成 21）年 10 月 1 日判時 2060 号 3 頁………………………………………197
横浜地判 2010（平成 22）年 10 月 6 日判例地方自治 345 号 25 頁……………………………283
東京地判 2013（平成 25）年 2 月 26 日判タ 1414 号 313 頁……………………………………220
金沢地判 2014（平成 26）年 9 月 29 日判例地方自治 396 号 69 頁……………………………217, 223
東京地判 2017（平成 29）年 1 月 31 日判タ 1442 号 82 頁 ……………………………………298

事項索引

い

意見公募手続 …………………………149
一部事務組合 …………………………356
一級建築士免許取消処分等取消請求事件
　　　　　　　　　………240, 247, 251
一般原則………………………………99
　　——の具体例 ……………………104
囲繞地通行権…………………………66
委　任…………………………………352
違法確認判決の拘束力 ………………336
違法性の承継 …………………319, 339
インカメラ審理 ………………………291

え

FTA 交渉 ……………………………90
エリアマネジメント …………………203
円滑化圧力……………………………88

お

応招義務
　　——違反と不法行為責任…………64
　　医師の——………………………63
大平三原則……………………………7, 80
屋内避難………………………………268
怠る事実………………………………342

か

外郭団体………………………………355
開示手数料無料化……………………282
街路樹…………………………………16
架　橋…………………………………180
確認訴訟………………………………319
過渡的期間……………………………338
完結型計画……………………………324
観光地の交通円滑化（社会実験）……39

監査請求の期間制限
　　（原則）…………………………346
　　（例外）…………………………347
慣習法…………………………………106
　　発生段階にある——……………101

き

機関委任事務 …………………………122
基幹的手続の相互関係 ………………214
菊田医師事件…………………………10
基準行政………………………………127
基準策定の学習効果…………………23
基準準拠型行政スタイル …………22, 150
基準準拠原則 …………………………117
規制緩和………………………………92
規制基準の共通化……………………87
記念物…………………………………174
規範審査訴訟 …………………………318
基本条例………………………………26
基本法…………………………………26
義務付け請求 …………………………296
義務付けの廃止・制限………………123
客観訴訟………………………………341
給水契約………………………………56
協議会…………………………………31, 315
　　——の委員構成 ………………168
　　——の公開 ……………………170
　　——の仕組み …………………167
協議会方式の意義……………………197
行政運営法案 …………………………115
行政ガバナンス法……………………13
行政監視委員会………………………157
行政官庁法理論………………………353
行政管理基本法………………………115
行政基準論……………………………82
行政計画の統制………………………31
行政行為論……………………………83

事項索引　381

行政実務付随性 …………………… 137	計画に関する瑕疵論 …………………… 338
行政主体の多様性 ………………… 8	軽過失免責 ……………………………… 372
強制徴収規定 ……………………… 54	形態規制 ………………………………… 304
行政的執行 ………………………… 33	下水道の利用関係 ……………………… 58
行政手続思考 ……………………… 225	結果依存型法理 ………………………… 226
行政手続の違反 …………………… 227	決算行政監視委員会 …………………… 157
行政手続の瑕疵と処分の効力 …… 218	建議機能 ………………………………… 297
行政内部的統制 …………………… 138	権限移譲 ………………………………… 270
行政に特有な国内公法 …………… 3	権限の委任 ………………………… 270, 344
行政による自己拘束論 …………… 248	原告適格 ………………………………… 334
共生の作法 ………………………… 95	原則的独占事業形態 …………………… 53
行政の自己制御（→自己制御）… 136	建築確認の民間開放 …………………… 314
行政の社会学 ……………………… 25	建築基準法違反と不法行為責任 …… 67
行政の守備範囲論 ………………… 9	現地主義 ………………………………… 46
行政の組織編制権 ………………… 142	現地建替 ………………………………… 126
行政の知見導入（審査会）……… 294	憲法原則 ………………………………… 107
行政法学	権利救済の実効性 ……………………… 290
執行学としての―― …………… 12	権利濫用 ………………………………… 283
政策論としての―― …………… 11	――禁止条項 ………………………… 284
協　働	
刑法との―― …………………… 7	こ
国際法との―― ………………… 6	
民法との―― …………………… 4	広域連合 ………………………………… 356
曲線半径 …………………………… 178	公営住宅 ………………………………… 126
居住誘導区域 ……………………… 311	公益性	
記録保存 …………………………… 174	古墳保護の―― ……………………… 172
緊急避難場所 ……………………… 269	道路建設の―― ……………………… 172
近接性の原則 ……………………… 129	公開制 …………………………………… 291
	公開の審議 ……………………………… 198
く	公共組合 ………………………………… 9
	公共交通機関の利用促進（社会実験）…… 38
国地方係争処理委員会 …………… 122	公金の支出 ……………………………… 343
熊野神社 …………………………… 179	交差点の設置 …………………………… 192
グローバル化概念 ………………… 74	公私協働型の制度形成 ………………… 44
グローバル化の背景 ……………… 76	公私協働原則 …………………………… 119
群馬中央バス事件 ………………… 236	公衆による監視 ………………………… 142
	公正化圧力 ……………………………… 88
け	構造改革特区 …………………………… 35
	交通政策 ………………………………… 36
経過期間 ……………………… 330, 337	公法上の当事者訴訟 …………………… 308
計画維持原則 ……………………… 107	公法と私法の共通性 …………………… 68
計画交通量 ………………………… 183	弘法山（こうぼうやま）古墳 ……… 173
計画裁量 …………………………… 310	

公務員氏名の開示	286
公務員像	147
公務員の役割	146
効率性の原則	117
効力の停止	336
考慮時間設定機能（行政手続）	167
国際行政協力	7, 96
国際行政法	78
国際法局	81
国際約束	80
国民による行政監視	92
個人タクシー事件	235
国家公務員倫理法	145
国家賠償請求事件	
行政事件としての——	60
民事事件としての——	60
個別分野における原則	112
コンプライアンス	139

さ

災害時の行政組織	267
裁　決	
——の効力	329
——の内容と審理手続	328
裁決主義型モデル（計画争訟制度）	324, 326
裁決取消判決の効力	329
財産区	356
財務会計行為	342
財務会計上の義務	365
裁量権の濫用審査	367
参加のコスト	202
参酌基準	133
参照領域としての国内行政法	90
参照領域理論	13, 24
サンセット条項	28

し

市街化区域	304
市街化調整区域	304
事業費	195
——の適正性確保	190

時限法	28
自己制御	
——としての不服申立て	158
——の特色	137
行政基準を通じた——	158
強制された——	160
行政情報制御としての——	148
人事管理としての——	145
組織管理を通じた——	142
モニタリングを通じた——	154
事実調査	26
史　跡	174, 175
史跡空間維持	194
史跡指定	169, 174
——手続	175
事前手続と事後手続	216
従うべき基準	133
下からの制度形成	276
自治の基盤	133
自治紛争処理委員	122
市町村マスタープラン	303
実現可能性の担保	43
実験思考	19
実験主義	119
実験法学	35, 154
執行学	18
執行停止	335
——の活用	329
実効的権利救済	318
指定に関する意見具申	175
自転車利用環境の向上（社会実験）	39
司法的執行保障	81
市民参加	29
早期の——	44
市民にわかりやすい用語法	261
事務局スタッフの人選問題	295
事務事業評価システム	154
社会慣行の取り入れ	285
社会実験	24, 128, 130
——の成果	40
——の特質	41

──の類型 …………………………44
──のルール …………………………50
施策内容から見た── …………………37
費用負担から見た── …………………36
車線数 …………………………………177
──の見直し …………………………183
車線分離案 ……………………………187
修正型主体説（行政の守備範囲論）…10
自由選択主義 …………………………276
集団規制 …………………………306, 314
縦断勾配 ………………………………178
住民監査請求前置 ……………………346
住民参加と行政手続研究会 …………211
住民自治 ………………………………123
住民訴訟制度の見直しに関する懇談会 …373
住民訴訟に関する検討会 ……………370
授益的処分 ……………………………211
主体説（公法と私法の区別）…………71
出訴期間 …………………………334, 338
準都市計画区域 …………………19, 305
上下線分離 ……………………………184
情報公開協定 ……………………………29
情報公開・個人情報保護審査会 …276, 293
情報公開条例に基づく非公開決定 …252
情報提供 ………………………………153
──の義務付け ………………………286
条 例 ……………………………………28
職能分離 ………………………………216
職権処分手続 …………………………212
処分基準
──からの離脱 ………………………248
──にかかる手続 ……………………246
処分基準の設定・公表と理由提示 …215
処分理由の差替え・追加 ……………248
（申請拒否処分の場合）………………251
（不利益処分の場合）…………………249
処分理由の差替えと理由提示 ………248
人口減少社会に対応した都市計画争訟のあり方に関する調査業務報告書 …316
信号制御 ………………………………192
審査機関の第三者性 …………………293

審査基準
──からの離脱 ………………………246
──にかかる手続 ……………………243
──の準拠要請 ………………………221
審査基準の設定・公表 ………………244
──義務の懈怠 ………………………220
──と理由提示 ………………………215
審査庁の新設 …………………………326
人事慣行 ………………………………148
申請者に対する情報提供 ……………278
申請処理手続 …………………………212
──における手続違法 ………………223
──における理由提示 ………………241

す

垂直避難 …………………………96, 268
水道料金の法的性格 ……………………54
水平的調整システム ……………………48
水平的平準化プロセス …………………89
隙間をもった法律 ……………………277
スクラップ・アンド・ビルド原則 …143

せ

生活者基点 ………………………………46
請求権放棄
──議決（→放棄議決）………………366
条例による── ………………………369
制 御 ……………………………………21
政策学 ……………………………………16
政策間競争 ………………………………49
政策データの取得 ………………………41
政策評価
──制度 …………………………154, 156
総務省の行う── ……………………157
モニタリングとしての── …………155
静態的法源 ……………………………100
正当な理由 ……………………………348
（監査請求期間経過）…………………346
制度改善提言 …………………………297
制度設計学 ………………………………34
制度的契約論 ………………………10, 71, 93

制度的保証	81
性能基準	86
責　任	
——に関する優先関係	362
——分配問題	362
設計条件の見直し	182
設計速度	178
——の見直し	182
接道義務	305
説明責任原則	111, 116
節約性の原則	117
専　決	344, 350
専決者の責任	351
先行行為（原因行為）	364
——の違法と財務会計行為の違法	363
選択裁量説（申請の補正と拒否）	280
線引き（市街化区域と市街化調整区域）	303
前方後円墳	164
前方後方墳	164
専門用語	49
戦略的法務	132
先例拘束	295

そ

総合計画	32
総合設計	314
相互配慮原則	118
総定員法	143
相当な期間	349
相当の注意力	349
相隣関係規定	70
組織編制	93
組織法の機能	30
訴訟手続	335
ソフトな規範	21
ソフトロー	89
損害調整の仕組み	361
損失補償請求権	59

た

第三セクター	360
——の情報公開	29
代替案比較	202
対話型司法過程	338
対話型審理	288
高尾山古墳	164
高尾山穂見神社	179
宝塚判決	33, 70
他者による行政の統制	137
多層型の計画システム	301
多層関係（多層型法秩序）	102, 108
立退き	268
WTO	84
単体規制	305
単断面	182
断面構成の見直し	184

ち

地域が主体となった道路活用策（社会実験）	38
地域公共交通会議	128
地域公共交通の活性化及び再生に関する法律	200
地下トンネル	180
地区計画	313
地方公共団体の組合	356
地方公社	9, 357
地方独立行政法人	360
地方分権改革	121
地方分権改革推進委員会	122
地方分権推進委員会	122
長期未着手問題（都市計画事業）	312
長の責任	352
長の損害賠償額限定	373
聴　聞	219, 228
——手続	250

て

手挙げ方式	125
提案制度	30
提案方法	195
提案募集検討専門部会	124

| 提案募集制度 …………………………123
| 提案募集の具体例 ……………………125
| 定員管理 ………………………………143
| 定期的見直し（都市計画）………312, 339
| 定期的見直し（法律）…………………27
| 手数料の軽減 …………………………281
| 手続整備 ………………………………224
| 手続を基軸とした行政法理論 ………213
| デュアル・エンフォースメント ………5
| 伝統的法理（手続瑕疵論）……………218

と

当該行為 ………………………………342
当該職員（4号請求）…………………350
道州制 ……………………………………94
答申の公表 ……………………………293
動態的発展（一般原則）………………113
透明性概念 ……………………………213
透明性原則 ………………………118, 214
道　路
　——の級別 …………………………177
　——の種別 …………………………177
　——の幅員 …………………………177
道路構造令 ……………………………177
時のアセスメント ……………………154
特別区 …………………………………356
特別史跡 …………………………174, 175
都市基盤整備事業 ……………………300
都市計画
　——の効力停止 ……………………330
　——の見直し…………………………28
　——変更手続 ………………………312
都市計画違法確認訴訟 …………324, 333
都市計画区域 …………………………306
　——マスタープラン ………………303
都市計画事業の仕組み ………………306
都市計画争訟研究会 ……………309, 316
都市計画争訟のあり方検討委員会・ワーキ
　ンググループ ………………………309
都市公園 ………………………………126
都市再生特別措置法 …………………311

土地利用規制 …………………………300
　——の仕組み ………………………302
鞆地区地域振興住民協議会 …………197
トランスナショナル行政行為 …………83
取消裁決の意味 ………………………329
取消判決の第三者効 …………………319

な

内閣法制局……………………………… 91
内部通報制度 ……………………141, 150
内部統制 ………………………………159

に

二重効果的行政処分 …………………211
2段階型結合 ……………………………4
日本考古学協会 ………………………165

の

納税者訴訟 ……………………………341

は

配慮原則 …………………………84, 94
ハザードマップ ………………………271
箸墓（はしはか）古墳 ………………165
浜松土地区画整理事業計画決定最高裁判決
　………………………………………317

ひ

非完結型計画 …………………………324
非現地建替 ……………………………126
避難勧告 …………………………255, 256
　——の内容 …………………………268
　——発令にかかる組織・手続法 …266
避難行動要支援者 ……………………265
避難指示 …………………………255, 256
避難指示と避難勧告
　——の関係 …………………………260
　——の利用手順 ……………………263
避難準備情報 ……………………255, 259
　——と避難勧告 ……………………264
　——の発令主体 ……………………265

――の法定化 ……………………264
避難所 …………………………269
卑弥弓呼（ひみここ）……………166
ビューポイントの設定 …………173
比例原則 ……………………8, 100

　　　　　　ふ

フィードバック……………………25
複数案提示方式 …………………185
複数の情報伝達手段 ……………261
複断面 ……………………………182
付　言 ……………………………297
付随的手続に関する瑕疵 ………222
附属機関設置条例主義 …………204
負担の処分 ………………………211
物流・駐車対策（社会実験）………40
不当性審査 ………………………217
不服申立期間 ……………………327
不服申立てと行政訴訟 …………290
不文の原則…………………………99
不利益処分手続における理由提示 ………237
文化財 ……………………………174
文書閲覧権 ………………………233
文書閲覧手続の欠落 ……………233
文書管理 …………………………152
文書特定に対する支援 …………277
文書のカウント方法 ……………282
紛争の一回的解決 ………223, 252, 289

　　　　　　へ

併合提起 ……………………………62
変更裁決 …………………………329
弁明の機会付与 …………………219
　　――手続 …………………………250

　　　　　　ほ

法運用の改善 ……………………140
法　規 ……………………………103
放棄議決
　　――原則無効説 ………………367
　　――の時期 ……………………369

――有効説 ………………………367
防災マップ ………………………271
法システムの基礎 ………………114
法典編纂 …………………………114
法の一般原則 …………………82, 98
法律による大綱政策提示……………26
法利用
　　市民による―― ………………275
　　節度ある―― …………………282
法を使う……………………………17
補完性原則 ………………………119
歩行環境計画 ………………………48
歩行者空間 …………………………47
歩行者交通アセスメント …………47
歩行者・自転車の優先（社会実験）………37
歩車道分離 ………………………184
補償件数 …………………………195
　　――の抑制 ……………………190
補正手続 …………………………279
　　――の利用可能性 ……………336
補正と申請拒否の優先関係 ……279
補正優先説（補正と申請拒否）………280
本質性理論 …………………………80

　　　　　　ま

マイナンバー連携 ………………127
マクリーン事件 …………………244
マトリックス組織 ………………159

　　　　　　み

身の丈主義 ………………………203
民営化に伴う立法者責任……………72
民事裁判の活用 ……………………32
民事差止訴訟
　　――の排除可能性 ………………66
　　公法上の規制と―― ……………66
民事不介入の原則 …………………5
民衆訴訟 …………………………341
民民調整 …………………………289

ゆ

有効性の原則 …………………………111
誘　導………………………………12, 311
　　――の限界……………………………22

よ

用語の統合提案 ………………………260
容積率 …………………………………313
用途規制 ………………………………304
用途地域 ………………………………304
要配慮者の避難確保 …………………265
良き行政を求める権利 ……………110, 214
予防型行政システム ……………………4

り

離隔距離の見直し ……………………185

リ

リスク回避………………………………41
リスク管理 ……………………………139
理由提示 ………………………………287
　　――の欠如 …………………………220
　　処分基準の設定・公表と―― ………215
　　処分理由の差替えと―― ……………248
　　審査基準の設定・公表と―― ………215
　　申請処理手続における―― …………241
　　不利益処分手続における―― ………237
理由提示義務 …………………………250
　　――の一般化 ………………………249
理由の追完 ……………………………289

わ

和　解 …………………………………354
ワンストップサービス…………………87

対話型行政法の開拓線

2019年2月28日 初版第1刷発行

著　者	大　橋　洋　一	
発行者	江　草　貞　治	
発行所	株式会社 有　斐　閣	

郵便番号 101-0051
東京都千代田区神田神保町 2-17
電話　(03)3264-1314〔編集〕
　　　(03)3265-6811〔営業〕
http://www.yuhikaku.co.jp/

印刷・株式会社理想社／製本・大口製本印刷株式会社
Ⓒ 2019, Yoichi Ohashi. Printed in Japan
落丁・乱丁本はお取替えいたします。

★定価はカバーに表示してあります。
ISBN 978-4-641-22762-0

[JCOPY] 本書の無断複写(コピー)は、著作権法上での例外を除き、禁じられています。複写される場合は、そのつど事前に(一社)出版者著作権管理機構(電話03-5244-5088, FAX03-5244-5089, e-mail:info@jcopy.or.jp)の許諾を得てください。

本書のコピー, スキャン, デジタル化等の無断複製は著作権法上での例外を除き禁じられています。本書を代行業者等の第三者に依頼してスキャンやデジタル化することは, たとえ個人や家庭内での利用でも著作権法違反です。